L'ESPAGNOL DES AFFAIRES

Dans la même collection :

L'Espagnol d'aujourd'hui en 90 leçons, par Maria Jimenez et Justino Gracia.

Grammaire active de l'espagnol, par Enrique Pastor et Gisèle Prost.

Dictionnaire de l'espagnol des affaires.

Guide pratique de conversation espagnol/français.

Également dans les séries « Lire en espagnol » et « Bilingue », des œuvres de *J. L. Borges, A. Bioy Casares, C. J. Cela, E. Galeano, J. Cortázar, G. Garcia Márquez*, etc.

LES LANGUES MODERNES

L'ESPAGNOL DES AFFAIRES

par

Edouard Jimenez
professeur-associé
à l'École Supérieure de Commerce de Paris

Enrique Pastor García
chef de travaux à l'École Centrale de Paris

Iñaki Tapia Ancín
professeur au Centre Trudaine

Le Livre de Poche

Sommaire

IV. El servicio de producción
Le service de production

V. El servicio comercial/*Le service commercial*

VI. El servicio internacional/*Le service international*

VII. El servicio de recursos humanos
Le service des ressources humaines

VIII. El servicio jurídico/*Le service juridique*

IX. La empresa del futuro/*L'entreprise du futur*

X. La empresa en su entorno institucional
L'entreprise dans son environnement institutionnel

Introduction

Les récents bouleversements économiques, puis sociaux et politiques de l'Espagne ont fait s'estomper l'image du pays des « sombreros et des mantilles », tout en conférant à l'espagnol un nouveau statut ; jadis langue presque exclusivement culturelle, le voici désormais instrument de communication, outil souvent indispensable si l'on veut travailler avec le monde hispanophone, voire certaines contrées du sud des États-Unis.

À ceux qui le pratiquaient autrefois sont donc venus s'ajouter de nouveaux utilisateurs : étudiants de BTS, élèves d'écoles de gestion, candidats aux examens des chambres de commerce, secrétaires, cadres.

C'est à eux que s'adresse cet ouvrage, conçu pour un travail individuel (chez soi) ou collectif (en classe).

Présentation

Ce manuel de l'espagnol des affaires se compose de dix chapitres, soit quarante unités, centrés sur l'entreprise espagnole et ses divers services : administration, comptabilité, gestion des ressources humaines, production, marketing, import-export, contentieux. Sont également présentés les rapports de l'entreprise avec son environnement financier (banque et Bourse), son cadre politico-administratif (Communautés Autonomes, Communauté européenne, législation du travail, fiscalité, assurances) et l'environnement tout court (entreprise et écologie).

Chaque unité comporte huit pages, ainsi réparties :

■ un *dialogue* mettant en présence deux cadres, un client et son fournisseur, un consultant et un patron, etc., et soulevant un problème concret lié au fonctionnement de l'entreprise ;

■ une page de *concepts*, accompagnée de sa traduction, où sont définis des termes économiques et commerciaux et proposés des modèles de rédaction ;

■ un *texte* replaçant l'entreprise dans son contexte espagnol ;

■ un *lexique thématique*, espagnol-français, qui rend compte d'une langue des affaires en rapide mutation ;

■ des *exercices* portant sur l'emploi du lexique spécialisé ainsi que sur certains points de grammaire.

L'ouvrage s'achève par :
– le *corrigé* des exercices ;
– des *annexes* offrant des données récentes sur le monde économique espagnol, sous forme de cartes et de tableaux choisis en raison de leur intérêt et d'une éventuelle exploitation pédagogique ;
– un *lexique général* français-espagnol.

Des cassettes, enfin, reprennent un choix de dialogues et de textes et proposent des exercices de compréhension auditive, de révision des structures grammaticales et de réutilisation du lexique de la langue des affaires.

Quelques réflexions d'ordre pédagogique

– Ce livre parle de l'entreprise et d'elle seule ; pour avoir une perception complète du monde des affaires en Espagne, il convient donc de l'accompagner d'une lecture régulière des journaux, quotidiens d'information générale, tel *El País*, ou hebdomadaires spécialisés (*Actualidad Económica, Dinero, El Empresario*).
– On ne peut apprendre une langue sans effort ; il vous faudra donc mémoriser, à un moment ou à un autre, mots, structures et concepts.
– Les différentes parties de chaque unité se prêtent à une exploitation aussi bien individuelle que collective ; dans ce dernier cas, on suggérera, par exemple : débat autour de la question soulevée par le dialogue ; entraînement à la traduction dans

les deux sens, français-espagnol et espagnol-français, et interrogation sur l'acquisition des connaissances ; commentaire de texte ; test de vocabulaire et, bien entendu, exercices.

– De la même façon, les annexes fournissent des renseignements précis sur l'Espagne d'aujourd'hui, mais peuvent être également mises à profit par le professeur et donner lieu à des débats et à de fructueuses comparaisons avec la France et la Communauté européenne.

– Les cassettes se révèlent particulièrement utiles, soit pour retenir le vocabulaire et les structures (on a souvent l'impression de mieux apprendre lorsqu'on fait appel à la mémoire visuelle, par exemple en recopiant des mots, mais la mémoire auditive est plus efficace car elle exige un plus grand degré de concentration), soit pour évaluer et améliorer une compréhension auditive trop souvent négligée.

Les auteurs.

I. LA EMPRESA/*L'ENTREPRISE*

I.1. Creación de empresa

– He planeado[1] crear una empresa y, dada[2] su experiencia, desearía me diese algunas recomendaciones.

– El primer paso consiste en elaborar un plan de viabilidad que tendrá que presentar para solicitar créditos o ayudas[3] y en el que se deben destacar[4] los puntos positivos de su proyecto. Después, lo más práctico es que se dirija[5] a alguna organización empresarial; estos organismos conocen perfectamente la legislación vigente[6] y la situación de los diferentes sectores del mercado.

– ¿Y dónde me informo sobre fuentes de financiación[7]?

– Las mismas instituciones que le acabo de[8] indicar tienen generalmente una ventanilla[9] de información en la que podrán facilitarle datos[10] sobre los tipos de apoyos[11] y subvenciones. No obstante, si me permite un consejo, es mejor que eche mano de[12] todos los medios de financiación posibles en lugar de limitarse a unos pocos.

– Respecto a los trámites[13] administrativos, ¿cuántos documentos se precisan[14] para constituir una empresa?

– Según el ramo[15] de actividad. Existen cuatro de los que nadie se libra[16] : la licencia fiscal, el impuesto de radicación[17], la licencia de obras[18] y darse de alta[19] en la Seguridad Social. Sin embargo, en ciertos casos se requieren muchos más documentos. Si se presentan correctamente todos los papeles, merced a[20] un Real Decreto[21] en vigor, se aplica el silencio positivo[22] y en un plazo[23] de dos meses se otorga[24] la licencia.

– Entonces, ¿se puede abrir una empresa en dos meses?

– En teoría, sí, pero varía mucho según la actividad. La media viene a ser[25] de 3 ó 4 meses.

– Dicen que en Estados Unidos se puede crear una empresa en medio día. ¿Por qué en España se tarda[26] meses?

– Porque allí, a condición que todo esté dentro de[27] la legalidad, no hace falta licencia previa[28] y las compañías de seguros[29] – por las que se debe pasar obligatoriamente – exigen que se cumpla la ley a rajatabla[30].

1. he planeado : de planear : *projeter, envisager.*
2. dada : *étant donné* (en espagnol l'accord est toujours obligatoire).
3. ayudas f., pl. : *aides.*
4. destacar : *faire ressortir, souligner; détacher; se faire remarquer, se distinguer.*
5. se dirija : de dirigirse : *s'adresser.*
6. vigente : *en vigueur.*
7. financiación f. : *financement;* on emploie aussi financiamiento, surtout en Amérique Latine.
8. acabo de : de acabar de : *venir de;* acabar : *finir.*
9. ventanilla f. : *guichet; fenêtre* (train), *hublot.*
10. facilitar datos : *fournir, procurer des renseignements.*
11. apoyo m. : *aide, appui; soutien, assistance.*
12. eche mano de : de echar mano de : *se servir de; avoir recours à, faire appel à.*
13. trámite m. : *démarche, formalité.*
14. se precisan : de precisar : *nécessiter.*
15. ramo m. : *branche.*
16. se libra : de librarse : *échapper.*
17. impuesto de radicación m. : *impôt d'installation.*
18. licencia de obras f. : *permis de construire;* obra f. : *travail, chantier, œuvre, ouvrage.*
19. darse de alta : *s'inscrire.*
20. merced a : *grâce à.*
21. Real Decreto : *Décret Royal;* sous le régime constitutionnel monarchique de l'Espagne, tout décret approuvé par le Conseil des Ministres.
22. silencio positivo m. : *consentement tacite;* on dit aussi silencio administrativo m. : *silence administratif.*
23. plazo m. : *délai.*
24. otorga : de otorgar : *octroyer, accorder, consentir.*
25. viene a ser : de venir a ser : *être plus ou moins, revenir.*
26. tarda : de tardar : *mettre, prendre* (du temps); *être long.*
27. dentro de : *dans,* quand l'expression est suivie d'un complément; sinon, *dedans, à l'intérieur.*
28. previa : *préalable.*
29. compañías de seguros f., pl. : *compagnies d'assurances.*
30. a rajatabla : *rigoureusement, point par point.*

I.1. Creación de empresa

Ayudas oficiales

Puesto que las grandes empresas industriales (siderurgia, textil, astilleros, automóviles, etc.) experimentan hoy por hoy un proceso de reconversión que tiende a disminuir las plantillas, las PYMES (pequeñas y medianas empresas) suelen ser las empresas más dinámicas y asimismo las más capaces de crear empleos y luchar contra el paro. Para facilitar la creación de las mismas, los organismos oficiales (el Estado a través de los diferentes ministerios o las Comunidades Autónomas) ofrecen, pues, una serie de incentivos que pueden revestir las formas siguientes :

– **Reducción de la cuota empresarial de la Seguridad Social,** en algunos casos hasta el 100 %, por la contratación indefinida de algunas categorías de trabajadores, las mujeres, los mayores de 45 años y los minusválidos, y por la contratación en prácticas o formación de los jovenes desempleados.

– **Exenciones fiscales y obtención de créditos con tipos de interés bajos** a las empresas que se instalen en zonas prioritarias (por ejemplo las ZUR, zonas de urgente reindustrialización) o se dediquen a unas actividades económicas consideradas prioritarias.

– **Aumento de los recursos propios** de la empresa mediante la concesión de subvenciones a fondo perdido o la intervención de sociedades de capital riesgo estatales como las SODIS (Sociedades de Desarrollo Industrial).

– **Apoyo a la innovación tecnológica** que puede consistir en créditos sin intereses o privilegiados y financiación de una parte del presupuesto total del proyecto.

De todas formas, para conseguir estas ayudas el futuro empresario tiene que cumplir unos requisitos que cambian según las regiones y presentar un proyecto detallado de la empresa ante los diversos organismos competentes.

Aides officielles

Étant donné que les grandes entreprises industrielles (sidérurgie, textile, chantiers navals, automobiles, etc.) connaissent de nos jours un processus de reconversion qui tend à en réduire le personnel, les PME (petites et moyennes entreprises) sont souvent les entreprises les plus dynamiques et ainsi les plus à même de créer des emplois et de lutter contre le chômage. Pour faciliter la création de ces dernières, les organismes officiels (l'État, par le biais de ses différents ministères ou les Communautés Autonomes) offrent donc une série d'incitations qui peuvent revêtir les formes suivantes :

*– **Réduction des cotisations patronales** à la Sécurité Sociale, parfois jusqu'à 100 %, pour l'embauche de certaines catégories de travailleurs, les femmes, les plus de 45 ans et les handicapés, et pour l'embauche en stage ou en formation des jeunes chômeurs.*

*– **Éxonérations fiscales et obtention de crédits à bas taux d'intérêt** pour les entreprises qui s'installeront dans des zones prioritaires (par exemple les ZUR, zones de réindustrialisation urgente) ou se consacreront à des activités économiques considérées comme prioritaires.*

*– **Augmentation des fonds propres** de l'entreprise grâce à l'octroi de subventions à fonds perdus ou à l'intervention de sociétés de capital risque publiques telles que les SODIS (sociétés de développement industriel).*

*– **Aide à l'innovation technologique** qui peut consister en des crédits sans intérêts ou conventionnés et en un financement d'une partie du budget total du projet.*

En tout cas, afin d'obtenir ces aides, le futur chef d'entreprise doit remplir certaines obligations qui changent selon les régions et présenter un projet détaillé de l'entreprise devant les différents organismes compétents.

I.1. Creación de empresa

Los incentivos[1] a la creación de empresas por parte de[2] la Administración española constituyen un fenómeno relativamente reciente. Centradas[3] fundamentalmente hasta hace pocos años[4] en la gran industria, las ayudas institucionales a la inversión no han dejado de[5] provocar rechazos[6] más o menos ambiguos : criticadas en nombre de un liberalismo económico estricto, pero consideradas al mismo tiempo, insuficientes o ineficaces, desde el extremo contrario[7], por los defensores de una política intervencionista, los diferentes organismos internacionales partidarios[8] del librecambio[9] (GATT, OCDE, CEE) las han censurado[10], por fin, en nombre de la competencia[11], cuando no[12] de la cooperación y del desarrollo internacionales. Sin embargo, todos los países con economía de mercado han venido practicando una política de fomento[13] tanto horizontal (inversiones, investigación[14]...) como sectorial (siderurgia, máquina-herramienta[15], etc.)

En España, como en otros países, la política de incentivos ha cambiado de óptica, a consecuencia de los cambios experimentados por la economía nacional : de la estabilización de amplios[16] sectores industriales a través de la dependencia de la ayuda pública en un mercado protegido se ha pasado a la competencia internacional en un nuevo contexto de apertura. Así, el fomento de nuevas empresas contribuye a la renovación del tejido industrial.

En todos los países industrializados, la creación de empleo se está produciendo en la pequeña y mediana empresa (PYME) que ha superado[17] la fase de lanzamiento. De este modo, en las ayudas institucionales a las nuevas empresas no anda lejos la preocupación[18] por el problema laboral, que afecta[19] particularmente a algunas regiones españolas.

La creación de nuevas actividades, por último, corre parejas[20] con la innovación tecnológica e industrial. De ahí que[21] la Administración española, consciente de la dependencia estructural del país, ofrezca todo un abanico específico de incentivos a las PYMES innovadoras, tanto a nivel nacional como regional.

I.1. Création d'entreprise

1. **incentivos** m., pl. : *stimulants ;* dans le texte, *aides*; le verbe **incentivar** est un néologisme fréquent dans les textes économiques, synonyme de **fomentar** : *encourager, favoriser, développer.*
2. **por parte de** : *de la part de;* ici, la préposition **por** indique l'agent de l'action ; à ne pas confondre avec **de parte de** : *de la part de,* où **de** indique l'origine ; **llamo de parte de un amigo** : *j'appelle de la part d'un ami.*
3. **centradas** : *axées;* de **centrar** : *concentrer, axer.*
4. **hasta hace pocos años** : *jusqu'à ces dernières années.*
5. **no han dejado de** : *n'ont pas cessé de;* **dejar** : *laisser, abandonner, prêter* dans la langue parlée.
6. **rechazos** m., pl. : *des rejets, des refus.*
7. **desde el extremo contrario** : *d'un point de vue opposé.*
8. **partidarios** m., pl. : *partisans.*
9. **librecambio** m. : *libre-échange.*
10. **censurar** : *critiquer.*
11. **en nombre de la competencia** : *au nom de la concurrence.*
12. **cuando no** : *sinon.*
13. **fomento** m. : *aide, encouragement;* **fomento** est synonyme de **incentivo** ou de **desarrollo** : *développement;* **el fomento de las exportaciones** : *le développement des exportations.*
14. **investigación** f. : *recherche;* aussi *investigation.*
15. **máquina-herramienta** f. : *machine-outil.*
16. **amplios** : *larges.*
17. **superar** : *surmonter.*
18. **no anda lejos la preocupación...** : *la préoccupation n'est pas loin...;* le verbe **andar** est un semi-auxiliaire employé à la place des verbes **ser, estar**.
19. **que afecta** : *qui touche.*
20. **corre parejas** : *va de pair;* dans la locution, **parejas** est toujours employé au pluriel.
21. **de ahí que** : *il en ressort, il en découle, c'est pourquoi.*

I.1. Creación de empresa

acta f. (o escritura) notarial : *acte notarié*
abogado m. asesor : *avocat-conseil*
asesor m. jurídico : *conseiller juridique*
asesorar : *assister, conseiller*
asesorarse con : *prendre conseil de*
asesoría f. : *cabinet juridique, cabinet conseil*
ayuda f. oficial (o institucional) : *aide officielle*
con todos los requisitos : *en bonne et due forme*
consultar con alguien : *demander conseil à quelqu'un*
contratación f. : *embauche*
cumplir con los requisitos : *remplir les conditions*
cuota f. empresarial : *cotisation patronale*
darse de alta : *s'inscrire*
desempleado : *chômeur*
desgravación f. : *abattement, dégrèvement*
exención f. fiscal : *exonération fiscale*
facilitar datos : *fournir des renseignements*
financiación f. : *financement*
fomentar : *promouvoir, encourager*
impuesto m. de radicación : *impôt d'installation*
incentivar : *encourager*
incentivo m. : *stimulant, aide*
innovación f. : *innovation*
licencia f. de obras : *permis de construire*
licencia fiscal : *patente, taxe professionnelle*
notario m. : *notaire*
P.Y.M.E. (pequeña y mediana empresa) : *P.M.E.*
planear : *projeter, envisager*
prácticas f. pl. : *stage*
presupuesto m. : *budget, devis*
ramo (de actividad) m. : *branche d'activité*
recursos propios m. pl. : *ressources propres*
requisito m. : *obligation, formalité*
seguir los consejos de : *suivre les conseils de*
silencio m. positivo : *accord tacite*
sociedad f. de capital riesgo : *société de capital risque*
subvención f. : *subvention*
tardar : *prendre du temps, tarder*
viabilidad f. : *viabilité*

I.1. Création d'entreprise

EXERCICES

I. Trouvez des mots synonymes de :

crear	trámite	impuesto
otorgar	incentivo	instalar
planear	conseguir	fomentar

II. Construisez les substantifs correspondant aux verbes suivants, en indiquant leur genre :

crear	solicitar	permitir
requerir	aplicar	abrir
desarrollar	exigir	ofrecer

III. Répondez aux questions suivantes :

1. ¿En qué consiste el silencio positivo?
2. ¿Cuáles son los diferentes tipos de incentivos a la creación de empresas que existen en España?
3. ¿Qué documentos son imprescindibles para crear una sociedad?
4. ¿Quiénes (y por qué) han criticado las ayudas institucionales a la creación de empresas?

IV. Traduisez en français :

1. La reducción de trámites administrativos sigue siendo una de las preocupaciones más importantes. 2. Existen cada vez más formas de aumentar los recursos propios para montar una empresa. 3. A pesar de las dificultades, una vez inmerso en la actividad empresarial ya no se abandona. 4. Se comprobó asimismo que la simplificación beneficiaría tanto a las empresas como a la Administración.

V. Traduisez en espagnol :

1. Pour faire face à la crise, un effort de restructuration de certains secteurs industriels a été entrepris depuis cinq ans, et surtout depuis 1984. 2. Les moyens d'incitation sont accordés selon l'importance du but économique et la capacité de créer de nouveaux emplois. 3. Cet organisme conseille et oriente les investisseurs potentiels, les aide à choisir les zones d'implantation les plus favorables et peut prendre des participations jusqu'à 45 % à titre temporaire.

I.2. Forma jurídica de la empresa

– Dado el desarrollo[1] de nuestra sociedad en Francia, tenemos la intención de fundar una filial[2] en España y nos gustaría saber cómo proceder[3] para poder constituir una sociedad en su país en un plazo relativamente breve[4].

– Lo primero que tenemos que decidir es qué forma jurídica ha de adoptar la nueva sociedad, si se trata de una sociedad anónima, de una sociedad de responsabilidad limitada, o si ustedes buscan otra forma especial, una sociedad cooperativa o una sociedad anónima laboral, pero estas dos formas jurídicas suponen un tipo de colaboración especial con los socios constituyentes[5].

– ¿No existen limitaciones a las inversiones[6] extranjeras en su país?

– Hasta que exista una total libertad de circulación de capitales en el marco de[7] la Comunidad Europea, la constitución de una sociedad en España se rige por las leyes de inversiones extranjeras en España.

– ¿Qué se considera una inversión extranjera?

– Las inversiones realizadas por personas jurídicas extranjeras, privadas o públicas, no residentes en España, que se realicen por medio de capitales exteriores, en forma dineraria[8] o bajo forma de aportaciones técnicas[9] : asistencia, patentes o licencias.

– Y, siempre que respetemos la legislación vigente[10], ¿qué requisitos[11] hay que cumplir?

– Sea cual sea la forma de sociedad, se exigen lógicamente una serie de datos[12] : la denominación o razón social, el objeto social, la duración de la sociedad; el número y el nombre de los socios, el domicilio social[13], el capital social... Además, hay obligación de realizar una escritura pública[14], lo que exige que sea registrada ante notario[15].

– ¿Hay otras[16] obligaciones de registro[17]?

– Sí, en el Registro Mercantil[18] y, a partir de ese momento, tendrá personalidad jurídica propia. La sociedad francesa tendrá que abrir una cuenta[19] bancaria en España, porque se exige un capital mínimo que ha de ser desembolsado[20] en el momento de la constitución.

I.2. Forme juridique de l'entreprise

1. **dado el desarrollo...** : *étant donné le développement... ;* dans la proposition participe espagnole, le participe passé est toujours placé en tête de phrase et s'accorde avec le sujet qui le suit immédiatement : **formada la sociedad** : *une fois la société constituée.*
2. **fundar una filial** : *constituer une filiale.*
3. **cómo proceder** : *quelle est la procédure à suivre pour... ; comment procéder.*
4. **en un plazo relativamente breve** : *dans un délai relativement court ;* **plazo** traduit également *échéance, terme,* lorsqu'il s'agit du vocabulaire financier ; **plazo de una letra de cambio** : *échéance d'une lettre de change.*
5. **los socios constituyentes** : *les membres fondateurs ;* littéralement, *les associés qui constituent la société.*
6. **inversiones** f., pl. : *investissements.*
7. **en el marco de** : *dans le cadre de.*
8. **en forma dineraria** : *sous forme d'apports en liquide ;* l'adjectif **dinerario** est formé à partir de **dinero** : *argent ;* notez que **dinero** ne s'emploie qu'au singulier.
9. **aportaciones técnicas** : *apports techniques.*
10. **la legislación vigente** : *la législation en vigueur ;* on peut également dire : **en vigor.**
11. **requisitos** m., pl. : *conditions requises.*
12. **datos** m., pl. : ici, *renseignements ;* dans d'autres contextes : *données.*
13. **domicilio social** m. : *domiciliation d'une société.*
14. **una escritura pública** : *un acte public.*
15. **registrada ante notario** : *enregistrée devant notaire.*
16. **otras** : l'adjectif **otro, -a** n'est jamais précédé de l'article indéfini **un, una**
17. **registro** m. : *enregistrement.*
18. **registro mercantil** m. : *registre de commerce.*
19. **cuenta** f. : *compte.* Le mot est féminin en espagnol.
20. **capital desembolsado** m. : *capital libéré.*

I.2. Forma jurídica de la empresa

Las que se suelen utilizar son las siguientes :

Empresario individual :

Un socio solamente, sin límites de capital y con una responsabilidad personal ilimitada.

Sociedad de responsabilidad limitada (SRL) :

Entre dos y cincuenta socios; capital mínimo : 500 000 pesetas, participaciones iguales íntegramente desembolsadas; responsabilidad de los socios limitada a la aportación.

Sociedad anónima (SA) :

Unipersonal o con un mínimo de tres socios; capital mínimo : 10 millones de pesetas (desembolsado el 25 %), dividido en acciones negociables y libremente transmisibles, salvo disposiciones estatutarias; responsabilidad limitada a la aportación.

Sociedad anónima laboral (SAL) :

Cuatro socios como mínimo (tres de ellos con contrato de trabajo indefinido); capital dividido en acciones; trabajadores propietarios del 51 % del capital como mínimo (ninguno de los socios puede detentar más del 25 % del capital social); los títulos del capital propiedad de los trabajadores sólo pueden transmitirse a otros trabajadores de la misma empresa; responsabilidad limitada a la aportación.

Cooperativa de trabajo asociado :

Cinco socios como mínimo, con una participación máxima de cada socio de la tercera parte del capital; el asalariado que lleva más de un año trabajando en la empresa puede solicitar su inclusión como socio; responsabilidad fijada en los estatutos.

– Las SRL, SA, SAL y cooperativa tienen personalidad jurídica, pagan el impuesto de sociedades y deben llevar libros de contabilidad.

– La ley prevé otras formas jurídicas (sociedad regular colectiva, sociedad comanditaria, sociedad en comandita por acciones), pero de hecho son poco frecuentes ya que resultan inadaptadas al desarrollo actual de la vida económica.

I.2. Forme juridique de l'entreprise

Les plus fréquemment utilisées sont les suivantes :

Chef d'entreprise individuel :

Un seul associé, sans limitations de capital et avec une responsabilité personnelle et illimitée.

Société à responsabilité limitée (S.A.R.L.) :

De deux à cinquante associés ; capital minimum : 500 000 pesetas, participations égales et entièrement libérées ; responsabilité des associés limitée à leur apport.

Société anonyme (S.A.) :

Unipersonnelle ou avec trois associés au minimum ; capital minimum : 10 millions de pesetas (25 % libérés), divisé en actions négociables et librement transmissibles, sauf disposition contraire des statuts ; responsabilité limitée à l'apport.

Société anonyme de travailleurs :

Quatre associés au minimum (dont trois ayant un contrat de travail à durée indéterminée) ; capital divisé en actions ; les travailleurs doivent posséder au moins 51 % du capital (aucun des associés ne peut détenir plus de 25 % du capital social) ; les titres appartenant aux travailleurs ne peuvent être transmis qu'à d'autres travailleurs de la même entreprise ; responsabilité limitée à l'apport.

Coopérative de production :

Minimum de cinq associés, avec une participation maximum, par associé, du tiers du capital ; le salarié qui travaille depuis plus d'une année dans l'entreprise peut demander à faire partie des associés ; responsabilité fixée par les statuts.

– Les S.A.R.L., S.A., S.A.L. et coopérative ont la personnalité morale, paient l'impôt sur les sociétés et doivent tenir des livres de comptabilité.

– La loi prévoit d'autres formes juridiques (société en nom collectif, société commanditaire, société en commandite par actions), mais elles sont rares dans les faits, car inadaptées au développement actuel de la vie économique.

I.2. Forma jurídica de la empresa

Durante la época en que la crisis se acentuaba[1], el paro se disparaba[2] y los empleos escaseaban[3], algunos grupos de trabajadores se vieron empujados a tomar las riendas[4] de sus propias empresas y a convertirse en gestores de las mismas. Así nacieron las Sociedades Anónimas Laborales[5] (S.A.L.), para salvar los puestos de trabajo dentro de las propias empresas que eligieron este camino.

Pretender, como fue la tentación de los poderes públicos, que las S.A.L. podían ser la solución del paro resultaba demagógico y oportunista. En realidad, se trataba únicamente de obtener empresas competitivas, bien gestionadas, con perspectivas favorables y en las que el propietario fuera la plantilla[6] de trabajadores.

Al principio, los medios económicos emitieron serias reservas en cuanto al futuro de estas sociedades, ya que casi nadie se fiaba de[7] la capacidad de gestión de los nuevos propietarios. Por si fuera poco[8], las dificultades propias de toda puesta en marcha y la inexperiencia acarrearon fallos[9] que las desacreditaron todavía más.

Sin embargo, hoy día[10], las S.A.L. han terminado el período de rodaje y han realizado importantes avances en todos los campos : conocimiento del mercado, organización, técnicas de dirección que hacen posible la participación de los socios trabajadores en[11] las decisiones y captación de profesionales[12] para los equipos directivos.

Naturalmente, aún quedan problemas sin resolver, pero han desaparecido las aprensiones[13] sobre el porvenir de las S.A.L. Ya no se duda[14] de su capacidad como grupo consolidado, apto para sacar adelante[15] un nuevo tipo de empresa y lograr[16], no sólo el mantenimiento de puestos de trabajo, sino la creación de empleo en las mejores condiciones. Prueba de esta confianza fue la ley sobre las S.A.L. que supuso[17] su consagración. Dicha[18] ley establece el marco[19] jurídico que estas sociedades echaban en falta[20] para poder desarrollar todas sus potencialidades, ampliamente demostradas desde que fueron creadas como último recurso[21] para salvar a las empresas en peligro.

I.2. Forme juridique de l'entreprise

1. **acentuaba** : attention à l'orthographe de **acentuar**, avec un seul c.
2. **el paro se disparaba** : *le chômage montait en flèche;* **disparar** : *tirer, faire feu.*
3. **escaseaban** : de **escasear** *se faire rare, manquer;* **escaso** : *peu abondant.*
4. **tomar las riendas** : *prendre en main* (une affaire); **rienda** f. : *rêne.*
5. **laboral** : *du travail.*
6. **plantilla** f. : *personnel, effectifs d'une entreprise.*
7. **se fiaba de** : de **fiarse de** : *avoir confiance en (quelqu'un), dans (quelque chose);* **fiar** : *cautionner, vendre à crédit.*
8. **y por si fuera poco** : *et pour couronner le tout.*
9. **acarrearon fallos** : *entraînèrent des erreurs;* **acarrear** : *entraîner, occasionner;* **fallo** m. : *erreur, faute, faille.*
10. **hoy día** : *à l'heure actuelle, de nos jours;* on dit aussi **hoy en día.**
11. **participar... en** : *participer... à.*
12. **profesionales** m., pl. : *professionnels;* on l'utilise pour les dirigeants et les managers dans le cadre de l'entreprise.
13. **aprensión** f. : *crainte, méfiance;* en espagnol, **aprensión** n'a jamais le sens de **comprensión.**
14. **ya no se duda** : *on ne doute plus.*
15. **sacar adelante** : *mener à bien (une affaire).*
16. **lograr** : *obtenir;* **lograr + infinitivo** : *réussir à, parvenir à + infinitif;* **logro** m. : *succès, réussite* **(éxito).**
17. **supuso** : 3e personne du singulier, passé simple de **suponer.** Tous les verbes composés à partir d'un autre se conjuguent en espagnol comme le modèle (poner).
18. **dicha ley** : *cette loi;* **dicho, a, os, as** s'emploie très fréquemment au lieu de l'adjectif démonstratif.
19. **marco** m. : *cadre.*
20. **echaban en falta** : de **echar en falta** : *regretter l'absence de, manquer de.*
21. **último recurso** : *dernier recours;* **recursos** m., pl. : *ressources* (économiques, naturelles...).

I.2. Forma jurídica de la empresa

absorber una sociedad : *absorber une société*
accionista : *actionnaire*
acta f. constitutiva : *acte constitutif*
aportación f. en sociedad : *apport en société*
constituir una sociedad : *constituer une société*
cooperativa f. de consumo : *coopérative de consommation*
cooperativa de producción : *coopérative de production*
derecho m. de sociedades : *droit des sociétés*
desembolsar : *débourser, libérer*
escritura f. fundacional : *acte constitutif (société)*
estatutario : *statutaire*
estatuto m. : *statut*
impuesto m. sobre sociedades : *impôt sur les sociétés*
levantar acta : *dresser un acte*
objeto m. social : *objet de la société*
participación f. : *participation*
sociedad f. (de responsabilidad) limitada, S.L. : *société à responsabilité limitée, S.A.R.L.*
sociedad anónima laboral, S.A.L. : *société anonyme de travailleurs*
sociedad anónima, S.A. : *société anonyme, S.A.*
sociedad bursátil : *société de Bourse*
sociedad con sucursales múltiples : *société à succursales multiples*
sociedad de economía mixta : *société d'économie mixte*
sociedad de financiación : *société de financement*
sociedad en comandita por acciones : *société en commandite par actions*
sociedad en comandita simple : *société en commandite simple*
sociedad en participación : *société en participation*
sociedad fiduciaria : *société fiduciaire*
sociedad filial : *société filiale*
sociedad gestora del fondo de inversión mobiliaria : *société d'investissement à capital variable, S.I.C.A.V.*
sociedad holding : *société holding*
sociedad matriz : *société mère*
sociedad personalista : *société de personnes*
sociedad por acciones : *société par actions*
sociedad regular colectiva : *société en nom collectif*
sociedad sin fines de lucro : *société à but non lucratif*
socio m. : *associé*

I.2. Forme juridique de l'entreprise

EXERCICES

I. **Construisez les substantifs correspondant aux verbes suivants, en indiquant leur genre :**

arriesgar	conocer	contar	convocar
cumplir	desembolsar	dimitir	distribuir
durar	ganar	gastar	informar
limitar	nombrar	registrar	repartir

II. **Construisez les adjectifs correspondants aux substantifs suivants :**

constitución	competencia	empresa
fundación	labor	ley
mercancía	sociedad	vigor

III. **Indiquez les caractéristiques de la S.A., de la S.R.L. et de la S.A.L. selon le schéma suivant :**

1. Número mínimo/máximo de socios :
2. Clase de responsabilidad :
3. Participación de los socios en el capital :
4. Títulos negociables/sometidos a restricciones :

IV. **Traduisez :**

1. Puede que la creación de nuevas sociedades constituya una solución contra el paro.
2. Los socios constituyentes decidieron adoptar la forma de sociedad de responsabilidad limitada.
3. – ¿Podría decirme cuáles son las ventajas de la sociedad anónima respecto a la S.R.L.?

V. **Traduisez :**

1. L'assemblée générale des actionnaires a approuvé le mois dernier à une large majorité de voix le rapport, le bilan, les comptes de résultat et la distribution de bénéfices présentés par le conseil d'administration de la société. 2. L'actionnaire a une responsabilité limitée à son apport en capital. 3. Toute société anonyme doit libérer au moins un quart de son capital au moment de sa constitution. 4. L'acte de constitution doit être enregistré devant notaire et dans le Registre de Commerce.

I.3. Organización de la empresa

– Como ya le habrán informado[1], hemos recurrido a su consultoría[2] para que traten de solucionar[3] los problemas de organización con que nos enfrentamos[4]. Nuestra empresa, subcontratista[5] del sector del automóvil, factura[6] unos 2 500 millones[7] de pesetas y se dedica[8], por una parte, a la fabricación de troqueles[9] para la transformación de chapa[10] así como a la calderería[11], pero esta última actividad conoce graves problemas de costes de producción y de cuota de mercado[12]. Por último, somos concesionarios de una empresa francesa y distribuimos material mecánico.

– ¿Dónde están situadas la sede[13] social y las fábricas[14]?

– La sede, que agrupa la Dirección General, el Departamento[15] Comercial y el Servicio Financiero, está en Bilbao y sólo tenemos una unidad de producción en Vitoria. Los almacenes[16] de distribución, encargados asimismo del servicio de posventa[17], están repartidos por cinco provincias.

– ¿Cómo se reparte[18] la plantilla[19]?

– Mire, la Dirección General, comprende, además del director, dos ejecutivos[20] y cuatro administrativos[21]; el Servicio Financiero, encargado de la contabilidad general y analítica, centraliza las nóminas[22] del personal y la tesorería. Está dirigido por el jefe de contabilidad con once empleados. El Departamento Comercial está encabezado por[23] un directivo[24]. Su adjunto, el jefe de departamento, con diez empleados, se encarga de todos los aspectos administrativos (pedidos[25], entregas[26], facturación[27], pagos[28], etc.) y de él dependen los almacenes regionales. El Departamento Comercial tiene doce representantes exclusivos y tres secciones (troqueles, calderas y distribución de material) con un jefe de ventas y tres empleados cada una.

– ¿Cuál es la organización de la fábrica?

– La Dirección se compone del director de la fábrica y de un director técnico. Existe un Departamento Administrativo de doce personas, dirigido por un jefe que depende del director de la fábrica, el verdadero jefe de personal. Los talleres se organizan por productos, dirigidos cada uno por un ingeniero, del que dependen un jefe de taller y un Servicio de Estudios. En la producción hay en total nueve ejecutivos, seis capataces[29] y doscientos diez obreros.

I.3. Organisation de l'entreprise

1. ya le habrán informado : *vous êtes déjà probablement renseigné.* La 3e p. du pl. traduit le français *on.* Le futur espagnol peut traduire la probabilité. Ici le futur antérieur rend la probabilité dans le passé.
2. consultoría f. : *cabinet de consultants.*
3. solucionar : *résoudre.*
4. con que nos enfrentamos : *auxquels nous nous voyons confrontés.* Enfrentarse con, *affronter, s'affronter.*
5. subcontratista f. : *sous-traitant.*
6. factura f. : *fait un chiffre d'affaires.* Facturar, realizar una facturación équivaut à realizar (hacer) un volumen de negocios, *réaliser (faire) un chiffre d'affaires.*
7. unos 2 500 millones : *à peu près 2,5 milliards. Milliard* se dit en espagnol mil millones. 1 500 millones = mil quinientos millones.
8. se dedica : *s'occupe.*
9. troqueles m., pl. : *moules, viroles.*
10. chapa f. : *tôle.*
11. calderería f. : *chaudronnerie.*
12. cuota f. de mercado : *part de marché.*
13. sede : *le siège.*
14. fábrica : *usine.*
15. departamento m. : *service.*
16. almacén m. : *entrepôt, dépôt.*
17. servicio m. de posventa : *service après-vente.*
18. reparte : de repartir : *distribuer, partager, répartir.*
19. plantilla f. : *le personnel, les effectifs.*
20. ejecutivo m. : *cadre.*
21. administrativo m. : *employé de bureau.* Employé comme adjectif, *administratif.*
22. nómina f. : *feuille de paie.* Ici, par extension, *paie.*
23. está encabezado por... : *à la tête duquel se trouve...* de encabezar, *prendre la tête, être à la tête.*
24. directivo : *cadre supérieur.*
25. pedido m. : *une commande.*
26. entregas : *livraisons.*
27. facturación f. : *facturation.* Cf. 6.
28. pagos m., pl. : *paiements, recouvrements.*
29. capataces m., pl. : *contremaîtres.*

I.3. Organización de la empresa

Pueden distinguirse seis funciones fundamentales dentro de la empresa :

- la función **técnica** (producción)
- la función **comercial** (compra y venta)
- la función **contable** (cuentas y control)
- la función **financiera** (financiación y control de la rentabilidad)
- la función **seguridad**
- la función **administrativa** (coordinación y decisión).

Estas seis funciones van a determinar la estructura de la empresa que depende también de varios factores, entre los cuales :

– el tamaño (cuanto más pequeña es la empresa, más personalizadas son sus estructuras) ;
– la estrategia (por ejemplo, la organización de una empresa cambia al pasar de un sistema de monoproducción a una diversificación de los productos) ;
– la tecnología (el personal productivo aumenta cuando la técnica se vuelve más compleja) ;
– el entorno (dentro de un entorno dinámico, las empresas tienden a adoptar estucturas más flexibles).

La organización de la empresa suele presentarse bajo forma de un organigrama ;

ejemplos de organigrama :

A)

director general

↙ ↙ ↘ ↘

director técnico | director comercial | director financiero | director administrativo

B)

director general

↙ ↘

direcciones funcionales | departamentos operacionales

↙ ↙ ↙ ↘ ↘ ↘

jurídica | industria | finanzas | sector X | sector Y | sector Z

I.3. Organisation de l'entreprise

On peut distinguer six fonctions fondamentales au sein de l'entreprise :

– *la fonction* ***technique*** (production)
– *la fonction* ***commerciale*** (achat et vente)
– *la fonction* ***comptable*** (comptes et contrôle)
– *la fonction* ***financière*** (financement et contrôle de la rentabilité)
– *la fonction* ***sécurité***
– *la fonction* ***administrative*** (coordination et décision).

Ces six fonctions vont déterminer la structure de l'entreprise qui dépend également de plusieurs facteurs, parmi lesquels :

– *la taille (les structures sont d'autant plus personnalisées que l'entreprise est plus petite) ;*
– *la stratégie (par exemple, l'organisation d'une entreprise change en passant d'un système de monoproduction à une diversification des produits) ;*
– *la technologie (le personnel productif augmente lorsque la technique devient plus complexe) ;*
– *l'environnement (dans un environnement dynamique, les entreprises tendent à adopter des structures plus souples).*

On présente généralement l'organisation de l'entreprise sous la forme d'un organigramme ;

exemples d'organigrammes :

A)

directeur général

↙ ↙ ↘ ↘

directeur technique | *directeur commercial* | *directeur financier* | *directeur administratif*

B)

directeur général

↙ ↘

directions fonctionnelles | *divisions opérationnelles*

↙ ↙ ↙ ↘ ↘ ↘

juridique | *industrie* | *finances* | *secteur X* | *secteur Y* | *secteur Z*

I.3. Organización de la empresa

Cuando se trata de determinar modelos de estructura organizativa en el ámbito[1] de la empresa, se encuentran dificultades para delimitarlos de manera nítida[2] y precisa. No obstante, se pueden distinguir tres tipos que proporcionan[3] una visión global de la cuestión.

En primer lugar, el « paternalismo » que se basa en la proyección de la forma de ser[4] del director a lo largo y ancho de[5] la empresa, reforzando el concepto de mando[6], ya que la autoridad se ejerce sobre las personas más que sobre las actividades y la comunicación circula sólo en sentido descendente. Luego[7] el « funcionalismo », que consiste en fragmentar y dividir el trabajo, para después agrupar las actividades con objeto de[8] definir mejor las responsabilidades de los dirigentes ; aquí la comunicación circula además de abajo a arriba y colateralmente. Por último, la « organización participativa por objetivos » en la que cada función de la empresa debe dar y recibir información de y a todas las restantes funciones ; no es la información la que se adapta a la organización sino ésta la que debe doblegarse[9] a los requerimientos[10] informativos, desempeñando la dirección un papel[11] únicamente de coordinación.

Si bien[12] estos modelos sintetizan tres etapas distintas, hay que percatarse[13] que no suponen, de manera universal, tres épocas cronológicas sucesivas, por cuanto[14] es obvio[15] que según la evolución de cada nación han surgido o surgen en momentos diferentes. Son, pues[16], tres estados de evolución estructural y se puede observar su vigencia simultánea en distintos países, e incluso[17] su concurrencia[18] dentro del marco geográfico de un mismo país.

Finalmente, hay que indicar que no siempre aparecen en toda su pureza, ya que las transformaciones económicas y sociales que experimenta el mundo en la actualidad determinan la aparición y el florecimiento[19] de formas híbridas, en las que no se sabe si nos hallamos ante el último ejemplar[20] de una especie en extinción o frente a una nueva que despunta[21].

I.3. Organisation de l'entreprise

1. **ámbito** m. : *milieu, cadre;* il s'agit d'un néologisme assez fréquent ; dans sa signification originaire, **ámbito** signifie *enceinte, espace délimité.*
2. **nítida** : *claire, nette.*
3. **proporcionan** : de **proporcionar** : *fournir, procurer, apporter.*
4. **forma** f. **de ser** : *caractère, personnalité, tempérament.*
5. **a lo largo y ancho de** : *sur toute l'étendue de;* **a lo largo y a lo ancho** : *en long et en large.*
6. **mando** m. : *commandement;* ce mot signifie aussi : *commande (d'une machine ou d'un appareil);* **mando** traduit aussi le mot *cadre,* notamment lorsqu'il précède les adjectifs *moyen* ou *supérieur* : **mando intermedio, superior** ; s'il n'est pas suivi d'un adjectif, il est traduit par **ejecutivo**.
7. **luego** : *ensuite, après* (adverbe de temps) ; **luego** est aussi une conjonction de coordination qui introduit la conclusion : *donc.*
8. **con objeto de** : *afin de, dans le but de.*
9. **doblegarse** : *se plier;* **doblegar** : *soumettre, faire fléchir.*
10. **requerimientos** m., pl. : *exigences;* au sens propre signifie *assignation, sommation, mise en demeure.*
11. **desempeñar un papel** : *jouer un rôle;* on emploie souvent aussi le gallicisme **jugar un papel**.
12. **si bien** : *bien que, quoique.*
13. **percatarse** : *s'apercevoir, se rendre compte.*
14. **por cuanto** : *puisque, car.*
15. **obvio** : *évident.*
16. **pues** : *donc,* quand il est placé après le premier terme de la phrase.
17. **incluso** : *même, y compris.*
18. **concurrencia** f. : *simultanéité, coïncidence;* ne pas confondre avec **competencia** : *concurrence.*
19. **florecimiento** m. : *floraison, épanouissement, éclosion.*
20. **nos hallamos ante el último ejemplar** : *nous nous trouvons devant le dernier spécimen;* le verbe **hallarse** est employé dans le même sens que *se trouver* et vient, donc, à la place de **estar** mais jamais à la place de **ser**.
21. **despunta** : de **despuntar** : *poindre, pointer.*

I.3. Organización de la empresa

administrativo m. : *cadre administratif, employé administratif*
capataz m. : *contremaître*
consultoría f. : *cabinet de consultants*
departamento m. : *département*
desempeñar (o jugar) un papel : *jouer un rôle*
despacho m. : *bureau*
dirección f. general : *direction générale*
directivo m. : *cadre de direction, cadre supérieur*
director m. general : *directeur général, P.-D.G.*
ejecutivo m. : *cadre*
estructura f. funcional : *structure fonctionnelle*
estructura jerárquica : *structure hiérarchique*
estructura organizativa : *structure organisationnelle*
fábrica f. : *usine*
gerente m. : *gérant, P.-D.G.*
gestión f. descentralizada : *gestion décentralisée*
jefe m. de contabilidad : *chef comptable*
jefe de personal : *chef du personnel*
jefe de producto : *chef de produit*
jefe de taller : *chef d'atelier*
jerarquía f. : *hiérarchie*
mando m. : *commandement*
mando intermedio : *membre de la maîtrise, cadre moyen*
mano f. de obra especializada : *main-d'œuvre spécialisée*
oficina f. : *bureau*
oficinista m. ou f. : *employé de bureau*
operario m. : *ouvrier*
organigrama m. : *organigramme*
organización participativa por objetivos : *organisation participationnelle par objectifs.*
planta f. : *unité de production*
plantilla f. : *personnel, effectifs*
profesional m. : *cadre supérieur, membre d'une profession libérale*
sede f. social : *siège social*
servicio de posventa : *service après-vente*
subcontratista m. : *sous-traitant*
taller m. : *atelier*
técnico m. : *technicien*
tesorería f. : *trésorerie*

I.3. Organisation de l'entreprise

EXERCICES

I. Complétez les phrases avec les prépositions qui conviennent :

1. No merece la pena que te enfrentes ...... el jefe de personal.
2. ¿...... qué te dedicas ahora?
3. Reparte el correo ...... todos los departamentos.
4. La delegación estaba encabezada ...... el director y ...... el propio presidente.
5. Quiero que te encargues ...... el departamento comercial.
6. Esta sección está dirigida ...... un jefe de grupo.

II. Construisez les substantifs correspondants aux verbes suivants :

consultar	subcontratar	facturar
costar	conceder	dirigir

III. Formez une expression équivalente :

1. *A lo mejor* ya se *lo han dicho.*
2. *Tienen que resolver* ese problema.
3. Este mes el departamento *ha vendido alrededor de 200 millones de pts.*
4. Ahora *nos ocupamos* de distribuir material eléctrico.
5. *Primero,* estudiemos la cuestión de las ventas; *después,* tratemos de encontrar soluciones y, *por fin,* reformemos lo necesario.

IV. Traduisez :

1. La part de marché de ce produit est très réduite.
2. Il existe trois modèles d'organisation.
3. Le service de comptabilité s'occupe de la paie du personnel de l'usine.
4. Le chiffre d'affaires continue d'augmenter de mois en mois.
5. Nous assurons un service après-vente.

I.4. Crisis de la empresa

– Me acaban de comunicar que el juez[1] ha dictado ya providencia[2] sobre nuestra solicitud de suspensión de pagos[3] y ha declarado que es admisible[4].

– Esto nos va a dar un cierto respiro[5]. Me imagino que estaba usted enterado[6] de que algunos de nuestros acreedores[7] se disponían a solicitar la declaración de quiebra[8], que habrían obtenido sin ninguna dificultad dada nuestra situación de sobreseimiento[9] de los pagos por insolvencia[10] definitiva, ya que el valor de nuestros bienes no es suficiente para pagar el total de las deudas[11]. Anticipándonos a ellos hemos logrado evitar, casi con toda certeza[12] por el momento, la liquidación de nuestro patrimonio[13], la destrucción de la empresa y los graves perjuicios[14] que todo ello supondría para los trabajadores. Por cierto[15], ¿se sabe ya quiénes son los interventores[16] nombrados por el juez?

– Desde luego[17]. No recuerdo los nombres de los dos peritos contables[18], pero el tercero es el Sr. Puertas, nuestro principal acreedor.

– Bueno, esto constituye otra buena noticia. Normalmente, la presencia del Sr. Puertas en el equipo de interventores debería sernos favorable, puesto que él mismo es de la opinión que solamente si la empresa no se cierra y continuamos al frente del negocio tendrá la posibilidad de cobrar[19] la totalidad de sus créditos[20].

– Siendo así, cabe esperar[21] que su actuación en la Junta general de acreedores tenga un peso importante a la hora de que dicha Junta apruebe nuestra propuesta de convenio[22]. De todas maneras, podemos confiar cuando menos[23] en que su intervención permita alcanzar un acuerdo sobre un convenio relativamente favorable para nuestros intereses y se consiga evitar que el Juez tenga que dar por concluido el expediente[24] y que a los acreedores no les quede más alternativa que solicitar la quiebra. Pero supongo que mañana mismo tendremos aquí a los interventores y pronto sabremos mejor a qué atenernos[25], aunque pienso que podemos mostrarnos moderadamente optimistas a pesar de lo precario de la situación.

I.4. Crise de l'entreprise

1. juez m. : *juge;* en France c'est le Tribunal de Commerce qui exerce la juridiction dans le cas de cessation des paiements et de faillites ; le Tribunal de Commerce n'existant pas en Espagne, ces deux procédures sont du ressort du *juge de première instance :* juez de primera instancia.
2. dictar una providencia : *prononcer une ordonnance.*
3. solicitud de suspensión de pagos f. : *demande de règlement judiciaire;* suspensión de pagos f. : *cessation des paiements.*
4. admisible : *recevable, admissible.*
5. dar respiro : *laisser du répit;* respiro m. : *repos, répit.*
6. estaba enterado : de estar enterado : *être au courant;* enterarse : *s'informer, apprendre.*
7. acreedor m. : *créancier;* acreedor, ra (adjectif) : *créditeur, trice.*
8. declaración f. de quiebra f. : *dépôt de bilan;* quiebra f. : *faillite.*
9. sobreseimiento m. : *suspension, interruption.*
10. insolvencia f. : *insolvabilité;* solvencia f. : *solvabilité.*
11. deuda f. : *dette.*
12. certeza f. : *certitude.*
13. liquidación del patrimonio f. : *liquidation du patrimoine.*
14. perjuicio m. : *dommage, préjudice.*
15. por cierto : *à propos;* sert à introduire une idée dans un dialogue ; *bien sûr, certes.*
16. interventor m. : *contrôleur.*
17. desde luego : *bien sûr, bien entendu.*
18. perito contable m. : *expert comptable.*
19. cobrar : *recouvrer, encaisser, toucher, être payé.*
20. crédito m. : *créance.*
21. cabe esperar : *on peut attendre.*
22. convenio m. : *concordat; convention, accord.*
23. cuando menos : *au moins, tout au moins.*
24. expediente m. : *dossier.*
25. saber a que atenerse : *savoir à quoi s'en tenir;* atenerse : *s'en tenir à, s'en référer à, s'en rapporter à.*

I.4. Crisis de la empresa

La suspensión de pagos

La suspensión de pagos es un estado legal declarado por el juez cuando una empresa no puede, momentáneamente, hacer frente a sus obligaciones de pago ; el procedimiento se inicia por medio de una solicitud del propio empresario deudor, que debe presentar ante el juzgado varios documentos : el balance, la lista de los acreedores, una memoria explicando los motivos de la suspensión y una proposición para el pago de las deudas. El juez nombra a tres interventores (dos peritos mercantiles y un acreedor) para que examinen dichos documentos y emitan un dictamen que le permita determinar si se trata de una insolvencia provisional (activo superior al pasivo) o definitiva (pasivo superior al activo), en cuyo caso se le concede al deudor un plazo de quince días para consignar la diferencia. De ser provisional la insolvencia, el juez convoca una junta general de acreedores para discutir y aprobar el convenio propuesto por el deudor.

El deudor está obligado, por supuesto, a cumplir el convenio en todos sus pactos.

La quiebra

Este procedimiento tiene como principal objetivo la liquidación del patrimonio del deudor y su reparto equitativo entre los acreedores.

El derecho español prevé tres clases de quiebra : la quiebra fortuita (que se produce por infortunios del empresario), la quiebra culpable (debida a una actuación negligente) y la quiebra fraudulenta (originada por una conducta dolosa).

El procedimiento se inicia a instancia de los acreedores y supone la intervención de un juez (quien declara y califica la quiebra), de un comisario (nombrado por el juez, que vigila la labor de los síndicos) y de tres síndicos (nombrados por la junta de acreedores para administrar el caudal de la quiebra).

Una vez reconocidos los créditos, se establece una clasificación de los acreedores, más o menos privilegiados, y se reembolsa cada categoría, una tras otra, hasta donde alcance el activo del deudor.

I.4. Crise de l'entreprise

La cessation de paiement

La cessation de paiement est un état légal déclaré par le juge quand une entreprise ne peut pas, momentanément, faire face à ses obligations de paiement ; la procédure est entamée à la demande du débiteur lui-même, qui doit présenter devant le tribunal divers documents : le bilan, la liste des créanciers, un mémoire expliquant les motifs de la cessation de paiement et une proposition en vue de procéder au remboursement des dettes. Le juge nomme trois contrôleurs (deux experts commerciaux et un créancier) pour qu'ils étudient ces documents et émettent un avis qui lui permettra de déterminer s'il s'agit d'une insolvabilité provisoire (actif supérieur au passif) ou définitive (passif supérieur à l'actif), auquel cas on accorde au débiteur un délai de quinze jours pour consigner la différence.

S'il s'agit d'une insolvabilité provisoire, le juge convoque l'assemblée générale des créanciers afin de discuter et d'approuver le concordat proposé par le débiteur.

Il va sans dire que le débiteur est tenu d'accomplir toutes les clauses du concordat.

La faillite

Cette procédure a pour objectif principal la liquidation du patrimoine du débiteur et sa répartition équitable entre les créanciers.

Le droit espagnol prévoit trois cas : la faillite (qui se produit à la suite d'opérations malheureuses du chef d'entreprise), la banqueroute simple (due à la négligence) et la banqueroute frauduleuse (provoquée par une conduite dolosive).

La procédure est entamée à la demande des créanciers et suppose l'intervention d'un juge (qui déclare et qualifie la faillite), d'un commissaire (nommé par le juge, qui surveille le travail des syndics) et de trois syndics (nommés par l'assemblée générale des créanciers pour gérer les fonds de la faillite).

Une fois les créances établies, on effectue un classement des créanciers, plus ou moins privilégiés, et l'on rembourse chaçune des catégories, l'une après l'autre, jusqu'à épuisement de l'actif du débiteur.

I.4. Crisis de la empresa

Las profundas transformaciones que ha sufrido[1] estos últimos lustros la industria tradicional en su conjunto[2] han venido asociadas[3] a la emergencia de otras activadades vinculadas[4] a tecnologías punteras[5]. Sin embargo[6], la localización de estas actividades se produce fuera de las zonas geográficas de implantación de la industria tradicional. Las desapariciones de un gran número de empresas en esas zonas no ha sido compensada por nuevas creaciones.

Las desapariciones de empresas han tenido lugar, por consiguiente, en zonas de antigua industrialización y en sectores que han llegado a la etapa de madurez[7]. Aunque el deslinde[8] de estos sectores aparezca relativamente impreciso, pueden esbozarse[9] los rasgos[10] comunes siguientes : la producción se encuentra en fase de estancamiento[11] ; los productos están poco diversificados e incluso[12] tienden a convertirse en[13] estándar[14], con un bajo componente en I+D[15] ; el factor de producción intensivo, si bien[16] variable según los sectores, es la mano de obra[17], con un nivel de calificación medio o medio bajo con relación a la media nacional. Por fin[18], la competencia pasa por los precios y la rentabilidad puede llegar a ser escasa[19]. Así, en ciertos casos, la quiebra de un gran número de empresas especializadas en un sector es la consecuencia directa de la pérdida de un nicho tradicional de mercado[20], debido a una innovación tecnológica que otros países saben explotar. En el supuesto de que[21] la producción se haya concentrado espacialmente, la pérdida de una ventaja comparativa llevará consigo el declive de toda una comarca. En otros casos, la disminución progresiva de la rentabilidad conduce al cierre o favorece una concentración progresiva, en beneficio de las grandes empresas. En otros, por último, las industrias intensivas en mano de obra han tenido que ceder cuotas de mercado[22] importantes a sus competidoras[23] del tercer mundo.

La localización de nuevas activídades fuera de las zonas de vieja implantación industrial obliga a reconsiderar no sólo una política a nivel regional sino[24] también el papel que cumple[25] la introducción y la difusión de las nuevas tecnologías en sectores maduros.

I.4. Crise de l'entreprise

1. **sufrir** : *subir*. Également *souffrir*.
2. **conjunto** m. : *ensemble*.
3. **han venido asociadas** : *ont été associées*; **venir**, employé comme semi-auxiliaire avec un gérondif ou un participe passé traduit la progression de l'action tout en soulignant son commencement.
4. **vinculadas** : *liées, attachées*.
5. **tecnologías punteras** : *technologies de pointe, nouvelles technologies*.
6. **sin embargo** : *cependant, néanmoins*.
7. **madurez** f. : *maturité*.
8. **deslinde** m. : *délimitation*. De **linde** (fém.), *borne, limite*. Le synonyme **límite** est masculin en espagnol.
9. **esbozarse** : *s'esquisser*.
10. **rasgos** m., pl. : *traits*.
11. **estancamiento** m. : *stagnation*.
12. **e incluso** : *et même*. La conjonction **y** devient **e** devant un mot commençant par **i-** ou **hi-**. **Y** se maintient devant la diphtongue **hie-**.
13. **convertirse en** : *devenir*. **Convertirse en** traduit une transformation progressive du sujet.
14. **estándar** m. : *standard*.
15. **I+D** : **Investigación y desarrollo**, *recherche et développement (R+D)*.
16. **si bien** : *bien que*. Synonyme de **aunque**.
17. **mano** f. **de obra** f. : *main-d'œuvre*.
18. **por fin** : *finalement*.
19. **escasa** : *faible, limitée*.
20. **nicho** m. ... **de mercado** : *créneau*. Littéralement, *cavité de marché*.
21. **en el supuesto de que** : *si toutefois, si par hasard*. Locution conditionnelle qui exige le subjonctif.
22. **cuotas de mercado** : *parts du marché*.
23. **competidoras** : *concurrentes*.
24. **no sólo... sino** : *non seulement... mais*. Dans la corrélation, *mais* est rendu obligatoirement par **sino**.
25. **papel** m. : *rôle*. *Jouer un rôle* = **cumplir, desempeñar un papel**.

I.4. Crisis de la empresa

acreedor m. : *créancier*
comisario m. : *commissaire*
consignar : *consigner, mettre en dépôt*
convenio m. : *accord, concordat, convention*
crédito m. : *crédit, créance*
declarar en quiebra : *déclarer en faillite*
defraudación f., fraude m. : *fraude*
defraudar : *frauder*
deuda f. : *dette*
deudor m. : *débiteur*
dictamen m. : *avis, consultation juridique*
dictaminar : *conseiller, estimer*
doloso : *dolosif*
ejecución f. judicial : *règlement judiciaire*
equitativo : *équitable*
fallido m., quebrado m. : *failli*
insolvencia f. : *insolvabilité*
interventor m. : *contrôleur, liquidateur (de la faillite)*
juez m. : *juge*
junta f. general : *assemblée générale*
juzgado m. : *tribunal*
liquidación f. : *liquidation*
liquidar : *liquider*
masa f. activa de la quiebra : *actif des biens du failli*
memoria f. : *mémoire (document)*
obligaciones f., pl. de pago : *obligations de paiement*
pacto m. : *clause, convention, pacte*
perito m. : *expert*
procedimiento m. : *procédure, procédé*
quebrar : *faire faillite*
quiebra f. culpable : *banqueroute simple*
quiebra fortuita : *faillite*
quiebra fraudulenta : *banqueroute frauduleuse*
síndico m. : *administrateur, syndic*
solvencia f. : *solvabilité*
solvente : *solvable*
suspensión f. de pagos : *cessation de paiements*
suspenso : *en état de cessation de paiement*

I.4. Crise de l'entreprise

EXERCICES

I. Construisez les adjectifs correspondant aux substantifs suivants :

pago	solvencia	patrimonio
cobro	ventaja	beneficio

II. Formez des expressions équivalentes à celles qui figurent en caractères gras :

1. Le **supongo al corriente** de la nueva situación. 2. **No tenemos más remedio** que solicitar la suspensión de pagos. 3. **A propósito**, ¿se ha convocado ya la junta general de acreedores?

III. Traduisez en espagnol les phrases suivantes :

1. N'étant plus en mesure de faire face aux engagements pris, l'entreprise s'est vue contrainte de déposer son bilan. 2. Aussitôt que la faillite aura été prononcée, le commerçant devra cesser son commerce. 3. Le concordat a pour effet d'accorder au débiteur différentes facilités pour le règlement de ses dettes : délai, remise... 4. Les créanciers devront présenter leurs titres de créance devant le tribunal de commerce dans les vingt jours. 5. Si le chef d'entreprise n'avait pas détourné une partie de son actif, le tribunal n'aurait pas déclaré la banqueroute frauduleuse.

IV. Complétez le tableau qui figure ci-dessous :

	quiebra	suspensión de pagos
iniciativa de la solicitud		
órganos que intervienen		
consecuencias para el quebrado/suspenso		
etapas del proceso		
terminación del proceso		

II. EL SERVICIO DE CONTABILIDAD
LE SERVICE DE COMPTABILITÉ

1. Balance
   Bilan

2. Cuenta de resultados
   Compte de résultats

3. Consolidación
   Consolidation

4. Análisis financiero
   Analyse financière

II.1. Balance

– Hoy le voy a explicar el fundamento de la contabilidad. Se trata del principio de la partida doble[1]. Vd. ya conoce la distribución del balance[2] y en qué consiste.

– Sí, claro, un balance tiene un activo que refleja los bienes y derechos[3], lo que tiene la empresa; y un pasivo que representa las obligaciones respecto a[4] los accionistas o a terceros[5], o sea[6], lo que debe.

– Exactamente, tanto el pasivo como[7] el activo se componen de cuentas[8]. Las del pasivo representan los recursos : el capital es la aportación[9] de los propietarios; las deudas, los empréstitos[10] de la empresa; los proveedores[11], las deudas a corto plazo[12] de las compras a crédito. Las cuentas del activo son los empleos[13], la aplicación de los fondos en material, en existencias[14] o en el banco[15].

– Cada cuenta, entonces, consiste en una columna donde se suman[16] y se restan[17] las operaciones.

– Podría ser así, pero es más sencillo[18] considerar cada cuenta en dos columnas, una que registra los aumentos[19] y otra[20], las disminuciones. Así, al final, cuando se salda[21] una cuenta, basta hacer la diferencia entre dos sumas.

– ¿Y eso es la partida doble?

– No del todo[22], el principio de la partida doble consiste en que toda operación afecta[23] por lo menos[24] a dos partidas[25] de signo contrario, una que indica el empleo y otra el origen de la operación y ambos pueden estar en el activo como en el pasivo. Por convención, puesto que el activo se sitúa a la izquierda y el pasivo a la derecha, las cuentas registran los aumentos por el lado en que están inscritas en el balance y las disminuciones en sentido inverso. El lado izquierdo se llama *el debe*[26] y el derecho *el haber*[27]. La anotación en el debe se llama cargar[28] y la del haber, abonar[29], pero ésta es una simple cuestión terminológica. Por ejemplo, una compra al contado[30] de una máquina de escribir supone dos asientos[31] en dos cuentas : se cargará la partida *material* en el debe (aumento en la parte izquierda) puesto que es un empleo y se abonará la partida *caja* en el haber (disminución en la parte derecha) ya que[32] es el origen[33] de los fondos.

II.1. Bilan

1. **partida doble** : *partie double. Une partie* [d'un tout], **una parte.**
2. **balance m.** : *bilan.*
3. **derecho m.** : *droit.*
4. **respecto a** : *par rapport à.*
5. **terceros m.** : *tiers.*
6. **o sea** : *c'est-à-dire.*
7. **tanto... como** : *autant... que.*
8. **cuenta f.** : *compte.*
9. **aportación f.** : *apport.*
10. **empréstitos m.** : *emprunts.*
11. **proveedores m.** : *fournisseurs.*
12. **deudas f., pl. a corto plazo** : *dettes à court terme.*
13. **empleo m.** : *emploi.*
14. **existencias f., pl.** : *stocks.*
15. **banco m.** : *banque.* **La Banca,** *le système bancaire.*
16. **sumar** : *additionner, totaliser.*
17. **restar** : *soustraire, déduire.*
18. **sencillo** : *simple.*
19. **aumento m.** : *augmentation.*
20. **otra** : l'article indéfini n'apparaît jamais devant **otro, otra,** *autre.*
21. **saldar** : *solder;* mais *solder un article,* **rebajar.**
22. **no del todo** : *pas tout à fait.* À ne pas confondre avec **en absoluto, de ningún modo,** *pas du tout.*
23. **afectar** : *toucher.*
24. **por lo menos** : *au moins.*
25. **partidas f., pl.** : *poste comptable.*
26. **el debe m.** : *le débit.*
27. **el haber m.** : *le crédit.*
28. **cargar** : *débiter.*
29. **abonar** : *créditer.*
30. **al contado** : *comptant.*
31. **asiento m.** : *enregistrement.*
32. **ya que** : *puisque.* Une locution équivalente est **puesto que.**
33. **origen m.** : *origine.* N'oubliez pas que le mot est masculin en espagnol.

II.1. Balance

El balance de una empresa es una fotografía de su situación en un momento determinado, generalmente al acabar el ejercicio.

El activo indica el empleo que hace la empresa de los recursos puestos a su disposición.

La diferentes cuentas que componen el activo son :

- **El inmovilizado** : inmovilizaciones inmateriales (negocio, licencias y patentes), inmovilizaciones materiales (terrenos, edificios, maquinaria) e inmovilizaciones financieras (títulos, préstamos, etc.).

- **El circulante** : existencias (materias primas, productos terminados y semiterminados), anticipos efectuados, valores, haberes, cuentas de regularización.

El pasivo constituye la parte del balance que indica el origen de los recursos puestos a disposición de la empresa.

Las diferentes cuentas que componen el pasivo son :

– El capital social
– Las reservas
– Las provisiones
– Las deudas (a plazos corto, medio y largo)
– Las cuentas de regularización.

Las relaciones entre las empresas tienden a volverse cada vez más complejas, mediante creación de filiales o participación financiera de una sociedad en otra ; **el balance consolidado** presenta, pues, la situación de un grupo de sociedades en un momento determinado.

Balance

activo	**pasivo**
inmovilizado : inmovilizaciones inmateriales inmovilizaciones materiales inmovilizaciones financieras circulante : existencias otros bienes del circulante cuentas de regularización	capital reservas provisiones deudas a plazos largo y medio deudas a corto plazo cuentas de regularización resultados

II.1. Bilan

***Le bilan** d'une entreprise est une photographie de sa situation à un moment donné, généralement à la fin de l'exercice.*

***L'actif** indique l'utilisation faite par l'entreprise des ressources mises à sa disposition.*

Les différentes masses constituant l'actif sont :

*– **L'actif immobilisé** : immobilisations incorporelles (fonds de commerce, brevets et licences), immobilisations corporelles (terrains, constructions, matériel) et immobilisations financières (titres, prêts, etc.).*

*– **L'actif circulant** : stocks (matières premières, produits finis et intermédiaires), avances versées, valeurs, disponibilités, comptes de régularisation.*

***Le passif** représente la part du bilan indiquant l'origine des ressources mises à la disposition de l'entreprise.*

Les différents comptes du passif sont :

– Le capital social.
– Les réserves.
– Les provisions.
– Les dettes (à court, moyen et long termes).
– Les comptes de régularisation.

*Les relations entre les entreprises tendent à devenir de plus en plus complexes, par le biais de création de filiales ou de participation financière d'une société dans une autre ; **le bilan consolidé** présente donc la situation d'un groupe de sociétés à un moment donné.*

Bilan

actif	*passif*
actif immobilisé : *immobilisations incorporelles* *immobilisations corporelles* *immobilisations financières* *actif circulant :* *stocks* *autres biens de l'actif circulant* *comptes de régularisation*	*capital* *réserves* *provisions* *dettes à moyen et à long terme* *dettes à court terme* *comptes de régularisation* *résultats : pertes et profits*

II.1. Balance

Debemos remontar hasta la Edad Media[1] para encontrar los orígenes de la contabilidad moderna. Hasta entonces y desde la época romana existía, por supuesto[2], un sistema contable que servía para que los comerciantes controlaran sus intercambios[3] de mercancías[4] y de dinero. Pero, a lo largo de todo este período, el método utilizado será el de la partida simple[5].

El concepto de la partida doble[6], fundamento y principio de la contabilidad de hoy, nació en Italia en el siglo XIII y fueron los monjes[7] quienes idearon la forma de realizar los asientos[8]. Con todo[9], aunque la esencia del sistema contable moderno estaba ya presente, la contabilidad de la Edad Media era antes que nada[10] una herramienta[11] de prueba y de control. Servía para registrar los gastos[12] y los ingresos[13] y para presentar la situación de los créditos[14] y de las deudas[15] del comerciante frente a sus clientes[16] y proveedores[17]. Con el paso de los siglos, llegará a ser patrimonial y entonces su meta[18] será presentar el estado del activo y del pasivo del propietario de una determinada entidad, en una fecha precisa, así como los resultados de la actividad en el curso del período ya pasado. Esta evolución apunta a[19] satisfacer las necesidades de información de la empresa, pero sobre todo de terceros como Hacienda[20], el mercado bursátil y, más recientemente, los asalariados[21]. Por fin, desde hace unos años se habla de contabilidad de costes[22], de dirección e incluso previsional, es decir que se considera la contabilidad como un útil de decisión.

La distancia recorrida desde sus albores[23] es enorme y esta evolución ha traído consigo[24] un cambio en la esencia misma de la contabilidad : de instrumento encargado principalmente de ser la memoria de los acontecimientos[25] se ha transformado en una herramienta que mira hacia el futuro.

Es por lo tanto[26] evidente que, dado el alto grado de sofisticación que ha alcanzado, la contabilidad sólo puede llevarse a cabo[27] hoy en día mediante la informática. Hoy han caído casi por completo en desuso[28] los hasta hace poco imprescindibles libros contables.

II.1. Bilan

1. Edad Media f. : *Moyen Age.*
2. por supuesto : *bien entendu, évidemment.*
3. intercambios m., pl. : *échanges.*
4. mercancías f., pl. : *marchandises.*
5. partida simple f. : *partie simple.*
6. partida doble f. : *partie double.*
7. monjes m., pl. : *moines.*
8. asientos m., pl. : *écritures, enregistrements, inscriptions comptables.*
9. con todo : *néanmoins, malgré tout.*
10. antes que nada : *avant tout.*
11. herramienta f. : *outil;* la herramienta, employé au singulier comme nom générique signifie l'ensemble des outils, l'outillage.
12. gastos m., pl. : *dépenses, frais.*
13. ingresos m., pl. : *recettes, entrées; revenus* (d'une personne); *dépôt, versement* (sur un compte); *admission, entrée* (une institution, une école).
14. créditos m., pl. : *créances.*
15. deudas f., pl. : *dettes.*
16. clientes m., pl. : *clients.*
17. proveedores m., pl. : *fournisseurs.*
18. meta f. : *but, objectif.*
19. apunta a : de apuntar a : *viser à; braquer; montrer, signaler.*
20. Hacienda f. : *finances publiques, trésor public;* hacienda : *fortune, biens; propriété rurale;* Ministerio de Economía y Hacienda : *Ministère de l'Economie et des Finances.*
21. asalariados m. : *salariés.*
22. contabilidad de costes f. : *comptabilité des prix de revient.*
23. albores m., pl. : *début* (fig.); *aube.*
24. consigo : *avec soi.*
25. acontecimientos m., pl. : *événements.*
26. por lo tanto : *par conséquent, donc.*
27. llevarse a cabo : *être menée à bien.*
28. han caído... en desuso : *tombant en désuétude.*

II.1. Balance

activo : *actif*
ajuste por periodificación : *compte de régularisation*
anticipo m : *avance, acompte*
anticipo efectuado : *avance versée*
asiento m. : *inscription, écriture comptable*
balance m. : *bilan*
borrador m. : *brouillard*
capital m. social : *capital social*
capital suscrito : *capital souscrit*
capitales propios : *capitaux propres*
censor m. jurado de cuentas : *expert-comptable*
circulante m. : *actif circulant*
contable m. : *comptable*
crédito m. : *créance*
cuenta f. de regularización : *compte de régularisation*
deuda f. a corto, medio, largo plazo : *dette à court, moyen, long terme*
empréstito m. : *emprunt*
existencias f., pl. : *stocks*
haberes m., pl. : *avoirs*
inmovilizaciones f., pl. financieras : *immobilisations financières*
inmovilizaciones inmateriales : *immobilisations incorporelles*
inmovilizaciones materiales : *immobilisations corporelles*
inmovilizado m. : *actif immobilisé*
instalación f. mecánica : *installation technique*
libro m. de actas : *registre des séances*
libro de comercio : *livre de commerce*
libro de inventarios y balances : *livre des inventaires*
libro diario : *livre journal*
libro mayor : *grand livre*
llevar los libros : *tenir les livres*
maquinaria f. : *matériel industriel*
materias f., pl. primas : *matières premières*
negocio m. : *fonds de commerce*
participaciones f., pl. : *participations*
partida f. doble (en) : *partie double (en)*
partida simple (en) : *partie simple (en)*
pasivo m. : *passif*
patente f. : *brevet*
préstamo m. : *prêt*

II.1. Bilan

EXERCICES

I. **Complétez les phrases suivantes avec les mots exacts :**

1. La columna de la izquierda en una cuenta es ....
2. La anotación en una de las columnas de la cuenta se llama ....
3. La columna de la derecha en una cuenta es ....
4. Escribir una cantidad en la columna de la izquierda es .... la cuenta.
5. Escribir una cantidad en la columna de la derecha es ....
6. La diferencia entre la suma de las cantidades de las dos columnas es ....
7. Cuando la suma de las cantidades de la columna de la izquierda es superior a la de la derecha se trata de un ....
8. Cuando la suma de las cantidades de la columna de la derecha es superior a la de la izquierda se trata de un ....
9. Determinar el saldo de una cuenta es .... la cuenta.

II. **Selon les postes du bilan, déterminez quels comptes il faut *débiter* (cargar) et *créditer* (abonar) dans les opérations suivantes :**

1. Al constituir una sociedad, 60 % del capital total (6 millones de pts.) es aportado en metálico por uno de los socios, que lo ingresa en el banco. El resto es aportado bajo forma de patente por otro socio.
2. Los gastos de constitución, pagados al contado, ascienden a 150 000 pts.
3. Los gastos de primer establecimiento, pagados al contado, suponen 250 000 pts.
4. Se ha efectuado una compra de maquinaria por valor de un millón setecientas cincuenta mil pts., pagada también al contado.

II.2. Cuenta de resultados

– ¿Puedes aclararme[1] qué es la cuenta de resultados[2]?

– Mientras que[3] el balance es estático, una especie de instantánea[4] de la empresa, la cuenta de resultados nos informa sobre cuál ha sido su dinámica de funcionamiento, facilitándonos[5] las cifras de los diferentes componentes que han intervenido en los resultados, positivos o negativos, y permitiéndonos analizar sus causas.

– ¿Y de qué manera se lleva esta cuenta[6]?

– El principio es muy sencillo[7] : al debe se pasan[8] todos los gastos[9] y al haber todos los ingresos[10]. El saldo final expresa así las ganancias[11] si los ingresos superan[12] los gastos o las pérdidas[13] si estas rebasan[14] los ingresos. Para que cuadre[15] la cuenta se debe anotar dicho saldo en la columna que arroje un menor importe[16].

– Entonces, ¿gastos e ingresos se anotan globalmente o se desglosan[17] en diferentes conceptos?

– ¡Pues, claro[18] que se desglosan! Por ejemplo, dentro de los gastos aparece el coste[19] de las materias utilizadas, que se obtiene sumando las compras[20] efectuadas con las existencias[21] iniciales y restándole al resultado el remanente[22] de existencias no consumidas durante el período contable. Vienen después los gastos de personal, es decir los sueldos[23] y cargas sociales[24]. Tenemos luego los gastos generales que engloban todos los desembolsos[25] no destinados directamente a elaborar los productos. Hay que incluir también las amortizaciones[26] que reflejan el desgaste[27] que sufren la maquinaria[28] y otros activos fijos[29] y los gastos financieros, o intereses y comisiones que cobran las instituciones financieras por el dinero y los servicios prestados[30]. Por último, los impuestos sobre los beneficios que se pagan al Estado.

– Y, ¿me podrías detallar los ingresos más importantes?

– Ante todo, las ventas de productos fabricados, sin olvidar otras entradas por ventas de bienes o prestación de servicios. En casó de que[31] las haya, se anotan también las subvenciones y finalmente los ingresos financieros por títulos[32] de otras firmas, intereses bancarios, etc.

II.2. Compte de résultats

1. **aclarar** : *éclaircir, expliquer.*
2. **cuenta** f. **de resultados** : *compte de résultats.*
3. **mientras que** : *alors que, tandis que.*
4. **instantánea** f. : *instantané, photographie.*
5. **facilitándonos** : *nous fournissant, nous procurant.*
6. **llevar una cuenta** : *tenir un compte.*
7. **sencillo** : *simple.*
8. **pasar al debe/al haber** : *porter au débit/au crédit.*
9. **gasto** m. : *dépense, frais.*
10. **ingresos** m., pl. : *recettes;* **ingreso** m. : *recette, encaissement; versement (sur un compte).*
11. **ganancias** f., pl. : *bénéfices;* **ganancia** f. : *gain, profit, revenu.*
12. **superan** : *dépassent, surpassent;* **superar** : *surmonter.*
13. **pérdida** f. : *perte.*
14. **rebasan** : *dépassent, vont au-delà.*
15. **cuadre (una cuenta)** : *tombe juste;* **cuadrar** : *coïncider, cadrer.*
16. **importe** m. : *montant, prix, valeur.*
17. **se desglosan** : *on fait le détail de, on ventile.*
18. **pues, claro** : *mais bien entendu;* au début d'une phrase, **pues** vient renforcer l'idée que l'on veut exprimer.
19. **coste** m. : *coût.*
20. **compra** f. : *achat.*
21. **existencias** f., pl. : *stock;* **stock** est un néologisme employé dans le commerce à la place de **existencias**.
22. **remanente** m. : *reste.*
23. **sueldo** m. : *salaire.*
24. **cargas sociales** f., pl. : *charges sociales.*
25. **desembolsos** m., pl. : *dépenses, frais;* **desembolso** m. : *déboursement, versement.*
26. **amortización** f. : *amortissement.*
27. **desgaste** m. : *usure.*
28. **maquinaria** f. : *machines.*
29. **activo fijo** m. : *actif immobilisé, immobilisation.*
30. **los servicios prestados** : *les services rendus;* **prestar** : *rendre (un service), prêter (une chose).*
31. **en caso de que** : *au cas où;* **caso que** exprime la condition et implique toujours le subjonctif.
32. **título** m. : *titre.*

II.2. Cuenta de resultados

La cuenta de resultados consta de los diferentes elementos informativos sobre la vida de la empresa. Su puesta en aplicación corresponde a la introducción del nuevo Plan contable y a las directivas de la Comunidad europea. Sustituye a **la cuenta de explotación** (que indicaba el resultado de la explotación normal de la empresa durante un período determinado) y a **la cuenta de pérdidas y ganancias** (donde aparecían todas las operaciones que modificaban el resultado del ejercicio pero sin relacionarse con el período estudiado o con el funcionamiento normal de la empresa).

La cuenta de resultados se compone de dos partes :

Los gastos :
- gastos de explotación (compras, personal, impuestos, etc.) ;
- gastos financieros ;
- gastos excepcionales.

Los ingresos :
- ingresos de explotación (ventas de mercancías y servicios : volumen de negocios) ;
- ingresos financieros (valores, créditos, intereses, diferencias positivas de tipo de cambio, etc.) ;
- ingresos extraordinarios.

Cuenta de resultados

debe	**haber**
gastos de explotación compras existencias tributos gastos de personal dotación a las amortizaciones y a las provisiones gastos diversos gastos financieros	Ingresos de explotación : ventas Productos vendidos (bienes y servicios) Existencias Trabajos realizados por la empresa por su inmovilizado subvenciones a la explotación ingresos financieros :
TOTAL GASTOS DE EXPLOTACIÓN gastos excepcionales impuesto sociedades	TOTAL INGRESOS DE EXPLOTACIÓN Ingresos extraordinarios :
TOTAL GASTOS saldo acreedor = beneficio	TOTAL INGRESOS saldo deudor = pérdidas

II.2. Compte de résultats

Le compte de résultats *se compose des divers éléments d'information sur la vie de l'entreprise. Sa mise en application correspond à l'introduction du nouvean Plan comptable et aux directives de la Communauté européenne. Il remplace le* ***compte d'exploitation*** *(qui indiquait le résultat de l'exploitation normale de l'entreprise pendant une période donnée) et* ***le compte de pertes et profits*** *(où apparaissaient toutes les opérations modifiant le résultat de l'exercice mais sans être liées à la période considérée ou au fonctionnement normal de l'entreprise).*

Le compte de résultats se compose de deux parties :

Les charges :
- *charges d'exploitation (achats, personnel, impôts, etc.);*
- *charges financières;*
- *charges exceptionnelles.*

Les produits :
- *produits d'exploitation (ventes de marchandises et de services : chiffre d'affaires);*
- *produits financiers (valeurs, créances, intérêts, différences positives de taux de change, etc.);*
- *produits exceptionnels.*

Compte de résultats

charges	*produits*
achats stocks impôts charges de personnel dotation aux amortissements et aux provisions autres charges charges financières	*produits d'exploitation : ventes produits vendus (biens et services) stocks production immobilisée subventions d'exploitation produits financiers :*
TOTAL CHARGES D'EXPLOITATION charges exceptionnelles impôt sur les sociétés	*TOTAL PRODUITS D'EXPLOITATION produits exceptionnels*
TOTAL CHARGES solde créditeur = bénéfice	*TOTAL PRODUITS solde débiteur = pertes*

II.2. Cuenta de resultados

Las empresas españolas, tomadas en su conjunto[1], llevan unos cuantos años repercutiendo[2] en sus resultados la recuperación general de la actividad económica. La mejora general de los saldos se ha reflejado en el aumento[3] que ha experimentado[4] el beneficio empresarial[5], tanto por[6] un mayor[7] control de los costes como[8] por un aumento del volumen de negocios, pero esta recuperación no ha afectado[9] por igual las diferentes partidas e incluso se ha producido un desplazamiento entre ellas.

El aumento de beneficios se ha producido prácticamente en todos los sectores, ya[10] se mida[11] en valor absoluto o bien por unidad de venta. Este incremento[12] ha ido a parar[13] a afianzar[14] las reservas y a aumentar el capital. De este modo, la maltrecha[15] situación patrimonial de las empresas se ha visto aliviada[16].

Asimismo[17] la capacidad de autofinanciación[18] se ha mejorado[19] notablemente. Puede comprobarse[20] por los informes[21] de la Central de Balances del Banco de España que esta autofinanciación ha redundado[22] en un acrecentamiento[23] de las inversiones[24], tanto de ampliación de equipos como de renovación de instalaciones.

En otro sentido[25], las empresas han prestado mayor atención a la colocación[26] de sus excedentes de tesorería que han provocado un flujo de inversiones financieras[27] en títulos a corto plazo[28] y en depósitos[29], con un aumento de los productos financieros.

Sin embargo, se ha de señalar la evolución negativa de algunas partidas, entre ellas los costes salariales y los costes financieros. En cuanto a los primeros, a pesar de su evolución moderada, puede decirse que la economía española ha perdido una de las ventajas[30] comparativas en que se basaba su competitividad a nivel internacional. En cuanto a los segundos, el insuficiente control de los rebrotes[31] inflacionistas[32] ha provocado en ocasiones el endurecimiento[33] de la política monetaria con la consiguiente repercusión sobre los tipos de interés.

II.2. Compte de résultats

1. conjunto m. : *ensemble.*
2. llevan unos cuantos años repercutiendo : *depuis quelques années elles répercutent.* Llevar suivi d'un gérondif et d'une expression de temps exprime une durée. Unos cuantos est synonyme de algunos, *quelques.*
3. aumento m. : *augmentation.* Cf. 12, 23.
4. han experimentado : *ont enregistré.*
5. empresarial : *des entreprises.*
6. por : *à cause de.*
7. mayor : *plus grand, plus grande.*
8. tanto... como : *autant... que.* Como est le deuxième terme de la comparaison d'égalité.
9. ha afectado : *a touché.*
10. ya : *soit.* Premier terme de la corrélation ya... ya, o bien, *soit... soit.*
11. mida : présent du subjonctif de medir, *mesurer.*
12. incremento m. : *accroissement.*
13. ir a parar : *aboutir.*
14. afianzar : *consolider.*
15. maltrecha : *malmenée, en mauvais état.*
16. aliviada : *soulagée.*
17. asimismo : *également.*
18. autofinanciación f. : *autofinancement.*
19. ha mejorado : *s'est améliorée.*
20. puede comprobarse : *on peut constater.*
21. informes m., pl. : *rapports.*
22. ha redundado en : *a abouti à.*
23. acrecentamiento m. : *accroissement.* Cf. 12.
24. inversiones f., pl. : *investissements.* Cf. 27.
25. en otro sentido : *dans un autre sens.* Otro n'est jamais précédé de l'article indéfini.
26. colocación f. : *placement.*
27. inversiones financieras : *placements financiers.*
28. títulos m., pl. a corto plazo : *titres à court terme.*
29. depósitos m., pl. : *dépôts.*
30. una de las ventajas f., pl. : *l'un des avantages.*
31. rebrotes m., pl. : *sursauts.*
32. inflacionistas : *inflationnistes, de l'inflation.*
33. endurecimiento m. : *durcissement.*

II.2. Cuenta de resultados

activos m., pl. materiales : *immobilisations corporelles*
amortización f. de insolvencias : *perte sur créances irrecouvrables*
antes de la provisión : *avant provision*
beneficios m., pl. en enajenaciones : *plus-value sur cessions*
beneficios netos por diferencias de cambio : *résultat net de change*
costes m., pl. financieros : *charges d'exploitation financière*
cuenta f. de resultados : *compte de résultats*
debe m. : *débit*
desgaste m. : *usure*
dotación f. a las amortizaciones : *dotation aux amortissements*
dotación a los fondos : *dotation aux provisions*
ejercicio m. terminado el : *exercice clos le*
excedente m. del ejercicio : *bénéfice de l'exercice*
excedente empresarial : *marge brute d'autofinancement*
fondos m., pl. especiales disponibles : *reprises de provisions*
fondos públicos : *fonds publics*
gastos m., pl. de explotación : *charges d'exploitation*
gastos de inmuebles : *charges locatives*
gastos de personal : *charges de personnel*
gastos generales : *charges générales d'exploitation*
haber m. : *crédit*
inmovilizado m. : *immobilisations*
insolvencias f., pl. : *créances douteuses*
margen m. bruto : *marge brute*
margen financiero : *marge financière*
otros productos m., pl. : *produits accessoires*
pérdidas f., pl. por enajenaciones : *moins-value sur cessions*
productos m., pl. de ejercicios anteriores : *produits d'exercices antérieurs*
productos de explotación : *produits d'exploitation*
recuperación f. de activos en suspenso : *reprise d'actif en suspens*
recursos m., pl. generados : *ressources créées*
resultado m. contable : *résultat comptable*
saldo m. acreedor : *solde créditeur*
saldo deudor : *solde débiteur*
saneamiento m. de la cartera de valores : *dépréciation du portefeuille de valeurs mobilières*
superar : *dépasser*
títulos m., pl. de renta fija : *valeurs à taux fixe*

II.2. Compte de résultats

EXERCICES

I. Formez des expressions équivalentes à celles qui figurent en caractères gras :

1. Los beneficios del presente ejercicio han disminuído, **a pesar de** un aumento importante de las ventas.
2. Según su capacidad de autofinanciación, el aumento de los tipos de interés no repercute **por igual** en todas las empresas.
3. **En cuanto a** los costes salariales, nos vemos obligados a seguir una política rigurosa.

II. Complétez les phrases avec les prépositions qui conviennent :

1. En la cuenta de resultados, todos los gastos se cargan …… el debe y los ingresos se pasan …… el haber.
2. La amortización total del año se refleja …… la cuenta de resultados aumentando el conjunto de los gastos.
3. Los resultados que se obtienen …… la compraventa de valores se contabilizan …… ingresos financieros.
4. El análisis económico de la empresa se solía centrar …… la cuenta de explotación que recogía el resultado de la actividad ordinaria.

III. Traduisez :

1. Le compte de résultats est un tableau de synthèse où les opérations de gestion sont regroupées et où le résultat définitif de l'exercice, profit ou perte, est expliqué par ses causes. 2. L'objet de la comptabilité est de faciliter la mémoire des opérations économiques, d'en exprimer les résultats et d'en permettre le contrôle. 3. La comptabilité devient de plus en plus l'affaire des chefs d'entreprise, alors qu'elle était auparavant la chasse gardée des comptables.

IV. Répondez aux questions suivantes :

1. ¿Cuáles son los principales conceptos que figuran en el debe de la cuenta de resultados? 2. ¿Cuáles son los ingresos más importantes que se reflejan en dicha cuenta? 3. ¿Podría explicar brevemente para qué sirven el balance y la cuenta de resultados?

II.3. Consolidación

– No entiendo[1] muy bien por qué en los folletos[2] que acabamos de recibir[3] aparecen dos balances y dos cuentas de resultados distintos[4].

– A ver[5]. Déjeme. Son los que[6] mandan[7] a los accionistas antes de la Junta general[8] anual para la aprobación de cuentas.

– Ya, ¿y por qué aparecen cuentas distintas?

– Bueno, si se fija[9] bien, mientras que[10] los primeros representan sencillamente[11] la situación financiera de la empresa como ente[12] individual, en los segundos pone[13] *consolidado.* La palabra *consolidado* nos dice que dicha[14] empresa es una sociedad matriz[15] que controla otras varias participadas[16] o filiales y, aunque éstas tengan[17] una personalidad jurídica propia y plena autonomía de gestión, la sociedad matriz detenta[18], directa o indirectamente[19], una parte significativa de su[20] capital y puede ejercer un control efectivo sobre ellas.

– Pero esa información ya está en el balance de la sociedad tenedora[21] dentro del inmovilizado en la cartera de títulos[22].

– Sí, pero no basta [23] con eso y además no es lo suficientemente[24] precisa. El control efectivo no está indicado por ningún lado[25], ya que esa partida sólo contabiliza el precio de coste de los títulos[26] sin tener en cuenta la[27] importancia del activo y del pasivo de las sociedades participadas, además de[28] los componentes de explotación y de los resultados. La consolidación, por el contrario, consiste en agrupar todas las cuentas disgregadas[29] en un todo único y considerar el grupo – la matriz y las filiales – como si fuera[30] una única[31] empresa con objeto de proporcionar una mejor información sobre la situación de conjunto[32].

– Entonces, ¿hay que sumar[33] todas las partidas de las filiales con las de la sociedad matriz?

– Precisamente no, porque si se hace una suma pura y simple hay elementos que van a repetirse. Por ejemplo, si la sociedad matriz controla otra a 100 %, los títulos registrados en su activo son la contrapartida de la situación patrimonial neta de la filial y habrá que eliminar aquéllos y ésta. Lo mismo va a ocurrir con las deudas y créditos recíprocos, ya que el crédito de una es la deuda de la otra. Así, la consolidación trata de reflejar lo mejor posible las cuentas del grupo como una unidad.

II.3. Consolidation

1. no entiendo : *je ne comprends pas.*
2. folletos m., pl. : *brochure, notice.*
3. acabamos de recibir : *nous venons de recevoir.*
4. distintos : *différents.*
5. a ver : *faites voir, fais voir.*
6. los que : *ceux que.*
7. mandan : *envoient.*
8. junta f. general : *assemblée générale.*
9. si se fija : *si vous remarquez.*
10. mientras que : *tandis que.*
11. sencillamente : *simplement.* Les adverbes en -mente sont construits sur la forme féminine (ou unique) de l'adjectif ou du participe passé. Cf. 19, 24.
12. ente : *organisme, entité.*
13. pone : *il y a écrit.*
14. dicha : *cette.*
15. sociedad matriz : *société mère.*
16. otras varias participadas : *plusieurs autres filiales.* Otro doit précéder varios, -as ainsi que les numéraux et les quantitatifs tanto, *tant,* más, *plus,* poco, *peu* et mucho, *beaucoup.*
17. aunque éstas tengan... : *même si celles-ci ont...*
18. detenta : *détient.*
19. directa o indirectamente : la terminaison -mente n'apparaît que dans le dernier adverbe.
20. su : *leur.*
21. (sociedad) tenedora : *société mère.* —
22. cartera f. de títulos : *portefeuille de titres [de participation].*
23. no basta : *ne suffit pas.* Le verbe exige la prép. con.
24. lo suficientemente : *suffisamment.*
25. por ningún lado : *nulle part.*
26. el precio de coste de los títulos : *le prix d'acquisition des participations.*
27. tener en cuenta la... : *tenir compte de...*
28. además de : *ainsi que.*
29. disgregadas : *dispersées.* Cuenta est féminin.
30. como si fuera : *comme si elle était.*
31. una única : *une seule.*
32. conjunto : *ensemble.*
33. hay que sumar : *il faut additionner.*

II.3. Consolidación

Las diferentes empresas que forman parte de un grupo deben llevar una contabilidad y presentar cuentas anuales ; ahora bien, la mera yuxtaposición de las mismas no permite darse cuenta de la exacta situación financiera del conjunto tal y como lo demuestra el ejemplo siguiente :

La sociedad A ha sido creada por aportaciones en metálico, con un capital de 1.000.000 de pesetas.

Dicha sociedad crea, inmediatamente después, una segunda sociedad , y su participación representa el 60 % del capital de la sociedad B (el cual asciende a 600.000 pesetas).

Los balances de creación de las sociedades A y B se presentan de la forma siguiente :

Balance de la sociedad A

participación en B	360.000	capital social	1.000.000
disponibles	640.000		
	1.000.000		1.000.000

Balance de la sociedad B

disponibles	600.000	capital social	600.000
	600.000		600.000

Al no conocer los vínculos de participación entre las dos sociedades, uno puede imaginar que las dos juntas representan una entidad cuyos recursos financieros ascienden a 1.600.000 pesetas, cálculo falso puesto que de las 600.000 pesetas del capital de B, 360.000 proceden directamente de A.

Por lo tanto, los recursos financieros del grupo son de :

1.600.000 – 360.000 = 1.240.000 pesetas.

Balance consolidado del grupo A+B

disponibles	1.240.000	capital social	1.240.000
	1.240.000		1.240.000

La consolidación concierne el balance y la cuenta de resultados y se realiza aplicando uno de los tres métodos siguientes, según el control más o menos completo que ejerce una sociedad sobre otra :

- la integración global,
- la integración proporcional,
- la puesta en equivalencia.

II.3. Consolidation

Les différentes entreprises faisant partie d'un groupe doivent tenir une comptabilité et présenter des comptes annuels; or, la simple juxtaposition de ces derniers ne permet pas de se faire une idée de la situation financière exacte de l'ensemble, ainsi que le démontre l'exemple suivant :

La société A a été créée par des apports en numéraire, avec un capital de 1 000 000 de pesetas.

Cette société crée, immédiatement après, une seconde société B, et sa participation représente 60 % du capital de la société B (lequel s'élève à 600 000 pesetas).

***Les bilans de création** des sociétés A et B se présentent de la façon suivante :*

Bilan de la société A

participation à B	360 000	capital social	1 000 000
disponibilités	640 000		
	1 000 000		1 000 000

Bilan de la société B

disponibilités	600 000	capital social	600 000
	600 000		600 000

Si l'on ignore les liens de participation entre les deux sociétés, on peut imaginer que les deux ensemble représentent une entité dont les moyens financiers s'élèvent à 1 600 000 pesetas, calcul faux puisque que des 600 000 pesetas du capital de B, 360 000 proviennent directement de A.

Par conséquent, les moyens financiers du groupe sont de :
1 600 000 – 360 000 = 1 240 000 pesetas.

***Bilan consolidé** du groupe A+B :*

disponibilités	1 240 000	capital social	1 240 000
	1 240 000		1 240 000

La consolidation concerne le bilan et le compte de résultats et est effectuée en appliquant l'une des trois méthodes suivantes, selon le contrôle plus ou moins complet qu'une société exerce sur une autre :

- *l'intégration globale,*
- *l'intégration proportionnelle,*
- *la mise en équivalence.*

II.3. Consolidación

La consolidación contable consiste en fundir[1] en un solo[2] balance y en una única cuenta de resultados una serie de elementos dispersos : los balances y cuentas de resultados individuales de todas las empresas que forman un conjunto[3]. Las nuevas cuentas así constituídas deben proporcionar[4] además una información más sólida y consistente que la que se obtenía de cada una de las contabilidades por separado[5].

Según esto[6], muchas pueden ser las razones que hagan necesaria la consolidación en un grupo de empresas. Con frecuencia[7], y por los motivos más dispares[8], interesa analizar de forma global empresas que presentan rasgos[9] comunes : estar ubicadas[10] en una misma ciudad o Comunidad Autónoma, formar parte de[11] un mismo sector de actividad, tener características semejantes respecto al tamaño[12]... No obstante, en los casos anteriores se trata de empresas desligadas[13] unas de otras y que funcionan de manera independiente, por lo tanto[14], las razones para llevar a cabo[15] la consolidación son ajenas[16] a las mismas.

El que una misma persona controle más de una empresa, suele ser[17] otra de las causas, ya que aunque dichas empresas no tengan ningún vínculo[18] común, están sujetas a un mismo poder que dirige y coordina su funcionamiento.

Con mayor razón[19] todavía, la consolidación se impone como una necesidad interna en aquellas sociedades que se encuentran ligadas[20] por relaciones comerciales, bien[21] de carácter contractual (contratos en exclusiva, de cooperación...), bien sólo de hecho (subcontratación[22]), dado que en ambos[23] casos la dependencia entre las sociedades concernidas es muy grande.

Por último y muy especialmente, las empresas que detentan[24] un porcentaje del capital de otras. En efecto, entre dichas empresas, como la participación afecta directamente a su patrimonio neto, se establecen lazos[25] tan apretados[26] que, desde un punto de vista estrictamente económico, no pueden considerarse como entes[27] separados y la consolidación resulta totalmente imprescindible[28].

II.3. Consolidation

1. **fundir** : *fondre.*
2. **solo** : *seul;* **solo** ne porte pas un accent écrit lorsqu'il signifie « seul », mais il en prend toujours un quand il signifie *seulement* : **sólo**.
3. **conjunto** m. : *ensemble.*
4. **proporcionar** : *fournir, procurer.*
5. **por separado** : *séparément.*
6. **según esto** : *d'après cela.*
7. **con frecuencia** : *fréquemment.*
8. **dispares** : *différents, dissemblables.*
9. **rasgos** m., pl. : *traits.*
10. **estar ubicadas** : *se trouver, être situées;* la forme pronominale **ubicarse** a la même signification.
11. **formar parte de** : *faire partie de.*
12. **tamaño** m. : *taille, dimensions.*
13. **desligadas** : *qui n'ont pas de liens;* **desligar** : *délier, dénouer.*
14. **por lo tanto** : *donc, par conséquent.*
15. **llevar a cabo** : *effectuer, mener à bien, à bonne fin;* de **cabo** : *bout, cap.*
16. **ajenas** : *étrangères;* **ajeno, na** : *d'un autre, d'autrui.*
17. **suele ser** : *est souvent, généralement,* de **soler** : *avoir l'habitude* ou *la coutume de.*
18. **vínculo** m. : *lien.*
19. **con mayor razón** : *à plus forte raison.*
20. **ligadas** : *liées;* de **ligar** : *lier* (cf. 13).
21. **bien...** : premier terme de la corrélation **bien... bien** : *soit... soit.*
22. **subcontratación** f. : *sous-traitance.*)
23. **ambos** : *les deux, tous les deux.*
24. **detentan** : de **detentar** : *détenir.*
25. **lazos** m., pl. : *liens.*
26. **apretados** : *serrés.*
27. **entes** m., pl. : *firmes, sociétés, organismes; êtres, créatures.*
28. **imprescindible** : *indispensable.*

II.3. Consolidación

ajeno : *d'autrui*
ascender a : *s'élever à*
balance m. consolidado : *bilan consolidé*
cartera f. de títulos : *portefeuille de titres*
cifra f. de negocios consolidada : *chiffre d'affaires consolidé*
conjunto m. : *ensemble*
consolidación f. : *consolidation*
consolidar : *consolider*
cuentas f., pl. consolidadas : *comptes consolidés*
desligado : *qui n'a pas de lien*
desligar : *délier, dénouer*
detentar : *détenir*
disgregado : *dispersé*
disponibles : *disponibilités*
ente m., entidad f. : *organisme, entité*
folleto m. : *brochure, notice*
fundir en un solo balance : *fondre dans un seul bilan*
integración f. global : *intégration globale*
integración proporcional : *intégration proportionnelle*
lazo m. : *lien*
participación f. : *participation*
participar en : *participer à*
producto m. acabado (o terminado) : *produit fini*
producto semiacabado (o semiterminado) : *produit intermédiaire*
provisión f. para créditos dudosos : *provision pour créances douteuses*
provisión para fluctuación de cambios : *provision pour fluctuation des changes*
provisión para riesgos : *provision pour risques*
puesta f. en equivalencia : *mise en équivalence*
reserva f. legal : *réserve légale*
reservas estatutarias : *réserves statutaires*
saldo m. a cuenta nueva : *report à nouveau*
sociedad f. tenedora o matriz : *société mère*
subcontratación f. : *sous-traitance*
tenedor m. de libros : *aide-comptable*
terreno m. : *terrains*
valores m., pl. : *valeurs*
vencer : *arriver à échéance*
vencimiento m. : *échéance*
vínculo m. de participación : *lien de participation*

II.3. Consolidation

EXERCICES

I. **Complétez les phrases suivantes avec les adverbes en** *-mente* qui conviennent :

1. Estoy (total) .... y (absoluto) .... convencido de lo que me cuentas.
2. Me dijo (sencillo) .... que me callara.
3. Esos títulos son (difícil) .... negociables.
4. Dicutieron (animado) .... y (calmado) ....
5. Podemos hacer esa absorción (conjunto) .... o (separado) ....

II. **Complétez les phrases avec les prépositions qui conviennent :**

1. Si no se tienen .... cuenta los créditos y las deudas, el balance consolidado no proporciona la información precisa .... las cuentas .... grupo.
2. No basta .... hacer la suma de cada partida .... hacer el balance consolidado del grupo.
3. La cartera de títulos hay que incluirla .... el inmovilizado material.
4. La consolidación, ... el contrario, consiste .... agrupar todas las cuentas .... un conjunto.

III. **Complétez les phrases avec « otro » à la forme et à la place qui conviennent :**

1. Acaba de absorber .... dos .... sociedades.
2. Esa sociedad tiene una filial de producción en Portugal y .... varias .... en España.
3. Me bastan con .... pocos .... más.
4. Necesitaríamos .... doce .... millones para adquirir .... mil .... títulos según la última cotización en Bolsa.

IV. **Traduisez :**

1. La société mère et ses filiales constituent un groupe. 2. On a effectué la consolidation par la méthode de mise en équivalence. 3. La filiale dépend des approvisionnements de la société mère, même si pour le reste elle dispose d'une autonomie pleine. 4. Les ressources financières dont nous disposons se montent à 30 milliards de pts.

II.4. Análisis financiero

– Llevo veinte años al frente del negocio[1] y nunca me he sentido tan molesto[2]. En tiempos[3], tomaba una decisión y estaba seguro de las consecuencias. Sin embargo, desde hace[4] unos años es como si hubiese perdido[5] el control.

– ¿Y utilizas los medios de control como Dios manda[6]?

– ¡Ya lo creo[7] que sí! Fíjate[8] que he centralizado e informatizado la contabilidad de los seis hoteles de la cadena[9].

– Eso está muy bien pero no basta. Dispones de la información sobre la posición y el funcionamiento de la empresa pero, si no practicas el análisis financiero te quedas en ayunas[10] respecto al porqué de los resultados, a la salud[11] de la empresa y a su evolución previsible.

– ¿Y en qué consiste el análisis financiero?

– Es un estudio comparativo de todos los datos relevantes[12] de la empresa que nos permite establecer[13] un diagnóstico de la misma[14], utilísimo[15] para el proceso de toma de decisiones en orden a lograr unos objetivos fijados previamente[16] y para controlar después si los resultados se ajustan a las previsiones o es necesario corregir el tiro[17]. La inmensa mayoría[18] de las quiebras y suspensiones de pagos se deben a la falta de competencia[19] de los directivos : por no haber analizado[20] la situación, no pueden diagnosticar y así[21] no detectan los problemas hasta que ya no tienen remedio[22]; otros diagnostican tarde, cuando ya la suerte está echada[23], o mal; por último, hay quienes lo hacen bien y a tiempo pero toman medidas inadecuadas o tardan demasiado en aplicarlas.

– Y dime, ¿qué informaciones precisas puedo obtener?

– Puedes evaluar muchos aspectos, tales como[24] la capacidad de pago a corto[25] y a largo plazo[26], la calidad y cantidad del endeudamiento[27], la independencia financiera, la capitalización, el equilibrio financiero, la evolución de las ventas, el margen bruto[28], las ventas que se precisan[29] para cubrir los gastos y otros más.

1. **llevo veinte años al frente del negocio** : *je suis à la tête de l'affaire depuis vingt ans*: **llevar** suivi d'une période de temps est traduit par *être depuis*.
2. **molesto** : *mal à l'aise, embarrassé*.
3. **en tiempos** : *autrefois, jadis*.
4. **desde hace unos años** : *depuis quelques années*. L'adverbe de temps *depuis* est traduit par **desde** lorsqu'il s'agit d'un événement daté : **desde ayer, desde el 5 de mayo**; il est traduit par **desde hace** s'il s'agit d'un événement pris dans sa durée : **desde hace un mes, desde hace algún tiempo**.
5. **como si hubiese perdido** : *comme si j'avais perdu*; **como si** est toujours suivi de l'imparfait ou du plus-que-parfait du subjonctif.
6. **como Dios manda** : *comme il faut*.
7. **¡ya lo creo!** : *bien sûr!, naturellement!*
8. **fíjate** : *remarque*.
9. **cadena** f. : *chaîne*.
10. **te quedas en ayunas** : *tu n'en sais rien, tu ne comprends rien*; **en ayunas** : *à jeun*; **estar en ayunas** : *être à jeun, ne pas être au courant*.
11. **salud** f. : *santé*.
12. **relevantes** : *importants; éminents, remarquables*.
13. **establecer** : *établir*.
14. **un diagnóstico de la misma** : *un diagnostic de celle-ci*.
15. **utilísimo** : *très utile*.
16. **previamente** : *préalablement*.
17. **corregir el tiro** : *rectifier le tir*.
18. **la inmensa mayoría** : *la grande majorité*.
19. **competencia** f. : *compétence*; **competencia** s'emploie aussi dans le sens de *concurrence*.
20. **por no haber analizado** : *faute d'analyser*.
21. **así** : *aussi, par conséquent*.
22. **ya no tienen remedio** : *n'ont plus de solution*.
23. **la suerte está echada** : *les jeux sont faits*.
24. **tales como** : *tels que*.
25. **a corto plazo** : *à court terme*.
26. **a largo plazo** : *à long terme*.
27. **endeudamiento** m. : *endettement*.
28. **margen bruto** m. : *marge brute*.
29. **las ventas que se precisan** : *les ventes qu'il faut réaliser*; **precisar** : *avoir besoin de*.

II.4. Análisis financiero

Al analizar e interpretar los estados financieros, uno puede comparar el rendimiento de la empresa con sus competidores, los resultados del año con los del anterior, detectar de esta forma las debilidades y encontrar las soluciones adecuadas.
El análisis de ratios, o sea de la relaciones entre dos cantidades, es uno de los instrumentos de interpretación de las cuentas financieras.
Existen muchos ratios, entre los cuales podemos sacar los ejemplos siguientes :

Liquidez

$$\frac{\text{Activo circulante}}{\text{Pasivo circulante}}$$

Se trata de saber si la empresa es capaz de cumplir sus obligaciones a corto plazo ; conviene pues que el activo sea superior al pasivo y el resultado debe ser en general superior a 1.

Cobertura del dividendo

$$\frac{\text{Beneficio neto}}{\text{Dividendo a pagar}}$$

Los accionistas quieren estar seguros de cobrar el dividendo por lo que desearán comparar el beneficio neto del ejercicio con el dividendo a pagar.

Autonomía financiera

$$\frac{\text{Capitales propios}}{\text{Capitales ajenos}}$$

De ser excesiva la proporción de capitales ajenos, la empresa puede perder su autonomía financiera, con todas las consecuencias que deriven de esta situación : inestabilidad de la dirección, cambios estratégicos, etc.

Actividad

$$\frac{\text{Facturación}}{\text{Existencias}}$$

En este caso se mide la rotación de las existencias, es decir la eficiencia con la que la empresa administra sus activos. Cuanto más rápida la rotación, más eficaz es la empresa, aunque las empresas productoras tienden a presentar una rotación más lenta que el sector detallista.

Rentabilidad

$$\frac{\text{Beneficio antes de impuestos}}{\text{Recursos propios}}$$

La rentabilidad de la empresa depende de su sector de actividad ; una rentabilidad demasiado baja con respecto a los competidores disminuirá el valor de las acciones y dificultará la obtención de capitales suplementarios.

II.4. Analyse financière

Quand on analyse et interprète les états financiers, il est possible de comparer le rendement d'une entreprise par rapport à ses concurrents, les résultats d'une année sur l'autre, de détecter ainsi ses faiblesses et de trouver les solutions opportunes.
L'analyse de ratios, c'est-à-dire des relations entre deux grandeurs, est l'un des instruments d'interprétation des comptes financiers.
Il existe un grand nombre de ratios, d'où nous pouvons tirer les exemples suivants :

Liquidité

$$\frac{\textit{Actif circulant}}{\textit{Passif circulant}}$$

Il s'agit de savoir si l'entreprise est capable de faire face à ses obligations à court terme; il convient donc que l'actif soit supérieur au passif et le résultat doit en général dépasser 1.

Couverture du dividende

$$\frac{\textit{Bénéfice net}}{\textit{Dividende à payer}}$$

Les actionnaires veulent être assurés de percevoir le dividende; il désireront donc comparer le bénéfice net de l'exercice avec le dividende à payer.

Autonomie financière

$$\frac{\textit{Capitaux propres}}{\textit{Capitaux étrangers}}$$

Si la proportion de capitaux étrangers est excessive, l'entreprise peut perdre son autonomie financière avec toutes les conséquences qui découleraient de cette situation : instabilité de la direction, changements stratégiques, etc.

Activité

$$\frac{\textit{Chiffre d'affaires}}{\textit{Stocks}}$$

Dans ce cas, on évalue la rotation des stocks, autrement dit l'efficacité avec laquelle l'entreprise gère ses actifs. Plus la rotation est rapide et plus l'entreprise est efficace, bien que les entreprises de production tendent à présenter une rotation plus lente que dans le secteur de la vente au détail.

Rentabilité

$$\frac{\textit{Bénéfice avant impôts}}{\textit{Ressources propres}}$$

La rentabilité de l'entreprise dépend de son secteur d'activité ; une rentabilité trop basse par rapport à ses concurrents abaissera la valeur des actions et rendra plus difficile l'obtention de capitaux supplémentaires.

II.4. Análisis financiero

La empresa, condicionada por sus recursos[1] disponibles y por el entorno[2] en que opera, ha ido constituyendo[3], a lo largo de[4] su historia, una serie de áreas[5], cuyo papel[6] relativo ha sido variable : producción, comercialización, I+D, recursos humanos, finanzas... que, en teoría, han de[7] cumplir un objetivo[8] propio.

Los objetivos funcionales que tiene asignados[9] el área financiera[10] claros se podrían resumir diciendo que son la liquidez, la rentabilidad y la estructura de financiación[11].

La liquidez[12] supone que la empresa pueda disponer de fondos en el momento oportuno y, en caso de exceso, que sean invertidos a corto plazo[13]. Ciertos ratios, como el coeficiente[14] de tesorería, permiten medir[15] groseramente en un momento determinado la capacidad de liquidez de la empresa, pero habrá que recurrir, para calcular los flujos, al control del activo y el pasivo circulante (inversiones financieras a corto plazo, gestión de existencias[16], política de cobros[17] y facturación, etc.) y a presupuestos de tesorería[18].

El análisis de la rentabilidad, de forma aproximada, determina las relaciones[19] entre el beneficio y diferentes elementos del balance (activo, inmovilizado), del pasivo (recursos propios) o de la cuenta de resultados (ventas), pero el análisis del beneficio contable depende de la imputación de costes (fijos y variables) y de la política de amortizaciones (a su vez dependiente de la política de inversiones). Por último, el área financiera tendrá que elaborar una planificación de éstas, lo que lleva consigo[20] el análisis de viabilidad y rentabilidad de los proyectos (financiación por recursos propios o ajenos) y determina la estructura financiera.

De este modo, el área financiera quizá aparece[21] como la única[22] que se ha extendido por todo el ámbito[23] de la organización, ya que toda decisión, teóricamente perteneciente a otras áreas (política de precios, incorporación de nuevas tecnologías, control de calidad, formación del personal, etc.), se traduce en términos contables e incide sobre los beneficios, la tesorería y el balance.

II.4. Analyse financière

1. **recursos** m., pl. : *les ressources.*
2. **entorno** m. : *environnement.*
3. **ha ido constituyendo** : *a constitué.* Le semi-auxiliaire **ir,** *aller,* devant un gérondif ou un participe passé souligne l'aspect progressif de l'action.
4. **a lo largo de** : *tout au long.*
5. **una serie de áreas** f., pl. : *un ensemble de départements.*
6. **cuyo papel** : *dont le rôle.* Lorsque *dont,* complément d'un nom, établit une relation de possession entre deux noms, il est traduit par **cuyo, -a, -os, -as,** qui s'accorde en genre et en nombre avec le nom dont il est le complément.
7. **han de** : *doivent.* Le verbe **haber** + de + infinitif traduit une obligation personnelle. **Deber** + infinitif sert à énoncer un conseil ou une obligation d'ordre général.
8. **cumplir un objetivo** : *atteindre un objectif.*
9. **tiene asignados** : *qu'on lui a attribués.* **Tener,** à la place de **haber,** insiste sur l'aspect accompli de l'action exprimée par le participe.
10. **el área financiera** : l'article **el,** remplace **la** devant les substantifs féminins qui commencent par un **á** tonique (écrit a- ou ha-)
11. **estructura de financiación** f. : *structure de financement, structure financière.*
12. **liquidez** : *liquidité.*
13. **invertidos a corto plazo** : *placés à court terme.*
14. **coeficiente** : *ratio.* Synonyme de **ratio.**
15. **permiten medir** : *permettent de mesurer.*
16. **gestión de existencias** : *gestion de stocks.*
17. **política de cobros** : *politique d'encaissements.*
18. **presupuestos de tesorería** : *budgets de trésorerie.*
19. **relaciones** : *rapports.*
20. **lo que lleva consigo** : *ce qui entraîne, ce qui implique.*
21. **quizá aparece** : *apparaît peut-être.* Après les adverbes de doute, l'indicatif exprime un degré d'incertitude moindre qu'avec le subjonctif.
22. **la única** : *la seule.*
23. **se ha extendido por todo el ámbito** : *s'est élargi à toute l'étendue.* **Por** apparaît lorsque le verbe implique un déplacement dans un lieu.

II.4. Análisis financiero

analista m. : *analyste*
analizar : *analyser*
análisis m. financiero : *analyse financière*
apalancamiento m. financiero : *effet de levier financier*
autonomía f. financiera : *autonomie financière*
beneficio m. antes de impuestos : *bénéfice avant impôts*
capitalización f. : *capitalisation*
cobertura f. del dividendo : *couverture du dividende*
coeficiente m. de abono cliente : *ratio crédit-client*
coeficiente contable : *ratio comptable*
coeficiente de rotación de existencias : *ratio de rotation des stocks*
coeficiente de tesorería (o de caja) : *ratio de trésorerie*
coeficiente del fondo de rotación : *ratio de fonds de roulement*
concluyente : *concluant*
controlar : *contrôler*
cumplir sus obligaciones : *faire face à ses obligations*
dato m. : *donnée*
diagnosticar : *diagnostiquer*
diagnóstico m. : *diagnostic*
estado m. financiero : *état financier*
facturación f. : *chiffre d'affaires*
flujo m. : *flux*
instrumento m. de control : *instrument de contrôle*
liquidez f. : *liquidité*
margen m. bruto : *marge brute*
período m. promedio de cobro : *délai moyen d'encaissement*
ratio m. capital-trabajo : *ratio capital-travail*
ratio de autonomía financiera : *ratio d'autonomie financière*
ratio de endeudamiento : *ratio d'endettement*
ratio de liquidez : *ratio de liquidité*
ratio de rentabilidad : *ratio de rentabilité*
ratio de solvencia : *ratio de solvabilité*
significativo : *significatif*
toma f. de decisiones : *prise de décisions*

II.4. Analyse financière

EXERCICES

I. Trouvez des mots antonymes de :

ventas	gastos	beneficio
perder	pago	equilibrio
recursos propios	debilidad	autonomía

II. Traduisez en français :

1. A pesar de que se pueden dar pautas generales para el análisis financiero, se ha de tener en cuenta que cada sector económico tiene sus características propias que obligan a distinguir a cada empresa según el sector en que opere.
2. ¿Tiene la empresa la suficiente independencia financiera de bancos y otros acreedores o más bien nos encontramos cada vez más faltos de recursos propios?

III. Traduisez en espagnol :

1. Plus la valeur du ratio de rentabilité est élevée, plus l'entreprise est lucrative.
2. Pour un investisseur, il est donc fondamental d'apprécier les perspectives d'avenir qui peuvent considérablement affecter la rentabilité de la société.
3. Nous serons en mesure d'améliorer notre rendement, dès que nous définirons le rapport le plus rentable entre la marge des ventes et la rotation de l'actif.

IV. Mettez l'article (*el, la, los* o *las*) devant l'adverbe « más », lorsque la construction de la phrase le requiert :

1. En el ejercicio que acaba de terminarse hemos obtenido el beneficio ...... más alto de los diez últimos años. 2. Nos encontramos ante ...... más alto nivel de endeudamiento que la empresa puede soportar. 3. Creo que ...... más inteligente de las soluciones sería negociar con nuestros proveedores plazos de pago ...... más largos. 4. ¿Cómo se podría explicar que tengamos la capacidad de liquidez ...... más baja de todos nuestros años de actividad? 5. ...... más elemental de los análisis permite concluir que estamos en el período ...... más floreciente desde que abrimos el negocio. 6. Ante la duda ...... más leve, ante ...... más pequeño problema, consulte con el Director financiero.

III. EL SERVICIO FINANCIERO
LE SERVICE FINANCIER

1. Servicio financiero
   Service financier

2. Créditos a largo plazo
   Crédits à long terme

3. Financiación a corto plazo
   Financement à court terme

4. Banca
   Banque

5. Bolsa
   Bourse

III.1. Servicio financiero

– La verdad sea dicha[1], los problemas de financiación me han sobrepasado siempre[2].

– No eres el único. Lo primero es plantearse[3] cuál es el objetivo financiero de una empresa, si no, no hay forma de entender nada[4]. En líneas generales[5] este objetivo consiste en lograr el volumen de financiación suficiente para hacer frente[6] a las exigencias de la empresa en las mejores condiciones de coste y de plazos.

– Quieres decir que no sólo se trata de obtener la cuantía[7] necesaria para la financiación, sino de conseguirla lo más barata[8] posible y con los plazos de vencimiento[9] para el reembolso[10] que mejor se amolden[11] a los activos que se hayan de financiar.

– Eso mismo. Pero no olvides que todo lo dicho no sirve de gran cosa si no se mantiene la relación adecuada entre recursos propios y ajenos, de modo que[12] se acote[13] el riesgo financiero[14] de la empresa.

– Todo eso suena muy bonito[15], pero luego es casi imposible alcanzar[16] esos objetivos y uno no puede elegir[17], sino que tiene que recurrir a menudo[18], sobre todo en épocas de crisis, a las fuentes de financiación[19] disponibles en ese momento.

– Claro que no se puede prescindir[20] de la coyuntura, pero incluso[21] si ésta no es favorable, hay que tener presente que las dos metas[22] son optimizar el coste y ajustar los plazos a las necesidades financieras.

– Según tú[23], ¿cuándo se debe apelar[24] a la financiación mediante recursos ajenos[25]?

– Puede ser por necesidad, cuando los dueños no son capaces[26] por sí solos[27] de financiar la puesta en marcha[28] o el mantenimiento de la empresa; muchas veces es por pura[29] conveniencia económica, cuando este tipo de financiación resulta barato o, por lo menos[30], la rentabilidad que se saca[31] de los activos supera[32] el coste de los pasivos; se da[33], por fin, el endeudamiento espontáneo, esencialmente a causa de la financiación otorgada[34] por proveedores[35] y acreedores[36].

1. la verdad sea dicha : *à vrai dire, franchement.*
2. me han sobrepasado siempre : *m'ont toujours dépassé.*
3. plantearse : *envisager, se poser (un problème).*
4. no hay forma de entender nada : *il n'y a pas moyen de comprendre quoi que ce soit.*
5. en líneas generales : *dans les grandes lignes.*
6. hacer frente : *faire face.*
7. cuantía f. : *quantité, montant.*
8. barata : *bon marché, peu chère.*
9. vencimiento m. : *échéance.*
10. reembolso m. : *remboursement.*
11. se amolden : *s'adaptent, s'ajustent.*
12. de modo que : *en sorte que.*
13. se acote : *se délimite.*
14. riesgo financiero m. : *risque financier.*
15. suena muy bonito : *a l'air très beau, semble très joli.*
16. alcanzar : *atteindre.*
17. uno no puede elegir : *on ne peut pas choisir;* uno est employé à la place de se *(on)* pour désigner en fait la personne qui parle : « je » ne peux pas choisir.
18. a menudo : *souvent.*
19. fuentes de financiación f., pl. : *sources de financement.*
20. prescindir : *se passer de, ne pas tenir compte.*
21. incluso : *même, y compris.*
22. metas f., pl. : *buts, objectifs.*
23. según tú : *d'après toi.*
24. apelar : *faire appel, avoir recours.*
25. recursos ajenos m., pl. : *ressources extérieures.*
26. capaces : *aptes, capables;* singulier : capaz.
27. por sí solos : *tout seuls.*
28. puesta en marcha f. : *mise en marche.*
29. pura : *simple.*
30. por lo menos : *au moins.*
31. que se saca : *que l'on tire, que l'on obtient.*
32. supera : *dépasse.*
33. se da : *il existe.*
34. otorgada : *octroyée, concédée, accordée, consentie.*
35. proveedores m. : *fournisseurs.*
36. acreedores : *créanciers.*

III.1. Servicio financiero

La gestión de tesorería responde a un triple objetivo : garantizar la disponibilidad del dinero necesario para la marcha cotidiana del negocio, rentabilizar al máximo los excedentes y minimizar los costes financieros. En España, las letras del Tesoro constituyen el producto estrella de cara a la colocación de los excedentes de caja, pero existen también otros, dentro del sector privado, que suelen utilizar las empresas :

Cuentas corrientes altamente remuneradas

Estas cuentas ofrecen muchas ventajas : buena rentabilidad (del 8 al 10%), liquidez, seguridad, uso de un talonario de cheques y de tarjetas de créditos con cargo a dicha cuenta ; el beneficiario debe mantener un saldo mínimo o medio.

Pagaré de empresa

Es una orden de pago a corto plazo (generalmente entre tres y doce meses), emitida por grandes empresas industriales o comerciales y que pueden ser al portador o a la orden ; su rentabilidad varía según la empresa y el riesgo comercial.

Pagaré bancario

Es similar al pagaré de empresa, pero su emisor es un banco o una caja de ahorros.

Bonos y obligaciones emitidos por empresas

Son títulos de renta fija, con pago periódico de intereses ; las obligaciones son activos a largo plazo (más de cinco años) ; los bonos tienen un plazo de amortización más reducido ; unos y otros pueden ser nominales o al portador.

Bonos bancarios

Son obligaciones a medio plazo (entre tres y cinco años), emitidas por los bancos y las cajas de ahorros ; existen dos variedades : los **bonos de caja** reservados a la banca industrial y los **bonos de tesorería** que pueden emitir todos los tipos de bancos y cajas.

Para valorar un bono se tienen en cuenta diferentes elementos :

- *su valor nominal* (valor del bono en el momento de la emisión) ;
- *su renta* (el interés percibido por el bono) ;
- *su plazo* (el tiempo de amortización) ;
- *su valor actual* (el valor de mercado del bono) ;
- *su cotización* (porcentaje del valor actual sobre el valor nominal) ;
- *su rentabilidad* al vencimiento.

III.1. Service financier

La gestion de trésorerie répond à un triple objectif : garantir la disponibilité de l'argent nécessaire à la bonne marche quotidienne de l'affaire, rentabiliser au maximum les excédents et réduire les coûts financiers. En Espagne, les bons du Trésor constituent le produit vedette en matière de placement d'excédents de caisse, mais il en existe d'autres, dans le secteur privé, souvent utilisés par les entreprises.

Comptes courants à forte rémunération

Ces comptes offrent de nombreux avantages : bonne rentabilité (de 8 à 10 %), liquidité, sécurité, utilisation d'un carnet de chèques ou d'une carte de crédit débitée sur ce compte ; le bénéficiaire doit conserver un solde minimum ou moyen.

Billet de trésorerie d'entreprise

C'est un ordre de paiement à court terme (généralement entre trois et douze mois), émis par de grandes entreprises industrielles ou commerciales et pouvant être au porteur ou à ordre ; sa rentabilité varie selon l'entreprise et le risque commercial.

Billet de trésorerie bancaire

Il est similaire au billet d'entreprise, mais son émetteur est une banque ou une caisse d'épargne.

Bons et obligations émis par des entreprises

Ce sont des titres à revenu fixe, avec paiement des intérêts à intervalles réguliers ; les obligations sont des actifs à long terme (plus de cinq années) ; les bons ont un délai d'amortissement plus court ; les uns et les autres peuvent être nominatifs ou au porteur.

Bons bancaires

Ce sont des obligations à moyen terme (entre trois et cinq ans) émises par les banques et les caisses d'épargne ; il en existe deux variétés : les **bons de caisse** *réservés à la banque industrielle et les* **bons de trésorerie** *que peuvent émettre tous les types de banques et caisses.*

Pour évaluer un bon, on prend en compte divers éléments :

- sa valeur nominale *(valeur du bon à l'émission) ;*
- son revenu *(l'intérêt perçu grâce au bon) ;*
- son terme *(le délai d'amortissement) ;*
- sa valeur actuelle *(la valeur de marché du bon) ;*
- sa cotation *(pourcentage de la valeur actuelle sur la valeur nominale) ;*
- sa rentabilité *à échéance.*

III.1. Servicio financiero

Aunque el origen de la función financiera es antiguo, ya que nace paralelamente al registro[1] monetario de las actividades empresariales, el estudio de las finanzas como disciplina autónoma dentro de la economía viene de este siglo.

De una manera general, la función financiera aparece cuando se trata de[2] resolver los problemas más acuciantes[3] de la empresa : cómo encontrar los fondos necesarios para su buen desenvolvimiento[4], cómo controlar su uso[5] con vistas a[6] dar cuenta[7] frente a[8] los accionistas y a las obligaciones que impone el Estado moderno, cómo gestionar[9], por fin, la tesorería.

La captación de fondos, bajo[10] forma de capitales propios, o más normalmente bajo forma de créditos a largo y medio plazo, se vuelve[11] necesaria cuando la empresa crece, abre nuevos mercados y necesita nuevas inversiones. De este modo[12], cuánto invertir y en qué invertir, o sea[13], el estudio de la rentabilidad de las inversiones, la devolución en el momento del vencimiento[14] de los préstamos se convierten en[15] una de las funciones del departamento financiero, que debe analizar, desde el pasivo, la composición de las diferentes fuentes[16] de financiación[17]. Por otra parte[18], el control del uso de los fondos necesita la implantación de un sistema de información. Hasta nuestros días, ésta proviene esencialmente de la contabilidad. Por último, el servicio financiero debe controlar la gestión de la tesorería, o sea, la gestión de los recursos[19] necesarios o generados por la actividad empresarial diaria.

Por consiguiente[20], el departamento financiero de una empresa mediana[21] está dirigido por un director cuyas misiones, aparte de la dirección de su Departamento, consiste en asesorar[22] la Dirección General. El servicio comprende las funciones siguientes : control y planificación, bajo la responsabilidad del *controller*[23] ; funciones derivadas del manejo[24] de la tesorería y de otros activos líquidos, controladas por el tesorero. Por último, la sección de auditoría[25] tiene por objetivo no sólo[26] la mera[27] comprobación[28] de los procedimientos, sino también introducir las modificaciones que mejoren el funcionamiento de la empresa.

III.1. Service financier

1. **registro** m. : *enregistrement.*
2. **se trata de** : *il s'agit de.*
3. **los problemas más acuciantes** : *les problèmes les plus urgents.* Lorsque le superlatif est placé derrière un nom déterminé par un article défini ou adjectif possessif, il perd son article.
4. **desenvolvimiento** m. : *déroulement.*
5. **su uso** : *leur usage.*
6. **con vistas a** : *en vue de, en prévision de.*
7. **dar cuenta** : *rendre compte.*
8. **frente a** : *face à.*
9. **gestionar** : *gérer.*
10. **bajo** : *sous.* Au sens figuré, cette préposition est obligatoire au lieu de la locution de lieu **debajo de.**
11. **se vuelve** : *devient.* Le verbe **volverse** est une des traductions possibles de *devenir.* Il suppose un retournement et indique un changement radical et définitif.
12. **de este modo** : *de cette façon, ainsi.*
13. **o sea** : *c'est-à-dire.* Les synonymes de cette locution sont : **es decir, esto es.**
14. **vencimiento** m. : *échéance.*
15. **se convierte en** : *devient.* Le verbe **convertirse** est une autre traduction de *devenir,* pour souligner une transformation progressive du sujet.
16. **fuentes** f., pl. : *sources.*
17. **financiación** f. : *financement.*
18. **por otra parte** : *d'autre part.*
19. **recursos** m., pl. : *ressources.*
20. **por consiguiente** : *par conséquent, donc.*
21. **mediana** : *moyenne.*
22. **asesorar** : *conseiller.*
23. **controller** : *contrôleur.* Le mot **controlador** n'est pas employé pour désigner cette fonction.
24. **manejo** m. : *conduite.*
25. **auditoría** f. : *audit.*
26. **no sólo... sino también** : *non seulement... mais aussi.*
27. **mera** : *simple.*
28. **comprobación** f. : *constatation, vérification.*

al vencimiento : *à l'échéance*
autofinanciación f. : *autofinancement*
bono m. de caja : *bon de caisse*
bono de tesorería : *bon de trésorerie*
colocación f. : *placement*
con vistas a : *en vue de*
coste m. financiero : *coût financier*
cotización : *cotation*
cuantía f. : *montant*
endeudamiento m. : *endettement*
excedente m. de caja : *excédent de caisse*
financiación f. : *financement*
financiar las pérdidas : *financer les pertes*
financiero : *financier*
finanzas m., pl. : *finances publiques*
fuente f. de financiación : *source de financement*
función f. financiera : *fonction financière*
generar recursos : *engendrer des ressources*
gestionar : *gérer*
gestión f. de tesorería : *gestion de trésorerie*
inversión f. : *investissement*
invertir : *investir*
letra f. del tesoro : *bon du trésor*
obligación f. : *obligation*
pagaré m. bancario : *billet de trésorerie bancaire*
pagaré de empresa : *billet de trésorerie d'entreprise*
plazo m. de amortización : *délai d'amortissement*
plazo : *terme*
prescindir de : *se passer de*
recursos m., pl. ajenos : *ressources extérieures*
recursos propios : *ressources propres*
reembolso m. : *remboursement*
renta f. : *revenu*
rentabilidad f. : *rentabilité*
superar : *dépasser*
título m. de renta fija : *titre à revenu fixe*
valor m. actual : *valeur de marché*
valor nominal : *valeur nominale*

III.1. Service financier

EXERCICES

I. Construisez les substantifs correspondant aux verbes suivants, en indiquant leur genre :

lograr	financiar	mantener
alcanzar	recurrir	nacer
controlar	gestionar	invertir
vencer	asesorar	garantizar

II. Trouvez des mots synonymes de :

superar	lograr	recurrir
idóneo	cuantía	amoldar
objetivo	propietario	proveedor

III. Complétez les phrases avec les prépositions qui conviennent :

1. Uno de los principales objetivos financieros de una empresa consiste ...... captar fondos ...... su buen funcionamiento.
2. Saber invertir ...... proyectos viables y de alta rentabilidad es algo primordial ...... una sociedad.
3. Implantarse ...... un nuevo mercado, sobre todo ...... el extranjero, exige generalmente la obtención ...... fondos ...... financiar la operación.
4. Contar ...... una ayuda financiera no sirve ...... nada si no se utiliza correctamente.

IV. Traduisez en espagnol :

1. Il ne s'agit pas seulement d'éponger les dettes, il faut aussi être à même d'assurer l'accès au marché européen avec un niveau suffisant d'autofinancement. 2. Notre groupe a besoin d'argent pour financer ses investissements, et notamment pour assainir celles de ses entreprises qui pourraient être viables à condition d'y injecter les liquidités nécessaires. 3. Une banque n'accepte l'ouverture d'un crédit que si l'entreprise offre des garanties suffisantes. 4. Bien que nous disposions de peu de capitaux, nous avons été obligés de réassortir nos stocks pour lutter contre la concurrence. 5. Le service financier est la plaque tournante de l'entreprise, autour de laquelle s'organisent les activités de celle-ci dans son ensemble.

III.2. Créditos a largo plazo

– Como ya le he explicado por teléfono, venía a[1] precisar[2] con Vd., las condiciones de *leasing* que ofrecen y qué[3] ventajas[4] ofrece respecto al crédito tradicional.

– En caso de credito para reposición[5] de activos, tiene que tener en cuenta que los trámites[6] llevan cierto tiempo[7].

– Bueno, es que este crédito nos urge[8], porque estamos en una fase de renovación de equipamientos; el aumento de la demanda sigue sostenido[9] y, sobre todo, tenemos una cartera de pedidos en firme[10] y no sabemos cómo hacer frente[11].

– De todas formas, para esta clase de operaciones es imprescindible que analice sus últimos balances y cuentas.

– Mire, los he traído. Aquí los tiene[12].

– A primera vista, el exigible total en relación con los capitales propios me parece aceptable. El grado de autonomía financiera[13], aunque ha disminuido, no plantea problemas[14]. El fondo de maniobra[15] es positivo y el activo inmovilizado está financiado por recursos permanentes[16].

– Entonces, podríamos hablar de las condiciones y de la cuantía[17] del préstamo.

– Bueno, necesitaría también un plan financiero[18] del proyecto y que me adjuntara[19] sus características técnicas. De todas formas, este tipo de créditos sólo cubre el 75 % de la inversión con un límite máximo[20] de treinta millones y un plazo[21] de seis años.

– La verdad es que en estos momentos no tenemos la tesorería necesaria para financiar el 25 % de la inversión.

– Entonces, diríjase a una sociedad de *leasing*[22] que financiará enteramente el proyecto, se encargará de adquirir el equipo que necesite[23] y se lo arrendará, mediante alquiler[24], durante el período de amortización. Cuando éste llegue a término[25], el contrato especificará si lo quiere prorrogar[26], con una disminución importante de alquileres – ya que el equipo estará amortizado–; si quiere rescindirlo[27] con la devolución de la maquinaria o si, por último, Vd. desea comprarla por un precio prefijado.

– ¿Y qué ventajas tiene?

– Aparte de la financiación total, los alquileres son elevados, pero enteramente deducibles[28].

1. **venía a** : *je venais (pour).* Après les verbes de mouvement, a exprime la finalité.
2. **precisar** : *préciser*; **precisar algo** : *avoir besoin de quelque chose.*
3. qué est accentué car il a une valeur interrogative.
4. **ventajas** f., pl. : *avantages*; **aventajar** : *avantager.*
5. **reposición** f. : *renouvellement.*
6. **trámites** f., pl. : *démarches.*
7. **llevan cierto tiempo** : *prennent un certain temps.* **Llevar** + gér. (ou p. p.) + complément de temps traduit une durée.
8. **nos urge** : *est très urgent pour nous.*
9. **sigue sostenido** : *continue à être soutenue.* **Aumento**, *augmentation*, est masculin.
10. **cartera** f. **de pedidos** m., pl. **en firme** : *carnet de commandes.*
11. **hacer frente** : *faire face.*
12. **aquí los tiene** : *les voici.*
13. **grado** m. **de autonomía financiera** : *degré d'autonomie financière.*
14. **no plantea problemas** : *ne pose pas de problèmes.*
15. **el fondo de maniobra** : *le fonds de roulement.*
16. **recursos** m., pl. **permanentes** : *ressources permanentes.*
17. **cuantía** f. : *montant.*
18. **plan financiero** : *plan de financement.*
19. **que me adjuntara** : l'imparfait du subjonctif est nécessaire car le verbe principal est au conditionnel.
20. **límite máximo** : *plafond.*
21. **plazo** m. : *durée.*
22. **leasing** : l'expression **arrendamiento financiero**, *crédit-bail*, est peu utilisée dans la pratique.
23. **el equipo** m. **que necesite** : *l'équipement dont vous aurez besoin.*
24. **se lo arrendará mediante alquiler** : *vous le louera moyennant un loyer.*
25. **cuando llegue a término** : *quand il arrivera à échéance.*
26. **prorrogar** : *prolonger, renouveler.*
27. **rescindirlo** : *le résilier.*
28. **deducible** : *déductible.*

III.2. Créditos a largo plazo

La acción

La acción es un valor mobiliario que representa una fracción del capital social de una sociedad; su detentor, el accionista, se convierte en un socio de la empresa.

La acción confiere un derecho a los beneficios (dividendos), un derecho a la administración de la sociedad o al control de su administración, un derecho a reparto en caso de liquidación.

Existen diferentes formas de acciones :

Las **acciones nominativas** se inscriben en los registros de la sociedad y sólo pueden transmitirse con el acuerdo de la misma; en cambio, las **acciones al portador** son libremente transmisibles.

Las acciones de disfrute (o **de goce**) son las que fueron amortizadas al reembolsarse su importe nominal por sorteo; las **acciones de capital** son las demás.

Las **acciones privilegiadas** (o **preferentes**) conceden un derecho prioritario en caso de distribución de dividendos o de liquidación de la empresa.

Las **acciones sin derecho a voto** le permiten a la sociedad ampliar sus fondos propios sin verse amenazada con un cambio de control.

Pueden atribuirse distintos valores a la misma acción de una sociedad :

– el **valor nominal** (o **a la par**) que figura en el título;

– el **valor matématico**, que equivale al activo neto contable, tal y como aparece en el balance, dividido por el número de acciones;

– el **valor efectivo o real**, que trata de tener en cuenta el valor real del activo de la sociedad;

– el **valor bursátil**, para las sociedades cotizadas en Bolsa, que depende de la evolución de las cotizaciones.

La obligación

La obligación es un valor mobiliario que representa un préstamo; el obligacionista es un acreedor de la empresa, sin derecho a comprobar la buena gestión de la misma, que cobra un interés y será reembolsado en un plazo determinado.

Las **obligaciones convertibles** pueden intercambiarse por acciones en un momento libre o fijado cuando se emitieron.

Como las acciones, las obligaciones son negociables en Bolsa.

III.2. Crédits à long terme

L'action

L'action est une valeur mobilière qui représente une fraction du capital social d'une société ; son détenteur, l'actionnaire, devient un associé de l'entreprise.

L'action confère un droit aux bénéfices (dividendes), un droit à gérer la société ou à contrôler la gestion de cette dernière, un droit à la répartition en cas de liquidation.

Il existe différents types d'actions :

*Les **actions nominatives** sont inscrites dans les registres de la société et ne peuvent être transmises qu'avec l'accord de celle-ci ; en revanche, les **actions au porteur** sont librement transmissibles.*

*Les **actions de jouissance** sont celles qui ont été amorties lorsque leur montant nominal a été remboursé par tirage au sort ; les actions de capital sont toutes les autres.*

*Les **actions prioritaires** confèrent un droit prioritaire en cas de distribution de dividendes ou de liquidation de l'entreprise.*

*Les **actions sans droit de vote** permettent à la société d'augmenter ses ressources propres sans courir le risque d'un changement de contrôle.*

Il est possible d'attribuer des valeurs différentes à la même action d'une société :

– *la **valeur nominale** (ou **au pair**) qui figure sur le titre ;*

– *la **valeur mathématique**, qui équivaut à l'actif net comptable, tel qu'il apparaît dans le bilan, divisé par le nombre d'actions ;*

– *la **valeur intrinsèque**, qui s'efforce de prendre en compte la valeur réelle de l'actif de la société ;*

– *la **valeur boursière**, pour les sociétés cotées en Bourse, qui dépend de l'évolution des cours.*

L'obligation

L'obligation est une valeur mobilière qui représente un prêt ; l'obligataire est un créancier de l'entreprise, qui n'a pas le droit de vérifier la bonne gestion de cette dernière mais qui perçoit un intérêt fixe et sera remboursé dans un délai déterminé.

*Les **obligations convertibles** peuvent être échangées contre des actions à un moment libre ou fixé en même temps que leur émission.*

Comme les actions, les obligations sont négociables en Bourse.

III.2. Créditos a largo plazo

El capital riesgo[1] representa una modalidad financiera en la que un inversor (normalmente una sociedad inversora) adquiere una participación minoritaria del capital social de una empresa (suele ser una PYME[2]) por un tiempo relativamente corto, entre 2 y 8 años por término medio[3]. Así, el empresario puede subsanar[4] la escasez[5] de recursos propios, nutriendo[6] su empresa de capitales que le permitan continuar o iniciar su actividad. El inversor, por su parte[7], espera obtener una importante plusvalía[8] escogiendo[9] para sus inversiones proyectos considerados de alta rentabilidad e[10] importantes garantías de éxito[11].

Aunque se está desarrollando bastante últimamente, el capital riesgo se emplea relativamente poco en España. El empresario español ha acudido[12] normalmente a la financiación tradicional bancaria, con el lastre[13] que ello supone para las PYMES, cuyos ingresos han tenido que ser destinados primordialmente a hacer frente a los gastos financieros[14]. La prueba de ello es que[15] el 30 % del inmovilizado de las empresas privadas españolas se financia con capital ajeno[16], con predominio del capital a corto plazo. Sólo un tercio[17] de la inversión se costea[18] con capital propio y para el resto se recurre[19] al endeudamiento[20].

Precisamente, el capital riesgo lo que consigue es que aumente el porcentaje de autofinanciación[21], para que los gastos financieros sean mínimos.

La gran barrera sicológica es que una gran parte de empresarios todavía es muy reacia[22] a ceder parte de su empresa a un extraño[23], pues lo consideran como un fracaso[24] ; ya que sin ayuda externa[25] crearon la empresa, ¿por qué no podrían hacerla crecer o mantenerse viva ?

Es comprensible esta reserva del empresario al que tantos sudores ha costado[26] crear su propia empresa, y cuyo timón sólo ha sido manejado[27] por sus manos. Pero el capital riesgo no pretende arrebatar[28] el timón al empresario, sino darle los medios para que su sociedad pueda existir o expansionarse[29] y, por qué negarlo, busca asimismo[30] participar en el triunfo que la genialidad del empresario y los fondos[31] del inversor han conseguido.

III.2. Crédits à long terme

1. capital riesgo : *capital-risque.*
2. PYME : pequeña y mediana empresa *(petite et moyenne entreprise).*
3. por término medio : *en moyenne.*
4. subsanar : *remédier, réparer.*
5. escasez f. : *manque, exiguïté.*
6. nutriendo : *en nourrissant.*
7. por su parte : *quant à lui, de son côté.*
8. plusvalía f. : *plus-value.*
9. escogiendo : *en choisissant.*
10. e : devant les mots qui commencent par la lettre i, la conjonction y est transformée en e.
11. éxito m. : *succès.*
12. ha acudido... a : *a eu recours à;* acudir : *arriver, venir, accourir.*
13. lastre m. : *lest, charge.*
14. gastos financieros m., pl. : *charges financières.*
15. prueba de ello es que : *la preuve en est que.*
16. capital ajeno m. : *ressources extérieures;* ajeno : *à autrui.*
17. tercio m. : *tiers.*
18. se costea : *est financée, est payée.*
19. se recurre : *on a recours, on fait appel* (cf. 12).
20. endeudamiento m. : *endettement.*
21. autofinanciación f. : *autofinancement.*
22. reacio : *réticent.*
23. extraño : *étranger; étrange, bizarre.*
24. fracaso m. : *échec.*
25. ayuda externa f. : *aide extérieure.*
26. tantos sudores ha costado : *a demandé autant d'efforts;* sudor : *sueur, transpiration.*
27. ha sido manejado : *a été géré, dirigé, conduit.*
28. arrebatar : *arracher, enlever.*
29. expansionarse : *se développer; s'épancher, s'ouvrir.*
30. asimismo : *de la même manière, pareillement.*
31. fondos m., pl. : *fonds.*

III.2. Créditos a largo plazo

accionariado m. : *actionnariat*
accionista m. : *actionnaire*
acción f. al portador : *action au porteur*
acción de aporte : *action d'apport*
acción de capital : *action de capital*
acción de disfrute (o de goce) : *action de jouissance*
acción nominativa : *action nominative*
acción preferente (o privilegiada) : *action prioritaire*
acción sin derecho a voto : *action sans droit de vote*
alquiler m. : *loyer, location*
ampliar los fondos propios : *augmenter les fonds propres*
capital riesgo m. : *capital-risque*
cartera f. de pedidos : *carnet de commandes*
cobrar un interés : *percevoir un intérêt*
condiciones f., pl. especiales : *conditions spéciales*
crédito m. a largo plazo : *crédit à long terme*
cubrir el 15 % de la inversión : *couvrir 15 % des investissements*
devolución f. : *restitution*
fondo m. de maniobra : *fonds de roulement*
incentivo m. fiscal : *aide fiscale*
leasing m. (o arrendamiento financiero) : *leasing*
límite m. máximo : *plafond*
llegar a término : *arriver à échéance*
negociable : *négociable*
obligacionista m. : *obligataire*
obligación f. convertible : *obligation convertible*
plusvalía f. : *plus-value*
prorrogar : *prolonger, renouveler*
reposición f. de activos : *renouvellement d'actif*
rescindir : *résilier*
rescisión f. : *résiliation*
sociedad f. de leasing : *société de leasing*
subsanar : *remédier, réparer*
transmisible : *transmissible*
trámite m. : *démarche*
valor m. bursátil : *valeur boursière*
valor efectivo (o real) : *valeur intrinsèque*
valor nominal (o a la par) : *valeur nominale (ou au pair)*
valor matemático : *valeur mathématique*

III.2. Crédits à long terme

EXERCICES

I. **Construisez les substantifs correspondant aux verbes suivants, en indiquant leur genre :**

reponer	tramitar	equipar	invertir
arrendar	alquilar	prorrogar	amortizar
financiar	aumentar	pedir	contar
prestar	limitar	devolver	proyectar

II. **Construisez les verbes correspondant aux substantifs et adjectifs suivants :**

urgente	frente	planteamiento	plazo
plan	proyecto	recurso	deducible

III. **Mettez les verbes à l'indicatif ou au subjonctif selon les cas.**

1. Aunque sean desfavorables, aceptaremos las condiciones de crédito que nos *ofrecer.*
2. Ya recibirá noticias nuestras cuando Vd. *terminar* todos los trámites necesarios.
3. Ya sabe donde estamos para todo lo que *necesitar.*
4. Venía a que me *informar* sobre las ventajas e inconvenientes del *leasing* respecto al crédito a medio plazo.
5. Todavía no hemos mandado los pedidos que *recibir* la semana pasada.

IV. **Utilisez les semi-auxiliaires *llevar* et *seguir* selon les cas.**

1. Los tipos de interés .... siendo elevados.
2. Nuestra sociedad .... esperando un mes ese crédito.
3. La cartera de pedidos .... siendo firme.
4. La maquinaria .... estropeada ya dos semanas.
5. ¿Qué hacemos? ¿............ insistiendo o lo dejamos?

V. **Traduisez.**

1. Nous avons reçu plusieurs commandes fermes.
2. Le crédit est plafonné à 75 % de l'investissement total.
3. Les loyers correspondent à la période d'amortissement.
4. Lorsque l'échéance arrivera à terme, nous aurons besoin de renouveler le contrat.
5. La société de crédit-bail acquiert les biens d'équipement pour les louer.
6. Le crédit-bail sert à financer les équipements.

III.3. Financiación a corto plazo

– ¿Se ha enviado ya al banco la remesa[1] de letras[2]?

– Esta mañana. A propósito, ¿ha leído el informe[3] sobre impagados[4]?

– Le he echado una ojeada[5] y quería hablarle de esa cuestión. Tenemos un número demasiado alto de devoluciones de letras y no hay forma[6] de reducir la lista de morosos[7]. Ya estoy harto de[8] perder el tiempo ocupándome de los problemas de cobro y de gestión de facturas en vez de emplearlo en atender[9] los asuntos[10] de la producción y las ventas.

– Tal vez[11] sea una solución encargar el cobro de los morosos a una sociedad de las que se dedican a[12] ello.

– Eso no sería más que[13] un apaño[14] para salir del paso[15] que no impediría nuevos impagos[16]. Lo que necesitamos es un sistema que, de ahora en adelante[17], nos asegure el cobro de las facturas, ya que no nos podemos permitir el lujo de[18] tener un balance con muchas deudas de clientes.

– En ese caso, lo mejor es que contratemos[19] los servicios de una empresa de *fáctoring*[20]. Este tipo de empresas ofrecen exactamente lo que andamos buscando[21] : en primer lugar, se encargan de la administración de las facturas y del cobro de las mismas ; además, corren con el riesgo de[22] impago y por lo tanto este problema dejaría de quitarnos el sueño[23] ; por último, permiten la financiación de las cuentas a cobrar. De estos cuatro servicios ofrecidos, hay que aceptar por lo menos dos para poder firmar el contrato[24] de *fáctoring*. De todos modos[25], aunque la comisión depende naturalmente del número de servicios contratados, pienso que nos interesa tomar los cuatro.

– ¿Y cómo se financian las cuentas a cobrar de clientes?

– La sociedad adelanta[26] el cobro al endosarle[27] nosotros los documentos a cobrar. Se paga un interés por la cantidad adelantada, pero suele ser similar al que aplican los bancos a los efectos negociables[28]. El sistema es como el descuento[29] de la letra pero presenta dos ventajas : permite, independientemente del medio de pago[30], negociar todas las facturas y transforma la deuda en efectivo, mientras que con el banco nunca estamos seguros de[31] que no vaya a devolvernos una letra impagada a su vencimiento[32].

III.3. Financement à court terme

1. **remesa** f. : *remise* (d'argent, de traites, de chèques...); *envoi, expédition* (de marchandises, de fonds...).
2. **letra** f. : *traite, lettre de change;* on emploie **letra** le plus souvent, bien que l'expression soit **letra de cambio**.
3. **informe** m. : *rapport, mémoire; information, renseignement.*
4. **impagados** m., pl. : *les impayés.*
5. **echar una ojeada** : *jeter un coup d'œil;* de **ojear** : *regarder, examiner,* à ne pas confondre avec **hojear** : *feuilleter.*
6. **no hay forma** : *il n'y a pas moyen.*
7. **moroso** m. : *débiteur en retard, mauvais payeur.*
8. **estar harto de** : *en avoir assez.*
9. **atender** : *s'occuper de.*
10. **asunto** m. : *question; affaire, sujet.*
11. **tal vez** : *peut-être.*
12. **dedicarse a** : *s'occuper de, se consacrer à.*
13. **no...más que** : *ne...que.*
14. **apaño** m. : *raccommodage, retapage; arrangement.*
15. **salir del paso** : *se tirer d'affaire.*
16. **impago** m. : *non-paiement.*
17. **de ahora en adelante** : *désormais, dorénavant.*
18. **permitirse el lujo de** : *s'offrir le luxe de.*
19. **contratar** : *passer un contrat; embaucher, engager.*
20. **factoring** m. : *factoring;* il existe en espagnol le mot **factoraje**, mais on emploie habituellement **factoring**.
21. **lo que andamos buscando** : *ce que nous sommes en train de chercher.*
22. **correr con el riesgo de** : *prendre à sa charge le risque de;* **correr el riesgo** : *courir le risque, risquer.*
23. **quitar el sueño** : *empêcher de dormir.*
24. **firmar el contrato** : *signer le contrat.*
25. **de todos modos** : *de toute façon.*
26. **adelantar** : *avancer.*
27. **endosar** : *endosser.*
28. **efectos negociables** m., pl. : *effets de commerce négociables.*
29. **descuento** m. : *escompte.*
30. **medio de pago** m. : *moyen de paiement.*
31. **estar seguro de** : *être sûr;* **estar seguro** : *être à l'abri.*
32. **vencimiento** m. : *échéance, terme.*

III.3. Financiación a corto plazo

La letra de cambio

Es un efecto de comercio en el que han de intervenir tres personas : el librador, el librado y el tomador (o beneficiario).

El librador es el que entrega la letra, a cambio del dinero o del valor que recibe. Da la orden de pago de la letra al librado por la cantidad y en la fecha que en la misma aparecen.

El librado tiene el encargo de pagar por el librador. La letra se extiende a su cargo.

El tomador recibe el documento de manos del librador. Es la persona a cuya orden se manda efectuar el pago.

La aceptación es un compromiso del librado a cumplir el mandato de pago recibido del librador; se realiza firmando la letra en el lugar correspondiente.

La letra es susceptible de transmitirse por vía de **endoso** que suele extenderse en el dorso del documento; el **endosante** constituye el nuevo deudor de la letra.

Las letras de cambio tienen que ser pagadas a su **vencimiento**; pueden ser pagaderas **a la vista, a treinta, sesenta o noventa días vista.**

El protesto es un acto que sirve para acreditar la falta de pago o aceptación, en su caso, de la letra. Se practica ante notario a instancia del tenedor del título. Este tendrá derecho a exigir de cualquiera de los obligados al pago el reembolso de la letra con los gastos del protesto.

El pagaré

Es un título por el cual una persona se compromete a pagar a la orden de otra una determinada cantidad a una cierta fecha. Se trata pues de una promesa directa o personal de pago hecha por el firmante del pagaré. Las obligaciones y efectos son los mismos que para la letra de cambio, excepto la aceptación.

El cheque

El cheque es una orden de pago a la vista sobre fondos previamente disponibles.

El cheque **cruzado** puede cobrarse solamente a través de una cuenta corriente bancaria.

El cheque **certificado** es un cheque para el cual el banco certifica la existencia de una provisión en sus cuentas.

III.3. Financement à court terme

La lettre de change

C'est un effet de commerce dans lequel doivent intervenir trois personnes : le tireur, le tiré et le bénéficiaire.

Le ***tireur*** *est celui qui remet la lettre, en échange de l'argent ou de la valeur reçus. Il donne l'ordre de paiement de la lettre de change au tiré pour la quantité et à la date qui y figurent.*

Le ***tiré*** *est chargé de payer pour le tireur. La lettre de change est libellée à sa charge.*

Le ***bénéficiaire*** *reçoit le document des mains du tireur. C'est à son ordre que l'on fait effectuer le paiement.*

*L'****acceptation*** *est un engagement du tiré à accomplir le mandat reçu du tireur; elle s'effectue en signant la lettre de change à la place indiquée.*

*La lettre de change peut être transmise au moyen de l'****endos*** *rédigé en général sur l'envers du document; l'****endosseur*** *constitue le nouveau débiteur de la lettre de change.*

Les lettres de change doivent être payées à ***échéance****; elles peuvent être payables* ***à vue, à trente, soixante*** *ou* ***quatre-vingt-dix jours de vue.***

Le ***protêt*** *est un acte servant à faire constater le défaut de paiement ou d'acceptation, le cas échéant. Il est effectué devant notaire à la demande du détenteur du titre. Celui-ci aura le droit d'exiger, de n'importe laquelle des personnes tenues de payer, le remboursement de la lettre de change augmentée des frais du protêt.*

Le billet à ordre

C'est un titre par lequel une personne s'engage à payer à l'ordre d'une autre une quantité déterminée à une certaine date. Il s'agit donc d'une promesse directe ou personnelle de paiement faite par le signataire du billet à ordre. Les obligations et effets sont les mêmes que pour la lettre de change, à l'exception de l'acceptation.

Le chèque

Le chèque est un ordre de paiement à vue sur des fonds préalablement disponibles.

Le chèque ***barré*** *ne peut être encaissé que par le biais d'un compte courant bancaire.*

Le chèque ***certifié*** *est un chèque pour lequel la banque certifie l'existence d'une provision sur ses comptes.*

III.3. Financiación a corto plazo

La financiación a corto[1] está formada por créditos de funcionamiento o sea[2] aquéllos que cubren los activos de la parte baja[3] del balance. Su vencimiento[4], por tanto[5], suele ser[6] inferior a un año, mientras que los créditos a medio y largo plazo, cuyos vencimientos suelen situarse respectivamente entre dieciocho meses y cinco años para el primero y superiores a cinco años para el segundo, son recursos[7] de financiación que tienen su contrapartida en el activo fijo[8]. En el endeudamiento a corto plazo hay que tener en cuenta, por un lado, la estructura del pasivo, y, por otro, las diversas procedencias[9] de la financiación a corto plazo.

Por razones de seguridad, los recursos permanentes deben cubrir el inmovilizado pero también una parte del activo circulante[10], ya que, en la mayoría de los casos[11], es necesario constituir un margen de maniobra[12] que asegure[13] no sólo el mínimo necesario de efectivo en caja y en cuenta corriente bancaria, sino también la financiación de pagos[14] de clientes y de existencias[15], tanto de materias primas[16] como de productos en curso o terminados. Este margen constituido por el excedente de capitales permanentes[17] sobre los valores inmovilizados (o por el excedente de valores circulantes sobre las deudas a corto plazo) es la expresión contable del fondo de rotación[18] y recibe el nombre de capital circulante[19].

El origen de la financiación a corto puede ser espontáneo o negociado. La fuente espontánea más importante[20] está constituida por el crédito de proveedores[21] a través de efectos o letras, aunque el origen pueda ser también bancario, por medio de descubiertos en cuenta corriente[22] o facilidades de caja. En este caso, ningún contrato respalda[23] la operación y, por consiguiente, ésta carece de garantías, ya que el banco puede suprimir el crédito en cualquier momento.

Las formas de crédito más corrientes, formalizadas por medio de un contrato, son : la línea de crédito, que fija un máximo de disponibilidades, aunque la empresa no utilice la totalidad ; el descuento[24] de letras y el crédito en firme[25].

III.3. Financement à court terme

1. **financiación a corto** : *financement à court terme;* on omet très souvent le mot **plazo**, *terme.*
2. **o sea** : *c'est-à-dire;* l'expression synonyme est **es decir**.
3. **de la parte baja** : *du bas.*
4. **su vencimiento** : *leur échéance.*
5. **por tanto** : *par conséquent, donc.*
6. **suele ser** : *est généralement;* le verbe **soler** suivi d'un infinitif exprime l'action habituelle.
7. **recursos** : *ressources;* le mot est masculin.
8. **activo fijo** : *immobilisations.*
9. **procedencias** : *origines, provenance.*
10. **activo circulante** : *actif de roulement.*
11. **la mayoría de los casos** : *la plupart des cas.*
12. **margen de maniobra** : *marge de manœuvre;* **margen** est un mot masculin.
13. **que asegure** : *qui puisse assurer.* Le subjonctif exprime l'éventualité de la proposition introduite par le relatif **que**.
14. **pagos** : *paiements.*
15. **existencias** : *stocks.*
16. **materias primas** : *matières premières.*
17. **capitales permanentes** : *capitaux permanents.*
18. **fondo de rotación** : *fonds de roulement.*
19. **capital circulante** : *fonds de roulement* (comptabilité) ; un autre synonyme, **fondo de maniobra**.
20. **la fuente espontánea más importante** : *la source spontanée la plus importante.*
21. **crédito de proveedores** : *le crédit fournisseurs.*
22. **descubiertos en cuenta corriente** : *découverts en compte courant.*
23. **respalda** : *garantit, cautionne;* en général, *appuyer;* de **respaldo**, *dossier.*
24. **el descuento** : *l'escompte.*
25. **el crédito en firme** : *crédit ferme.*

III.3. Financiación a corto plazo

aceptación f. : *acceptation*
acreedor m. : *créancier*
aval m. : *aval*
avalar : *avaliser, donner son aval*
bueno para aval : *bon pour aval*
carta f. abierta : *lettre de crédit illimité*
carta de crédito : *lettre de crédit*
cheque m., talón m. a la orden, al portador : *chèque à ordre, au porteur*
cheque en blanco, en descubierto : *chèque en blanc, sans provisions*
cobrar : *encaisser*
contrato m. de fianza : *cautionnement*
crédito m. de proveedores : *crédit fournisseurs*
cuenta f. de resaca : *compte de retour*
descuento m., redescuento m. : *escompte, réescompte*
deudor m. : *débiteur*
efecto m. negociable : *effet de commerce négociable*
factura f. pro forma : *facture pro forma*
fianza f. : *caution*
financiación f. a corto : *financement à court terme*
impagados m., pl., morosos m., pl. : *impayés*
impago m. : *non-paiement*
interés m. usurario : *taux usuraire*
letra f. de cambio : *lettre de change*
levantar acta de protesto : *dresser un protêt*
libranza f. : *ordre de paiement*
medios m., pl. de pago : *moyens de paiement*
moroso m. : *mauvais payeur*
pagadero : *payable*
pignoración f. : *gage; nantissement*
pignorar : *nantir*
recibí, recibimos : *bon pour acquit*
remesa de letras : *remise de traites*
resaca : *retraite*
salir (o ser) fiador de : *se porter caution de*
talonario : *chéquier*
tarjeta de crédito : *carte de crédit*
tasa f. actuarial, constante : *taux actuariel, constant*
tasa creciente, decreciente : *taux croissant, décroissant*
tipo m. de interés : *taux d'intérêt*

III.3. Financement à court terme

EXERCICES

I. Répondez aux questions suivantes :

1. ¿Cuáles son los diferentes tipos de créditos a corto plazo no garantizados por un contrato?
2. ¿Cuáles son aquéllos que se formalizan mediante contrato?
3. ¿De qué dos maneras puede la letra de cambio constituir un medio de financiación?
4. ¿Cómo se denominan las tres partes que intervienen en un efecto de comercio?

II. Formez des expressions équivalentes à celles qui se trouvent en caractères gras :

1. Cuando una letra no se paga a su vencimiento, **se suele** levantar acta de protesto.
2. Un cheque cruzado tiene que cobrarse siempre **a través de** una cuenta bancaria.
3. El *fáctoring* ofrece el máximo de garantías **en cuanto a** la recuperación del importe de una deuda.
4. Es posible obtener un crédito a corto plazo **por medio de** muy distintos sistemas.

III. Construisez les verbes correspondant aux substantifs suivants :

devolución	factura	deuda
riesgo	contrato	endoso
descuento	ventaja	vencimiento
librador	valor	previsión
plazo	recurso	garantía

IV. Traduisez en espagnol :

1. La date d'échéance de cette traite est assez éloignée ; nous aurons le temps de nous procurer l'argent nécessaire afin de pouvoir l'honorer en temps utile. 2. Aussi bien les lettres de change que les chèques peuvent être endossés. 3. L'effet de commerce est une promesse de paiement à une date convenue : c'est donc un moyen de crédit. 4. On appelle crédit à court terme celui dont l'échéance ne dépasse pas généralement les 18 mois, bien que ce délai puisse varier en fonction du secteur auquel appartient l'entreprise.

III.4. Banca

– En caso de que aceptamos[1] el nuevo pedido, nos vamos a encontrar con una situación financiera que exigirá nuevas aportaciones de fondos[2] y a mí no me parece[3] que los socios estén dispuestos a adelantar[4] más dinero en cuenta corriente.

– Yo opino lo mismo que tú. Lo que tendríamos que ver es quién puede ofrecernos las mejores condiciones, porque hasta ahora, si la memoria no me falla[5], hemos funcionado sin ningún tipo de créditos[6].

– No, hombre, acuérdate de la mala experiencia que tuvimos cuando el banco nos suprimió sin previo aviso el descubierto[7] en cuenta corriente que teníamos.

– Sí, es verdad. Por eso precisamente[8] habría que encontrar[9] un crédito específico que nos permita seguir adelante. Si no, nos vamos a encontrar ante[10] la alternativa de renunciar al primer pedido importante que nos haría arrancar de una vez. ¿Y si miráramos en algún banco[11] de crédito oficial?

– No sé qué decirte. Me han dicho[12] que el Banco de Crédito Industrial tiene una línea de crédito especial para las PYMES, pero me da la impresión de que la tramitación[13] es bastante larga y, en ese caso, vamos a necesitar un crédito de prefinanciación[14].

– Y además seguro que nos van a exigir[15] algún tipo de garantía[16].

– Eso, seguro, o algún aval[17]. De todas formas, vayamos donde vayamos[18], es imprescindible[19] que presentemos los últimos balances y cuentas, pero eso me preocupa menos, porque la relación entre el exigible total y los capitales propios es buena. El grado de autonomía financiera, aunque ha disminuido algo, tampoco va a plantearnos problemas[20]. El fondo de maniobra[21] es positivo y el activo inmovilizado está financiado por los recursos permanentes[22].

– También vamos a necesitar un plan financiero[23] del proyecto.

– Sí, yo creo que ahora tenemos que buscar las mejores condiciones de financiación.

– Pues habría que mirar cuáles son las condiciones de la Caja de Ahorros[24] provincial. Probablemente los créditos sean más baratos[25] y a más largo plazo. Al fin y al cabo, la misión de la Caja consiste también en financiar la industria local.

III.4. Banque

1. **en caso de que aceptemos** : *si toutefois nous acceptons;* **en caso de que** exige toujours le subjonctif .
2. **aportaciones** f., pl. **de fondos** : *des apports de fonds.*
3. **a mí no me parece** : *je ne pense pas.*
4. **adelantar** : *avancer.*
5. **si la memoria no me falla** : *si la mémoire ne me fait pas défaut.*
6. **sin ningún tipo de créditos** : *sans aucune sorte de crédit.*
7. **descubierto** m. : *le découvert.*
8. **por eso precisamente** : *c'est pour cela justement.*
9. **habría que encontrar** : *il faudrait trouver.*
10. **ante** : *devant;* la préposition ante est obligatoire au sens figuré.
11. **y si miráramos en algún banco** : *et si nous regardions du côté d'une banque.*
12. **me han dicho** : *on m'a dit;* la 3ᵉ p. du pl. traduit *on*, lorsque le sujet indéfini exclut la personne qui parle.
13. **tramitación** f. : *les démarches.*
14. **necesitar un crédito de prefinanciación** : *avoir besoin d'un crédit de préfinancement.*
15. **nos van a exigir** : *on va nous exiger.* Cf. 12.
16. **algún tipo de garantía** : *une sorte de garantie;* l'indéfini **algún, alguna** peut équivaloir à l'article **un, una,** mais l'adjectif indéfini ajoute un sens d'indétermination *(une garantie quelconque).*
17. **aval** m. : *garantie, aval.*
18. **vayamos donde vayamos** : *où que nous allions.*
19. **imprescindible** : *indispensable.*
20. **plantearnos problemas** : *nous poser des problèmes.*
21. **fondo de maniobria** : *fonds de roulement.*
22. **recursos** m., pl. **permanentes** : *capitaux permanents.*
23. **plan financiero** : *plan de financement.*
24. **Caja de Ahorros** : *Caisse d'Épargne.*
25. **probablemente... sean más baratos** : *ils seront probablement meilleur marché;* les adverbes de doute sont employés à l'indicatif ou au subjonctif suivant le degré d'incertitude exprimée.

III.4. Banca

Los servicios que ofrecen los bancos a las empresas en primer lugar giran en torno a la **financiación** :

– **La gestión de cuentas corrientes** (extracto diario de cuentas) ; obtención de tarjetas de crédito ; cambio de divisas.

– **El descuento de letras de cambio** : el empresario va al banco con las letras que le adeudan y éste se las transforma en dinero, cobrándole un descuento.

– **La concesión de créditos**, según las necesidades (créditos o préstamos de financiación a comprador o vendedor, destinados a facilitar la adquisición a plazos de bienes ; financiación para ejecución de obras, servicios y suministros ; anticipo de fondos sobre los créditos ; financiación de existencias ; créditos a la exportación, etc.).

– **La concesión de avales y garantías** que garanticen frente a terceros el cumplimiento de distintas operaciones.

– **La gestión de tesorería** de las empresas pequeñas y medianas a fin de optimizar sus excedentes de caja y minimizar sus costes financieros.

– **La participación en el capital y la gestión** de las empresas que financian y la colaboración en los procesos de compra y fusiones de empresas (actividades reservadas a los bancos industriales).

Los bancos ofrecen también a las empresas servicios de **asesoramiento** que se extienden a casi todos los ámbitos de la actividad empresarial :

– **Relaciones con la Administración** (por ejemplo la recaudación y gestión de la Seguridad Social).

– **Utilización de ayudas oficiales.**

– **Fiscalidad** (pago del impuesto de sociedades).

– **Confección de nóminas y domiciliación del pago** de los sueldos de los empleados.

– **Creación de nuevos servicios** que inviten a los consumidores a comprar los productos de la empresa (por ejemplo al flexibilizar los trámites para conseguir un crédito).

Los bancos desempeñan por fin un importante **papel informativo** ; suelen publicar **boletines de información económica** general elaborados por sus servicios de estudio y **boletines de intercambios de operaciones comerciales** a nivel nacional o internacional.

III.4. Banque

Les services offerts par les banques aux entreprises tournent d'abord autour du financement :

*– **La gestion du compte courant** (extraits de comptes journaliers) ; obtention de cartes de crédit ; change de devises.*

*– **L'escompte des lettres de change** : le chef d'entreprise s'adresse à la banque avec les lettres de change qu'on lui doit et ce dernier les lui convertit en argent, en lui faisant payer un escompte.*

*– **La concession de crédits**, en fonction des besoins (crédits ou prêts de financement à acheteur ou vendeur, visant à faciliter l'acquisition de biens à crédit ; financement en vue de l'exécution de travaux, de services et de fournitures ; avance de fonds sur les crédits ; financement des stocks ; crédits à l'exportation, etc.).*

*– **La prestation d'avals et de garanties** qui cautionneront, vis-à-vis de tiers, l'accomplissement de diverses opérations.*

*– **La gestion de trésorerie** des petites et moyennes entreprises, afin de tirer un profit maximum de leurs excédents de caisse et de réduire leurs coûts financiers.*

*– **La participation au capital et à la gestion** des entreprises qu'elles financent et la collaboration aux processus d'achat et de fusions des entreprises (activités réservées aux banques industrielles).*

*Les banques offrent également aux entreprises des services de **conseil** et d'**assistance** qui s'étendent à presque tous les domaines de son activité :*

*– **Relations avec l'Administration** (par exemple le recouvrement et la gestion de la Sécurité Sociale).*

*– **Utilisation des aides officielles.***

*– **Fiscalité** (paiement de l'impôt sur les sociétés).*

*– **Confection des feuilles de paie et domiciliation du paiement** des salaires des employés.*

*– **Création de nouveaux services** qui inciteront les consommateurs à acheter les produits de l'entreprise (par exemple en assouplissant les formalités de crédit).*

*Les banques jouent enfin un rôle important en matière d'**information** ; elles publient fréquemment des **bulletins d'information économique** générale, rédigés par leurs services d'études, et des **bulletins d'échanges d'opérations commerciales** aux niveaux national et international.*

III.4. Banca

Frecuentemente, las aspiraciones[1] de financiación bancaria de la empresa chocan[2] con la lógica del banco, porque ambas[3] instituciones miran la misma operación desde un ángulo diferente[4]. En sus largos años de experiencia, la Banca ha acrisolado[5] un código[6] de criterios ampliamente[7] admitidos por todos los bancos, que constituyen el prisma a través del cual son escrutadas[8] las operaciones. Vemos, sin embargo, que dichos criterios[9] no siempre se entienden bien por parte de[10] los solicitantes de crédito, lo que implica que no puedan utilizarlos para sacar el mejor partido[11] de ellos.

La primera cuestión que hay que plantearse[12] es cuándo es más acertado[13] acudir al banco. Toda negociación de un préstamo se debe empezar a tantear[14] antes de verse forzado a pedirlo : ello fortalece[15] la posición negociadora de la empresa y con frecuencia[16] suaviza[17] los criterios de selectividad del banco. Lo más juicioso[18] es que cuando surja[19] la necesidad, estén ya bien avanzadas las relaciones con el banco para que éste conozca bien a la empresa y exista un clima de mutua confianza. La calidad de estas relaciones previas facilitará o perjudicará[20] luego[21] el desarrollo[22] de la operación.

Ahora bien[23], el aspecto táctico de mayor interés para abordar al banco es, sin duda, el de ser capaz de ponerse en su lugar[24]. Conocer y dominar[25] perfectamente los criterios de evaluación seguidos por el banco permite presentar una petición[26] más coherente, que se adelantará[27] a muchos de los problemas que se manifestarían en el transcurso de[28] la negociación y que los resolverá de antemano[29].

Para poder ser objetiva ante su solicitud y poder anticiparse a las pegas[30] que le ponga el banco, la propia empresa[31] deberá estudiar, con todos sus pormenores[32], el comportamiento de la operación que va a intentar[33] frente a[34] los aspectos esenciales en los que el banco se va a centrar : quién es el dueño[35] de la empresa y quién la dirige ; cuál ha sido su evolución y cuáles son sus perspectivas ; cuánto dinero necesita y por qué ; cómo va a ser liquidado el préstamo ; por último, si las cosas van mal[36], cómo será atendido[37] el mismo.

actrisolar = affiner

III.4. Banque

1. aspiraciones f., pl. : *prétentions.*
2. chocan : *se heurtent;* chocar : *entrer en collision; choquer.*
3. ambas : *toutes les deux.*
4. desde un ángulo diferente : *sous un autre angle.*
5. ha acrisolado : *a affiné.*
6. código m. : *code.*
7. ampliamente : *largement.*
8. escrutadas : *méticuleusement observées.*
9. dichos criterios : *ces critères;* dicho, a, os, as sont très employés à la place de l'adjectif démonstratif quand ils accompagnent un substantif cité plus haut.
10. por parte de : *de la part de.*
11. sacar el mejor partido : *tirer le meilleur parti.*
12. plantearse : *se poser* (une question, un problème).
13. acertado : *opportun, pertinent.*
14. tantear : *tâter.*
15. fortalece : *renforce, fortifie.*
16. con frecuencia : *fréquemment.*
17. suaviza : *modère, adoucit.*
18. juicioso : *judicieux.*
19. cuando surja : *quand il apparaîtra, se montrera, surgira.*
20. perjudicará : *nuira.*
21. luego : *par la suite, après.*
22. desarrollo m. : *déroulement; développement.*
23. ahora bien : *or.*
24. ponerse en su lugar : *se mettre à sa place.*
25. dominar : *maîtriser, dominer.*
26. petición f. : *demande.*
27. se adelantará : *anticipera.*
28. en el transcurso de : *au cours de.*
29. de antemano : *par avance.*
30. pegas f., pl. : *difficultés, inconvénients.*
31. la propia empresa : *l'entreprise elle-même.*
32. pormenores m., pl. : *détails.*
33. intentar : *essayer, tenter.*
34. frente a : *face à.*
35. dueño m. : *propriétaire; maître.*
36. si las cosas van mal : *si cela tourne mal.*
37. atendido : *satisfait.*

III.4. Banca

abonar, cargar en cuenta : *créditer, débiter un compte*
adelantar dinero : *avancer de l'argent*
anticipo m. de fondos : *avance de fonds*
aportación f. financiera : *apport financier*
arqueo m. (o control) de caja : *vérification de caisse*
aval m. : *aval*
banca f. comercial : *banque de dépôts*
banca oficial, privada : *secteur bancaire public, privé*
banco m. de negocios, emisor : *banque d'affaires, d'émission*
blanquear dinero : *blanchir de l'argent*
caja de ahorros : *caisse d'épargne*
caja f. : *caisse*
cajero m. automático : *distributeur automatique de billets*
cajero m. : *caissier*
cambio m. de divisas : *change*
cámara f. de compensación : *chambre de compensation*
comprar a plazos : *acheter à crédit*
contención f. crediticia : *encadrement du crédit*
crédito m. puente : *crédit relais*
cuenta f. corriente : *compte courant*
cuentacorrentista m. : *titulaire d'un compte courant*
depositar dinero : *déposer de l'argent*
descubierto m. : *découvert*
dinero m. en efectivo : *argent liquide*
empréstito m. : *emprunt*
estar en números rojos : *être dans le rouge*
excedente m. de caja : *excédent de caisse*
extracto m. de cuenta : *extrait de compte*
fondo m. de maniobra : *fonds de roulement*
línea f. de crédito : *ligne de crédit*
pedir prestado : *emprunter*
prefinanciación f. : *préfinancement*
prestatario m. : *emprunteur*
préstamo m. : *prêt*
reembolso m. : *retrait*
sacar dinero : *retirer de l'argent*
saldar : *solder (un compte)*
saldo m. acreedor, deudor : *solde créditeur, débiteur*
suma y sigue : *solde à reporter, solde à nouveau*
tarjeta de crédito : *carte de crédit*

III.4. .Banque

EXERCICES

I. **Complétez les phrases avec les prépositions *ante, bajo, sobre, tras* selon les cas :**

1. .... tales dificultades, tuvimos que abandonar el proyecto.
2. Tengo muy buenas impresiones .... el resultado de la negociación.
3. Llevamos varios meses .... el cobro de esas deudas.
4. No supo qué decir .... semejantes argumentos.
5. Tuvo que cambiar sus planes .... la amenaza de una supresión de descubierto en cuenta corriente.

II. **Formez une expression équivalente :**

1. *Estoy de acuerdo contigo.*
2. *Después de todo,* ése es su trabajo.
3. Tienes razón. *Es verdad.*
4. *Tengo la impresión de que* la Caja de Ahorros ofrece condiciones especiales.
5. Te dirán lo mismo a *cualquier sitio que vayas.*

III. **Mettez les verbes à l'indicatif ou au subjonctif selon les cas :**

1. En caso de que nos *necesitar*, ya sabe donde estamos.
2. No creo que ese banco *ofrecer* las mejores condiciones de crédito.
3. A mí me parece que los socios *volver* a adelantar el dinero en cuenta corriente.
4. Es imprescindible que Vds. *presentar* algún tipo de garantía.
5. Si nuestra situación financiera nos lo *permitir*, no tendría que recurrir a ese tipo de fianciación.

IV. **Traduisez :**

1. Quoi que nous fassions, nous aurons besoin d'un crédit de préfinancement.
2. Messieurs, devant votre insuffisance de capitaux permanents, il faudrait chercher une autre solution.
3. On lui a dit que les démarches sont assez longues.
4. Il est tout à fait indispensable de trouver des nouveaux apports de fonds.
5. Je suis du même avis que toi. Je ne crois pas qu'ils avanceront davantage d'argent.

III.5. Bolsa

– ¿Cuáles[1] son las razones que mueven a[2] una empresa para decidir su introducción en Bolsa?

– El móvil principal suele ser la necesidad o el deseo de captar fondos[3]; pero no es la unica ventaja, ya que mediante[4] la salida a bolsa decrece[5], por añadidura[6], el peso de los recursos ajenos con relación a[7] los propios.

– O sea, que todo son ventajas...

– ¡Hombre![8], no todo. Si bien es verdad que[9] el endeudamiento de la empresa disminuye, no es menos cierto que[10] lo hace a costa de[11] un aumento del capital que hay que remunerar con beneficios. Por eso, antes de lanzarse al mercado, se debe analizar si la situación financiera va a permitir que se mantenga el beneficio por acción y que no se resienta el reparto de dividendos[12].

– ¿Y qué otro tipo de aspectos se deben tener en consideración para abordar el mercado bursátil[13]?

– Estar atento a la marcha de la Bolsa : cuando atraviesa[14] momentos de euforia la colocación[15] es fácil, pero resulta incierta en los períodos de repliegue[16] del dinero. Tiene también suma importancia el velar[17] para que el precio de salida de los títulos[18] no sea disparatado[19]; dicho de otro modo[20], aunque la empresa trate de ser valorada al máximo, el desfase[21] entre la valoración contable[22] y la de salida de las acciones no debe ser demasiado grande a fin de que no se malogre[23] la operación. No obstante, el margen es tanto mayor cuanto mayor es el renombre del que goza[24] la sociedad.

– De todos modos, supongo que el mercado se encarga de descartar[25] los valores que salen demasiado caros.

– Y no sólo eso, sino que tampoco le gustan los títulos faltos de[26] liquidez[27]. Para soslayar[28] esta dificultad, las sociedades colocadoras no deben desentenderse[29] de la empresa al poco de[30] soltarla en Bolsa y tienen que ocuparse de la posible falta de liquidez que, al principio, no consigue el valor por sí mismo. Sin un verdadero apoyo, no es fácil hacerse un hueco[31] cuando se es un recién llegado[32] y se carece[33] de un nombre[34].

III.5. Bourse

1. **cuáles** : avec un accent écrit, puisqu'il s'agit ici du pronom interrogatif.
2. **mueven a** : *inciter à.*
3. **captar fondos** : *obtenir des fonds.*
4. **mediante** : *grâce à.*
5. **decrece** : *décroît.*
6. **por añadidura** : *par surcroît.*
7. **con relación a** : *par rapport à.*
8. **¡hombre!** : *eh bien!*
9. **si bien es verdad que** : *s'il est bien vrai que.*
10. **no es menos cierto que** : *il n'est pas moins vrai que.*
11. **a costa de** : *aux dépens de.*
12. **reparto de dividendos** m. : *distribution des dividendes.*
13. **bursátil** : *boursier.*
14. **atraviesa** : *traverse.*
15. **colocación** f. : *placement; emploi.*
16. **repliegue** m. : *retrait, repli.*
17. **velar** : *veiller.*
18. **títulos** m. : *titres.*
19. **disparatado** : *absurde, extravagant.*
20. **dicho de otro modo** : *autrement dit.*
21. **desfase** m. : *décalage.*
22. **valoración contable** f. : *évaluation comptable.*
23. **se malogre** : *échoue, tourne court.*
24. **renombre del que goza** : *la renommée dont elle jouit.*
25. **descartar** : *éliminer, écarter.*
26. **faltos de** : *dépourvus de.*
27. **liquidez** f. : *liquidité.*
28. **soslayar** : *éviter, esquiver.*
29. **desentenderse** : *se désintéresser.*
30. **al poco de** : *peu après que.*
31. **hacerse un hueco** : *se faire une place;* **hueco** : *creux.*
32. **recién llegado** m. : *nouveau venu;* **recién** : *récemment, nouvellement.*
33. **carecer** : *manquer, ne pas avoir.* Le verbe exige la préposition de.
34. **nombre** m. : nom.

III.5. Bolsa

La decisión de introducir la empresa en Bolsa afecta directamente a aquella y constituye una alternativa posible de financiación ; sus efectos pueden ser más o menos positivos y conciernen tanto al empresario como al accionista.

Para el empresario :

La Bolsa es un nuevo **medio de financiación** que le permitirá desarrollarse y hacer frente a inversiones importantes.

La cotización en Bolsa abre la posibilidad de participar en otras sociedades o de comprarlas, mediante **intercambio de acciones**, o sea, sin tener que desembolsar su importe.

Al sustituir parcialmente deuda por capital social, se reducen el **apalancamiento financiero** de la empresa y su dependencia con respecto a los sistemas crediticios y bancarios.

El hecho de cotizar en Bolsa supone cierta **publicidad** para la empresa, pero puede convertirse en una publicidad negativa si la cotización es baja.

Los clientes y proveedores pueden adquirir las acciones de la sociedad, lo que representa para ella una **consolidación** en su mercado.

La cotización en Bolsa exige una mayor **transparencia contable y fiscal**, lo que le planteará a la dirección un conflicto entre dos intereses opuestos : maximizar los beneficios para mantener una cotización alta o minimizarlos para pagar menos impuestos.

Para los accionistas :

El objetivo de lanzar una empresa a cotización en Bolsa es el de realizar una **plusvalía** por parte de los accionistas.

El accionista tiene mayor posibilidad de vender facilmente sus acciones a un precio más o menos justo ; el mercado de valores le ofrece **liquidez** y **valoración** real de sus acciones.

La atomización del accionariado plantea el problema del control de la compañía : cuanto más numerosos son los accionistas, menor es el porcentaje de acciones necesarios para asumir este control y más fáciles las actuaciones de los "tiburones" y las OPA hostiles.

III.5. Bourse

La décision d'introduction de l'entreprise en Bourse affecte directement cette dernière et constitue une source éventuelle de financement; ses effets peuvent être plus ou moins positifs et concernent aussi bien le chef d'entreprise que l'actionnaire.

Pour le chef d'entreprise :

*La Bourse représente un nouveau **moyen de financement**, qui lui permettra d'entreprendre un développement et de faire face à des investissements importants.*

*La cotation en Bourse offre la possibilité de prendre des participations dans d'autres sociétés ou de les acheter, par le biais d'un **échange** d'actions, c'est-à-dire sans avoir à en débourser le montant.*

*En remplaçant partiellement de la dette par du capital social, on réduit l'**effet de levier financier** de l'entreprise et sa dépendance vis-à-vis des systèmes de crédit et bancaires.*

*Le fait d'être coté en Bourse suppose une certaine **publicité** pour l'entreprise, mais celle-ci peut devenir une publicité négative si le cours est bas.*

*Les clients et fournisseurs peuvent acquérir des actions de la société, ce qui constitue pour elle un **renforcement** dans son marché.*

*La cotation en Bourse exige une plus grande **transparence comptable et fiscale**, ce qui entraînera, pour la direction, un conflit entre deux intérêts opposés : maximiser les bénéfices afin de maintenir les cours à un niveau élevé ou les minimiser pour payer moins d'impôts.*

Pour les actionnaires :

*L'objectif d'introduire une entreprise en Bourse répond à la volonté de réaliser une **plus-value** de la part des actionnaires.*

*L'actionnaire peut vendre plus facilement ses actions, à un prix plus ou moins juste; le marché des valeurs lui offre **liquidité** et **estimation exacte** de ses actions.*

*L'atomisation de l'actionnariat pose le problème du **contrôle de la compagnie** : plus les actionnaires sont nombreux, moins élevé est le pourcentage d'actions nécessaire pour exercer ce contrôle et plus aisés les agissements des « raiders » et les O.P.A. hostiles.*

III.5. Bolsa

Con la entrada en vigor de la Ley de Reforma del Mercado de Valores, la Bolsa española se ajusta a un contexto general de internacionalización y, en particular, al futuro mercado europeo de capitales.

En líneas generales, el mercado bursátil[1] venía caracterizado por[2] los siguientes rasgos : existencia de cuatro Bolsas teóricamente desconectadas : Madrid, Barcelona, Bilbao y Valencia, siendo Madrid la de mayor volumen de contratación[3] (alrededor del[4] 75 % del total) ; admisión de un reducido número de empresas a cotización[5] oficial, entre las cuales sólo un 25 % escaso[6] cotizaba diariamente[7] ; predominio[8], por fin, de los sectores bancario y eléctrico en los títulos de renta variable[9], mientras que las emisiones de renta fija del sector público no dejaban de aumentar. Respecto a los agentes mediadores, ya sea individualmente o en forma societaria, éstos sólo podían ser Agentes de Cambio y Bolsa, fedatarios[10] públicos e intermediarios únicos. La fijación de precios según las órdenes recibidas por los clientes se hacía en corros[11] de viva voz[12] en un tiempo limitado. En resumen, un mercado bursátil caracterizado por su estrechez[13], basado en los aspectos jurídicos de la transacción y la transmisión de valores, pero deficiente en cuanto a su organización para poder comercializar y competir[14] frente a los mercados de tipo anglosajón.

La reforma se ha propuesto un triple objetivo : la apertura a otros activos, a otros mercados y a nuevas sociedades ; la transparencia en la información y en el desarrollo de las operaciones y, en general, la liberalización de todo el sistema. Así, los Agentes de Bolsa se han sustituido[15] por entidades del sistema financiero, Sociedades de Valores, que pueden actuar por cuenta propia y ajena[16] y Agencias de Valores, que sólo actúan[17] por cuenta ajena ; el mercado continuo informatizado hará desaparecer progresivamente el corro, al mismo tiempo que unificará todas las Bolsas ; una Comisión Nacional ha reemplazado la multiplicidad de órganos de coordinación, control e información. Por último, la definición de mercados secundarios regula no sólo los ya existentes, deuda del Estado, pagarés[18], sino que da entrada a otros nuevos, como el mercado de opciones bursátiles[19].

III.5. Bourse

1. **bursátil** : *boursier.*
2. **venía caracterizado por** : *était caractérisé par;* **venir** suivi d'un gérondif ou d'un participe passé est un semi-auxiliaire qui marque la progression de l'action tout en soulignant l'origine de celle-ci.
3. **volumen** m. **de contratación** : *volume des transactions.*
4. **alrededor de** : *autour de;* comme en français, c'est une locution d'approximation numérique.
5. **cotización** f. : *cotation.*
6. **un 25 % escaso** : *à peine 25 %;* l'adjectif **escaso**, et son contraire **largo**, *un peu plus de,* sont placés derrière les quantités.
7. **cotizaba diariamente** : *cotait tous les jours.*
8. **predominio** m. : *prépondérance.*
9. **títulos de renta** f. **variable** : *titres à revenu variable.*
10. **fedatarios** : *officiers ministériels, à partir de* **fe**, *foi,* littéralement *qui donnent foi.*
11. **en corros** : *à la corbeille.*
12. **de viva voz** : *à la criée.*
13. **estrechez** f. : *étroitesse.*
14. **competir** : *concurrencer, faire concurrence.*
15. **se han sustituido** : *ont été remplacés.*
16. **por cuenta propia y ajena** : *pour leur propre compte et pour le compte d'autrui.*
17. **actúan** : *agissent.*
18. **pagarés** m., pl. : *billets à ordre, bons de trésorerie.*
19. **mercado de opciones bursátiles** : *équivalent du MATIF, Marché à Terme des Instruments Financiers;* jusqu'à la réforme, il n'existait pas en Espagne un marché à terme, mais au comptant, avec la possibilité de payer au moment de l'achat un certain pourcentage du total, puis le reste dans un délai déterminé ; les options sont des contrats au moyen desquels on peut acheter ou vendre certaines actions à un prix fixé au moment spécifié par le contrat ou avant celui-ci.

III.5. Bolsa

a la apertura : *à l'ouverture*
agente m. de Bolsa : *agent de Bourse*
al cierre : *à la clôture*
alcista m. : *haussier*
altibajo m. : *haut et bas*
alza f. : *hausse*
ampliación f. de capital : *augmentation de capital*
apertura f. : *ouverture*
avance m. : *progression*
bajista m. : *baissier*
barandilla f., corro m. : *corbeille*
ceder : *céder*
Comisión Nacional del Mercado de Valores : équivalent de la *C.O.B.*
cota f. psicólogica : *barre psychologique*
cotizar : *coter*
cubrirse de : *se couvrir contre*
efecto m. de palanca : *effet de levier*
entero m., punto m. : *point*
especulación f. : *spéculation*
especulador m. : *spéculateur*
fedatario m. : *officier ministériel*
fluctuación m. : *fluctuation*
intercambio m. de acciones : *échange d'actions*
inversionista m. : *investisseur*
ir a la baja : *jouer à la baisse*
ir al alza : *jouer à la hausse*
índice m., indicador m. : *indice, indicateur*
mercado m. a plazo, continuo : *marché à terme, en continu*
mercado de valores, monetario : *marché des valeurs, monétaire*
mercado secundario : *second marché*
oferta f. pública de adquisición : *offre publique d'achat (O.P.A.)*
opción f. : *option*
orden f. compradora, vendedora : *ordre d'achat, de vente*
sacar (o introducir) en Bolsa : *introduire en Bourse*
sesión f. : *session*
subir 20 puntos : *augmenter de 20 points*
toma f. de beneficio : *prise de bénéfice*
volumen m. de contratación, negociado : *volume des transactions*

III.5. Bourse

EXERCICES

I. Trouvez des mots antonymes de :

ventajas	verdad	alcista
disponer	caro	efecto
desembolsar	deuda	plusvalía
entrada	escaso	admisión
estrechez	apertura	transparencia

II. Construisez les adjectifs correspondant aux substantifs suivants :

ventaja	dinero	renombre
verdad	nombre	decisión
cotización	dependencia	mercado

III. Traduisez en français :

1. Se corrió el rumor de que los japoneses estaban interesados en la sociedad y ahora parece que en la Bolsa cualquier rumor dispara la cotización de un título, por descabellado que sea.
2. La Bolsa ha desempeñado y desempeña un papel escaso en la economía española, sin parangón con otros países de la Comunidad Europea.
3. Acudimos a Bolsa porque en ella encontramos una financiación más barata que el crédito bancario y además por razones de renombre.

IV. Traduisez en espagnol :

1. La première étape de la réforme consiste à harmoniser les cotations qui se déroulent actuellement sur quatre places boursières, sous forme d'un cours unique pour chaque valeur, quel que soit son lieu de cotation. 2. Comme toutes les valeurs européennes du secteur, notre société a vu son titre chuter en Bourse ces derniers mois ; l'action a perdu quelque 20 % depuis trois mois. 3. En milieu de séance, l'indice Dow Jones avait repris jusqu'à 27 points, avant que des prises de bénéfices n'infléchissent la tendance. 4. Autour de la corbeille, on notait encore le repli des valeurs industrielles, tandis que le secteur bancaire était en hausse de 2,5 points par rapport à la clôture de la veille.

IV. EL SERVICIO DE PRODUCCIÓN
LE SERVICE DE PRODUCTION

1. Producción
   Production

2. Productividad
   Productivité

IV.1. Producción

– Me han dicho por ahí[1] que la Sección de Programación[2] está estudiando un nuevo planteamiento[3] para las nuevas máquinas de vaciado[4] y no estoy nada seguro de[5] que la gente vaya a aceptar otra vez[6] cambios en la cadena[7].

– Algo he oído yo también sobre los nuevos planes[8] y los objetivos que tienen fijados[9] y yo me estoy temiendo[10] lo mismo que tú : que los operarios[11] nos vuelvan a plantear otro conflicto[12] como el del año pasado.

– Lógico, porque cada cambio ha supuesto una mejora[13] de la productividad, que se ha traducido en supresión de personal[14].

– Sí, pero las primas de rendimiento se aumentaron[15] en un siete por ciento[16]. Vamos a ver qué deciden ahora los de Personal.

– Te advierto[17] que a mí toda mejora de la planta[18] de vaciado me parece bien, siempre y cuando[19] la Sección de Aprovisionamientos funcione siempre como debe ser[20], en vez de[21] dejarnos con cierta frecuencia sin cumplir totalmente las cuotas[22] que nos piden.

– La culpa no la tienen ellos[23], sino la Sección de Ventas...

– Claro, porque con la nueva maquinaria[24] no sólo han logrado[25] reducir la plantilla, sino que además sacamos[26] otros tres productos distintos.

– Y cada día con nuevas exigencias de calidad. ¿Cuánta gente tuya se dedica a esa labor[27]?

– Pues de momento no podemos hacer más, porque yo ya tengo al seis por ciento de la plantilla que se dedica precisamente al control de calidad y como sigan aumentando[28] la gama de productos, una de dos[29], o ponen a más gente o no sé en qué condiciones van a salir. Luego que no digan que los costos no dejan de aumentar.

– Y por el otro lado tienes el Departamento de Existencias quejándose de los cuellos de botella[30]...

– Porque los de Almacenamiento no dan abasto y también se quejan de lo mismo.

– De momento, porque con las nuevas naves que están construyendo, no creo que vuelvan a plantearse esos problemas.

– Bien, vámonos que se va haciendo tarde.

IV.1. Production

1. me han dicho por ahí : *j'ai entendu dire quelque part.*
2. Sección de Programación : *Département de Planification.*
3. planteamiento m. : *proposition.*
4. vaciado m. : *moulage.*
5. no estoy nada seguro de : *je ne suis pas du tout sûr;* le sens de doute permet le subjonctif.
6. otra vez : *encore une fois, de nouveau;* otro, -a, … sont employés sans l'article indéfini.
7. cadena f. : *chaîne.*
8. planes : *plans, projets;* à ne pas confondre avec plano, *plan (d'une construction).*
9. tienen fijados : *ils ont déterminé.*
10. me estoy temiendo : *je crains.*
11. operarios : *ouvriers.*
12. nos vuelvan a plantear otro conflicto : *organiser un autre conflit.*
13. una mejora : *une amélioration.*
14. supresión de personal : *diminution d'effectifs.*
15. se aumentaron : *ont été augmentés.*
16. en un siete por ciento : *de 7%.*
17. te advierto : *je te signale.*
18. planta f. : *usine, section.*
19. siempre y cuando : *si toutefois;* locution conditionnelle qui exige un subjonctif.
20. como debe ser : *comme il faut.*
21. en vez de : *au lieu de.*
22. cumplir… las cuotas : *respecter… les quantités.*
23. la culpa no la tienen ellos : *ce n'est pas leur faute.*
24. maquinaria : *matériel, machines.*
25. logrado : *réussi.*
26. sacamos : *nous sortons;* sacar est un verbe transitif.
27. ¿cuánta gente tuya se dedica a esa labor? : *combien de tes gens se consacrent à ce travail?*
28. como sigan aumentando : *si l'on continue à augmenter;* como suivi d'un subjonctif est une locution conditionnelle.
29. una de dos : *de deux choses l'une.*
30. cuellos de botella : *goulots d'étranglement.*

IV.1. Producción

Plan de producción

Su objetivo es conseguir un buen equilibrio entre las necesidades de la fabricación (pedidos en firme y previsión de ventas) y los recursos (personal, materias primas, maquinaria), de forma que la empresa optimice su rentabilidad.

Puesto de trabajo

Representa un conjunto de tareas e incluye la máquina y las operaciones exigidas por parte del que la utiliza.

Trabajo en cadena

Realiza una coordinación entre los diferentes puestos de trabajo; cada trabajador ejecuta una operación diferente y muy especializada, sin que se interrumpa el proceso al ritmo marcado por la máquina. Se pretende así crear automatismos y aumentar la productividad.

Trabajo por turnos

Para que las máquinas no dejen nunca de funcionar, lo cual permite amortizar más rápidamente materiales costosos, la plantilla se reparte por equipos que trabajan alternativamente : un equipo de la mañana, otro de la tarde y el último de la noche.

Rotación de puestos

Sistema de trabajo donde el hombre ocupa puestos sucesivos y diferentes para tener una conciencia más global de lo que produce.

Ampliación de tareas

Se reagrupan, en un mismo puesto, tareas que antes estaban separadas, lo que va en contra del principio de especialización.

Enriquecimiento de tareas

La meta es revalorizar el trabajo manual ; el trabajador asume tareas menos repetitivas, por ejemplo, el mantenimiento y el control de producción.

Grupos semiautónomos

Los trabajadores constituyen un equipo que organiza su jornada en conformidad con los demás servicios de la empresa y los pedidos de los clientes ; los ingresos de cada uno suelen depender de los resultados del grupo con un sistema de primas.

IV.1. Production

Plan de production

Son objectif est d'obtenir un bon équilibre entre les besoins de la fabrication (commandes fermes et prévision de ventes) et les ressources de l'entreprise (personnel, matières premières, outillage), de telle sorte que cette dernière optimise sa rentabilité.

Poste de travail

Il représente un ensemble de tâches et comprend la machine ainsi que les opérations exigées de la part de son utilisateur.

Travail à la chaîne

Il réalise une coordination entre les divers postes de travail ; chaque travailleur exécute une opération différente et très spécialisée, sans interrompre le processus et au rythme indiqué par la machine. L'on veut ainsi créer des automatismes et augmenter la productivité.

Travail posté

Pour que les machines ne cessent jamais de fonctionner, ce qui permet d'amortir plus rapidement des matériels coûteux, le personnel est réparti en équipes qui travaillent en alternance : une équipe du matin, une autre de l'après-midi et la dernière de la nuit.

Rotation des postes

Système de travail où l'homme occupe des postes successifs et différents afin d'avoir une conscience plus globale de ce qu'il produit.

Elargissement des tâches

On regroupe, dans un même poste, des tâches auparavant séparées, ce qui va à l'encontre du principe de spécialisation.

Enrichissement des tâches

Le but est de revaloriser le travail manuel ; le travailleur assume des tâches moins répétitives, par exemple l'entretien et le contrôle de la production.

Groupes semi-autonomes

Les travailleurs constituent une équipe qui organise sa journée de travail conformément aux autres services de l'entreprise et aux commandes de la clientèle ; les revenus de chacun dépendent en général des résultats du groupe grâce à un système de primes.

IV.1. Producción

La mecanización creciente[1] de la producción durante la revolución industrial favoreció la descomposición de trabajos hasta entonces complejos en elementos simples, manipulables por la máquina, sentando las bases de[2] la especialización. La noción de división del trabajo supuso[3] un vuelco[4] total del proceso de producción y dio pie[5], a principios de siglo, a la doctrina de Taylor.

El taylorismo sólo vino a desarrollar los conceptos organizativos adecuados a la gran industria y con él el proceso de producción pasó a entenderse como un conjunto de máquinas preparadas para recibir a cualquier obrero[6]. Este modelo productivo trajo consigo[7] un importantísimo aumento de la rentabilidad pero a costa de[8] no tener en consideración[9] la condición humana y social de los trabajadores. Por ello, el sistema siempre fue aceptado a regañadientes[10] por los obreros, a pesar de suponer un aumento notable de las remuneraciones y una considerable reducción de la jornada laboral[11].

En este contexto, los cambios aportados por la revolución científico-técnica van a poner aún más de manifiesto[12] estas contradicciones : el paso de la mecanización a la automatización, al exigir una mayor cualificación[13] e instrucción de los operarios[14], va a aumentar la conciencia de los trabajadores y su valoración del trabajo realizado. Las desventajas[15] propias de la especialización, tales como[16] aburrimiento[17], dificultades de ascenso[18], falta de iniciativa, insatisfacción, escasa comunicación van a chocar con[19] las nuevas necesidades de realización humana, provocando un gran aumento de los costes ocultos (absentismo[20], faltas de puntualidad[21], quejas[22], paros[23], huelgas[24]) para la empresa.

Estas modificaciones en las relaciones de producción están dando al traste con[25] el modelo taylorista, remplazándolo por la organización en pequeños grupos autónomos de producción, que amplía[26] y enriquece las tareas[27] productivas. Así, los obreros pueden participar hoy en decisiones antes reservadas[28] a la dirección, como la planificación del trabajo y la fijación de objetivos y, en algunos casos, en la misma gestión de la empresa.

1. **la mecanización creciente** : *la mécanisation croissante.*
2. **sentando las bases de** : *établissant les bases.*
3. **supuso** : de **suponer**, *supposer;* tous les verbes formés en ajoutant un préfixe à un autre verbe (ex. : **su-poner**) se conjuguent comme ce dernier (**poner**).
4. **vuelco** m. : *renversement, retournement.*
5. **dio pie** : *a donné l'occasion.*
6. **cualquier obrero** : *n'importe quel ouvrier.*
7. **trajo consigo** : de **traer consigo**, *comporter, entraîner.*
8. **a costa de** : *aux dépens de.*
9. **tener en consideración** : *prendre en considération.*
10. **a regañadientes** : *à contrecœur; en rechignant.*
11. **jornada** f. **laboral** : *journée de travail.*
12. **poner aún más de manifiesto** : *mettre encore plus en évidence;* **aún** s'accentue quand il signifie *encore*; il ne prend pas d'accent dans les autres cas.
13. **cualificación** : *qualification;* **calificación** ne s'emploie pas au sens de *formation et aptitudes* d'un ouvrier.
14. **operarios** m., pl. : *ouvriers.*
15. **desventajas** f., pl. : *désavantages.*
16. **tales como** : *telles que.*
17. **aburrimiento** m. : *ennui.*
18. **ascenso** m. : *promotion, avancement; ascension, montée.*
19. **chocar con** : *se heurter à.*
20. **absentismo** m. : *absentéisme.*
21. **faltas** f., pl. **de puntualidad** : *retards;* **puntualidad** : *exactitude, précision.*
22. **quejas** f. , pl. : *plaintes.*
23. **paros** m., pl. : *arrêts de travail, débrayages;* **paro** : *chômage.*
24. **huelgas** f., pl. : *grèves.*
25. **dando al traste con** : de **dar al traste con** : *faire échouer, détruire.*
26. **amplía** : de **ampliar**, *étendre, élargir.*
27. **tareas** f., pl. : *tâches.*
28. **antes reservadas** : *réservées jusqu'alors.*

IV.1. Producción

aclarar : *préciser*
amenazar con : *menacer de*
apuesta f. : *pari*
bajo condiciones : *sous conditions*
círculo m. de calidad : *cercle de qualité*
comprobar la eficacia : *vérifier l'efficacité*
control m. de calidad : *contrôle de qualité*
cronometrador m. : *chronométreur*
cultura f. empresarial : *culture d'entreprise*
de buena o mala gana : *bon gré mal gré*
debido a : *en raison de*
enriquecimiento m. de las tareas : *enrichissement des tâches*
estar en contra de : *être opposé à*
estribar en : *résider dans*
existencias f., pl. : *stocks*
investigación f. : *recherche*
mejora f. : *amélioration*
métodos y tiempos : *méthodes et temps*
nuevas tecnologías : *nouvelles technologies*
ordenar los pedidos : *classer les commandes*
participar en : *participer à*
plan m. : *plan, projet*
planta f. : *établissement industriel, usine*
procedimiento m. : *procédé*
proceso m. de fabricación : *processus de fabrication*
producción f. por unidad de tiempo : *production par unité de temps*
productividad f. : *productivité*
puesto m. de trabajo : *poste de travail*
queja f. : *plainte*
racionalización f. : *rationalisation*
rendimiento m. : *rendement*
sentar las bases de : *établir les bases*
supresión f. de personal : *diminution d'effectifs*
taller m. : *atelier*
tarea f. : *tâche*
tasa f. de absentismo : *taux d'absentéisme*
trabajo m. en cadena : *travail à la chaîne*
trabajo por turnos : *travail posté*
utilización óptima de la maquinaria : *emploi optimum des machines*

IV.1. Production

EXERCICES

I. Complétez les phrases suivantes avec *plantear* ou *planear* aux temps et aux modes qui conviennent :

1. Ayer en la reunión se .... las dificultades que tiene la Sección de Aprovisionamiento.
2. Como .... Vds. otra vez la cuestión de confianza, presentamos la dimisión colectivamente.
3. Me temo que estén .... una nueva reforma.
4. Desde hace cierto tiempo, esa sección no deja de .... problemas de todo tipo.
5. Me han dicho que no han .... ninguna modificación para el año que viene.
6. Si no estás de acuerdo, ... tus dudas.

II. Complétez les phrases suivantes avec *plan, plano, planteamiento, planta* selon le sens :

1. El arquitecto nos acaba de traer los .... de la nueva .... de almacenamiento.
2. El .... de la situación actual me pareció un poco atrevido.
3. Los nuevos .... de reestructuración no han convencido a los sindicatos.
4. No creo que nos afecten los .... de urbanismo para la zona industrial.
5. El .... de reconversión propuesto es el único aceptable.

III. Remplacez les mots en italique par des expressions équivalentes :

1. *Están* suprimiendo *cada vez más* personal en esa fábrica.
2. *Ya no fabricamos más* esa gama de productos.
3. *Como aumenten cada vez más* la gama, no daremos abasto.
4. Si plantean *otra vez* un conflicto, tendremos problemas.
5. La calidad se está mejorando *cada vez más.*

IV. Traduisez

1. Ce n'est pas la faute aux ouvriers, mais aux vieilles machines, qui ne fonctionnent pas comme il faut.
2. De deux choses l'une, ou les primes de rendement sont augmentées, ou les ouvriers provoquent un nouveau conflit.
3. La section de moulage continue à améliorer la qualité.
4. Ce département ne respecte pas les quantités fixées.

– ¿Se acuerda[1] de que teníamos previsto realizar algunos cambios en las máquinas automáticas de llenado[2] de recambios[3] para bolígrafos[4]?

– Si mal no recuerdo[5], los recambios caerán[6] directamente de los paquetes en que vienen acondicionados[7] a la cinta transportadora[8] y ya no será necesario[9] vaciar[10] los paquetes a mano y colocar[11] las piezas en la cinta. Pero según tengo entendido[12] debía pasar un especialista para comprobar[13] la eficacia del nuevo sistema.

– La comprobación ha tenido ya lugar esta mañana en presencia de un representante de los sindicatos. Con el procedimiento antiguo[14], cada trabajador debía ocuparse de dos máquinas automáticas. Según las conclusiones del cronometrador[15], parece verosímil[16] que ahora un trabajador pueda ocuparse de tres máquinas y tener aún tiempo para algunas correcciones[17] de funcionamiento.

– ¿Y cómo ha reaccionado[18] el delegado sindical?

– Se enfadó[19] muchísimo y me dijo : "Ya me esperaba alguna jugada[20] así. Ustedes sólo piensan en ahorrar[21] y les importa un rábano[22] lo que pase con la gente. No estamos en contra del cambio de los dispositivos de llenado, pero no admitimos que se haga a expensas de[23] los obreros". Hemos discutido un buen rato[24] y lo más que he conseguido[25] es que esté dispuesto a acceder a los cambios, pero sólo bajo tres condiciones : todos los operarios suprimidos se colocarían en otros departamentos, los servidores de las máquinas recibirían un aumento[26] de 110 pesetas a la hora y los tres descansos[27] diarios se aumentarían en cinco minutos cada uno.

– ¡Pero esas condiciones no son en absoluto aceptables!

– Yo sólo le puedo decir que la plantilla está de muy mal humor y que amenazan con la huelga[28], así que me temo que[29] tendremos que aceptarlas de buena o mala gana[30].

– Deben entender que sólo podemos asegurar el empleo racionalizando. No cumpliremos sus exigencias : si hoy les damos la mano, mañana nos cogerán el pie[31]. Debemos jugar fuerte, aunque nos salga el tiro por la culata[32].

IV.2. Productivité

1. se acuerda : *vous vous rappelez.*
2. llenado m. : *remplissage.*
3. recambios m., pl. : *recharges; rechanges.*
4. bolígrafos m., pl. : *stylos à bille.*
5. si mal no recuerdo : *si mes souvenirs sont bons;* acordarse est toujours pronominal, recordar ne l'est jamais.
6. caerán : de caer, *tomber.*
7. acondicionados : *conditionnés.*
8. cinta transportadora f. : *transporteur à bande.*
9. ya no será necesario : *il ne sera plus nécessaire.*
10. vaciar : *vider.*
11. colocar : *placer.*
12. según tengo entendido : *d'après ce que je crois savoir.*
13. comprobar : *vérifier.*
14. el procedimiento antiguo : *l'ancienne méthode (procédé).*
15. cronometrador m. : *chronométreur.*
16. verosímil : *vraisemblable.*
17. correcciones f., pl. : *réglages; corrections.*
18. ha reaccionado : de reaccionar, *réagir.*
19. se enfadó : de enfadarse, *se fâcher.*
20. jugada f. : *mauvais tour; coup* (aux jeux).
21. ahorrar : *économiser; épargner.*
22. les importa un rábano : *ils s'en fichent;* rábano : *radis.*
23. a expensas de : *aux dépens de.*
24. rato m. : *moment.*
25. lo más que he conseguido : *tout ce que j'ai pu obtenir.*
26. aumento m. : *augmentation.*
27. descansos m., pl. : *pauses, haltes; repos.*
28. huelga f. : *grève.*
29. me temo que : *je crains que.*
30. de buena o mala gana : *bon gré mal gré;* gana : *envie, appétit.*
31. si hoy les damos la mano, mañana nos cogerán el pie : *si aujourd'hui nous leur donnons le petit doigt, demain ils nous prendrons la main;* meñique : *petit doigt.*
32. aunque nos salga el tiro por la culata : *même si nous échouons;* tiro m. : *coup de feu;* culata f. : *crosse.*

IV.2. Productividad

Planificación de la producción

Representa un conjunto de tareas variadas : asegurar el nivel adecuado de existencias de materias primas y materiales; ordenar los pedidos para respetar las fechas exigidas por la clientela y realizar eventuales economías de escala; mantener al cliente informado de posibles retrasos.

Gestión de la fabricación

Se pretende una utilización óptima de la maquinaria y de la mano de obra para conseguir la máxima producción con el gasto mínimo; esto supone que las máquinas estén siempre en buen estado de funcionamiento, con un programa de mantenimiento preventivo y de reparaciones, y que el personal tenga la capacidad y motivación suficientes.

Investigación

Conviene desarrollar programas de investigación para que la empresa pueda conseguir el acceso a las innovaciones y a las nuevas tecnologías sin estar obligada a negociar contratos de licencia con otras empresas.

Productividad

Es la relación entre el producto y los factores productivos y el objetivo prioritario del departamento de producción.

– productividad del trabajo (volumen de la producción/volumen de trabajo;

– productividad del capital (volumen de la producción/volumen del capital fijo productivo)

– productividad total (volumen de la producción/volumen trabajo + capital).

Rendimiento

Se utiliza la palabra rendimiento cuando se quiere insistir sobre el aspecto técnico de la eficacia; se hablará, por ejemplo, del rendimiento de una máquina (producción por unidad de tiempo).

Control de calidad

Los productos deben tener una calidad constante y ajustarse a unas normas preestablecidas. El control de calidad implica la comprobación de que estas normas se cumplan efectivamente durante el proceso de fabricación.

Subcontratación

A veces resulta más barato o más cómodo subcontratar, o sea contratar a otra empresa, generalmente más pequeña, que se compromete a realizar el trabajo que uno no puede o no quiere realizar.

IV.2. Productivité

Planification de la production

Elle représente un ensemble de tâches variées : assurer le niveau convenable de stocks de matières premières et de matériels; classer les commandes pour respecter les dates exigées par la clientèle et réaliser d'éventuelles économies d'échelle; informer le client de retards possibles.

Gestion de la fabrication

On recherche une utilisation optimale des machines et de la main-d'œuvre, afin d'obtenir la production maximum aux moindres coûts; cela suppose que les machines soient toujours en bon état de fonctionnement, avec un programme d'entretien préventif et de réparations, et que le personnel possède la capacité et la motivation nécessaires.

Recherche

Il convient de développer des programmes de recherche pour que l'entreprise puisse avoir accès aux innovations et aux technologies nouvelles sans devoir négocier des contrats de licence avec d'autres entreprises.

Productivité

C'est le rapport entre ce qui est produit et les facteurs productifs, et l'objectif prioritaire du service de production.

– productivité du travail (volume produit/volume de travail);

– productivité du capital (volume produit/volume de capital fixe productif);

– productivité totale (volume produit/volume travail + capital).

Rendement

On emploie le mot rendement quand on veut insister sur l'aspect technique de l'efficacité; ainsi on parlera du rendement d'une machine (production par unité de temps).

Contrôle de qualité

Les produits doivent avoir une qualité constante et s'ajuster à des normes préétablies. Le contrôle de qualité implique la vérification que ces normes seront effectivement respectées durant le processus de fabrication.

Sous-traitance

Parfois il s'avère moins cher, ou plus aisé, de sous-traiter, c'est-à-dire de passer un contrat avec une autre entreprise, généralement plus petite, qui s'engage à réaliser le travail que l'on n'a pas pu ou pas voulu faire.

IV.2. Productividad

Mercado espectacular para las consultorías[1] de gestión especializadas en este tema[2], el control de calidad se ha convertido en[3] una de las mayores[4] apuestas[5] para la empresa española y, en general, para toda empresa europea. Así ha ocurrido[6] hasta hace poco con los círculos de calidad. Esta técnica de productividad, nacida en EE UU[7], ha sido aplicada sobre todo en el Japón y ha conocido un éxito rápido en algunos países occidentales. Hoy cabe preguntarse[8] si su implantación contribuye a resolver eficazmente todos los problemas vinculados[9] a la gestión de calidad y si, en último extremo, no corresponde de forma particular a las características particulares (sociales, laborales, educativas) del Japón.

Un círculo de calidad suele definirse[10] como un pequeño grupo de empleados voluntarios, generalmente procedentes[11] de la misma área[12] o servicio, que realizan actividades de mejora[13] y control de calidad en el lugar de trabajo al que pertenecen. Se reúnen una vez por semana (o cada quince días[14]) durante el horario laboral[15] para discutir todos los temas[16] vinculados con la mejora de la calidad : productividad, condiciones de trabajo, seguridad, etc. Las reuniones están presididas por un animador, elegido por el grupo, que puede llegar a convertirse en algunos casos en una especie de jefe jerárquico inmediato. Como puede comprobarse[17] con esta definición, los círculos de calidad se apartan[18] de los modelos clásicos de organización en los que los operarios[19] realizan un trabajo estándar y repetitivo para proponer, al contrario, un tipo de[20] trabajador innovador y responsable, agrupado en pequeñas unidades, que participa en la empresa sea cual sea[21] su nivel. Se trata[22], en definitiva, de implantar un nuevo modelo de cultura empresarial. En la práctica, los problemas que plantean[23] los círculos de calidad son la inadecuación que puede presentarse entre su propia finalidad y la política general de la empresa : los empleados pueden desanimarse[24] ante[25] la negativa[26] de aplicación de sus propuestas[27] debido a[28] la incompatibilidad con otras secciones ; en otros casos, el problema estriba[29] en la homogeneización de los integrantes de cada grupo ; en otros, por último[30], de la motivación de sus componentes[31] cuando no[32] de una oposición sindical rotunda[33] al establecimiento de los círculos en la empresa.

IV.2. Productivité

1. consultorías f., pl. : *entreprises de conseil.*
2. tema m. : *domaine.* Cf. 16.
3. se ha convertido en : *est devenu;* convertirse en suivi d'un nom indique une transformation progressive du sujet.
4. mayores : *plus grandes.*
5. apuestas f., pl. : *paris.*
6. así ha ocurrido : *c'est ce qu'il s'est passé.*
7. EE UU : abréviation de *États-Unis.*
8. cabe preguntarse : *on peut se demander.*
9. vinculados : *attachés.*
10. suele definirse : *est défini généralement;* le verbe soler, suivi d'un infinitif, exprime l'action habituelle.
11. procedentes : *originaires de, venant de.*
12. área f. : *département, section.*
13. mejora : *amélioration.*
14. cada quince días : *tous les quinze jours, par quinzaine.*
15. horario m. laboral : *journée de travail.*
16. temas : *sujets.*
17. comprobar : *constater.*
18. se apartan : *s'écartent.*
19. operarios m., pl. : *ouvriers, employés.*
20. un tipo de : *un genre de.*
21. sea cual sea : *quel qu'il soit.*
22. se trata : *il s'agit.*
23. los problemas que plantean... : *les problèmes que posent...*
24. desanimarse : *se décourager.*
25. ante : *devant.* Cette préposition est obligatoire dans un emploi figuré.
26. negativa : *refus.*
27. propuestas : *propositions.*
28. debido a : *à cause de;* cette locution de cause remplace très fréquemment la préposition por.
29. estriba : *réside.*
30. por último : *finalement.*
31. componentes : *composants.*
32. cuando no : *lorsqu'il ne s'agit pas.*
33. rotunda : *radicale.*

IV.2. Productividad

a expensas de : *aux dépens de*
absentismo m. (o ausentismo) : *absentéisme*
acondicionar : *conditionner*
almacenamiento m. : *stockage*
aparato m. : *appareil*
área f. : *département, section*
avería f. : *avarie*
buen estado m. de funcionamiento : *bon état de fonctionnement*
cadena f. : *chaîne*
calificado (o cualificado) : *qualifié*
cualificación f. : *qualification*
economía f. de escala : *économie d'échelle*
fábrica f. llaves en mano : *usine clé en main*
factor m. productivo : *facteur productif*
fijación f. de objetivos : *fixation des objectifs*
gestión f. de la fabricación : *gestion de la fabrication*
herramienta f. : *outil*
I+D (investigación y desarrollo) : *recherche développement*
innovación f. : *innovation*
innovador : *innovant, novateur*
mantenimiento m. preventivo : *entretien préventif*
máquina f. : *machine*
máquina herramienta : *machine-outil*
maquinaria f. : *machines*
materias f., pl. primas : *matières premières*
mecanización f. : *mécanisation*
nave f. : *hangar, atelier*
norma f. preestablecida : *norme préétablie*
ordenar los pedidos : *classer les commandes*
planificación f. de la producción : *planification de la production*
planta f. : *usine*
procedente de : *originaire de*
recambio m. : *recharge, pièce de rechange*
rendimiento m. : *rendement*
reparación f. : *réparation*
subcontratación f. : *sous-traitance*
subcontratar : *sous-traiter*
volumen m. de la producción : *volume de la production*

IV.2. Productivité

EXERCICES

I. Complétez les phrases suivantes avec *calidad* ou *cualidad* selon le sens :

1. No cabe la menor duda de que nuestros productos son de mejor.......que los de la competencia.
2. El diseño de los nuevos muebles de oficina es muy original, pero su......deja mucho que desear.
3. Potencia, estabilidad, confort y consumo son las......más a menudo mencionadas en los anuncios de coches.
4. Las diferentes......de vinos no dependen esencialmente de las......de la uva, sino del proceso de producción.
5. Presidió la reunión en......de representante del Jefe de Producción.
6. El nuevo capataz de la planta tiene excelentes...... para el mando.
7. El primer criterio de clasificación de una gama de productos es la......
8. Sólo fabricamos artículos de primera......

II. Complétez les phrases suivantes avec les prépositions qui conviennent :

1. Varios clientes nos han amenazado......anular sus pedidos si no respetamos los plazos de entrega.
2. Para poder competir......el mercado, no basta......abaratar los precios.
3. Tenemos que esforzarnos......mejorar la productividad, si queremos estar en condiciones de luchar......alcanzar los nuevos objetivos de ventas.
4. Nuestras exportaciones han disminuido......un 13 % con relación al año pasado.

III. Traduisez en espagnol :

1. La production textile est en crise en Europe, souffrant d'une concurrence de plus en plus forte des nouveaux pays industrialisés du Sud-Est asiatique.
2. Tous les travailleurs qui le souhaitent peuvent intégrer les cercles de qualité ; une fois qu'ils en feront partie, ils auront la possibilité de les quitter quand ils voudront.
3. La spécialisation comporte des risques importants, bien qu'elle permette de réaliser des économies d'échelle.

V. EL SERVICIO COMERCIAL
LE SERVICE COMMERCIAL

1. Distribución
   Distribution

2. Transportes
   Transports

3. Márketing
   Marketing

4. Publicidad
   Publicité

5. Otras formas de comunicación
   Autres formes de communication

V.1. Distribución

– Parece ser[1] que van[2] a transformar completamente la actual Dirección Comercial. Tú sabrás[3] algo.

– Algo se anda diciendo por ahí[4] y no me extraña, porque el Servicio de Ventas tiene cada vez más problemas[5] de distribución. Por otra parte[6], en las reuniones de dirección, el director financiero siempre está hablando de los costes elevados de comercialización que tiene la empresa y los de Ventas dicen que precisamente hay un problema de precios.

– Pues no entiendo qué ha cambiado. Siempre hemos funcionado con representantes exclusivos y una distribución hasta el detallista[7] por medio de[8] un sistema de transportes propio.

– Precisamente por eso[9], los costes de mantenimiento[10] y de renovación[11] del parque son cada vez mayores[12].

– Yo no lo veo cómo tú[13]. No creo que sea un problema de costes de transporte, sino[14] mucho más amplio[15].

– ¿A qué te refieres[16]?

– Pues, entre otros[17], a la competencia[18] de las nuevas formas de distribución del mueble en supermercado[19] con la fórmula de «móntelo Vd. mismo[20]» que se va notando[21] cada vez más en el volumen de facturación[22].

– En esto tienes razón; lo único cierto[23] es que llevamos dos años seguidos[24] con un descenso de facturación, no muy importante si quieres, pero que no deja de ser preocupante[25].

– Y tampoco creo que sea un problema de marca.

– No, porque la fama[26] que tenemos entre nuestros detallistas no viene de ahora y no sé si nos aprovechamos bien de[27] esa fama.

– No te entiendo. El Servicio de Producción asegura que los muebles que sacamos[28] son de excelente calidad.

– Eso es lo que habría que valorar específicamente. Por ejemplo, en el mueble de cocina habría que buscar otra forma de distribución. No sé, utilizando la imagen de solidez que tienen nuestros muebles, seleccionar a aquellos detallistas que se comprometan a ofrecer un servicio completo, desde el diseño específico de cada cocina pasando por el presupuesto, hasta el montaje final adaptado a cada cliente.

– Es decir, buscar un sector de mercado de poder adquisitivo[29] más bien alto y asociar la marca a un servicio completo y personalizado. Eso cambiaría nuestra forma de distribuir.

V.1. Distribution

1. parece ser : *on dirait, il semblerait.*
2. van : *on va;* la 3ᵉ personne du pluriel traduit l'indéfini *on* lorsque celui-ci exclut la personne qui parle.
3. sabrás : *tu dois savoir;* le futur espagnol peut exprimer la probabilité de l'action.
4. se anda diciendo por ahí : *on raconte ici et là;* le semi-auxiliaire andar remplace estar.
5. cada vez más problemas : *de plus en plus de problèmes.*
6. por otra parte : *d'autre part.*
7. detallista m. : *détaillant;* équivalent de minorista.
8. por medio de : *au moyen de, par le biais de.*
9. precisamente por eso : *justement à cause de cela;* por est une préposition de cause.
10. mantenimiento m. : *maintenance.*
11. renovación f. : *renouvellement.*
12. cada vez mayores : *de plus en plus grandes;* cf. 5.
13. yo no lo veo como tú : *je ne suis pas d'accord avec toi.*
14. sino : *mais;* conjonction obligatoire qui traduit une opposition totale en corrélation avec no.
15. amplio : *large.*
16. ¿a qué te refieres? : *à quoi fais-tu référence?*
17. entre otros : *parmi d'autres;* otro, -a,... n'est jamais précédé de l'article indéfini.
18. competencia f. : *concurrence.*
19. supermercado : *supermarché.*
20. móntelo Vd. mismo.: *kit, «faites-le vous-même».*
21. se va notando : *on remarque;* ir est le semi-auxiliaire qui indique la progression de l'action; fréquent avec cada vez más; cf. 5.
22. volumen m. de facturación f. : *chiffre d'affaires.*
23. lo único cierto : *la seule chose sûre.*
24. llevamos dos años seguidos : *nous sommes depuis deux ans.*
25. no deja de ser preocupante : *n'est pas moins préoccupant.*
26. fama f. : *réputation.*
27. aprovecharse de : *tirer parti de.*
28. sacamos : *nous sortons.*
29. poder m. adquisitivo : *pouvoir d'achat.*

V.1. Distribución

Canales de distribución

Las técnicas eficaces de distribución reducen el nivel de existencias, recortan gastos de transporte y aseguran una entrega rápida de las mercancías. Existen cuatro canales principales :

Distribución directa :

El proveedor se hace cargo de la distribución del producto, o sea, de su embalaje y de su transporte y manipulación en el punto de entrega ; el sistema debe satisfacer al cliente y asegurarle a la empresa el coste unitario más bajo posible.

Almacén propio :

La empresa sitúa almacenes propios de forma estratégica y está asimismo en condiciones de transportar grandes cantidades de productos acabados al mismo tiempo ; este almacén puede pertenecer a una sola sociedad o ser compartido por varias para reducir los costes, en cuyo caso es una compañía especializada la que administra el almacén ; con este sistema, el proveedor gana en proximidad al cliente, por lo cual se mejora el nivel del servicio prestado al mismo.

Mayoristas :

Son intermediarios y actúan de transportista o de depositario de los géneros ; el proveedor vende su producción al mayorista, concediéndole un descuento sobre el precio de salida ; el mayorista tiene las mercancías en existencias y las distribuye a sus clientes, los minoristas, que a su vez venden el producto al cliente final ; de cara a este último, el proveedor apoya los esfuerzos de venta de los minoristas al promocionar sus productos a través de las diferentes formas de comunicación comercial.

La franquicia :

El proveedor transfiere los derechos de venta, o incluso de fabricación, a otra empresa en un mercado determinado ; el franquiciado suele pagar al franquiciador una cantidad inicial y un royalty en concepto de asesoramiento y uso de la imagen de la marca ; el franquiciador se obliga a facilitarle al franquiciado una estructura de apoyo (instalación de la tienda, campaña publicitaria, exclusividad, etc.).

V.1. Distribution

Canaux de distribution

Les techniques efficaces de distribution diminuent le niveau des stocks, réduisent les frais de transport et assurent une livraison rapide des marchandises ; il existe quatre canaux principaux :

Distribution directe :

Le fournisseur prend en charge la distribution du produit, c'est-à-dire son emballage, son transport et sa manipulation au point de livraison ; le système doit satisfaire le client et assurer à l'entreprise le coût unitaire le plus bas possible.

Magasin d'usine :

L'entreprise situe stratégiquement ses propres magasins et est ainsi en mesure de transporter de grandes quantités de produits finis en même temps ; ce magasin peut appartenir à une seule société ou être partagé par plusieurs afin d'en réduire les coûts ; dans ce cas, c'est une firme spécialisée qui gère le magasin ; grâce à ce système, le fournisseur y gagne en proximité du client et améliore donc le niveau des services offerts à celui-ci.

Grossistes :

Ce sont des intermédiaires et ils agissent en qualité de transporteurs ou de dépositaires des marchandises ; le fournisseur vend sa production au grossiste, en lui accordant une remise sur le prix tarif ; le grossiste a les produits en stocks et les distribue à ses clients, les détaillants, qui les vendent à leur tour au client final ; le fournisseur soutient les efforts de vente des détaillants vis-à-vis du client en faisant la promotion de ses produits, grâce aux différentes formes de communication commerciale.

La franchise :

Le fournisseur transfère les droits de vente, voire de fabrication, à une autre entreprise sur un marché déterminé ; le franchisé paie d'ordinaire au franchiseur un fixe initial et un royalty pour conseil et utilisation de l'image de marque ; le franchiseur doit fournir au franchisé une structure d'appui (installation du magasin, campagne de publicité, exclusivité, etc.).

V.1. Distribución

El rápido desarrollo de las grandes superficies[1] de venta está resquebrajando[2] el tradicional sistema de distribución en España, cuyo rasgo[3] característico ha sido hasta ahora el predominio[4] de los pequeños comercios independientes y desperdigados[5]. Los pequeños detallistas[6], sabedores[7] de la imposibilidad de atajar[8] el proceso, buscan el amparo[9] de diferentes fórmulas asociativas para defenderse.

Dentro de la variedad de modelos, lo que les diferencia es el tipo y la solidez[10] de los vínculos[11] que se instauran entre los minoristas[12]. En el caso de las cadenas sucursalistas[13], pertenecer a una de ellas trae consigo[14] la casi total dependencia de la actividad comercial, ya que el establecimiento[15] minorista es propiedad de la cadena. La franquicia[16], por su parte[17], aunque crea también lazos[18] muy estrechos, permite al franquiciado[19] disfrutar[20] de una serie de ventajas (utilizar la razón social del franquiciador[21], su marca, su experiencia, su fama[22]) sin dejar por ello de ser dueño de su tienda[23]. Por el contrario, la incorporación a una cadena voluntaria supone una vinculación[24] muy floja[25], sin apenas compromisos u obligaciones. Las centrales de compra[26] constituyen un renglón[27] aparte del asociacionismo, ya que su único objetivo es el de concentrar la demanda frente al sector productor y así, comprando juntos[28], conseguir mejores precios.

La integración afecta a los tres sectores implicados en el comercio. Dentro del sector distribuidor, permite a los pequeños situarse en un pie de igualdad[29] a la hora de competir con los grandes. Frente al sector productor, la concentración de la demanda de los minoristas aumenta el poder de éstos, que llegan casi a controlar el mercado y a someter en parte a los productores a su política comercial. En cuanto al consumo[30], si bien el asociacionismo suele suponer inicialmente mejores precios, puede, a la larga, redundar en perjuicio[31] del consumidor por la aparición de monopolios locales que limitan el acceso a otras fuentes de abastecimiento[32] originando los denominados mercados cautivos[33].

V.1. Distribution

1. **grandes superficies** f., pl. : *grandes surfaces.*
2. **está resquebrajando** : *est en train d'ouvrir des fissures;* de **resquebrajar** : *fendiller, craqueler.*
3. **rasgo** m. : *trait.*
4. **predominio** m. : *prédominance;* on dit aussi **predominancia** f.
5. **desperdigados** : *dispersés, éparpillés.*
6. **detallistas** m., pl. : *détaillants.*
7. **sabedores** : *au courant, informés.*
8. **atajar** : *arrêter, couper court; barrer;* v. intr : *couper, prendre un raccourci.*
9. **amparo** m. : *protection; abri, soutien.*
10. **solidez** f. : *solidité.*
11. **vínculos** m., pl. : *liens.*
12. **minoristas** m., pl. : *détaillants;* cf. 6.
13. **cadenas sucursalistas** f., pl. : *chaînes succursalistes.*
14. **trae consigo** : *entraîne, a pour conséquence.*
15. **establecimiento** m. : *établissement.*
16. **franquicia** f. : *franchise.*
17. **por su parte** : *de son côté.*
18. **lazos** m., pl. : *liens; nœud, lacet.*
19. **franquiciado** m. : *franchisé.*
20. **disfrutar** : *profiter de, jouir; s'amuser.*
21. **franquiciador** m. : *franchiseur.*
22. **fama** f. : *renommée, réputation.*
23. **tienda** f. : *boutique, magasin, épicerie.*
24. **vinculación** f. : *lien;* cf. 11 et 18.
25. **floja** : *faible; lâche; molle; négligente, nonchalante.*
26. **centrales de compra** f., pl. : *centrales d'achats.*
27. **renglón** m. : *chapitre; ligne* (écrite).
28. **juntos** : *ensemble.*
29. **en un pie de igualdad** : *sur un pied d'égalité, sur le même pied.*
30. **consumo** m. : *consommation.*
31. **redundar en perjuicio** : *tourner à son désavantage;* **redundar en** : *aboutir à;* **perjuicio** m. : *dommage, préjudice, tort;* ne pas confondre avec **prejuicio** m. : *préjugé, parti pris.*
32. **abastecimiento** m. : *approvisionnement, ravitaillement;* on dit aussi **suministro** m. et **aprovisionamiento** m.
33. **mercados cautivos** m., pl. : *marchés captifs.*

V.1. Distribución

abastecimiento m. : *approvisionnement*
autoservicio m. : *self-service*
cadena sucursalista f. : *chaîne succursaliste*
caja f. : *caisse*
cajero, cajera : *caissier, caissière*
canal m. de distribución : *canal de distribution*
central f. de compra : *centrale d'achat*
comercialización f. : *commercialisation*
comercializar : *commercialiser*
departamento m. de quesos : rayon fromages
detallista m. : *détaillant*
distribución f., distribuidor m. : *distribution, distributeur*
entrega f. : *livraison*
estante m., estantería f. : *rayonnage*
franquicia f. : *franchise*
franquiciado m., franquiciador m. : *franchisé, franchiseur*
gran almacén m. : *grand magasin*
gran distribución f. : *grande distribution*
grandes superficies f., pl. : *grandes surfaces*
hipermercado m. : *hypermarché*
lineal m. de presentación : *linéaire de présentation*
mayorista m. : *grossiste*
mercadeo m. : *merchandising*
mercado m. cautivo : *marché captif*
minorista m. : *détaillant*
pedido m. : *commande*
precios m., pl. al por mayor : *prix de gros*
precios m., pl. al por menor : *prix de détail*
proveedor m. : *fournisseur*
rotación f. de existencias : *rotation des stocks*
suministrar, suministro m. : *fournir, fourniture*
supermercado m. : *supermarché*
tienda f. : *boutique*
venta f. contra reembolso : *vente contre remboursement*
venta f. por correo : *vente par correspondance (V.P.C.)*
venta f. sobre muestras : *vente sur échantillons*
zona f. operacional : *zone de chalandise*

EXERCICES

I. **Complétez les phrases avec les formes correspondantes des verbes *salir* ou *sacar* :**

1. Este mes nosotros .... una nueva línea de productos.
2. Últimamente las piezas que .... de esa planta presentan cada vez menos defectos.
3. No sé qué argumentos puedo .... para convencerle.
4. Me han dicho con seguridad que el pedido ya .... la semana pasada.
5. El mantenimiento del parque nos .... cada vez más caro.

II. **Remplacez les expressions de doute par des futurs ou des conditionnels de probabilité :**

1. No lo sé. **A lo mejor han llegado** los pedidos con retraso.
2. **Probablemente haya que** encontrar nuevas formas de distribución.
3. **Puede que sea** un problema de marca, aunque no lo creo.
4. No lo **debe de saber**, si no, no habría actuado así.
5. **Quizás haya que** buscar una de las causas de la dificultades del sector del mueble en el diseño.

III. **Transformez les phrases en utilisant l'expression de durée *llevar* :**

1. Hace años que distribuimos directamente al detallista.
2. Desde hace varios meses se viene notando un aumento de la demanda.
3. Tenemos dificultades de entrega desde hace una semana, debido a la huelga de transportes.
4. Ese modelo no se fabrica desde hace unos meses.
5. Desde hace unos días no tenemos noticias de ese representante.

IV. **Traduisez :**

1. La réputation de cette marque est bien établie.
2. Les coûts de maintenance sont de plus en plus élevés.
3. Il faut renouveler plus souvent la gamme de produits.
4. La concurrence à partir des nouvelles formes de distribution n'est pas moins préoccupante.
5. Nous devrions diminuer nos délais de livraison.

V.2. Transportes

– ¡Ya estoy harto[1] de encontrar tan a menudo[2] dificultades con el transporte! Ya es hora de que[3] se haga algo para mejorar el sistema.

– No se puede negar que en España estamos atrasados[4], pero la reciente apertura[5] de Centrales Integradas de Mercancías (CIM) debería agilizar[6] mucho el tráfico.

– ¿Y en qué consisten estas CIM?

– Son grandes zonas cuyo fin[7] es la centralización y racionalización del transporte por carretera[8], sacando de las ciudades las empresas para trasladarlas[9] a lugares bien comunicados, dotados[10] de los servicios necesarios y de interconexiones con otros medios de transporte.

– ¿Y tú opinas[11] que las CIM pueden ser la solución?

– Aunque no vayan a poner remedio a[12] todos los males, estos centros revolucionarán de arriba abajo[13] las estructuras del transporte y permitirán la homologación del transporte español por carretera con el de la CEE. Cada CIM está provista de dos grandes áreas[14] : una logística y otra de servicios. En esta última hay aparcamientos[15], edificios de acogida[16] y control, pabellones de oficinas y talleres[17], servicios bancarios y de hostelería, locales comerciales y lonjas[18] de contratación. En el área logística se encuentran naves de almacenamiento[19], almacenes para carga fraccionada[20], aduana TIR y enlaces[21] con las vías férreas, así como eventualmente con los aeropuertos y los puertos. Las CIM facilitan además el empleo de la informática y así la automatización de la contratación de cargas[22] y la consulta[23] de bases de datos[24] sobre portes[25], vehículos disponibles, legislación, partes meteorológicos[26], etc.

– A ver[27], pues, si así se soluciona la actual descoordinación entre los camiones y la RENFE[28], aumente el peso del ferrocarril[29] con la adaptación española al ancho europeo[30].

– No sólo eso; las CIM favorecerán también el asociacionismo, tan necesario en un sector que está tremendamente[31] atomizado.

V.2. Transports

1. ya estoy harto : *j'en ai assez.*
2. a menudo : *souvent.*
3. es hora de que : *il est grand temps que.*
4. estamos atrasados : *nous sommes en retard;* de atrasarse : *être en retard, rester en arrière.*
5. apertura f. : *ouverture.*
6. agilizar : *assouplir, rendre plus fluide.*
7. cuyo fin f. : *dont le but;* l'adjectif cuyo doit toujours être accordé avec le nom.
8. carretera f. : *route.*
9. trasladarlas : *les transférer;* trasladar : *déplacer, transférer, transporter, muter* (d'emploi).
10. dotados : *pourvus;* dotar : *doter, pourvoir, équiper.*
11. ¿y tú opinas...? : *penses-tu...?* opinar : *penser, donner son opinion.*
12. poner remedio a : *remédier à.*
13. de arriba abajo : *de fond en comble.*
14. área. f. : *aire, surface, zone.*
15. aparcamiento m. : *parking; stationnement.*
16. acogida f. : *accueil.*
17. pabellones de oficinas f., pl. y talleres m., pl. : *pavillons de bureaux et ateliers.*
18. lonjas f., pl. : *halles.*
19. naves de almacenamiento f., pl. : *hall, hangar d'emmagasinage.*
20. carga fraccionada f. : *marchandises diverses.*
21. enlaces m., pl. : *liaisons, correspondances.*
22. cargas f., pl. : *chargements; charges, cargaisons.*
23. consulta f. : *consultation; cabinet de consultation.*
24. bases de datos f., pl. : *bases de données.*
25. portes m., pl. : *ports;* ne pas confondre porte : *port* (transport, frais de transport) et puerto : *port maritime* ou *col routier.*
26. partes meteorológicos m., pl. : *bulletins météorologiques.*
27. a ver : *voyons.*
28. RENFE : *Red Nacional de Ferrocarriles Españoles.*
29. ferrocarril m. : *chemin de fer.*
30. ancho europeo m. : *écartement de voies en Europe* (il est inférieur à celui de l'Espagne et du Portugal).
31. tremendamente : *énormément, terriblement.*

V.2. Transportes

La carta de porte :

Es un documento que se utiliza para transportar las mercancías por vía férrea ; se trata de un contrato entre el remitente y un transportista, o entre el remitente, un comisionista y un transportista ; no constituye un título de propiedad de las mercancías.

La carta de porte internacional :

Transportes por carretera.

Carta de porte establecida según las condiciones del Convenio de Ginebra que rige los transportes de mercancías por carretera.

Transportes por ferrocarril.

Carta de porte establecida según las condiciones del Convenio de Berna que rige los transportes de mercancías por ferrocarril.

La carta de transporte aéreo (C.T.A.) :

Documento que materializa un contrato de transporte de mercancías por avión y que se exige en caso de pago por crédito documentario.

El conocimiento de embarque :

Documento que materializa un contrato de transporte de mercancías por mar; lo firma un representante de la naviera propietaria del buque, o el capitán del mismo, que consigna la recepción de las mercancías y se compromete a entregarlas en un puerto determinado; el conocimiento de embarque constituye un título de propiedad de las mercancías ; puede ser "a la orden" (en cuyo caso es transmisible por endoso), al portador o nominativo (no transmisible).

El conocimiento de transporte combinado F.I.A.T.A. :

Documento expedido por un agente de tránsito por el cual se hace cargo de unas mercancías y se compromete a transportarlas utilizando un mínimo de dos medios de transporte, por ejemplo por vía aérea y ferroviaria, hasta uno destino preciso.

El certificado de origen :

Certificado oficial que atestigua el origen territorial de algunas mercancías.

V.2. Transports

La lettre de voiture :

C'est un document utilisé pour transporter les marchandises par voie ferroviaire ; il s'agit d'un contrat entre l'expéditeur et un transporteur, ou entre l'expéditeur, un commissionnaire et un transporteur ; il ne constitue pas un titre de propriété.

La lettre de voiture internationale :

Transports par route.

Lettre de voiture établie selon les conditions de la Convention de Genève qui régit les transports de marchandises par route.

Transports par chemin de fer.

Lettre de voiture établie selon les conditions de la Convention de Berne qui régit les transports de marchandises par chemin de fer.

La lettre de transport aérien (L.T.A.) :

Document matérialisant un contrat de transport de marchandises par avion et exigible en cas de paiement par crédit documentaire.

Le connaissement :

Document matérialisant un contrat de transport de marchandises par mer ; signé par le représentant de la compagnie de navigation propriétaire du bateau, ou le capitaine de celui-ci, qui constate la réception des marchandises et s'engage à les livrer dans un port déterminé ; le connaissement constitue un titre de propriété des marchandises ; il peut être "à ordre" (auquel cas il est transmissible par voie d'endos), au porteur ou "à personne dénommée" (intransmissible).

Le connaissement F.I.A.T.A. pour transports combinés :

Document délivré par un transitaire, par lequel celui-ci prend en charge les marchandises et s'engage à les transporter en employant au minimum deux moyens de transport, par exemple par voie aérienne ou ferroviaire, jusqu'à une destination précise.

Le certificat d'origine :

Certificat officiel qui atteste l'origine territoriale de certaines marchandises.

V.2. Transportes

En una caracterización rápida, el medio más utilizado[1] para el transporte de mercancías[2] en España es, sin duda alguna, el transporte por carretera[3]; le siguen a continuación el marítimo y el ferrocarril[4] y, bastante lejos de estos dos últimos, el transporte aéreo. En España la navegación fluvial no tiene la entidad[5] que alcanza[6] en otros países.

El aumento del volumen de transporte por carretera con relación[7] al ferroviario, si bien coincide con una evolución general en toda Europa, obedece en España a causas estructurales específicas : la red[8] ferroviaria actual, con largos trayectos[9], viene determinada[10] en parte por la orografía del país y las limitaciones comunes de la época (finales[11] del XIX y principios[12] del XX) por la técnica de obras públicas[13], las cuales exigían el menor[14] movimiento de tierras en el diseño[15] del trazado; la segunda causa de la longitud de trayectos hay que encontrarla en la influencia que tuvieron los intereses locales en el trazado de la red. Por último, una tercera causa en la lentitud[16] de este tipo[17] de transporte quizá haya que buscarla en la insuficiencia de inversiones de RENFE[18] para la mejora de infraestructuras y material móvil. Respecto a[19] la conexión ferroviaria con el resto de Europa, cabe mencionar[20] también el ancho de vía[21] diferente del europeo y específico de la Península, con dos únicas estaciones fronterizas[22] en Cataluña y el País Vasco. Con la adopción del Tren de Alta Velocidad[23], España parece orientarse hacia la construcción de una red paralela de ancho de vía internacional.

En cuanto al[24] transporte por carretera, su ventaja más importante[25] respecto al[26] ferroviario viene caracterizada por la mejor capacidad de respuesta a la demanda, y negativamente por una oferta atomizada[27], la reglamentación administrativa del transportista[28] interurbano y el envejecimiento[29] del parque de vehículos. Una mejor inspección técnica y la obligatoriedad del tacógrafo[30] habrán de incidir positivamente sobre la seguridad, las condiciones de trabajo y el consumo[31] de energía.

V.2. Transports

1. el medio más utilizado : *le moyen le plus utilisé;* dans la construction du superlatif, l'espagnol ne répète pas l'article.
2. mercancías f., pl. : *marchandises.*
3. transporte por carretera : *transport routier;* carretera, *route.*
4. el ferrocarril : *le chemin de fer.*
5. entidad f. : *portée, importance.*
6. alcanza : *atteint.*
7. con relación a : *par rapport à.*
8. la red : *le réseau.*
9. largos trayectos : *des longs trajets.*
10. viene determinada : *est conditionnée;* le semi-auxiliaire venir, suivi d'un infinitif ou d'un gérondif ajoute l'idée d'origine à l'action exprimée par ceux-ci.
11. finales : *fin;* dans un sens temporel indéterminé, il est toujours au pluriel.
12. principios : *début.* Cf. 11.
13. obras f., pl. públicas : *travaux publics.*
14. el menor : *le moindre, le plus petit.*
15. diseño m. : *conception.*
16. lentitud : *lenteur.*
17. tipo : *genre.*
18. RENFE : *Red Nacional de Ferrocarriles Españoles.*
19. respecto a : *en ce qui concerne.*
20. cabe mencionar : *on peut mentionner.*
21. ancho m. de vía : *largeur entre les rails.*
22. fronterizas : *frontalières.*
23. Tren de Alta Velocidad : *Train Grande Vitesse.*
24. en cuanto a : *quant à;* cf. 7.
25. su ventaja f. más caracterizada : *son avantage le plus caractérisé.*
26. al : transporte est sous-entendu.
27. una oferta atomizada : *une offre atomisée.*
28. transportista : *routier, transporteur.*
29. envejecimiento m. : *vieillissement.*
30. tacógrafo m. : *tachygraphe.*
31. consumo : *consommation.*

V.2. Transportes

agente m. de tránsito, transitario m. : *transitaire*
almacenaje m., almacenar : *stockage, stocker*
armador m. : *armateur*
avión m. de carga : *avion-cargo*
buque m. cisterna : *bateau citerne*
camión m. : *camion*
carga f. útil : *charge utile*
cargador m. : *chargeur*
cargamento m., carga f. : *cargaison*
cargar : *charger*
carguero m., buque m. de carga : *cargo (navire)*
carta f. de porte : *lettre de voiture*
carta de transporte aéreo (CTA) : *lettre de transport aérien (LTA)*
certificado de origen : *certificat d'origine*
conocimiento m. de embarque : *connaissement*
contenedor m. : *conteneur*
dique m. : *dock (bassin)*
estibador m. : *docker, arrimeur*
expedición f. en grupaje : *expédition par groupage*
fletador m. : *affréteur*
fletamento m. : *affrètement*
fletar, flete m. : *affréter, fret*
grúa de pórtico : *grue à portique*
muelle m. : *quai*
naviera f. : *compagnie de navigation*
paleta f. : *palette*
por vía aérea, férrea : *par voie aérienne, ferroviaire*
por vía marítima, terrestre : *par voie maritime, par voie de terre*
puerto m. de desembarque : *port de débarquement*
puerto m. franco : *port franc*
remitente m. : *expéditeur*
tonelada f. de flete : *tonneau d'affrètement*
tonelaje m. : *tonnage*
tonelaje m. bruto, neto : *jauge brute, nette*
transporte m. combinado : *transport combiné*
transporte m. por carretera : *transport par route*
transporte m. por ferrocarril : *transport par chemin de fer*
transportista m. : *transporteur*
vagón m. : *wagon*

V.2. Transports

EXERCICES

I. Construisez les substantifs correspondant aux verbes suivants :

trasladar	agilizar	buscar
transitar	mejorar	cargar
embarcar	almacenar	repartir
entregar	aparcar	permitir

II. Mettez les verbes entre parenthèses à l'indicatif ou au subjonctif en respectant la concordance des temps :

1. El transporte internacional por ferrocarril aumentará rápidamente en España cuando (adaptarse) el ancho de vía.
2. Si (mejorarse) las infraestructuras de la red ferroviaria, se resolverían la mayor parte de los problemas del transporte ferroviario.
3. Las carreteras españolas estarán mucho menos saturadas, si (construirse) la nueva red de autovías.
4. Los costes del transporte por camión no disminuirán, mientras (seguir) siendo frecuentes los regresos sin carga.
5. En las CIM, los chóferes de camiones pueden realizar otros tipos de trámites, mientras (cargarse) las mercancías.
6. Habría que renovar casi completamente la flota mercante española para que (resultar) competitiva.

III) Traduisez en espagnol :

1. Les marchandises sont envoyées en port dû lorsque le prix du transport est payable par le destinataire à l'arrivée.
2. Le transporteur s'engage à remettre à un destinataire, dans un certain délai de livraison, et moyennant une certaine somme, les marchandises qui lui ont été confiées par l'expéditeur.
3. Nous craignons que le colis ne se soit égaré hier, au cours du déchargement.
4. Le connaissement représentant la valeur des marchandises, celles-ci ne sont délivrées que sur présentation de ce document.
5. Derrière le contrat signé par Alsthom avec les autorités espagnoles se profilent les projets de réseaux européens à grande vitesse.

V.3. Márketing

– Como ya sabéis, hoy es la primera reunión que celebramos[1] para tratar de[2] analizar cuál es realmente nuestra estrategia comercial y ver, si es posible, qué actuación[3] de cara al futuro[4] podemos determinar ante unas dificultades que no son nuevas, ya que vienen a ser[5] las mismas de estos últimos meses.

– Por los gráficos que tenemos todos delante, hay efectivamente un estancamiento[6] incuestionable[7] de la cifra de ventas[8].

– Por eso merece la pena[9] que nos extendamos particularmente sobre ese punto y ahora[10] volveremos[11] sobre él. ¿Y los suministros[12]?

– En cuanto a mí respecta[13], no os descubriré nada nuevo diciendo que, a pesar de que[14] hemos tratado de diversificar nuestras fuentes de aprovisionamientos, seguimos dependiendo[15] en gran parte de las importaciones al tanto[16] de la paridad de la peseta que no nos favorece[17]. Así, podéis comprobar[18] el incremento[19] constante de precios en los suministros.

– Ya hemos tratado[20] de este asunto[21] en otras ocasiones y respecto a esta partida[22] nuestros margen de maniobra[23] es bastante reducido. Por el contrario[24], debemos detenernos[25] particularmente en nuestro sistema de comercialización.

– ¿Qué sugieres que hagamos[26]?

– Yo creo que sería preferible que analizáramos[27] juntos[28] todos los elementos del sistema, de forma que nos conduzca[29] a un plan de actuación[30] preciso. En mi opinión, vivimos confiados en unas cuotas de mercado[31] y en un conocimiento de la competencia algo elemental.

– Hombre, a mí me parece que conocemos bastante bien la competencia y no creo que en la situación nos podamos permitir contratar a un jefe de márketing...

– De momento no se trata de eso, sino de que seamos conscientes del desconocimiento en el que estamos del entorno del mercado, y así las decisiones sobre nuestra cartera de productos[32], de diseño, precios y distribución son, a mi modo de ver, un poco empíricas y la mejor solución consistiría en encargar un estudio a una consultora especializada. Me he enterado que la Junta[33] los subvenciona.

V.3. Marketing

1. celebramos : *nous tenons.*
2. tratar de : *essayer de.*
3. actuación : *action;* de actuar, *agir.*
4. de cara al futuro : *face à l'avenir.*
5. vienen a ser : *sont à peu près;* venir a suivi d'un infinitif peut rendre l'approximation.
6. estancamiento m. : *stagnation.*
7. incuestionable : *incontestable.*
8. cifra f. de ventas : *chiffre d'affaires.*
9. merece la pena : *vaut la peine.*
10. ahora : *tout de suite.*
11. volveremos : *nous reviendrons.*
12. suministros m., pl. : *approvisionnements.*
13. en cuanto a mí respecta : *en ce qui me concerne.*
14. a pesar de que : *malgré le fait que.*
15. seguimos dependiendo : *nous sommes toujours dépendants.*
16. todos estáis al tanto : *vous êtes tous au courant.*
17. nos favorece : *nous avantage.*
18. comprobar : *constater, vérifier.*
19. incremento m. : *augmentation.*
20. tratado de : cf. 2.
21. asunto m. : *sujet, affaire.*
22. partida f. : *poste (comptable).*
23. nuestro margen m. de maniobra : *notre marge de manœuvre.*
24. por el contrario : *en revanche.*
25. debemos detenernos : *nous devons nous arrêter.*
26. ¿qué sugieres que hagamos? : *que suggères-tu de faire?*
27. sería preferible que analizáramos : *il serait préférable d'analyser;* l'imparfait du subjonctif est obligatoire par concordance des temps.
28. juntos : *ensemble;* juntos, juntas est un adjectif toujours utilisé au pluriel.
29. de forma que nos conduzca : *de manière à nous conduire.*
30. plan de actuación : *plan d'action.*
31. cuotas f., pl. de mercado : *parts de marché.*
32. cartera f. de productos : *gamme de produits.*
33. Junta f. : *gouvernement régional.*

Posicionamiento de un producto :

Elemento clave del plan de márketing, consiste en la determinación, tras el análisis de un mercado, de la posición que ocupa un producto en el mismo, teniendo en cuenta sus propias características, lo que espera la clientela, y la imagen y posición de los productos de la competencia.

Ciclo de vida de un producto :

Es el período durante el cual existe un mercado para un producto determinado; se suelen distinguir cinco etapas : la introducción en el mercado, el crecimiento, la madurez, la saturación del mercado y el declive.

Márketing-mix :

Término que designa la combinación óptima de los diferentes factores de comercialización de un producto o de un servicio, en relación con los objetivos que se fija la empresa y los medios disponibles; estos factores son el producto, el precio, el canal de distribución, la comunicación comercial y los servicios prestados.

Plan de márketing :

Después de haber analizado el mercado y elegido el producto, el plan de márketing representa una serie estructurada de acciones destinadas a conseguir los objetivos; puede constar de ocho apartados : metas, producto, precios, información sobre el mercado, ventas, promoción, recursos humanos, presupuesto.

Estudio o investigación de mercado :

Es la recopilación de todos los datos relativos a un mercado : definición de este, análisis de la demanda y de la oferta, estudio del comportamiento del consumidor, etc.

Panel de consumidores :

Grupo representativo de personas que se someten a encuestas regulares, lo que permite, por ejemplo, estudiar su comportamiento de cara a un producto nuevo antes de comercializarlo; si el panel es permanente, permite también valorar la evolución del consumidor.

Segmentación del mercado :

Es la división de un mercado en grupos (segmentos) homogéneos de clientela.

V.3. Marketing

Positionnement d'un produit :

Elément clé du plan marketing, il consiste à déterminer, après avoir analysé un marché, la position occupée par un produit sur celui-ci, en tenant compte de ses caractéristiques propres, de l'attente de la clientèle, et de l'image et de la position des produits concurrents.

Cycle de vie d'un produit :

C'est la période pendant laquelle il existe un marché pour un produit donné; on distingue cinq étapes : l'introduction sur le marché, la croissance, la maturité, la saturation du marché et le déclin.

Marketing-mix :

Terme désignant la combinaison optimale des différents facteurs de commercialisation d'un produit ou d'un service, par rapport aux objectifs que se fixe l'entreprise et aux moyens disponibles; ces facteurs sont le produit, le prix, le canal de distribution, la communication commerciale et les services rendus.

Plan marketing :

Après avoir analysé le marché et choisi le produit, le plan marketing constitue une série structurée d'actions destinées à remplir les objectifs; il peut comporter huit rubriques : buts, produit, prix, information sur le marché, ventes, promotion, ressources humaines, budget.

Etude ou analyse de marché :

Il s'agit de la collecte de toutes les données relatives à un marché : définition du marché, analyse de la demande et de l'offre, étude du comportement du consommateur, etc.

Panel de consommateurs :

Groupe représentatif de personnes se soumettant à des enquêtes régulières, ce qui permet, par exemple, d'étudier leur comportement vis-à-vis d'un produit nouveau avant de le commercialiser; le panel étant permanent, il permet aussi de mesurer l'évolution du consommateur.

Segmentation du marché :

C'est la division d'un marché en groupes (segments) homogènes de clientèle.

V.3. Márketing

Uno de los conceptos actualmente más en boga[1] dentro de la economía de la empresa, es el de márketing. Sin embargo, de igual manera que nunca ha cuajado[2] su traducción por los vocablos mercadotecnia o mercadeo[3], tampoco se puede decir que las actividades de márketing hayan arraigado[4] en casi todas las empresas. Para muchas de ellas, el márketing sigue siendo la asignatura pendiente[5], la actividad que siempre se posterga[6] o la que primero se suprime cuando hay que reducir gastos.

Aún hoy, no resulta nada raro[7] encontrar empresas que corren el albur[8] de lanzar costosas campañas publicitarias sin tener en cuenta una estrategia de márketing adecuada. A este respecto[9], se diría que algunos dirigentes parecen olvidar que toda estrategia de márketing, para resultar provechosa[10], debe estar enfocada[11] hacia el cliente. De hecho, el conjunto de los servicios de la empresa, desde la dirección hasta las ventas, pasando por la producción, la gestión financiera, los recursos humanos[12], etc., deben organizarse en torno a[13], y para los clientes. Cualquier sociedad que pase por alto[14] este principio se alejará inconscientemente de lo que le permite existir y obtener unas ganancias[15].

Por consiguiente[16], y como paso previo a la elaboración de una estrategia o de un plan, hay que tratar de delimitar en primer lugar cuáles son las necesidades y los intereses de la clientela actual o potencial. Sea de manera directa a través de encuestas[17] y del contacto personal, sea de manera indirecta mediante el estudio del mercado, de las tendencias y de la competencia[18] es preciso conocer lo mejor posible[19] los siguientes aspectos : cuál es la opinión de los clientes sobre los productos ; qué mejoras[20] y cambios desearían que se introdujesen[21] en los mismos ; cuáles son sus necesidades no satisfechas[22] ; en qué segmento de mercado se ubican[23] los compradores ; a qué rentabilidad aspiran.

Solamente después de tener bien atados todos estos cabos[24] se puede comenzar a esbozar[25] el plan de marketing, escogiendo el mix apropiado de productos, mercados, precios y medios de promoción.

1. **en boga** : *en vogue, à la mode.*
2. **nunca ha cuajado** : *n'est jamais passé, n'a jamais pris;* de **cuajar** : *passer, prendre; réussir, bien tourner, marcher.*
3. **mercadeo** m. : on ne l'emploie presque jamais dans le sens de *marketing,* mais on l'utilise dans celui de *commercialisation.*
4. **arraigado** : *enraciné.*
5. **asignatura pendiente** f. : *matière recalée, à repasser;* **asignatura** f. : *matière scolaire;* **pendiente** : *en suspens.*
6. **se posterga** : *est négligé;* **postergar** : *ajourner.*
7. **raro** : *étrange.*
8. **corren el albur** : *tentent leur chance.*
9. **a este respecto** : *à cet égard.*
10. **provechosa** : *profitable;* de **provecho** m. : *profit.*
11. **enfocada** : *orientée;* de **enfocar** : *centrer, pointer; envisager.*
12. **recursos humanos** m., pl. : *ressources humaines.*
13. **en torno a** : *autour de.*
14. **pase por alto** : *laisse de côté, oublie; passe sous silence.*
15. **ganancias** f., pl. : *bénéfices, gains, profits.*
16. **por consiguiente** : *par conséquent, donc.*
17. **encuestas** f., pl. : *enquêtes.*
18. **competencia** : *concurrence; compétence.*
19. **lo mejor posible** : *au mieux.*
20. **mejoras** f., pl. : *améliorations;* on dit aussi **mejoría** f.
21. **que se introdujesen** : *qu'on introduise;* remarquez l'irrégularité de l'imparfait du subjonctif que l'on retrouve dans tous les verbes en **-ducir**.
22. **satisfechas** : *satisfaites;* de **satisfacer** qui est conjugué comme **hacer**.
23. **se ubican** : *sont situés, se trouvent.*
24. **tener bien atados todos estos cabos** : *avoir réuni tous ces renseignements;* **atar o juntar cabos** ; *réunir des renseignements, mener l'enquête;* **no dejar cabo suelto** : *ne rien laisser en suspens.*
25. **esbozar** : *ébaucher, esquisser.*

V.3. Márketing

ayudante m. o f. : *assistant (e)*
ciclo m. de vida : *cycle de vie*
comercializar : *commercialiser*
competencia f. : *concurrence*
competidor m. : *concurrent*
competir (con) : *concurrencer*
consumidor m. : *consommateur*
cuota f. de mercado : *part de marché*
encuesta f. : *enquête*
enfocar : *envisager, centrer*
estrategia f. comercial : *stratégie commerciale*
estudio m. o investigación f. de mercado : *étude de marché*
hábito m. de compra : *habitude d'achat*
jefe m. de producto : *chef de produit*
lanzamiento m. de un producto : *lancement d'un produit*
la puesta f. en marcha del plan : *la mise en œuvre du plan*
madurez f. : *maturité*
márketing-mix m. : *marketing-mix*
márketing m. de compra : *marketing-amont*
márketing m. de venta : *marketing-aval*
márketing m. directo : *marketing direct*
márketing m. internacional : *marketing international*
márketing m. operacional : *marketing opérationnel*
mercadeo m. : *merchandising* (ou *marchandisage)*
mercadotecnia f. : *mercatique* (aussi utilisés l'un que l'autre)
meta f. : *but*
método m. de entrada en el mercado : *méthode de pénétration du marché*
óptimo, a : *optimal*
panel m. : *panel*
plan m. de marketing : *plan marketing*
política f. de marketing : *politique marketing*
posicionamiento m. de un producto : *positionnement d'un produit*
posicionar : *positionner*
precio m. competitivo : *prix concurrentiel*
producto m. competidor : *produit concurrent*
saturación f. del mercado : *saturation du marché*
segmentación f. del mercado : *segmentation du marché*
segmentar : *segmenter*
segmento : *segment*

V.3. Marketing

EXERCICES

I. **Construisez les substantifs correspondant aux verbes suivants :**

estancar	suministrar	aprovisionar
diversificar	incrementar	comprobar
actuar	contratar	desconocer

II. **Remplacez les mots en italique par des expressions équivalentes :**

1. *No vale la pena* que sigamos discutiendo.
2. Por lo que veo, nadie *está al corriente*.
3. *En mi opinión*, ese análisis me parece insuficiente.
4. No hay nada nuevo *en relación con* la cartera de pedidos.

III. **Complétez les phrases suivantes aux temps et aux modes qui conviennent :**

1. Sería preferible que *celebrar* la reunión mañana por la tarde.
2. Sugiero que *diversificar* nuestras fuentes de aprovisionamiento.
3. A mi juicio, merece la pena que nosotros *intentar* abrir nuevos mercados.
4. No creo que la sección de ventas *desconocer* las dificultades de aprovisionamiento.
5. Convendría que esta decisión *tomarse* lo antes posible, de forma que todo el personal *actuar* conforme a ella.

IV. **Remplacez les expressions d'approximation par la locution *venir a* + infinitif :**

1. La cifra de ventas ha aumentado este mes en un 12 % *aproximadamente*.
2. Este producto nos saldrá *cerca de* quinientas pesetas más barato que el otro.
3. Nuestra cuota de mercado ha disminuido en un tres *y pico* por ciento.
4. En la reunión dijo *más o menos* que había un estancamiento de la facturación.

V. **Traduisez :**

1. Je suggère de vérifier attentivement les coûts de nos approvisionnements.
2. Il conviendrait d'engager un chef de produit.
3. Nous sommes tous au courant du nouveau plan d'action.

V.4. Publicidad

– Quiero consultarte algo. Tú, que estás al tanto[1] de las estrategias publicitarias que se llevan[2] hoy, ¿me podrías indicar con qué criterios debo evaluar la calidad[3] de un anuncio? Siempre que los publicistas me traen sus diseños[4] tengo el mismo dilema y acabo escogiendo[5] a ojo[6].

– La intuición es inicialmente un buen punto de referencia[7] para ver si el anuncio tiene garra[8], fuerza. Si al primer vistazo[9] lo encuentras visto, anodino, soso[10], es mejor que lo dejes de lado[11]. En caso contrario, pregúntate de dónde saca su fuerza[12]: únicamente si la obtiene del producto mismo es válido el anuncio.

– ¿Y suponiendo que así sea[13]?

– Entonces tienes que mirar si el hecho de que llame la atención[14] se debe simplemente a la categoría del producto, los ordenadores en tu caso, o a alguna cualidad[15] específica como precio, rapidez[16], potencia[17]. En el primer caso, ándate con ojo[18] : si tu marca no es muy conocida estás haciendo publicidad a la competencia.

– ¿Qué me puedes decir sobre el mensaje publicitario?

– Vigila que sea sencillo[19], rápido y claro; si resulta demasiado rebuscado[20], perderá todo su poder.

– Así que, respetando esos puntos, puedo estar seguro de que la publicidad va a atraer a[21] los posibles clientes.

– Sí, dando por sentado[22] que conoces bien su forma de pensar. Porque si el anuncio no correspondiera con el universo cultural, moral y estético del blanco[23], casi seguro que pasaría desapercibido[24] o sería rechazado[25].

– Bueno, ya tengo el anuncio que necesito. ¿Cómo elegir[26] ahora el medio de difusión adecuado?

– Si tus productos se dirigen[27] al gran público puedes anunciarte en los periódicos[28] y revistas de gran tirada[29], así como, si tu presupuesto[30] te lo permite, en televisión. Las vallas[31], cabinas telefónicas, paradas de autobús[32] y metro son útiles para crear un fenómeno de eco. Para artículos más selectivos, optarás por medios que se amolden[33] mejor, por ejemplo, la prensa especializada.

V.4. Publicité

1. al tanto : *au courant.*
2. se llevan : *sont à la mode.*
3. calidad f. : *qualité;* cf. 15.
4. diseños m., pl. : *projets, conceptions; dessins, lignes.*
5. acabo escogiendo : *je finis par choisir.*
6. a ojo : *à l'œil.*
7. punto de referencia m. : *point de repère.*
8. tiene garra : *a de la force;* garra : *griffe.*
9. vistazo m. : *coup d'œil.*
10. soso : *plat; fade, sans esprit, niais.*
11. que lo dejes de lado : *que tu laisses de côté, que tu mettes à l'écart.*
12. saca su fuerza : *tire sa force.*
13. así sea : *qu'il en soit ainsi.*
14. llame la atención : *attire l'attention.*
15. cualidad f. : *qualité;* ne pas confondre cualidad *(propriété, caractéristique)* avec calidad *(ensemble des qualités,* ni, au pluriel, calidades, *aptitudes).* Cf. 3.
16. rapidez f. : *rapidité.*
17. potencia f. : *puissance.*
18. ándate con ojo : *fais attention.*
19. sencillo : *simple.*
20. rebuscado : *recherché.*
21. va a atraer a : *va attirer.*
22. dando por sentado : *si l'on considère comme acquis, comme bien établi.*
23. blanco m. : *cible; but;* dar en el blanco : *faire mouche.*
24. pasaría desapercibido : *passerait inaperçu.*
25. sería rechazado : *serait rejeté.*
26. elegir : *choisir.*
27. se dirigen : *s'adressent, sont destinés.*
28. periódicos m., pl. : *publications périodiques :* diario, semanario, mensual. On l'emploie généralement dans le sens de *journal.*
29. tirada f. : *tirage.*
30. presupuesto m. : *budget.*
31. vallas f., pl. : *panneaux publicitaires; clôtures, palissades, barrières, haies.*
32. paradas de autobús f., pl. : *arrêts de bus.*
33. se amolden : *s'adaptent, s'ajustent.*

V.4. Publicidad

Los medios de communicación y la publicidad :

Audiencia e inversiones publicitarias en España, en 1990, según los medios :

medio	audiencia	inversión
televisión	33,8 %	55,7 %
cine		0,4 %
radio	19 %	6,4 %
vallas		1 %
revistas	21,9 %	11,4 %
diarios	12 %	21,1 %
suplementos	13,3 %	3,6 %

Formas de expresión del mensaje publicitario :

La publicidad connotativa evoca y sugiere, dirigiéndose a las motivaciones inconscientes del comprador ; utiliza principalmente las imágenes y el sonido para suscitar asociaciones de ideas.

La publicidad denotativa informa, elige la razón como interlocutor privilegiado, da argumentos para convencer y emplea textos, dibujos técnicos e imágenes par reforzar la explicación verbal.

La publicidad suave (soft selling) suele ser connotativa ; no se conforma con dar a conocer el producto sino que procura crear alrededor de él una imagen favorable ; su objetivo se sitúa a medio plazo ; se trata de provocar un cambio de actitud en favor de la marca que a su vez induzca un comportamiento de compra.

La publicidad dura (hard selling) tiene un objetivo a muy corto plazo, vender, y no repara en los medios para conseguirlo ; los mensajes serán muy sencillos y a menudo machacones.

Los compradores potenciales :

El comprador racional representa un modelo perfecto ; es aquél que no es en absoluto permeable a la publicidad y que compra a partir de argumentos "objetivos".

El comprador condicionado es el modelo inverso : reacciona sin reflexionar ante los estímulos de un mensaje repetido y omnipresente.

En la realidad, el consumidor siempre está dividido entre aspectos racionales e irracionales e intenta justificar racionalmente sus adquisiciones.

V.4. Publicité

Les médias et la publicité :

Audience et investissements publicitaires en Espagne, en 1990, selon les médias :

média	audience	investissement
télévision	33,8%	55,7%
ciné		0,4%
radio	19%	6,4%
panneaux		1%
revues	21,9%	11,4%
quotidiens	12%	21,1%
suppléments	13,3%	3,6%

Formes d'expression du message publicitaire :

La publicité connotative évoque et suggère, s'adressant aux motivations inconscientes de l'acheteur ; elle utilise principalement les images et le son pour susciter des associations d'idées.

La publicité dénotative informe, elle choisit la raison comme interlocuteur privilégié, donne des arguments pour convaincre et emploie textes, dessins techniques et images pour renforcer l'explication verbale.

La publicité douce (soft selling) est souvent connotative ; elle ne se contente pas de faire connaître le produit, mais elle s'efforce de créer autour de lui une image favorable ; son objectif se situe à moyen terme ; il s'agit de provoquer un changement d'attitude en faveur de la marque qui à son tour entraîne un comportement d'achat.

La publicité dure (hard selling) a un objectif à très court terme, vendre, et tous les moyens sont bons pour y parvenir ; les messages seront très simples et fréquemment obsédants.

Les acheteurs potentiels :

L'acheteur rationnel représente un modèle parfait ; c'est celui qui n'est pas du tout perméable à la publicité et qui achète à partir d'arguments "objectifs".

L'acheteur conditionné est le modèle inverse : il réagit sans réfléchir aux stimulations d'un message répétitif et omniprésent.

En réalité, le consommateur est toujours partagé entre des aspects rationnels et irrationnels et tente de justifier ses acquisitions par la raison.

V.4. Publicidad

Si los instrumentos teóricos de medida[1] del gasto[2] publicitario no faltan[3] en su diversidad, en la práctica de la empresa se pueden reducir a unos pocos[4]. En cuanto a la medida de la eficiencia de la publicidad sobre las ventas, no se puede determinar que existan[5] efectos automáticos entre aquélla y éstas. La publicidad se entiende como una comunicación específica dentro de las varias que dirige la empresa al mercado y, por tanto[6], distinta[7] de otras técnicas de promoción de ventas; en masa, pagada (su coste[8] es la utilización de un medio de comunicación[9]: prensa[10], radio, televisión, anuncio por vallas[11], ...) con vistas[12] a la difusión de un producto o un servicio. De este modo[13], la función de la publicidad está relacionada[14] con el proceso[15] de compra por parte del[16] consumidor del bien ofrecido por el anunciante[17].

A nivel[18] nacional, una estimación de cifras invertidas[19] en publicidad sólo puede ser aproximada[20], dado que[21] los anunciantes consideran generalmente el presupuesto publicitario[22] como confidencial. A nivel de la firma, algunos procedimientos[23] pueden consistir en[24] la asignación de un tanto por ciento[25] fijo respecto a[26] las ventas; otros, en una inversión equivalente a la media[27] del sector; otros, por fin[28], en la determinación de objetivos publicitarios y de las acciones necesarias para su consecución[29]. Algunos de estos métodos tienen la ventaja de poder cargar[30] los costes publicitarios a cada producto y el inconveniente de acentuar las coyunturas[31] cíclicas, mientras que[32] otros carecen[33] de pautas[34] para determinar los objetivos y las acciones.

Sin hablar del efecto negativo de ciertas campañas publicitarias, es difícil establecer una relación cuantitativa entre el incremento de ventas y el presupuesto publicitario. En último extremo, cabría concluir que la calidad del mensaje publicitario puede ser en ciertos casos más importante que los gastos propiamente dichos, y que la influencia se ejerce sobre los minoristas[35], que poner en primer plano los productos anunciados, sin que pueda saberse si el aumento de ventas se debe a una u otra razón.

V.4. Publicité

1. medida : *mesure.*
2. gasto : *dépense.*
3. no faltan : *ne manquent pas.*
4. a unos pocos : *à quelques-uns.*
5. que existan : *qu'il puisse exister ;* le subjonctif indique le caractère douteux de cette existence.
6. por tanto : *par conséquent.*
7. distinta : *différente.*
8. coste : *coût.*
9. medio de comunicación : *moyen de communication.*
10. prensa : *presse.*
11. anuncio m. por vallas : *affichage, panneau publicitaire.*
12. con vistas a : *en vue de.*
13. de este modo : *de cette façon.*
14. está relacionada : *est en rapport.*
15. proceso m. : *processus.*
16. por parte de : *de la part de, en provenance de.*
17. anunciante m. : *annonceur.*
18. a nivel de : *au niveau de.*
19. cifras f., pl. invertidas : *sommes investies.*
20. sólo puede ser aproximada : *ne peut être qu'approximative.*
21. dado que : *étant donné que.*
22. presupuesto m. publicitario : *budget publicitaire.*
23. procedimientos : *procédés.*
24. consistir en : *consister à.*
25. tanto por ciento : *pourcentage.*
26. respecto a : *par rapport à.*
27. la media : *la moyenne.*
28. por fin : *finalement.*
29. consecución : *réalisation.*
30. cargar : *imputer.*
31. coyunturas : *conjonctures.*
32. mientras que : *tandis que.*
33. carecen : *manquent.*
34. pautas f., pl. : *normes.*
35. minoristas : *détaillants.*

V.4. Publicidad

agencia f. de publicidad : *agence de publicité*
anunciante m. : *annonceur*
anuncio m., aviso m. : *annonce*
apuntar a un blanco : *viser une cible*
campaña f. de publicidad : *campagne publicitaire*
cartel m. : *affiche*
comprador m. condicionado : *acheteur conditionné*
comprador racional : *acheteur rationnel*
conceptor m., diseñador m. : *concepteur*
cuota f. de mercado : *part de marché*
demanda f. primaria : *demande primaire*
demanda secundaria : *demande secondaire*
elemento m. que llama la atención : *accroche*
enfocar una categoría : *viser une catégorie*
folleto m. publicitario : *brochure publicitaire*
hacer publicidad : *faire de la publicité*
instinto m. gregario : *instinct grégaire*
medio m. de comunicación : *média*
mensaje m. : *message*
pegatina f. : *autocollant*
posicionamiento m. : *positionnement*
posicionarse : *se positionner*
presupuestar : *budgéter*
presupuesto m. publicitario : *budget publicitaire*
publicidad f. connotativa, denotativa : *publicité connotative, dénotative*
publicidad de marca : *publicité de marque*
publicidad dura : *publicité dure (hard selling)*
publicidad engañosa : *publicité mensongère*
publicidad en el punto de venta : *publicité sur le point de vente*
publicidad institucional : *publicité institutionnelle*
publicidad machacona : *matraquage publicitaire*
publicidad por correo : *publipostage*
publicidad redaccional : *publicité rédactionnelle*
publicidad suave : *publicité douce (soft selling)*
publicidad televisiva : *publicité télévisuelle*
segmentación f. del mercado : *segmentation du marché*
segmentar : *segmenter*
soporte m. : *support*
valla f. publicitaria : *panneau publicitaire*

V.4. Publicité

EXERCICES

I. Complétez avec *tan... que, tanto que, tanto (a,os,as)... como, tan... como, tanto como,* selon les cas :

1. Un anuncio debe tener ...... fuerza ...... sea posible.
2. El fracaso de nuestra campaña se debe a que el mensaje resulta ...... confuso ...... nadie lo entiende.
3. El proyecto de cartel que nos propone podría anunciar ...... nuestros productos ...... los de nuestros competidores.
4. El nuevo folleto publicitario no me parece ...... original ...... el del año pasado.
5. Nuestro presupuesto publicitario ha aumentado ...... no sé si podremos cubrirlo.
6. Hemos gastado en anunciarnos en los periódicos ...... en publicidad televisiva

II. Traduisez en espagnol :

1. La pression des annonceurs sur un marché où la concurrence est de plus en plus forte entraîne une baisse de notre rentabilité.
2. Ceux qui vendent des produits de grande consommation savent que réduire les budgets publicitaires, c'est tailler dans l'image.
3. La communication publicitaire n'est pas un gadget dont on peut se passer ; elle est le pilier du chiffre d'affaires.
4. Les petites agences ne peuvent offrir à leurs clients les réseaux, les spécialistes des médias ou les services hors médias dont ils ont besoin.
5. Le marché publicitaire, longtemps sous-développé, a été galvanisé par l'irruption de nouvelles chaînes de télévision.

III Complétez avec *otro* aux forme et place qui conviennent :

1. La agencia nos ha presentado ...... dos ...... proyectos de campaña publicitaria.
2. Existen ...... medios ...... de hacer publicidad que nos permitirían ganar cuotas de mercado.
3. Además de la televisión, deberíamos utilizar al menos ...... soporte ......
4. La publicidad por correo es ...... forma ...... de hacerse conocer por el gran público.

V.5. Otras formas de comunicación

– Antes de decidirnos por el tipo de[1] campaña publicitaria que Vds. desean realizar, me parece que[2] deberíamos analizar las características del producto que quieren introducir en España, dado que[3] habrá que[4] asociarla a otra general de promoción de la marca, por otra parte bien conocida en toda Europa.

– Por supuesto,[5] la primera meta[6] de la campaña ha de[7] consistir en el conocimiento[8] de la gama de productos que ofrecemos. Al tratarse de[9] prendas deportivas[10], tendríamos que[11] hacer hincapié en[12] sus aspectos tanto técnicos como estéticos[13]. En el caso de las combinaciones de esquí[14], insistir en[15] el carácter de prendas de abrigo[16] y la ligereza[17]; en el caso de las demás[18], no sé, la duración[19], la solidez, la resistencia y, sobre todo, el diseño[20], que es uno de nuestros puntos fuertes.

– Sin olvidar la imagen de marca, que, fuera de España, está bien establecida y asociada precisamente a esas cualidades que acaba de[21] mencionar. La campaña, por lo tanto[22], se dirige a un segmento de mercado bastante amplio[23].

– Depende, el blanco[24] que tendríamos que alcanzar[25] nos lo proporcionará el estudio de mercado, pero le puedo adelantar que, de modo muy general, el consumidor que se identifica con la marca es más bien[26] de edad media, urbano y de cierto poder adquisitivo[27].

– Bien, veremos qué dan el sondeo[28] y los estudios de motivación. Pasemos ahora a la estrategia. Está claro, en un principio, que un primer lanzamiento deberá tener como soportes los grandes medios de comunicación, anuncios en la prensa y, según el presupuesto, la televisión.

– ¿Y anuncios en vallas?

– Dadas las características[29] de la cartera de productos, no me parece el medio más adecuado. Yo le sugeriría que miráramos en otra dirección: patrocinar[30] una competición deportiva de un deporte en auge[31], pero no demasiado popular, como el golf, y, por qué no, buscar una forma de mecenazgo[32] que asocie la imagen de refinamiento de la marca, un festival de ballet, por ejemplo.

– No sé, no lo veo mal, habría que analizar el coste.

V.5. Autres formes de communication

1. el tipo de : *le genre de.*
2. me parece que : *je pense que.*
3. dado que : *étant donné que.*
4. habrá que : *il faudra;* le verbe haber à la forme impersonnelle, suivi de que et d'un infinitif exprime l'obligation impersonnelle.
5. por supuesto : *évidemment.*
6. la primera meta : *le premier objectif.*
7. ha de : doit; le verbe haber + de + infinitif est une des locutions d'obligation personnelle.
8. conocimiento m. : *connaissance.*
9. al tratarse de : *s'agissant de;* al + inf. introduit fréquemment une proposition temporelle.
10. prendas f., pl. deportivas : *vêtements sportifs.*
11. tendríamos que : *nous devrions;* cf. 4 et 7.
12. hacer hincapié en : *insister sur.*
13. tanto técnicos como estéticos : *aussi techniques qu'esthétiques;* le 2e terme de la comparaison d'égalité est introduit par como.
14. esquí : *ski.*
15. insistir en : *insister sur;* cf. 12.
16. prendas de abrigo : *vêtements chauds,* cf. 10.
17. ligereza f. : *légèreté.*
18. de las demás : *de (toutes) les autres.*
19. duración f. : *durée.*
20. diseño : *design.*
21. acaba de : *vient de.*
22. por lo tanto : *par conséquent.*
23. bastante amplio : *assez large.*
24. el blanco : *la cible.*
25. alcanzar : *atteindre.*
26. más bien : *plutôt.*
27. de cierto poder adquisitivo : *d'un certain pouvoir d'achat.*
28. el sondeo : *le sondage.*
29. dadas las características : *étant donné les caractéristiques;* le participe s'accorde.
30. patrocinar : *promouvoir, sponsoriser.*
31. deporte en auge : *sport en plein essor.*
32. mecenazgo m. : *mécénat.*

V.5. Otras formas de comunicación

La comunicación comercial

Además de la publicidad tradicional existen otras técnicas de comunicación :

La publicidad directa :

Se trata de operaciones de prospección y de venta que se efectúan por correspondencia y por teléfono, por una distribución de folletos en los buzones o, a través de la prensa, por medio de cupones.

La promoción de ventas :

Su objetivo es modificar a muy corto plazo los comportamientos del consumidor potencial para desarrollar la venta de un producto; puede dirigirse al comprador (por ejemplo cuando se lanza un producto nuevo), al distribuidor o a la fuerza de venta y suele utilizar cuatro técnicas :

- rebajas (ofertas especiales)
- primas
- distribución de muestras
- juegos.

La publicidad en el punto de venta :

Es una forma de comunicación omnipresente en las grandes y pequeñas superficies y se dirige al consumidor para provocar un reflejo de compra; sirve de apoyo a una campaña publicitaria o promocional al hacer la marca presente en todo el almacén.

Las relaciones públicas :

No buscan un efecto inmediato sino que intentan dar de la empresa una imagen general favorable; puede ser por ejemplo una rueda de prensa o una operación "puertas abiertas" para que se visite la sede social o una fábrica.

El patrocinio o sponsoring :

Las empresas emplean cada vez más esta técnica de comunicación comercial : asocian su firma o su producto a un acontecimiento deportivo o cultural o financian una actividad (un museo, un equipo de baloncesto, un barco de vela, etc.).

V.5. Autres formes de communication

La communication commerciale

Outre la publicité traditionnelle, il existe d'autres techniques de communication :

La publicité directe :

Il s'agit d'opérations de prospection et de vente qui s'effectuent par correspondance ou par téléphone, par une distribution de brochures dans les boîtes aux lettres ou par le biais de la presse, avec des coupons-réponses.

La promotion des ventes :

Son objectif est de modifier à très court terme les comportements du consommateur potentiel afin de développer la vente d'un produit; elle peut s'adresser à l'acheteur (par exemple pour le lancement d'un nouveau produit), au distributeur ou à la force de vente et utilise d'ordinaire quatre techniques :

- *des remises (offres spéciales)*
- *des primes*
- *une distribution d'échantillons*
- *des jeux.*

La publicité sur le point de vente :

C'est une forme de communication omniprésente dans les grandes et les petites surfaces et elle s'adresse au consommateur pour susciter un réflexe d'achat; elle sert d'appui à une campagne publicitaire ou promotionnelle en rendant la marque présente dans tout le magasin.

Les relations publiques :

Elles ne recherchent pas un effet immédiat, mais s'efforcent de donner une image favorable de l'entreprise; il peut s'agir par exemple d'une conférence de presse ou d'une opération «portes ouvertes» afin de faire visiter le siège social ou une usine.

Le sponsoring :

Les entreprises utilisent de plus en plus cette technique de communication : elles associent leur firme ou leur produit à un événement sportif ou culturel ou financent une activité (un musée, une équipe de basket-ball, un bateau à voile, etc.).

V.5. Otras formas de comunicación

Las palabras patrocinio[1] y mecenazgo[2] forman parte[3] hace ya bastantes años de la jerga[4] empresarial. En efecto, cada vez más a menudo vemos el nombre de una sociedad o de una marca emparejado[5] con el de una estrella[6] del deporte, un equipo, una competición o con el de una exposición, un concierto, un congreso. El rápido incremento[7] de este tipo de asociación da cumplidamente[8] cuenta de la sensibilidad social y empresarial que existe en la actualidad respecto a esta actividad de promoción en la que el mensaje publicitario queda supeditado a[9] una actividad de carácter cultural, científico o deportivo.

Esta nueva forma de hacer publicidad presenta todo un abanico[10] de ventajas para el empresario avispado[11]. Nadie ignora hoy que la inversión realizada en un acontecimiento[12] artístico o deportivo, aunque no aporte un beneficio directo, resulta altamente[13] rentable de forma indirecta. Por otra parte, ¿qué mejor medio de atraer al cliente que la identificación que éste establece con su ídolo[14] a través del artículo que utiliza la gran estrella? ¿Y qué decir del patrocinio de los grandes eventos[15] televisados que permiten una cobertura[16] que costaría 15 ó 20 veces más en el caso de una publicidad tradicional equivalente? Se podrían reseñar[17] un sinnúmero[18] de ventajas, pero hay una que no es posible pasar por alto[19] : a la hora de abordar el mercado internacional, imposible hacer caso omiso del[20] hecho de que nada salta las fronteras[21] tan fácilmente como el arte, la cultura o el deporte, y de que no existe ningún otro medio tan eficaz como trampolín[22] para un nuevo proyecto.

No obstante, para sacar el máximo provecho[23] del mecenazgo, es conveniente no dejar ningún cabo suelto[24] y considerar varios puntos antes de lanzarse a la acción : determinar con antelación[25] el grado de conocimiento de la empresa entre el público al que se dirige la actividad patrocinada ; tener continuidad en el tiempo ; buscar proyectos y personas de prestigio ; justificar el porqué se fomenta[26] un proyecto ; realizar un seguimiento[27] que asegure el cumplimiento de los requisitos estipulados[28] y el logro de las metas[29] fijadas.

V.5. Autres formes de communication

1. **patrocinio** m. : *sponsoring;* en espagnol, on dit aussi **sponsoring**, de la même manière qu'on emploie deux substantifs : **patrocinador** et **sponsor**.
2. **mecenazgo** m. : *mécénat.*
3. **forman parte** : *font partie.*
4. **jerga** f. : *jargon.*
5. **emparejado** : *couplé.*
6. **estrella** f. : *star; étoile.*
7. **incremento** m. : *accroissement.*
8. **cumplidamente** : *parfaitement, largement.*
9. **queda supeditado a** : *dépend de;* **supeditar** : *subordonner, soumettre.*
10. **abanico** m. : *éventail.*
11. **avispado** : *vif, intelligent.*
12. **acontecimiento** : *événement.*
13. **altamente** : *très.*
14. **ídolo** m. : *idole.*
15. **eventos** m., pl. : *événements;* très employé en Amérique Latine, beaucoup moins en Espagne.
16. **cobertura** f. : *couverture.*
17. **reseñar** : *signaler, faire le compte rendu.*
18. **sinnúmero** m. : *grand nombre.*
19. **pasar por alto** : *passer sous silence, sauter, passer sur, laisser de côté.*
20. **hacer caso omiso de** : *faire abstraction de, ne pas faire attention à, ignorer.*
21. **salta las fronteras** : *franchit les frontières.*
22. **trampolín** m. : *tremplin.*
23. **sacar el máximo provecho** : *tirer le maximum de profit.*
24. **no dejar ningún cabo suelto** : *ne rien laisser en suspens;* **cabo suelto** : *question en suspens, affaire non réglée;* **cabo** m. : *bout, extrémité.*
25. **con antelación** : *à l'avance, par avance;* **antelación** f. : *anticipation.*
26. **fomenta** : *favorise, encourage, stimule.*
27. **seguimiento** m. : *suivi.*
28. **requisitos estipulados** m., pl. : *conditions requises.*
29. **metas** f., pl. : *buts, objectifs.*

V.5. Otras formas de comunicación

apuntar a un blanco : *viser une cible*
artículo promocional : *un article en promotion*
atraer al cliente : *attirer le client*
comunicación f. : *communication*
concurso : *concours*
cupón m. : *coupon-réponse*
estrategia : *stratégie*
estudio de motivación : *étude de motivation*
evento, acontecimiento : *événement*
fidelización : *fidélisation*
fidelizar a la clientela : *fidéliser la clientèle*
folleto publicitario : *brochure publicitaire*
gama de productos : *gamme de produits*
imagen f. : *image*
imágenes de marca : *images de marque*
juego : *jeu*
lanzamiento : *lancement*
lanzar un producto : *lancer un produit*
mecenas m. : *mécène*
mecenazgo : *mécénat*
muestra f. : *échantillon*
muestrario : *échantillonnage*
muestra sin valor comercial : *échantillon sans valeur marchande*
oferta especial : *offre spéciale*
operación f. puertas abiertas : *opération portes ouvertes*
patrocinador m. : *sponsor*
patrocinar : *sponsoriser*
patrocinio : *sponsoring*
precio de lanzamiento : *prix de lancement*
precios insuperables : *prix imbattables*
prima : *prime*
promocionar : *promouvoir, faire de la promotion*
promoción de ventas : *promotion des ventes*
publicidad en el punto de venta : *publicité sur le point de vente*
rebaja : *remise*
relaciones públicas : *relations publiques*
rueda de prensa : *conférence de presse*
sondeo m. : *sondage*

V.5. Autres formes de communication

EXERCICES

I. Formez les substantifs correspondant aux adjectifs et participes suivants, en indiquant leur genre :

duradero	ligero	sólido
deportivo	conocido	abrigado
resistente	refinado	anunciado

II. Complétez les phrases :

1. El segmento de mercado que se pretende alcanzar es el ......
2. La finalidad de la campaña es la ......
3. La televisión, la prensa, la radio son ...... de comunicación.
4. La técnica de comunicación que consiste en promocionar y financiar una manifestación cultural o deportiva por medio de una marca es el ...... o ......
5. Insistir en un aspecto es .... sobre él.
6. La capacidad de compra de un individuo o de un sector de población es el ....

III. Remplacez la construction *al* + infinitif par les formes correspondantes selon le modèle :

Lo vio al salir. → Lo vio cuando salía.

1. Le aseguro que, al terminar la campaña, la imagen de marca cambiará totalmente.
2. Al aumentar el nivel de vida, la demanda de artículos de ese tipo crece igualmente.
3. Todo cambió al llegar el nuevo director general.
4. Nuestros resultados no cambiaron inmediatamente al patrocinar el nuevo premio de pintura.
5. Al analizar el mercado, nos dimos cuenta de que estaba en pleno auge.

IV. Traduisez :

1. Étant donné les circonstances, une diminution du budget publicitaire s'impose.
2. Le consommateur moyen a un profil bien défini ; il s'agit d'une personne cultivée qui dispose d'un pouvoir d'achat relativement élevé.
3. La campagne doit insister autant sur la solidité du produit que sur l'image de raffinement.
4. Le moyen le plus adéquat est la presse hebdomadaire.

VI. EL SERVICIO INTERNACIONAL
LE SERVICE INTERNATIONAL

1. Estrategias de exportación
   Stratégies d'exportation

2. Comercio internacional 1
   Commerce international 1

3. Comercio internacional 2
   Commerce international 2

4. Aduanas
   Douanes

VI.1. Estrategias de exportación

- La exportación y la PYME, ¡siempre la misma cantinela[1]! No me parece nada sensato[2] difundir[3] la idea de que la exportación es una actividad apropiada para una PYME. Conozco varios colegas que han tenido que dar cerrojazo[4] por ponerse a exportar.

– Estoy de acuerdo contigo a medias[5]. Si bien es verdad que la gran empresa tiene una serie de ventajas con respecto a la pequeña, ésta dispone de otras bazas[6] que jugar. Exportar es mantener a distancia un flujo de negocios permanente. Para ello, hay que evitar la búsqueda[7] de rentabilidad inmediata, que llevaría a una serie de actividades deslavazadas[8] e inconexas. Además, hay que tener la certeza[9] de que se ha sacado todo el partido[10] posible del mercado interior. Por último, se debe poseer la tecnología suficiente para competir[11] en los mercados exteriores.

– Pero todo eso requiere muchos medios financieros, humanos y técnicos y la PYME no suele andar sobrada[12].

– Entonces vale más[13] no exportar que malgastar[14] unos recursos[15] económicos y humanos escasos[16] para desembocar[17] en una situación irreversible. A todo patrón de una PYME le basta con plantearse unas pocas preguntas antes de decidir nada[18] : ¿no valdría la pena[19] diversificar antes sus esfuerzos en el mercado nacional?, ¿es capaz de adaptar sus productos a los mercados internacionales? ¿puede, aguantar[20] un fuerte aumento de la producción?, ¿tiene un control de calidad adecuado para cumplir[21] normas técnicas y homologaciones?, ¿está preparado para promocionar[22] sus productos en mercados lejanos[23]?, ¿su negocio es suficiente para sacar[24] catálogos y publicidad en el idioma[25] de cada país? Responder sí a estas cuestiones[26] está supeditado a[27] las capacidades humanas y financieras. Humanamente, hay que disponer de personal preparado para tramitar[28] la compleja documentación de las operaciones de exportación; financieramente, se ha de disponer de recursos para una actividad que requiere mayores aplazamientos del cobro[29] y para financiar los períodos previos[30] de fabricación.

VI.1. Stratégies d'exportation

1. siempre la misma cantinela f. : *toujours la même chanson.*
2. sensato : *sensé.*
3. difundir : *répandre, propager, diffuser.*
4. dar cerrojazo : *fermer;* cerrojo. m. : *verrou.*
5. a medias : *à moitié.*
6. bazas f., pl. : *atouts.*
7. búsqueda f. : *recherche.*
8. deslavazadas : *décousues; délavé, insipide.*
9. certeza f. : *certitude;* on dit aussi certidumbre.
10. se ha sacado todo el partido : de sacar partido, *tirer profit, tirer parti.*
11. competir : *concurrencer, faire concurrence; concourir, être en concurrence.*
12. no suele andar sobrada : *n'a pas l'habitude d'en avoir trop.*
13. vale más : *mieux vaut, il vaut mieux.*
14. malgastar : *gaspiller.*
15. recursos m., pl. : *ressources.*
16. escasos : *limités; rares, peu abondants.*
17. desembocar : *aboutir; déboucher.*
18. decidir nada : *prendre aucune décision.*
19. no valdría la pena : *ne vaudrait pas la peine.*
20. aguantar : *résister, supporter, tolérer.*
21. cumplir : *respecter.*
22. promocionar : *faire la promotion de.*
23. lejanos : *lointains.*
24. sacar : *éditer, publier.*
25. idioma m. : *langue.*
26. cuestiones f., pl. : *questions;* le mot est moins employé dans le sens d'*interroger* que pregunta.
27. está supeditado a : *dépend de.*
28. tramitar : *s'occuper de; faire les démarches nécessaires pour, faire suivre son cours à (une affaire).*
29. aplazamientos de cobro m., pl. : *ajournements des recouvrements.*
30. previos : *préalables.*

VI.1. Estrategias de exportación

Con el Mercado Unico y el desarme arancelario, las empresas pueden optar por la exportación directa de sus productos a un país extranjero, pero esto supone elegir con mucho cuidado el enlace local.

El agente comercial

Puede ser exclusivo o multicarterista ; cobra una comisión o trabaja por une soma fija, a no ser que acumule los dos sistemas de remuneración. Para la empresa exportadora, representa una inversión mínima, ya que su actuación se limita a transmitir los pedidos sin almacenar las mercancías ; además, le permite conocer perfectamente a los clientes e imponer asimismo su política comercial.

El importador

El importador almacena las mercancías procedentes de la empresa extranjera, se hace cargo del servicio de postventa y se implica en los esfuerzos de promoción y publicidad ; compra los productos y los vende después, cobrando un margen que suele ser de un 35 %. La eficacia del importador depende de su capacidad real para cubrir una zona geográfica determinada o un sector.

El mayorista

El fabricante extranjero puede utilizar mayoristas o distribuidores locales en vez de recurrir a los servicios de un agente o de un importador, en cuyo caso establece relaciones comerciales directas con los mismos.

El fabricante de productos complementarios

La empresa extranjera concluye un acuerdo con un fabricante local de productos complementarios, lo cual acarrea a menudo una reciprocidad de distribución ; la ventaja principal de este sistema es asociar a industriales que tienen una mentalidad parecida y por lo tanto trabajan juntos con toda confianza.

Las empresas exportadoras pueden también vender directamente a grandes almacenes o a través de canales de gran distribución (hipermercados, supermercados) ; esta estrategia conlleva sin embargo graves inconvenientes, en particular una situación de fuerte dependencia de cara al vendedor.

VI.1. Stratégies d'exportation

Avec le Marché Unique et le démantèlement des barrières douanières, les entreprises peuvent décider à nouveau d'exporter directement leurs produits vers un pays étranger, mais cela exige un choix scrupuleux du relais local.

L'agent commercial

Il peut être exclusif ou multicartes ; il perçoit une commission ou travaille au forfait, à moins que ces deux systèmes de rémunération ne soient cumulés. Pour l'entreprise exportatrice, cela représente un investissement minime, car son rôle se limite à transmettre les commandes sans stocker les marchandises ; en outre, cela lui permet de connaître à la perfection les clients et d'imposer ainsi sa politique commerciale.

L'importateur

Il stocke les marchandises provenant de l'entreprise étrangère, prend en charge le service après-vente et s'implique dans les efforts de promotion et de publicité ; il achète les produits puis les vend, en percevant une marge d'environ 35 %. L'efficacité de l'importateur dépend de sa capacité réelle à couvrir une zone géographique déterminée ou un secteur.

Le grossiste

Le fabricant étranger peut employer des grossistes ou distributeurs locaux au lieu de faire appel aux services d'un agent ou d'un importateur, auquel cas il établit des relations commerciales directes avec ceux-ci.

Le fabricant de produits complémentaires

L'entreprise étrangère passe un accord avec un fabricant local de produits complémentaires, ce qui entraîne souvent une réciprocité de distribution ; l'avantage principal de ce système est d'associer des industriels dotés d'une mentalité similaire et donc à même de travailler ensemble en toute confiance.

Les entreprises exportatrices peuvent aussi vendre directement aux grands magasins ou par le biais des canaux de grande distribution (hypermarchés, supermarchés) ; cette stratégie comporte de graves inconvénients, en particulier une situation de forte dépendance vis-à-vis du vendeur.

VI.1. Estrategias de exportación

Dentro de los medios patronales está bien anclada[1] la idea de que las exportaciones constituyen uno de los indicadores más fiables del dinamismo de la empresa y que competitividad y exportación van de la mano[2]. Sin embargo, demasiado a menudo se hace caso omiso de[3] la otra cara de la moneda[4] de esta necesaria apertura exterior : las importaciones y el impulso[5] que pueden dar al crecimiento y desarrollo de las empresas, mejorando su competitividad y permitiéndoles ensanchar[6] sus mercados.

Además de los beneficios que pueden desprenderse[7] directamente de las importaciones, tales como mejores precios, calidad superior, tecnologías de punta y una mayor seguridad de aprovisionamiento[8] al duplicar[9] las fuentes[10] de suministro, comprar más allá de las fronteras suele tener efectos positivos indirectos al menos en tres planos diferentes. Primero, para la empresa importadora que descubre así nuevos materiales, procedimientos[11] novedosos[12] y otros productos que fabricar y comercializar, al mismo tiempo que aprende a conocer a la competencia extranjera y la manera de abordar las actividades de exportación. Por otro lado, para los abastecedores nacionales, ya que los coloca[13] en una situación de competencia que les empuja[14] a realizar un esfuerzo para no quedar descolgados de[15] los demás proveedores. Por fin, sobre la estructura productiva nacional, puesto que al poner de manifiesto las deficiencias de la misma en los sectores en los que más se recurre a las importaciones, éstas mueven al Gobierno[16] a aplicar medidas de fomento (nuevas tecnologías, I+D) a fin de evitar la dependencia del exterior en estos sectores estratégicos.

Por ello, parece evidente que, en una época en la que los intercambios internacionales están en pleno auge[17], los empresarios españoles deberían seguir las pautas que les marca[18] el mercado mundial en el sentido de que exportaciones e importaciones están ligadas[19] y son complementarias. Como muestra[20], valga la observación[21] siguiente : tanto los principales países importadores como las primeras empresas importadoras españolas sobresalen[22] también en el *ránking*[23] de los exportadores.

VI.1. Stratégies d'exportation

1. **está bien anclada** : *est bien ancrée.*
2. **van de la mano** : *vont de pair, vont ensemble.*
3. **hace caso omiso de** : *fait peu de cas de, fait abstraction de ; passe outre à.*
4. **la otra cara de la moneda** : *l'autre aspect de la question.*
5. **impulso** m. : *élan.*
6. **ensanchar** : *élargir.*
7. **desprenderse** : *découler, se dégager ; se détacher.*
8. **aprovisionamiento** m. : *approvisionnement ;* **abastecer, aprovisionar, proveer, suministrar** sont tous employés dans le sens de *fournir, pourvoir.* Cependant, **abastecer** et surtout **aprovisionar** ont en plus le sens de *approvisionner, ravitailler.* D'autre part, il existe en espagnol **abastecedor, proveedor** et **suministrador** *(fournisseur, pourvoyeur),* **proveedor** étant le plus souvent employé, mais il n'existe pas de substantif dérivé de **aprovisionar** qui s'applique à la personne chargée de l'*approvisionnement.*
9. **duplicar** : *doubler, multiplier par deux ; reproduire.*
10. **fuentes** f., pl. : *sources.*
11. **procedimientos** m., pl. : *procédés (méthode) ; procédure (juridique).* Ne pas confondre avec **proceso** m. : *processus (évolution), procès (judiciaire).*
12. **novedosos** m., pl. : *nouveaux.*
13. **coloca** : *place, met.*
14. **que les empuja** : *qui les pousse.*
15. **quedar descolgados de** : *être décrochés par.*
16. **mueven al Gobierno** : *incitent le Gouvernement.*
17. **auge** m. : *essor.*
18. **pautas que les marca** : *le modèle que leur donne ;* **pauta** f. : *modèle, guide, règle.*
19. **ligadas** : *liées.*
20. **como muestra** : *à titre d'exemple ;* **muestra** f. : *échantillon, modèle.*
21. **valga la observación** : *permettez-moi l'observation.*
22. **sobresalen** : *se distinguent.*
23. **ránking** m. : *ranking, classement ;* l'anglicisme **ránking** est préféré à **clasificación** seulement dans un contexte économique.

VI.1. Estrategias de exportación

agente m. comercial : *agent commercial*
almacenar las mercancías : *entreposer les marchandises*
ampliar, ensanchar su mercado : *élargir son marché*
canal m. de gran distribución : *canal de grande distribution*
comisión f. : *commission*
como muestra : *à titre d'exemple*
conllevar inconvenientes : *comporter des inconvénients*
corredor m. : *courtier*
corretaje m. : *courtage*
costes m., pl. suplementarios : *coûts supplémentaires*
cuenta f. de gastos comerciales : *compte de frais commerciaux*
dependencia f. de cara a : *dépendance vis-à-vis de*
distribuidor m. local : *distributeur local*
enlace m. local : *relais local*
estrategia f. : *stratégie*
estratégico : *stratégique*
exclusivo : *exclusif*
existencias mpl. en materias primas : *stocks de matières premières*
gastos m., pl. de representación : *frais de représentation*
importador m. : *importateur*
intermediario m. : *intermédiaire*
margen m. : *marge*
mayorista m. : *grossiste*
muestra f. : *échantillon*
muestrario m. : *échantillonnage*
multicarterista : *multicartes*
nota f. de gastos : *note de frais*
oferta f. de exportación : *offre d'exportation*
optar por : *choisir de*
productos m., pl. complementarios : *produits complémentaires*
reciprocidad f. de distribución : *réciprocité de distribution*
recurrir a los servicios de : *faire appel aux services de*
representante m. : *représentant*
servicio m. de postventa : *service après-vente*
sobrecapacidad f. : *surcapacité*
solicitud f. : *demande*
suministro m. : *approvisionnement, fourniture*
trabajar a destajo : *travailler au forfait*
transmitir los pedidos : *transmettre les commandes*
viajante m. de comercio : *voyageur de commerce*

EXERCICES

I. Trouvez les équivalents des mots ou expressions suivants qui aparaissent dans le dialogue ou dans le texte.

juicioso	soportar	certidumbre	pregunta
disminución	depender de	exonerado	en vigor
actividad	ayuda	consejo	desarrollo

II. Complétez les phrases avec les mots ou les expressions qui conviennent.

1. No le he entendido bien. Sólo .... 2. La .... de una rentabilidad inmediata puede conducir a malos resultados. 3. Si la empresa no .... las normas técnicas y las homologaciones de producto, está condenada a no exportar. 4. Es necesario .... una documentación compleja. 5. Existe una tendencia general a la disminución de derechos aduaneros, es decir, de .... 6. Las .... de crédito no financian el costo total de la exportación. 7. Disponemos de otras .... que hasta ahora no habíamos utilizado.

III. Complétez les phrases avec des prépositions.

1. El entorno actual se caracteriza ...... una competencia enorme entre las firmas. 2. La incorporación de España ...... la Comunidad ha exigido grandes transformaciones económicas. 3. Ha sido sustituido ...... otra persona con mayor experiencia. 4. Hoy ...... hoy no se ven grandes ventajas con el cambio. 5. El costo varía ...... el tipo de moneda. 6. Ese ente está adscrito ...... otro ministerio. 7. Hemos ...... disponer de personal cualificado.

IV. Traduisez.

1. Il ne faut pas gaspiller les ressources lorsqu'elles sont rares. 2. Il ne suffit pas de se poser quelques questions. Il est nécessaire aussi de savoir y répondre. 3. Nous devons faire appel aux services d'un représentant. 4. Les établissements de crédit appliquent les taux d'intérêt en vigueur. 5. La tâche principale de certains établissements publics est de promouvoir les activités commerciales à l'étranger.

VI.2. Comercio internacional 1

– Tenemos que decidir cuál de las dos ofertas de exportación[1] que hemos recibido nos ofrece mejores condiciones, porque en ningún caso estamos en condiciones de atender[2] las dos.

– ¿Y tú qué opinas?

– Pues una de ellas es una solicitud[3] por valor de 125 000 dólares CIF y viene de un importador argentino. La fabricación de esta cantidad nos vendrá a exigir[4] tres meses trabajando a un turno[5]. La otra es de un intermediario libio[6] y, en principio, es bastante atractiva, pues el valor de la compra es de 210 000 dólares CIF y la comisión del intermediario es del 9 % del valor exportado (valor FOB), con la ventaja[7] de ser una empresa de suministros[8] estatal, pero con el inconveniente de que nos piden que les demos[9] la representación exclusiva siempre que[10] esta operación llegue a feliz término[11].

– A mi modo de ver[12] y desde un punto de vista[13] estrictamente comercial, una representación exclusiva merece la pena que la estudiemos, pero habría que negociar las comisiones y, como, a la postre[14], tenemos una sobrecapacidad[15] de producción, que nos aseguren[16] cierto[17] volumen de ventas durante el período de exclusividad, pero antes que nada[18] convendría estudiar la rentabilidad de ambas operaciones[19].

– Si tenemos en cuenta el coste unitario propiamente dicho, la inversión de existencias en materias primas[20], el transporte por contenedor[21], más los costes de flete[22], gastos de transporte hasta el muelle[23], de aduanas, de seguro de transportación[24] internacional, etc., la oferta argentina es más rentable, sobre todo porque no hay que pagar ningún tipo de comisión.

– ¿Y los riesgos?

– Ahí está lo malo[25], porque los argentinos han enviado una carta de crédito[26] irrevocable[27], pero no confirmado[28], y ya sabes lo que pasa, que, aunque tengan la licencia de importación, hay un sistema de asignación de divisas por prioridad de mercancías.

– Pues no sé qué decirte, habrá que tomar una decisión.

– Podríamos aprovechar la zona franca para la importación de materias primas sin pagar los correspondientes aranceles[29].

– No es mala idea. Habra que estudiarlo.

1. **ofertas** f., pl. **de exportación** : *offres d'exportation.*
2. **atender** : *assurer.*
3. **solicitud** f. : *demande.*
4. **nos vendrá a exigir** : *elle nous prendra à peu près.* **Venir a** + inf. est une tournure de l'approximation numérique.
5. **a un turno** : *avec une seule équipe.*
6. **libio** : *lybien.*
7. **la ventaja** : *l'avantage.*
8. **suministros** m., pl. : *approvisionnements, fournitures.*
9. **nos piden que les demos** : *ils nous demandent de leur donner.* Le verbe **pedir** est construit avec **que** suivi du subjonctif.
10. **siempre que** : *si.* Cette locution conditionnelle exige en espagnol le subjonctif.
11. **llegue a feliz término** : *réussisse.*
12. **a mi modo de ver** : *à mon avis.*
13. **desde un punto de vista** : *d'un point de vue.*
14. **a la postre** : *finalement, en fin de compte.*
15. **sobrecapacidad** f. : *surcapacité.*
16. **que nos aseguren** : *(il faut) qu'ils nous assurent.*
17. **cierto** : *un certain.*
18. **antes que nada** : *avant tout.*
19. **de ambas operaciones** : *des deux opérations.*
20. **existencias** f., pl. **en materias primas** : *stock de matières premières.*
21. **contenedor** m. : *conteneur.*
22. **flete** m. : *fret.*
23. **muelle** m. : *quai (d'un port).*
24. **seguro de transportación** : *assurance de transport.*
25. **ahí está lo malo** : *là réside la difficulté.*
26. **carta de crédito** : *lettre de crédit.*
27. **irrevocable** : *irrévocable.* Le crédit est considéré irrévocable lorsque la banque émettrice (ici, argentine) assume l'obligation du paiement.
28. **no confirmado** : *non confirmé.* Le crédit peut être « irrévocable », mais « non confirmé » lorsque la banque de l'exportateur n'assume pas la même obligation.
29. **aranceles** m., pl. : *droits (de douane).*

VI.2. Comercio internacional 1

A fin de paliar los múltiples inconvenientes que entrañaba la variedad de terminologías, legislaciones y disposiciones en materia de contratación comercial, la Cámara de Comercio Internacional elaboró, y publicó por primera vez en 1936, los **incoterms**, los cuales facilitan la interpretación de los términos comerciales empleados en el tráfico mercantil internacional.

Para que sean de aplicación sus reglas, basta con que las partes interesadas se refieran a ellos al efectuar el contrato.

Esta referencia se suele hacer valiéndose de la abreviación inglesa.

He aquí algunos de los más empleados (los incoterms se refieren al transporte marítimo; para el transporte aéreo, se asimilan, por analogía, estos mismos términos) :

F.A.S. (*free alongside ship*, franco al costado del buque)

El remitente paga los gastos de transporte y de acercamiento al muelle; el destinatario paga el resto, incuído el embarque.

F.O.B. (*free on board*, franco a bordo).

Los gastos de transporte hasta el buque y de embarque corren a cargo del remitente; el destinatario paga todos los gastos de a bordo, el desembarque y los derechos de aduana.

C.I.F. (*cost insurance freight*, costo seguro y flete).

El remitente se hace cargo de los gastos de transporte hasta el muelle, de embarque, de flete y de seguro marítimo; el destinatario paga los gastos de a bordo que no sean mencionados en el conocimiento, de desembarque y de aduana.

EX QUAY *(duty paid)*, SOBRE MUELLE (despachado de aduanas).

Todos los gastos corren a cargo del remitente; el destinatario toma las mercancías en el muelle del puerto de destino, una vez pagados los derechos de aduana por el remitente.

FREIGHT OR CARRIAGE PAID TO... (flete o porte pagado hasta...)

Esta condición de entrega sólo es aplicable a los transportes terrestres, por carretera, ferrocarril o vías navegables.

El comprador se hace cargo de las mercancías en el punto de entrega del lugar de destino, paga el precio convenido y sufraga todos los gastos que se produzcan a partir de este momento.

VI.2. Commerce international 1

Afin de pallier les multiples inconvénients entraînés par la variété de terminologies, législations et dispositions en matière de contrat de commerce, la Chambre de Commerce International a élaboré, et publié pour la première fois en 1936, les ***incoterms****, lesquels rendent plus aisée l'interprétation des termes commerciaux employés dans les échanges internationaux.*

Pour que ces règles soient appliquées, il suffit que les parties impliquées s'y réfèrent en établissant le contrat.

Pour ce faire, on utilise le plus souvent l'abréviation anglaise.

Voici certains des plus fréquents (les incoterms concernent le transport maritime; pour le transport aérien on emploie les mêmes, par analogie) :

F.A.S. (franco le long du navire)

L'expéditeur paie les frais de transport et de mise en place sur le quai; le destinataire paie le reste, y compris l'embarquement.

F.O.B. (franco à bord)

Les frais de transport jusqu'au navire et d'embarquement sont à la charge de l'expéditeur; le destinataire paie tous les frais à bord, le débarquement et les droits de douane.

C.I.F. (coût, assurance, fret)

L'expéditeur prend à sa charge les frais de transport jusqu'au quai, d'embarquement, de fret et d'assurance maritime; le destinataire paie les frais à bord qui n'ont pas été mentionnés sur le connaissement ainsi que le débarquement et la douane.

EX QUAY (hors douane)

Tous les frais sont à la charge de l'expéditeur; le destinataire prend possession des marchandises sur le quai du port de destination, une fois payés les droits de douane par l'expéditeur.

FREIGHT OR CARRIAGE PAID TO... (fret ou transport payé jusqu'à...)

Ces conditions de livraison ne s'appliquent qu'au transport terrestre, par route, chemin de fer, ou voie navigable.

L'acheteur se charge des marchandises là où elles sont livrées, à leur lieu de destination, paie le prix convenu et assume tous les frais qui seront dès lors occasionnés.

VI.2. Comercio internacional 1

En España, tanto las empresas que se inician en el comercio exterior como las que[1] son tradicionalmente exportadoras[2] se mueven[3] en un nuevo entorno[4] caracterizado por una mayor competencia[5] exterior, como consecuencia de dos fenómenos; por una parte[6], la rebaja[7] o la supresión arancelaria[8] en el contexto comunitario y la tendencia general hacia una disminución de aranceles frente a terceros países[9]. Por otra parte, con la incorporación de España al Mercado Común se ha producido la supresión de la desgravación fiscal[10] imperante[11] sustituida por la fiscalidad del Impuesto sobre el Valor Añadido, así como la liberalización del sistema financiero ha acabado con los créditos a la exportación a tipos de interés privilegiado[12].

Por lo tanto, no existe ya[13] ninguna desgravación fiscal, sino que[14], como en los demás[15] países comunitarios, están exentas[16] del IVA las exportaciones u otras operaciones asimiladas. Las líneas privilegiadas de crédito que se concedían (con una ventaja[17] de varios puntos de interés de media[18]) han restringido[19] en principio la posición ventajosa de los exportadores españoles. Hoy por hoy[20], el costo de la financiación[21] en divisas convertibles varía según la moneda de que se trate y la empresa exportadora sólo puede financiarse en la divisa que figure en el contrato o licencia de exportación. Las PYMEs exportadoras no se ven muy favorecidas, pues si bien quedan a cubierto[22] del riesgo de cambio, pagan un costo relativamente elevado porque las entidades de crédito[23] no financian el total (sino el 80-85 % de la cuantía[24]) y aplican los tipos de interés vigentes[25] en el mercado internacional con comisiones libres.

Entre los instrumentos estatales[26] de ayuda a la exportación está el I.N.F.E. (Instituto Nacional de Fomento[27] a la Exportación), ente público[28] adscrito[29] al Ministerio de Economía y Hacienda[30], cuya tarea[31] primordial consiste en promover actividades comerciales en el exterior (concesión de subsidios[32] para programas de márketing, para puntos de venta en el extranjero o para participar en ferias internacionales). Algunas Comunidades Autónomas disponen asimismo de instrumentos similares coma la S.A.P.E.X. (Servicio de Asesoramiento[33] y Promoción de Exportaciones) dependiente de la Generalitat de Cataluña.

VI.2. Commerce international 1

1. las que : *celles qui.*
2. exportadoras : *exportatrices.*
3. se mueven : *travaillent, évoluent.*
4. entorno m. : *environnement.*
5. competencia f. : *concurrence.*
6. por una parte : *d'une part.*
7. rebaja : *diminution.*
8. arancelaria : *tarifaire* (concernant les droits de douane).
9. terceros países : *pays tiers.*
10. desgravación m. fiscal : *dégrèvement fiscal.*
11. imperante : *régnant.*
12. tipos de interés privilegiado : *taux d'intérêt privilégiés.*
13. no existe ya : *il n'existe plus.*
14. no... sino que : *ne... mais.* Sino que introduit une proposition dont le contenu s'oppose à celui introduit par no.
15. los demás : *(tous) les autres.*
16. exentas : *exonérées.*
17. una ventaja : *un avantage.*
18. de media : *en moyenne.*
19. han restringido : *ont restreint.*
20. hoy por hoy : *à présent, actuellement.*
21. costo de la financiación : *coût de financement.*
22. quedan a cubierto : *sont (restent) couvertes.*
23. entidades f., pl. de crédito : *établissements de crédit.*
24. cuantía : *montant, quantité;* équivalents : importe, monto.
25. vigentes : *en vigueur.*
26. estatales : *appartenant à l'État.*
27. fomento m. : *développement.*
28. ente público : *organisme public.* Cf. 23.
29. adscrito : *attaché,* du verbe adscribir.
30. Economía y Hacienda : *Économie et Finances.*
31. cuya tarea : *dont la tâche.*
32. subsidios : *aides.*
33. asesoramiento m. : *assistance.* X

VI.2. Comercio internacional 1

asesoramiento m. : *assistance*
ayudas f., pl. a la exportación : *aides à l'exportation*
balanza f. comercial : *balance commerciale*
cámara f. de comercio internacional : *chambre de commerce internationale*
conocimiento m. de embarque : *connaissement*
correr a cargo de : *être à la charge de*
coste y flete, puerto de destino convenido : *C&F*
coste, seguro y flete, puerto de destino convenido : *CIF*
desde muelle, puerto convenido : *EX QUAY*
desde "nombre del navío", puerto convenido : *EX SHIP*
desembarque m. : *débarquement*
desgravación f. fiscal : *dégrèvement fiscal*
divisa f. convertible : *devise convertible*
embarque m. : *embarquement*
en fábrica : *EX WORKS*
entrega franco, punto de destino convenido : *FREE DELIVERED*
exento de : *exempté de*
exportador m. : *exportateur*
extender la factura : *rédiger, délivrer la facture*
flete o porte pagados hasta : *FREIGHT OR CARRIAGE PAID TO*
fomento m. : *développement, promotion*
franco a bordo, puerto de embarque convenido : *FOB*
franco muelle, puerto de embarque convenido : *FAS*
franco vagón, punto de partida convenido : *FOR*
franco, puerto de embarque convenido : *FREE*
gastos m., pl. de a bordo : *frais à bord*
incoterms m., pl. : *incoterms*
lugar m. de entrega : *lieu de livraison*
muelle m. : *quai*
precio m. convenido : *prix convenu*
puerto m. de destino : *port de destination*
riesgo m. de cambio : *risque de change*
subsidio m. : *aide*
sufragar los gastos : *payer les frais*
terceros países m., pl. : *pays tiers*
término m. comercial : *terme commercial*
tipo m. de interés privilegiado : *taux d'intérêt privilégié*
tráfico m. mercantil : *échanges commerciaux*

EXERCICES

I. Compréhension du dialogue. Dites si c'est vrai ou faux :

	V	F
1. El término CIF significa que el vendedor asegura los gastos de transporte, pero no los de seguro.	☐	☐
2. La solicitud libia no exige ninguna condición.	☐	☐
3. Una carta de crédito irrevocable significa que el banco del importador se compromete a pagar.	☐	☐
4. La comisión del intermediario está establecida sobre el valor de compra.	☐	☐

II. Formez les substantifs à partir des verbes suivants en indiquant leur genre :

aventajar	solicitar	arriesgar
asegurar	transportar	asignar
fletar	turnarse	negociar

III. Remplacez les conditionnelles avec *si*... par d'autres subordonnées introduites par *siempre que*... :

1. Si otra oferta nos conviene más, la aceptamos. 2. Si tenemos en cuenta el coste, la operación puede ser rentable 3. Si el crédito es irrevocable y confirmado, no creo que haya problemas de cobro. 4. Si añadimos los costes suplementarios, podremos llegar a una evaluación real. 5. Si tenemos una capacidad de producción suficiente, haremos frente sin ninguna dificultad.

IV. Remplacez les propositions concessives avec *aunque* par la locution de concession *por... más (muy, mucho...)... que...* :

1. Aunque trabajamos mucho, no llegamos a satisfacer todos los pedidos. 2. Aunque insistas mucho, no vas a obtener ese contrato. 3. Aunque sea muy interesante, no creo que merezca la pena. 4. Aunque la venta sea muy mala, no tenemos otra elección. 5. No discutas la comisión con ellos, aunque te parezca elevada.

V. Traduisez :

1. Nous ne pourrons pas assurer ces commandes. 2. C'est une entreprise de fournitures pour le gouvernement. 3. L'investissement en matières premières est trop lourd. 4. Les coûts de fret et de frais de transport sont raisonnables. 5. L'avantage est qu'il s'agit d'une entreprise d'approvisionnements pour l'État.

VI.3. Comercio internacional 2

– Acabo de echar un vistazo[1] a las cláusulas[2] del contrato que nos ha propuesto nuestro agente comercial en el Próximo y Medio Oriente. El nombre del cliente libio[3] no me suena[4], ¿sabe si hemos tenido ya relaciones comerciales con él?

– No, y Libia es además un país con un alto riesgo de cobro[5]. Por eso debemos actuar despacio y con calma[6]. La operación es muy tentadora[7] teniendo en cuenta su elevado importe[8], pero lo que la hace atractiva la transforma en peligrosa[9]; así que debemos tomar precauciones y si no obtenemos las garantías necesarias, más vale que nos echemos atrás[10], ahora que todavía estamos a tiempo.

– En primer lugar tenemos que conseguir informaciones sobre el cliente dirigiéndonos a[11] la Cámara de Comercio y al ICEX[12] y, al mismo tiempo, ponernos en contacto con la CESCE[13] para saber si estarían dispuestos a extendernos[14] una póliza de seguro de crédito a la exportación[15].

– De cualquier modo[16], deberíamos solicitar cobertura de los riesgos[17] tanto políticos como comerciales porque yo no me fío de[18] la estabilidad financiera de las empresas en este tipo de países. En cuanto a los riesgos políticos en una región del globo tan conflictiva, ¿quién nos garantiza que estamos a salvo[19] de una guerra, una revolución o simplemente de una decisión gubernamental[20] que impida el cumplimiento del contrato?

– Comparto su opinión y añadiría que nos interesa darnos prisa[21]. Cuanto antes[22] enviemos la solicitud, antes recibiremos la oferta de la CESCE. Una vez con la oferta en mano, disponemos de 90 días para decidirnos antes de que se emita la póliza[23]. Tampoco olvidemos que este tipo de seguros no cubren la totalidad del importe y que se trataría de lograr el límite máximo de cobertura[24] para nuestra clase de póliza.

– Un último punto. Dado que más del 10 % de los materiales que utilizamos en la fabricación de las máquinas proceden del extranjero, tenemos que pedir la autorización del Ministerio de Hacienda para tener derecho al seguro.

VI.3. Commerce international 2

1. echar un vistazo : *jeter un coup d'œil.*
2. cláusulas f. : *clauses.*
3. libio : *libyen.*
4. no me suena : *ne me dit rien;* sonar : *dire quelque chose, être familier.*
5. riesgo de cobro : *risque de non-paiement.*
6. con calma : *calmement.*
7. tentadora : *alléchante, tentante.*
8. elevado importe m. : *montant élevé, valeur élevée.*
9. peligrosa : *dangereuse.*
10. nos echemos (para) atrás : *nous fassions marche arrière, nous revenions sur ce que l'on a dit.*
11. dirigiéndonos a : *auprès de, en nous adressant à.*
12. ICEX : Instituto Español de Comercio Exterior, organisme public qui a pour but de stimuler et favoriser la présence des entreprises espagnoles sur les marchés étrangers. Equivalent du *CFCE, Centre Français du Commerce Extérieur..*
13. CESCE : Compañía Española de Seguros de Crédito a la Exportación, équivalent de la *COFACE, Compagnie française d'assurance du commerce extérieur.*
14. extendernos : *nous établir (un document);* extender : *délivrer (une attestation), libeller (un chèque).*
15. póliza f. de seguro de crédito a la exportación : *police d'assurance de crédit à l'export.*
16. de cualquier modo : *de toute façon.*
17. cobertura de los riesgos f. : *couverture des risques.*
18. no me fío de : *je n'ai pas confiance en.*
19. estamos a salvo : *nous sommes à l'abri.*
20. gubernamental : *gouvernementale;* attention au mot *gouvernement* : gobierno.
21. darnos prisa : *nous dépêcher, nous presser.*
22. cuanto antes + subjonctif... antes : *plus tôt + futur... plus tôt;* cuanto antes : *le plus tôt possible, dès que possible, au plus tôt.*
23. se emita la póliza : *la police soit établie.*
24. límite máximo de cobertura : *couverture maximum.*

Créditos a largo plazo

Crédito comprador

Operaciones : adquisición, en España, de bienes de equipo, plantas completas, etc. ; beneficiarios : los compradores extranjeros ; plazo de amortización : 5 años.

Crédito vendedor, con pedido en firme

Operaciones : exportación y fabricación de bienes de equipo, proyectos y servicios técnicos ; beneficiarios : los exportadores españoles, previo pedido en firme ; plazo de amortización : 5 años.

Créditos a corto plazo

Crédito vendedor, con pedido en firme

Operaciones : venta de determinados bienes ; beneficiarios : los exportadores españoles, previo pedido en firme ; plazo de amortización : 12 meses.

Crédito vendedor ; prefinanciación de bienes de consumo

Operaciones : fabricación de bienes de consumo, productos intermedios y materias primas ; beneficiarios : los exportadores españoles, previo pedido en firme ; plazo de amortización : de 3 a 6 meses, según los productos.

Crédito vendedor, sin pedido en firme

Operaciones : fabricación de determinados productos ; beneficiarios : los exportadores españoles, sin previo pedido en firme ; plazo de amortización : 12 meses.

Créditos de fomento de las exportaciones

Servicios comerciales en el extranjero–Inversiones directas–existencias–Construcción de depósitos

Operaciones : establecimiento, adquisición o ampliación de servicios comerciales ; inversiones directas en instalaciones para elaborar productos españoles ; financiación de stocks en servicios comerciales en el extranjero ; construcción de depósitos para almacenamiento de existencias ; beneficiarios : las empresas exportadoras que venden en un país determinado ; las personas jurídicas inversoras ; plazos de amortización : 1 año renovable para la financiación de existencias ; de 6 a 10 años para las demás operaciones.

VI.3. Commerce international 2

Crédit à long terme

Crédit acheteur

Opérations : acquisition, en Espagne, de biens d'équipement, d'usines clés en mains, etc. ; bénéficiaires : les acheteurs étrangers ; délai d'amortissement : 5 ans.

Crédit vendeur avec commande ferme

Opérations : exportation et fabrication de biens d'équipement, projets et services techniques ; bénéficiaires : les exportateurs espagnols, après commande ferme ; délai d'amortissement : 5 ans.

Crédits à court terme

Crédit vendeur, avec commande ferme

Opérations : vente de certains biens ; bénéficiaires : les exportateurs espagnols, après commande ferme ; délai d'amortissement : 12 mois.

Crédit vendeur ; préfinancement de biens de consommation

Opérations : fabrication de biens de consommation, de produits intermédiaires et de matières premières ; bénéficiaires : les exportateurs espagnols, après commande ferme ; délai d'amortissement : de 3 à 6 mois, selon les produits.

Crédit vendeur, sans commande ferme

Opérations : fabrication de produits déterminés ; bénéficiaires : les exportateurs espagnols, sans commande ferme ; délai d'amortissement : 12 mois.

Crédits destinés à promouvoir les exportations

Services commerciaux à l'étranger–investissements directs–stocks–construction d'entrepôts

Opérations : installation, acquisition ou développement de services commerciaux ; investissements directs dans des installations destinées à l'élaboration de produits espagnols ; financement de stocks dans des services commerciaux à l'étranger ; construction d'entrepôts pour stockage ; bénéficiaires : les entreprises exportatrices vendant dans un pays déterminé ; les personnes morales investisseuses ; délais d'amortissement : 1 an renouvelable pour le financement des stocks ; de 6 à 10 ans pour les autres opérations.

VI.3. Comercio internacional 2

La multilateralidad amenazada[1]

De un tiempo a esta parte[2], muchas voces anuncian la llegada de una nueva era : la que alumbra[3] el mundo de los mercados globalizados. Si por tal entendemos[4] la creciente interconexión entre los agentes económicos más allá de[5] las fronteras, el vaticinio[6] apunta[7] a un hecho evidente. Pero nada hay tan engañoso[8] como la evidencia. Parece, así, ignorarse que el universo que se nos viene encima[9] no se asienta[10] sobre un mercado mundial cada vez más libre e integrado. Antes bien[11], emergen nuevos obstáculos al comercio, barreras más o menos encubiertas[12] y un resquebrajamiento[13] de la multilateralidad. La proclamada globalización aparece así compatible con la fragmentación del mercado mundial en bloques subregionales y con la generalizada presencia de prácticas de intervención más turbias[14], incluso más duras, que los propios aranceles[15].

Dos consideraciones se desprenden[16] al analizar el comercio mundial. En primer lugar, destaca[17] el extremado nivel de concentración de los flujos[18] comerciales. Tres áreas : Norteamérica, Europa occidental y Japón – y un área procedente del[19] mundo en desarrollo – la que conforman[20] los países del sureste asiático – juntan[21] el 78 % del comercio mundial. Entre estas áreas sobresale[22] el peso de Europa occidental, lo que está en armonía[23] con ser un agregado de Estados independientes, varios de ellos de escasa dimensión, muy propensos[24] al comercio exterior. El resto del mundo en desarrollo apenas si obtiene cuotas de mercado[25] marginales en los intercambios[26].

La segunda conclusión es la desigual intensidad de las relaciones comerciales entre las áreas, que patentiza[27] la existencia de tres grandes bloques subregionales. Conclusión que se pone de manifiesto[28] al observar las cuotas que en cada mercado tienen las principales potencias. Surge así un primer bloque configurado en torno al[29] espacio económico europeo, CEE Y EFTA[30], al que se adhieren los países de Europa del Este, Africa y Oriente Próximo. Un segundo, alrededor de[31] EE.UU y Canadá, que extiende su influencia sobre América Latina. Finalmente, un tercer bloque compuesto por Japón y los países del sureste asiático, bajo cuya influencia se sitúan las otras economías de Asia.

VI.3. Commerce international 2

1. multilateralidad amenazada : *multilatéralité menacée*
2. de un tiempo a esta parte : *depuis quelque temps.*
3. alumbra : de alumbrar, *donner le jour; éclairer.*
4. si por tal entendemos : *si nous entendons par là.*
5. más allá de : *au-delà de.*
6. vaticinio m. : *prédiction.*
7. apunta : de apuntar, *faire remarquer, signaler; viser, braquer, pointer.*
8. engañoso : *trompeur.*
9. se nos viene encima : *nous arrive.*
10. se asienta : de asentarse, *s'asseoir, s'appuyer.*
11. antes bien : *bien au contraire.*
12. encubiertas : *cachées.*
13. resquebrajamiento m. : *cassure, déchirure; fissure, fente, fendillement.*
14. turbias : *troubles, louches, douteuses.*
15. aranceles m., pl. : *droits de douane;* au sens propre, arancel, c'est le *tarif douanier.*
16. se desprenden : de desprenderse, *se dégager, découler.*
17. destaca : de destacar, *se distinguer, se détacher, ressortir.*
18. flujos m., pl. : *flux.*
19. procedente de : *originaire, en provenance.*
20. conforman : de conformar, *constituer.*
21. juntan : de juntar, *réunir, rassembler; joindre, unir, assembler.*
22. sobresale : de sobresalir, *se distinguer, ressortir.*
23. armonía f. : *harmonie;* en espagnol il n'y a pas de ***h***.
24. propensos : *portés, enclins.*
25. cuotas de mercado f., pl. : *parts de marché.*
26. intercambios m., pl. : *échanges.*
27. patentiza : de patentizar, *mettre en évidence, montrer.*
28. se pone de manifiesto : *se met en évidence, apparaît.*
29. en torno a : *autour de.*
30. EFTA (European Free Trade Association) : *AELE (Association Européenne de Libre Echange);* en Espagne, on la connaît par le sigle anglais.
31. alrededor de : *autour de.*

a la mayor brevedad : *de toute urgence*
autorizar el pago : *autoriser le paiement*
banco m. corresponsal : *correspondant bancaire*
cancelar una letra : *honorer une traite*
carta f. de crédito : *lettre de crédit*
carta f. de porte : *lettre de voiture*
carta f. de transporte aéreo : *lettre de transport aérien (LTA)*
carta f. partida : *charte-partie*
cobertura f. de riesgos : *couverture des risques*
conceder un plazo : *accorder un délai*
conocimiento m. de embarque : *connaissement*
contravalor m. : *contrevaleur*
crédito m. a corto, medio, largo plazo : *crédit à court, moyen, long terme*
crédito m. a la exportación : *crédit à l'exportation*
crédito m. comprador : *crédit acheteur*
crédito m. documentario : *crédit documentaire*
crédito m. vendedor : *crédit vendeur*
echarse para atrás : *faire marche arrière*
emitir la póliza : *établir la police*
estado m. de cuenta : *état de compte*
estar a salvo : *être à l'abri*
estar a tiempo : *être dans les délais*
extender un cheque certificado : *établir un chèque certifié*
factura f. pendiente : *facture en suspens*
factura f. pro forma : *facture pro forma*
facturación f. : *facturation*
fiarse de : *faire confiance à*
flujo m. : *flux*
fomentar las exportaciones : *promouvoir les exportations*
garantía bancaria : *garantie bancaire*
irrevocable : *irrévocable*
liquidación f. de una cantidad : *règlement d'une somme*
patentizar : *mettre en évidence, montrer*
pedido m. en firme : *commande ferme*
pignoración f. : *contrat de gage, vente à réméré*
póliza f. de seguro : *police d'assurance*
porte m. debido : *port dû*
porte m. pagado : *port payé*
prefinanciación f. : *préfinancement*
riesgo m. de cobro : *risque de non-paiement*

VI.3. Commerce international 2

EXERCICES

I. **Complétez les phrases suivantes avec *competencia, concurrencia, competidor, competitivo, competitividad* selon le sens :**

1. Con la desaparición de las barreras arancelarias, se volverá cada vez más fuerte la..........en el mercado europeo.
2. La..........de un número muy elevado de empresas en el sector automóvil, obliga a las firmas..........a esforzarse por mejorar su..........
3. Los intercambios internacionales, al hacer aumentar la.........., empujan a las industrias nacionales a adaptarse a un mercado cada vez más..........
4. Las restituciones a la exportación de productos agrícolas aplicadas en la CEE son tachadas de.......... desleal por los países..........del tercer mundo.

II. **Conjuguez les verbes entre parenthèses au mode et au temps voulus :**

1. Si las empresas españolas (exportar) más, el saldo de la balanza por cuenta coriente dependería menos de las fluctuaciones del turismo.
2. Si (continuarse) practicando el proteccionismo extraarancelario, resulta absurdo hablar de libre intercambio.
3. Como (seguir) apreciándose la peseta, aún tendremos más problemas para exportar.
4. Si no (mejorar) la coyuntura internacional, el comercio internacional no se recuperará.

III. **Traduisez en espagnol :**

1. La part des échanges avec nos partenaires du Marché Commun s'est accrue de moitié en cinq ans.
2. Les achats à l'étranger se règlent très souvent par crédit documentaire, contre remise des documents d'expédition : connaissement, police d'assurance et facture.
3. La CESCE refuse d'assurer sur notre contrat les risques politiques, commerciaux et de non-transfert des devises.
4. Le troc, le plus vieux moyen de paiement existant, est devenu à la mode ces dernières années dans le commerce international.

– ¿Te has enterado de[1] los documentos que necesitamos[2] en el supuesto de que[3] formalicemos el contrato de exportación?

– Sí, he consultado con alguien del I.M.P.I.[4], que sabe mucho de[5] exportaciones y me ha dado toda clase de[6] detalles sobre la documentación que la Administración o el importador pueden exigirnos. Y del contrato de venta, me ha dicho que es un contrato de compraventa[7] normal, excepto que[8] tiene que cumplir con ciertos requisitos[9].

– ¿Y cuáles son?

– Al ser[10] una operación de comercio internacional, además de[11] las informaciones[12] normales sobre la mercancía, como el comprador nos imponga[13] un íncoterm particular, tendremos que fijarnos bien en el contrato de transporte y en la póliza de seguro[14] que haya que[15] contratar[16], ya que el íncoterm fija en las condiciones de entrega[17] la parte de costes y riesgos entre nosotros y el importador.

– ¿Y la factura?

– Basta con que pongamos los datos[18] habituales; identificación del vendedor y comprador, especificación de la mercancía, marcas de embalaje, número de bultos[19], peso bruto y neto, modalidad de transporte y fecha de envío[20], condiciones de entrega, precio unitario e importe global[21] y, por fin, la forma de pago[22].

– ¿Y si es por crédito documentario?

– Entonces la factura va extendida[23] a nombre del ordenante[24] del crédito y la descripción de la mercancía tiene que corresponder exactamente con la del crédito, lo mismo que[25] el precio. Además, la factura recogerá[26] los términos comerciales internacionales.

– A lo mejor nos piden[27] un certificado de calidad.

– No, no creo. En cambio, puede que nos pidan[28] un certificado de origen, que expide[29] la Cámara de Comercio con el remitente, el número y clase de bultos, etc.

– O sea[30], con los datos de la factura.

Sí, así es. Tendremos que presentar la factura comercial a la Cámara y, como no somos productores de una parte del envío, nos pueden exigir las facturas de compras.

VI.4. Douanes

1. te has enterado de... : *est-ce que tu t'es renseigné sur...? est-ce que tu es au courant de...?*
2. que necesitamos : *dont nous avons besoin*. Necesitar est transitif.
3. en el supuesto de que : *au cas où*. Cette locution conditionnelle exige le subjonctif.
4. I.M.P.I. : *Institut de la Petite et de la Moyenne Industrie.*
5. sabe de : *s'y connaît en.*
6. toda clase de : *toute sorte de.*
7. compraventa : *d'achat et de vente.*
8. excepto que : *sauf que.*
9. cumplir con ciertos requisitos : *respecter certaines formalités.*
10. al ser : *en étant.*
11. además de : *en plus de, outre.*
12. informaciones : *renseignements.*
13. como el comprador nos imponga : *si l'acheteur nous impose*. Dans un emploi conditionnel, como exige le subjonctif.
14. fijarnos bien... en la póliza de seguro : *faire attention à... la police d'assurances.*
15. que haya que : *qu'il faudra*. Le subjonctif indique le caractère hypothétique de l'action à réaliser.
16. contratar (una póliza) : *souscrire (une police).*
17. condiciones de entrega : *conditions de livraison.*
18. basta con que pongamos los datos : *il suffit que nous écrivions les renseignements*. Cf. 12.
19. número de bultos : *nombre de colis.*
20. fecha de envío : *date d'expédition.*
21. importe global : *montant total.*
22. la forma de pago : *le mode de paiement.*
23. la factura va extendida : *on facture.*
24. a nombre del ordenante : *au nom de l'ordonnateur.*
25. lo mismo que : *ainsi que.*
26. la factura recogerá : *la facture comportera.*
27. a lo mejor nos piden : *peut-être nous demandera-t-on.*
28. puede que nos pidan : *il se peut qu'on nous demande.*
29. expide : *délivre*. Du verbe expedir.
30. o sea : *c'est-à-dire.*

VI.4. Aduanas

1. La protección del espacio económico nacional

a) Los derechos arancelarios

Cuando el precio de coste de una mercancía nacional es más alto que el de un producto extranjero, el derecho arancelario, al colmar la diferencia de precio, permite al productor nacional defenderse contra la competencia extranjera en el mercado interior.

b) La contingentación

Se trata de una restricción cuantitativa de los intercambios comerciales ; contingentar una mercancía es fijar por anticipado el volumen de importación de esta mercancía que se autoriza por un período determinado. Cuando se alcanza el límite fijado, se prohíbe la importación.

2. El papel fiscal de la aduana

La aduana procura al Estado una renta, escasa en los países desarrollados, al percibir los derechos arancelarios ; además establece y cobra otros impuestos sobre las mercancías importadas, y, en particular, las tasas indirectas aplicables en el régimen interior, para garantizar la igualdad de tratamiento fiscal entre los productos nacionales y los productos extranjeros.

3. Las otras funciones de la aduana

a) Control de mercancías

– procurar que se apliquen las diferentes reglamentaciones que prohíben o regulan la importación de productos peligrosos o estratégicos ;

– controlar la conformidad de los productos importados con las normas técnicas y de seguridad vigentes ;

– intervenir en la detección de las importaciones de productos falsificados ;

– proteger el patrimonio histórico del país.

b) Control de medios de transporte

– asegurarse que los vehículos de transporte por carretera cumplen con la reglamentación nacional.

c) Control de las personas

– aplicar la política de inmigración definida por el gobierno y vigilar las entradas y salidas del territorio nacional.

VI.4. Douanes

1. La protection de l'espace économique national

a) Les droits de douane

Lorsque le prix de revient d'une marchandise nationale est plus élevé que celui d'un produit étranger, le droit de douane, en comblant l'écart de prix, permet au producteur national de lutter contre la concurrence étrangère sur le marché intérieur.

b) Le contingentement

Il s'agit d'une restriction quantitative aux échanges commerciaux ; contingenter une marchandise, c'est fixer au préalable le volume d'importation de cette marchandise autorisé pour une période déterminée. Quand la limite fixée est atteinte, l'importation est interdite.

2. Le rôle fiscal de la douane

La douane procure à l'Etat des ressources, modestes dans les pays développés, en percevant les droits de douane ; en outre, elle assoit et recouvre d'autres impôts sur les marchandises importées, et en particulier les taxes indirectes applicables en régime intérieur, afin de garantir l'égalité de traitement fiscal entre les produits nationaux et les produits étrangers.

3. Les autres missions de la douane

a) Contrôle des marchandises

– veiller à l'application des diverses réglementations interdisant ou réglementant l'importation de produits dangereux ou stratégiques ;

– contrôler la conformité des produits importés avec les normes techniques et de sécurité en vigueur ;

– intervenir dans la détection des importations de produits de contrefaçon ;

– protéger le patrimoine historique du pays.

b) Contrôle des moyens de transport

– s'assurer que les véhicules de transport routier obéissent à la réglementation nationale.

c) Contrôle des personnes

– appliquer la politique d'immigration définie par le gouvernement et surveiller les entrées et sorties du territoire national.

VI.4. Aduanas

Si durante las dos últimas décadas[1] se ha producido un proceso[2] de apertura[3] e internacionalización de intercambios[4] entre los países más desarrollados[5], es preciso[6] señalar el grado[7] de disimetría de esa liberalización comercial. Así, la CEE aparece con un mayor[8] grado de apertura en lo que se refiere[9] al desarme[10] de los tipos arancelarios[11] frente al Japón y los EE. UU. Paralelamente, tanto en estos países como en menor medida[12] – dentro de la Comunidad, la tentación proteccionista ha tomado otros derroteros[13]. Se trata de disposiciones muy distintas, en cuanto a su naturaleza y contenido, de las barreras clásicas, tales como[14] los derechos arancelarios[15], las prohibiciones de importación, los cupos[16], etc.

En teoría, este nuevo tipo de reglamentación no encubre ningún aspecto discriminatorio, al aplicarse[17] tanto a los productos nacionales como a los importados, y su justificación obedece[18] aparentemente a móviles más que encomiables[19]; protección del medio ambiente[20], salud[21] y seguridad de los consumidores, estandardización[22]..., pero, en realidad, estas disposiciones nacionales sobre normalización y certificación disfrazan[23] una restricción real a los intercambios y constituyen una nueva forma de proteccionismo que acarrea[24] efectos restrictivos más perjudiciales que otras medidas más descaradas[25].

Dentro de la propia CEE, entre las trabas[26] más conocidas cabría citar los gastos de espera[27] en las fronteras aduaneras y los gastos derivados de controles y trámites fronterizos[28], los contratos públicos, que representan un tanto por ciento elevado del PNB comunitario. Estos últimos, ya sean contratos de abastecimiento[29] o de obras[30], suelen reservarse por las Administraciones públicas a empresas nacionales.

Merecen mención especial las trabas propiamente técnicas que tienen por objeto la protección del consumidor o del medio ambiente, pero que representan notables divergencias de un país a otro. Los organismos comunitarios se dedican[31] activamente a suprimir este tipo de[32] obstáculos, cada vez que es posible por medio de[33] una armonización de legislaciones nacionales.

VI.4. Douanes

1. **décadas** : *décennies.*
2. **proceso** : *processus.*
3. **apertura** f. : *ouverture.* Le sens du mot est normalement abstrait, au contraire du mot **abertura**.
4. **intercambios** m., pl. : *échanges.*
5. **los países más desarrollados** : *les pays les plus développés.*
6. **es preciso** : *il faut.*
7. **el grado** : *le degré.*
8. **mayor** : *plus grand.*
9. **en lo que se refiere** : *en ce qui concerne.*
10. **desarme** m. : *abaissement.*
11. **tipos** m., pl. **arancelarios** : *taux douaniers.*
12. **en menor medida** : *dans une moindre mesure.*
13. **derroteros** m., pl. : *voies.*
14. **tales como** : *tels que.*
15. **derechos arancelarios** : *droits de douane.*
16. **los cupos** : *les quotas (d'importation).*
17. **al aplicarse** : *en s'appliquant.*
18. **obedece** : *obéit.*
19. **encomiables** : *louables.*
20. **medio ambiente** : *environnement.*
21. **salud** f. : *santé.*
22. **estandardización** : *standardisation.* De **estándar**, *standard.*
23. **disfrazan** : *cachent.*
24. **acarrea** : *entraîne.*
25. **descaradas** : *ouvertes.* De **cara**, *visage.* Le mot peut aussi avoir le sens de *insolentes.*
26. **trabas** f., pl. : *obstacles.*
27. **los gastos de espera** : *les frais d'attente.*
28. **trámites** m., pl. **fronterizos** : *démarches frontalières.*
29. **abastecimiento** : *approvisionnement.*
30. **de obras** : *de travaux.*
31. **se dedican** : *s'occupent, se consacrent.*
32. **este tipo de** : *ce genre de.*
33. **por medio de** : *au moyen de.*

VI.4. Aduanas

admisión f. temporal : *admission temporaire*
aduana f. : *douane*
aduanero m. : *douanier*
agente m. de tránsito, transitario : *transitaire*
arancel m., tarifa f. aduanera : *tarif douanier*
autorización de tránsito : *autorisation de transit*
certificado m. de origen : *certificat d'origine*
contigentación f. : *contingentement*
contingente m. : *contingent*
contrabandista m. : *contrebandier*
control m. de las mercancías : *contrôle des marchandises*
cupo m. : *quota d'importation*
de contrabando m. : *de contrebande*
declaración f. de aduanas : *déclaration en douane*
depósito m. de aduanas : *entrepôt de douane*
derechos m., pl. ad valorem : *droits ad valorem*
derechos m., pl. arancelarios : *droits de douane*
derechos m., pl. específicos : *droits spécifiques*
desarme m. arancelario : *démantèlement des barrières douanières*
despachar, despacho m. : *dédouaner, dédouanement*
efectuar un embargo, embargar : *opérer une saisie, saisir*
franquicia f. aduanera : *franchise douanière*
gastos m., pl. de espera : *frais d'attente*
licencia f. de importación : *licence d'importation*
marchamo m. : *plomb (de douane)*
mercancía f. en aduana : *marchandise sous douane*
mercancía incautada en aduana : *marchandise saisie en douane*
oficina f. de aduanas : *bureau de douane*
precintado, intervenido, embargado : *sous scellés*
precintar, colocar los precintos : *sceller*
régimen m. de importación : *régime d'importation*
restricción f. cuantitativa : *restriction quantitative*
tipo m. arancelario : *taux douanier*
traba f. : *obstacle*
trámites m., pl. aduaneros, fronterizos : *formalités douanières, frontalières*
transitar por : *transiter par*
unión f. aduanera : *union douanière*
volumen m. de importación : *volume d'importation*
zona f. aduanera . *zone douanière*

VI.4. Douanes

EXERCICES

I. Trouvez les synonymes de :

embalaje	bulto	desarme
derrotero	disposición	barrera
cupo	suprimir	abastecimiento

II. Complétez les phrases avec *hay* ou *hace* selon les cas :

1 .... dos años que desaparecieron todas las barreras arancelarias para los productos industriales.
2. Nos resulta casi imposible exportar,...... demasiadas normas de homologación para nuestros productos.
3. ¿Cuánto tiempo...... que están las máquinas en aduana?
4. Si quieres informarte sobre los trámites para exportar,...... un transitario que puede ayudarte.
5. Prácticamente en todos los países...... un proteccionismo arancelario disfrazado de normas de todo tipo.
6. Con tantos cambios en las reglamentaciones aduaneras,...... momentos en que uno ya no sabe lo que tiene que hacer.
7. Eramos competitivos en el extranjero, pero...... un año que se reevaluó la moneda y nuestras exportaciones han caído de una manera alarmante.
8. Le enviamos los documentos...... mucho tiempo pero aún no hemos recibido noticias.

III. Traduisez en espagnol :

1. L'admission temporaire est la faculté d'importer en franchise de douane des marchandises destinées à être réexportées dans un délai déterminé. 2. On calcule les droits de douane soit ad valorem, c'est-à-dire à raison du pourcentage sur la valeur, soit d'après l'unité, le poids, la longueur, etc. 3. Les marchandises quitteront l'Espagne sur le cargo Ciudad de Barcelona, à destination du port de Buenos Aires. 4. Tous les droits de douane disparaîtront automatiquement en ce qui concerne les produits industriels en provenance de la CEE, ce qui fait que 200 nouveaux produits vont entrer en Espagne sans aucune barrière. 5. Nous avons demandé l'ouverture d'un crédit documentaire de 120 000 dollars pour une durée de soixante jours, en faveur de M. Davis, auprès de la Chase Manhattan Bank.

VII. EL SERVICIO DE RECURSOS HUMANOS
LE SERVICE DES RESSOURCES HUMAINES

1. Contratación
   Embauche

2. Contratos laborales y despido
   Contrats de travail et licenciement

3. Formación profesional
   Formation professionnelle

4. Nómina
   Bulletin de salaire

5. Representación colectiva
   Représentation collective

VII.1. Contratación

– ¿Se puede[1]? Buenos días.

– Adelante[2], pase, pase. Perdone que[3] le haga esperar un momentito. Sólo es un instante.

– Por supuesto, no faltaría más[4].

– Pero, siéntese, siéntese...

– Gracias.

– Bueno, hemos recibido su carta de solicitud de empleo[5] con el curriculum y, por los datos[6] que incluye, veo que tiene algo de[7] experiencia en un puesto similar.

– Sí, como puede comprobar por los informes que les adjunto, llevo ya un año y medio trabajando[8] en la misma empresa. Prácticamente desde[9] el momento que volví a España; espere, desde julio del año pasado hasta ahora.

– Sí, ya veo, desde hace[10] casi dos años. También indica aquí que, después de terminar la carrera[11], se fue a Francia.

– Bueno, no del todo[12], primero estuve haciendo la mili[13]. A Francia me marché[14] justo en cuanto me licenciaron[15].

– Lo que me gustaría saber es por qué se marchó precisamente a Francia.

– Bueno, la verdad es que en el bachillerato[16] había estudiado francés, aunque en la carrera me dediqué a estudiar inglés por mi cuenta pero me salió un ofrecimiento[17] en Francia para trabajar en un laboratorio con una beca[18], aunque luego me puse a hacer otros estudios.

– Entonces, ¿domina los dos idiomas[19]?

– Bueno, tengo mejor[20] el francés, claro, por haber vivido[21] allí, claro, pero creo que me las arreglo[22] bien en inglés, porque casi todas las vacaciones durante la carrera iba a Inglaterra, menos en cuarto[23], que estuve tres meses en Estados Unidos.

– Ya sabe que para el puesto que ha quedado vacante se exige el inglés hablado. Dígame, ¿Vd. tiene el título[24] de licenciado en Físicas?

– Sí, pero como le decía, cuando estaba trabajando en el laboratorio para hacer la tesis, me di cuenta de que la investigación[25] no era lo mío[26], me puse a hacer informática y, como pedían un período de prácticas[27] para tener el diploma[28], allí saqué una primera experiencia de ingeniero de métodos.

– Bueno, ya le avisaremos para otra entrevista.

VII.1. Embauche

1. **¿se puede?** : *je peux entrer?* La formule espagnole emploie la tournure impersonnelle (mot à mot *on peut entrer?*).
2. **adelante** : *entrez.* La réponse utilise habituellement l'adverbe **adelante** *(en avant!)*, parfois suivi d'un impératif de vouvoiement (**pase**) ou de tutoiement (**pasa**).
3. **perdone que...** : *excusez-moi de...* N'oubliez pas que la construction espagnole exige **que** suivi d'un subjonctif.
4. **no faltaría más** : *je vous en prie.* Dans ce contexte, il ne faut pas traduire littéralement.
5. **carta de solicitud de empleo** : *lettre de candidature.*
6. **datos** m., pl. : *renseignements.*
7. **algo de** : *un peu de.*
8. **llevo ya un año y medio trabajando** : *je travaille depuis un an et demi;* rappelez-vous que, suivi d'un gérondif et d'une expression de temps, **llevar** exprime une durée.
9. **desde** : *depuis.* **Desde** est employé lorsque l'origine est déterminée.
10. **desde hace** : *depuis.* **Desde** est suivi de hace (ou **hacía**) pour exprimer une durée inachevée.
11. **después de terminar la carrera** : *après avoir fini mes études universitaires.*
12. **no del todo** : *pas exactement, pas tout à fait.* Ne confondez pas avec **en absoluto** *(pas du tout)*!
13. **la mili** : abréviation courante pour *le service militaire.*
14. **me marché** : *je suis parti;* **marcharse = irse**, *partir, s'en aller.*
15. **en cuanto me licenciaron** : *dès que je fus libéré.*
16. **bachillerato** m. : *baccalauréat.*
17. **me salió un ofrecimiento** : *j'ai eu une offre (d'emploi).*
18. **beca** : *bourse.*
19. **¿domina los dos idiomas?** : *est-ce que vous maîtrisez les deux langues?*
20. **tengo mejor** : *je possède mieux.*
21. **por haber vivido** : *parce que j'ai vécu.*
22. **me las arreglo** : *je me débrouille.*
23. **en cuarto** : *en quatrième année de Faculté;*
24. **título** m. : *diplôme universitaire.*
25. **investigación** f. : *recherche.*
26. **no era lo mío** : *n'était pas ma vocation.*
27. **prácticas** f., pl. : *stage.* Le mot est toujours employé au pluriel. **Período de prácticas** est synonyme de **prácticas**.
28. **diploma** m. : *diplôme (non universitaire);* cf. 24.

VII.1. Contratación

Métodos de selección

El objeto de la selección es un conjunto de métodos que permiten hacer pronósticos válidos sobre el rendimiento que se puede esperar de los posibles candidatos a la empresa.

Estos métodos suelen combinar dos tesis básicas :

– La evolución y el comportamiento de un candidato en el pasado facilitan indicios sobre sus aportaciones futuras.

– El comportamiento actual del candidato es representativo de lo que será su actuación en el puesto de trabajo.

Las entrevistas

Es el procedimiento de examen más usual en la selección de personal ; no sólo sirve para obtener información sobre el candidato sino que ofrece también la oportunidad de presentarle la empresa y lo que podría ser su trabajo en la misma.

La entrevista **introductoria** permite la selección previa de los candidatos existentes y precisa las exigencias y actividades que habrá que desempeñar ; en la entrevista de **selección** se intenta completar e integrar las informaciones sobre el candidato.

La entrevista puede ser **abierta**, en cuyo caso consiste en una discusión más o menos libre, o estandarizada ; se compone entonces de una serie de preguntas fijadas anteriormente para evitar grandes diferencias de valoración en la selección. Por la misma razón, se recurre a menudo a las entrevistas de **grupo**, que reúnen al candidato con varios entrevistadores.

Los tests

Los tests de **inteligencia** presuponen que cada hombre posee una facultad innata de pensar y de juzgar y que no puede ser influenciada por factores del entorno ; intentan captar varios tipos de cualidades : las facilidades de expresión y de síntesis, la memoria, la flexibilidad mental, las capacidades para el cálculo, la reflexión y la asociación de ideas, etc.

Los tests de **capacidad** tratan de determinar si el candidato dispone de las cualidades corporales y mentales necesarias ; para los tests de **rendimiento** se coloca al candidato en unas situaciones de trabajo hipotéticas, para examinar hasta qué punto es capaz de transformar sus conocimientos y experiencias en una actuación práctica.

En los tests de **personalidad**, se pretenden conseguir indicadores de cualidades personales que favorecen o impiden las relaciones sociales entre el candidato y sus futuros colegas y que influirán en su rendimiento.

VII.1. Embauche

Méthodes de sélection

La sélection vise à développer les méthodes permettant d'émettre des pronostics fondés quant aux performances à attendre des éventuels candidats à l'entreprise.

Ces méthodes combinent en général deux thèses fondamentales :

– L'évolution et le comportement passés d'un candidat fournissent des indices sur ses futurs apports.

– Le comportement actuel du candidat est représentatif de ce qu'il fera à son poste de travail.

Les entrevues

C'est la procédure d'examen le plus souvent utilisée dans la sélection du personnel ; elle permet non seulement d'obtenir des informations sur le candidat mais elle donne aussi l'occasion de lui présenter l'entreprise et la forme que pourrait revêtir son travail dans cette dernière.

L'entrevue **introductive** *assure la sélection préalable des candidats en lice et précise les exigences et activités qu'il faudra assumer ; dans l'entrevue de* **sélection**, *on essaie de compléter et d'intégrer les informations sur le candidat.*

L'entrevue peut être **ouverte**, *auquel cas il s'agit d'une discussion plus ou moins libre, ou* **standardisée** *; elle se compose alors d'une série de questions déterminées au préalable afin d'éviter de trop grandes différences d'évaluation dans la sélection. Pour la même raison, on emploie souvent les entrevues de groupe, qui réunissent le candidat et plusieurs consultants.*

Les tests

*Les tests d'***intelligence** *présupposent que chaque homme possède une faculté innée de penser et de juger, laquelle ne peut être influencée par des facteurs de l'environnement ; ils tentent de mesurer des qualités diverses : les facilités d'expression et de synthèse, la mémoire, la souplesse mentale, les capacités de calcul, de réflexion et d'association d'idées, etc.*

*Les tests d'***aptitude** *s'efforcent de déterminer si le candidat dispose des qualités physiques et mentales nécessaires ; pour les tests de* **performance**, *on place le candidat dans des situations hypothétiques, afin de vérifier jusqu'à quel point il est à même de transformer ses connaissances et expériences en faits pratiques.*

Dans les tests de **personnalité**, *on veut obtenir des indicateurs de qualités personnelles qui favorisent ou empêchent les relations sociales entre le candidat et ses futurs collègues et jouent ainsi sur ses performances.*

VII.1. Contratación

El contrato de trabajo[1] es el acuerdo establecido entre un empresario y un trabajador por el que éste se compromete[2] a prestar determinados servicios[3] por cuenta de[4] aquél y bajo su dirección a cambio de una retribución. En teoría puede celebrarse de palabra[5], de no existir[6] una disposición legal exigiendo que se haga por escrito, pero ambas[7] partes pueden exigir la formalización escrita. El contrato debe determinar las condiciones de la relación establecida entre empresario y trabajador, tales como duración, tipo de contrato, salario, jornada laboral[8], permisos, vacaciones y extinción.

La duración estará en función del tipo de contrato efectuado y de lo establecido al respecto[9] en el mismo[10]; si la duración no aparece claramente determinada, se presumirá concertado por tiempo indefinido[11] mientras no se demuestre lo contrario[12]. En cuanto al período de prueba[13], es optativo y caso de acordarlo[14] deberá fijarse por escrito en el contrato.

El salario convenido especifica la totalidad de las percepciones[15] económicas del trabajador, tanto en dinero como en especies[16], por la prestación de sus servicios por cuenta ajena[17]. La empresa está obligada a retribuir los descansos computables[18] como trabajo. Bajo ningún concepto[19] el salario podrá ser inferior al salario mínimo interprofesional[20] fijado periódicamente por el Gobierno.

Según la legislación española, la jornada laboral será como máximo[21] de 40 horas por semana, y al día de no más de 9 horas para la jornada ordinaria de trabajo. Por otra parte, el descanso semanal[22] mínimo será de día y medio ininterrumpido. En cuanto al calendario laboral[23], éste no figura en el contrato, sino que la empresa lo elabora anualmente.

Las vacaciones pagadas[24] anuales se pactan[25] de forma individual o colectiva y no pueden ser inferiores a 30 días naturales. Por lo que respecta a las fechas de disfrute[26], dependen del acuerdo entre empresario y trabajador, pero a falta de[27] acuerdo se estará a[28] lo que disponga el convenio colectivo.

VII.1. Embauche

1. contrato de trabajo m. : *contrat de travail.*
2. se compromete : de comprometerse, *s'engager.*
3. prestar servicios : *accomplir des tâches;* prestar servicio : *rendre service.*
4. por cuenta de : *pour le compte de.*
5. celebrarse de palabra : *être passé verbalement;* celebrar un contrato : *passer un contrat.*
6. de no existir : *s'il n'existe pas;* de + infinitif : *valeur conditionnelle de* si en début de phrase.
7. ambas f., pl. : *toutes les deux.*
8. jornada f. laboral : *journée de travail.*
9. al respecto : *à ce propos, à ce sujet.*
10. el mismo : *celui-ci.*
11. concertado por tiempo indefinido : *conclu à durée indéterminée.*
12. mientras no se demuestre lo contrario : *sauf preuve du contraire.*
13. período m. de prueba : *période d'essai;* prueba f. : *essai, preuve; épreuve.*
14. caso de acordarlo : *au cas où il serait convenu.*
15. percepciones f., pl. : *rémunérations.*
16. en especies : *en nature.*
17. por cuenta ajena : *pour le compte d'autrui.*
18. descansos computables m., pl. : *repos qui doivent être comptés.*
19. bajo ningún concepto : *en aucun cas.*
20. salario mínimo interprofesional m. : équivalent espagnol du *salaire minimum interprofessionnel de croissance (SMIC).*
21. como máximo : *au maximum.*
22. descanso semanal m. : *repos hebdomadaire.*
23. calendario laboral m. : mot à mot, *calendrier du travail,* c'est-à-dire la *liste des jours fériés.*
24. vacaciones pagadas f., pl. : *congés payés.*
25. se pactan : de pactar, *convenir, négocier.*
26. fechas de disfrute m. : *dates où l'on peut prendre les vacances;* disfrutar : *jouir, s'amuser.*
27. a falta de : *faute de.*
28. se estará a : *on s'en tiendra à.*

VII.1. Contratación

anuncio m. : *petite annonce*
aprendizaje m. : *apprentissage*
aprendiz m. : *apprenti*
astrología f. : *astrologie*
beca f. : *bourse d'études*
candidato m. : *candidat*
carrera f. : *études universitaires*
cazador m. de cabezas : *chasseur de têtes*
comportamiento m. de un candidato : *attitude d'un candidat*
consultoría f., consultora f. : *cabinet de consultants*
contratación f. : *embauche*
contratar a alguien : *embaucher quelqu'un*
curriculum m., historial m. : *CV*
cursillista m. : *stagiaire (en stage de formation)*
cursillo m. de capacitación : *stage de formation*
datos m., pl. personales : *renseignements personnels*
dominar un idioma : *maîtriser une langue étrangère*
dominio m. de una lengua : *maîtrise d'une langue*
entrevista f. : *entretien, entrevue*
entrevista f. abierta : *entrevue ouverte*
entrevista f. de grupo : *entretien de groupe*
examen m. de fin de carrera : *examen de fin d'études*
grafología f. : *graphologie*
idioma m. : *langue étrangère*
método m. de selección : *méthode de sélection*
morfopsicología f. : *morpho-psychologie*
numerología f. : *numérologie*
oferta f. de empleo : *offre d'emploi*
ofrecimiento m. : *offre*
período de prácticas : *stage*
selección f. previa : *sélection préalable*
sicología f. : *psychologie*
sicólogo m. : *psychologue*
solicitud f. de empleo : *demande d'emploi*
test m. de capacidad : *test d'aptitude*
test m. de inteligencia : *test d'intelligence*
test m. de personalidad : *test de personnalité*
test m. de rendimiento : *test de performance*

VII.1. Embauche

EXERCICES

I. Complétez les phrases avec les expressions qui conviennent :

1. Están llamando a la puerta. – ¿Has oído algo?
   – Sí, alguien ha dicho si..............................
2. – Por favor, ¿podría abrir la ventana?
   – Sí, claro,..................................
3. – ¿Podría esperar.............................? Termino de hablar por teléfono enseguida.
4. – ¿Se puede?
   – ...., ...

II. Remplacez les mots en italique par des synonymes :

1. Les *incluyo* en la carta mi *curriculum*.
2. ¿Le interesa ese *cargo* que está *libre*?
3. Haga el favor de *verificar* estas *informaciones*.
4. Le *han hecho* una *oferta* mejor en otra empresa.
5. Terminó los *estudios* de ingeniero en el 92.
6. Cuando terminó el *servicio militar*, *se fue* a Cádiz.
7. *Me entiendo bien* en inglés y en alemán.
8. *Tan pronto como* termine el informe, se lo entrego.
9. *Estoy buscando* empleo *desde hace* un mes.
10. No, *no es exactamente* así como ocurrió.

III. Conjuguez les verbes au subjonctif à la personne qui convient :

1. Perdone que *retrasarse* (yo) tanto esta mañana, pero había mucho tráfico. 2. Lamentamos mucho que no *venir* (tú) mañana a la reunión. 3. Me gustaría que Vd. *poder* precisarnos algo más sobre sus estudios. 4. Le agradecería *adjuntarnos* su historial con las debidas referencias. 5. No creo que en esa empresa *contratarme*.

IV. Traduisez :

1. Excusez-moi de vous déranger, ce ne sera pas long. 2. Il maîtrise les deux langues à la perfection. 3. La recherche n'était pas tout à fait sa vocation. 4. Elle est partie aux Etats-Unis après avoir fini ses études parce qu'elle a obtenu une bourse. 5. Comme vous pouvez le vérifier, j'ai une certaine expérience dans un poste similaire.

VII.2. Contratos laborales y despido

- ¿Cómo va el asunto de tu despido[1]?

– La cosa va para largo[2], pero tengo todas las de ganar[3]. Según el abogado, la empresa no ha sabido hacer bien las cosas. En mi opinión querían desembarazarse[4] de mí a cualquier precio[5], a raíz de[6] mi actuación durante la huelga[7]. Pero, de todas formas, creo que se lo podrían haber montado mejor[8]. Parece un poco tonto[9] dar como motivo de mi despido la necesidad de amortización de mi puesto de trabajo[10], cuando es evidente que no pueden pasarse de él[11] y que, de hecho, mi puesto ha sido ocupado por otro trabajador poco después de dejar yo la empresa.

– ¿Has presentado ya la demanda[12] ante el Juzgado[13]?

– En ello estoy[14]. Anteayer se celebró el acto de conciliación[15] y, como era de esperar, no hubo avenencia[16]. Hasta el último momento pensé que la empresa no comparecería[17], pero hicieron acto de presencia, aun sabiendo[18] que sería inútil. Ahora dispongo de doce días para presentar la demanda, pero el abogado está esperando a tener el justificante[19] del resultado de la conciliación, que deberíamos recibir muy pronto.

– ¿Y se necesitan muchos papeles para la demanda?

– No. Basta formularla por escrito, haciendo constar[20] toda una serie de puntos : datos personales del demandante[21] y de las personas que serán citadas[22] al proceso[23], enumeración clara y concreta de los hechos alegados[24] por el empresario para el despido, lugar de trabajo, categoría profesional del despedido[25], salario, antigüedad[26] y características del trabajo que se realizaba. Este último punto es muy importante para mí, ya que ganar el juicio[27] depende de que pueda probar que dicho trabajo se sigue realizando actualmente.

– Lo probarás y obtendrás el despido nulo[28].

– Lo más probable es que el juez[29] dicte sentencia[30] de despido improcedente[31] puesto que no ha habido vicio de forma. En este caso, como no creo que la empresa esté dispuesta a readmitirme[32], recibiré una indemnización que deberá fijar el juez.

VII.2. Contrats de travail et licenciement

1. despido m. : *licenciement.*
2. la cosa va para largo : *ça va traîner longtemps.*
3. tengo todas las de ganar : *j'ai toutes les chances de gagner.*
4. desembarazarse : *se débarrasser.*
5. a cualquier precio : *à n'importe quel prix.*
6. a raíz de : *à la suite de.*
7. huelga f. : *grève.*
8. se lo podrían haber montado mejor : *ils auraient pu mieux s'organiser.*
9. tonto m. : *bête; sot, idiot.*
10. amortización de mi puesto de trabajo : *suppression de mon poste de travail.*
11. pasarse de él : *s'en passer.*
12. demanda f. : *action en justice; demande, requête.*
13. Juzgado m. : *tribunal.*
14. en ello estoy : *je m'en occupe.*
15. acto de conciliación m. : *conciliation devant le juge.*
16. avenencia f. : *accord.*
17. comparecería : de comparecer, *comparaître.*
18. aun sabiendo : *même en sachant.*
19. justificante m. : *justificatif, pièce justificative.*
20. haciendo constar : de hacer constar, *consigner par écrit; faire remarquer, constater.*
21. demandante m. : *plaignant.*
22. citadas : de citar, *appeler en témoignage; donner rendez-vous;* citación f. : *citation, assignation.*
23. proceso m. : *procès; processus.*
24. alegados : de alegar, *plaider; alléguer, invoquer.*
25. despedido m. : *employé licencié.*
26. antigüedad f. : *ancienneté; antiquité.*
27. ganar el juicio : *gagner le procès;* juicio m., *jugement.*
28. despido nulo m. : *licenciement nul et non avenu.*
29. juez m. : *juge.*
30. dicte sentencia : de dictar sentencia, *prononcer une sentence.*
31. despido improcedente m. : *licenciement abusif.*
32. readmitirme : *me reprendre; me réadmettre.*

VII.2. Contratos laborales y despido

Contrato indefinido

Contrato sin límites de tiempo en la prestación de los servicios; su formalización puede ser verbal o escrita.

Contrato temporal de fomento de empleo

El plazo máximo es de 3 años, con un mínimo de 6 meses; los trabajadores deben ser desempleados y no haber estado vinculados a la misma empresa por otro contrato temporal en los 12 meses anteriores; período durante el cual tampoco tiene que haber quedado vacante el puesto de trabajo por terminación de otro contrato temporal, despido improcedente, regulación de empleo, etc. Su formalización exige los tres trámites siguientes : presentación de la oferta de empleo en la Oficina de Empleo, redacción por escrito del contrato en modelo oficial y registro.

Contrato a tiempo parcial

Contrato en virtud del cual el trabajador se obliga a prestar sus servicios durante un determinado horario, inferior en todo caso a los dos tercios de la jornada habitual; se formaliza por escrito en modelo oficial y se registra en la Oficina de Empleo.

Contrato en prácticas

Contrato celebrado por quien esté en posesión de un título universitario o de formación profesional, para la realización de un trabajo retribuido que facilite la práctica profesional adecuada a su nivel de estudios; no pueden superarse los 3 años, con un mínimo de 3 meses y prórrogas no inferiores a 3 meses; los trámites de formalización son los mismos que para el contrato temporal pero se ofrecen varios incentivos a los empresarios : reducción de su aportación a la Seguridad Social y subvenciones para las empresas que contraten a desempleados que tengan titulación de formación profesional.

Contrato para la formación

Es aquel celebrado por un trabajador, mayor de 16 y menor de 20 años e inscrito en la Oficina de Empleo como demandante, que, simultáneamente, presta sus servicios y recibe una formación profesional con miras a obtener un título; de 3 meses a 3 años de duración, con una jornada distribuida de forma que entre un cuarto y la mitad de la misma se dedique a la enseñanza y que sólo se retribuya el tiempo de trabajo efectivo; los trámites de formalización son los mismos que para el contrato temporal y también se ofrecen incentivos a los empresarios.

VII.2. Contrats de travail et licenciement

Contrat à durée indéterminée

Contrat sans limites de durée dans la prestation des services; sa régularisation peut être verbale ou écrite.

Contrat à durée déterminée

La durée maximum est de 3 ans, avec un minimum de 6 mois; les travailleurs doivent être des chômeurs et ne pas avoir été liés à la même entreprise par un autre contrat temporaire au cours des 12 mois précédents; période pendant laquelle le poste de travail ne doit pas non plus avoir été laissé vacant pour cause de fin d'un autre contrat temporaire, de licenciement abusif, de régulation d'emploi, etc. Sa régularisation exige les trois formalités suivantes : offre d'emploi présentée à l'Agence pour l'Emploi, rédaction par écrit du contrat sur le modèle officiel et enregistrement.

Contrat à temps partiel

Contrat en vertu duquel le travailleur s'engage à prêter ses services pendant un certain nombre d'heures, inférieur en tout cas aux deux tiers d'une journée habituelle; il est régularisé par écrit sur le modèle officiel et enregistré à l'Agence pour l'Emploi.

Contrat de stage

Contrat passé par le titulaire d'un diplôme universitaire ou de formation professionnelle, afin d'effectuer un travail rétribué lui donnant les connaissances pratiques conformes à son niveau d'études; 3 années au maximum, avec un minimum de 3 mois et des prolongations qui ne peuvent être inférieures à 3 mois; les formalités de régularisation sont les mêmes que pour le contrat temporaire, mais les chefs d'entreprises bénéficient de plusieurs incitations : réduction des cotisations sociales et subventions pour les entreprises embauchant des chômeurs diplômés en formation professionnelle.

Contrat de formation

Contrat passé par un travailleur âgé de plus de 16 ans et de moins de 20 et inscrit comme demandeur à l'Agence pour l'Emploi; tout en prêtant ses services, il reçoit une formation professionnelle en vue d'obtenir un diplôme; le contrat peut durer de 3 mois à 3 ans, avec une journée organisée de telle sorte que l'enseignement représente entre le quart et la moitié de l'horaire et que ne soit rétribué que le temps de travail effectif; les formalités de régularisation sont les mêmes que pour le contrat temporaire et les chefs d'entreprise bénéficient également d'avantages.

VII.2. Contratos laborales y despido

La tasa de paro[1] como único instrumento de medida[2] de la utilización de mano de obra[3] resulta ser hoy en día[4] un indicador discutible en España, ya que ninguno de los agentes representativos (sindicatos, patronal[5] e INEM[6]) logra[7] ponerse de acuerdo sobre la cifra[8] de parados.

No obstante, sea cual sea[9] el indicador de referencia, todos están de acuerdo en un punto : que en dicho[10] indicador no están[11] todos los que son (parados)[12] ni tampoco son todos los que están. Para los sindicatos, el INEM saca[13] de las estadísticas del llamado *paro registrado*[14] a ciertas categorías de desempleados que las centrales consideran como activos : estudiantes en busca de un primer empleo, jóvenes en formación o parados mayores[15] que ya no se colocan[16] antes de llegar a la jubilación[17], pero que siguen percibiendo[18] subsidios de paro[19], mientras que para el Instituto y la patronal se trata de falsos activos en busca de un empleo. La misma discrepancia aparece respecto a las cifras de la Encuesta de Población Activa[20] (EPA), donde personas realmente paradas no están registradas como tales, fundamentalmente aquéllas que entran dentro de la categoría del *paro por desánimo*[21].

Sin embargo, la crítica mayor que los sindicatos hacen se refiere no tanto a las cifras oficiales en sí sino a que éstas están enmascarando la existencia de una economía sumergida difícil de evaluar. Más grave aún : el mercado laboral[22] español ha visto alterados[23] significativamente los porcentajes de empleos ocasionales o a tiempo parcial. De seguir[24] ciertas estimaciones, los contratos eventuales[25] se situarían alrededor del 25 % del total y la precarización del empleo español no tendría parangón[26] con las demás economías europeas. Según informes fidedignos[27], el mayor aumento de empleos temporales en los últimos años dentro de la Comunidad Europea (CE) se ha situado en un 2 %, mientras que en España la progresión ha alcanzado un 20 %. Si estas cifras se confirmaran, la crítica sindical a la precarización del empleo como una forma de paro encubierto se vuelve[28] una crítica al Gobierno y un ataque a la patronal.

VII.2. Contrats de travail et licenciement

1. **tasa de paro** : *taux de chômage.*
2. **medida** : *mesure.*
3. **mano de obra** : *main-d'œuvre.*
4. **hoy en día** : *de nos jours.*
5. **la patronal** : *le patronat.*
6. **INEM** : Instituto Nacional de Empleo, *Office National pour l'Emploi,* équivalent de l'*ANPE.*
7. **logra** : *réussit.*
8. **cifra** f. : *chiffre.* Le mot est féminin.
9. **sea cual sea** : *quel que soit.* Un verbe au présent du subjonctif suivi d'un pronom relatif et du même verbe au présent du subjonctif traduit *quoi, quel... que* + subj.
10. **dicho** : *mentionné.* Le participe vient toujours avant le nom.
11. **están** : *s'y trouvent.*
12. **son (parados)** : **ser** est nécessaire car c'est une définition.
13. **saca** : *sort, retire.*
14. **paro** m. **registrado** : *chômage déclaré.*
15. **mayores** : euphémisme pour *personnes âgées.*
16. **ya no se colocan** : *ne trouvent plus d'emploi;* **una colocación**, *un emploi.*
17. **jubilación** f. : *retraite.*
18. **siguen percibiendo** : *continuent à percevoir.*
19. **subsidios de paro** : *des allocations de chômage.*
20. **Encuesta de Población Activa** : *Sondage de la Population Active.* Cette enquête est réactualisée régulièrement sur un échantillon représentatif.
21. **paro por desánimo** : *chômage non déclaré;* litt., *chômage par découragement.*
22. **mercado laboral** : *marché du travail.*
23. **alterados** : *modifiés, transformés.*
24. **de seguir** : **de**, suivi d'un infinitif, est l'équivalent d'une proposition conditionnelle.
25. **eventuales** : *à durée déterminée.*
26. **parangón** m. : *comparaison.*
27. **fidedignos** : *dignes de foi.*
28. **se vuelve** : *devient.*

VII.2. Contratos laborales y despido

abuso m. de derecho : *abus de droit*
acto m. de conciliación : *conciliation*
alegar : *invoquer*
anticipación f. de la edad de jubilación : *retraite anticipée*
celebrar un contrato : *passer un contrat*
contratar a desempleados : *embaucher des chômeurs*
contrato de fomento de empleo : *contrat d'aide à l'emploi*
contrato de interinidad : *contrat de travail intérimaire*
contrato en prácticas : *contrat de stage*
contrato indefinido : *contrat à durée indéterminée*
contrato m. a tiempo parcial : *contrat à temps partiel*
contrato para la formación : *contrat de formation*
contrato para minusválidos : *contrat pour handicapés*
contrato temporal, de duración determinada : *contrat à durée déterminée*
demandante m. : *plaignant*
descansos m., pl. : *périodes de repos*
despedir a alguien : *licencier quelqu'un*
despido disciplinario : *licenciement disciplinaire*
despido improcedente : *licenciement abusif*
despido m. : *licenciement*
dimisión del asalariado : *démission du salarié*
duración f. del contrato : *durée du contrat*
echar a la calle : *mettre à la porte*
en virtud de : *en vertu de*
falta f. de asistencia : *absence non justifiée*
flexibilización del mercado laboral : *assouplissement du marché du travail*
fondo m. de garantía salarial : *fonds de garantie salariale*
formalización f. de un contrato : *régularisation d'un contrat*
fuerza f. mayor : *force majeure*
indemnización f. por despido : *indemnité de licenciement*
interino : *intérimaire*
jornada f. laboral : *journée de travail*
pluriempleo : *emplois multiples*
población f. activa : *population active*
por mutuo acuerdo de las partes : *par accord mutuel des parties*
prórroga f. del período de prueba : *prolongation de la période probatoire*
registrar : *enregistrer*
vicio m. de forma : *vice de forme*

VII.2. Contrats de travail et licenciement

EXERCICES

I. Construisez les adjectifs correspondant aux substantifs suivants :

huelga	amortización	proceso
categoría	salario	antigüedad
juicio	estudiante	porcentaje

II. Construisez les verbes correspondant aux substantifs suivants :

despido	conciliación	juicio
jubilación	utilización	actuación

III. Complétez les phrases avec *hay que, es necesario, tener que, deber,* selon les cas :

1. .... respetar siempre las cláusulas de un contrato.
2. Una empresa no ...... despedir a un trabajador si no existe una falta grave.
3. Para que tenga valor legal, el despido ...... comunicarse por carta certificada.
4. Para suscribir un contrato de fomento de empleo, ... que el contratado esté inscrito como parado.
5. Si queremos mantener la producción, ... contratar por lo menos siete obreros más.
6. Cuando se quiere rescindir un contrato indefinido, ... dar un preaviso con tres meses de antelación.
7. En caso de despido improcedente, si la empresa no quiere readmitir al despedido, ... concederle una indemnización.

IV. Traduisez en espagnol :

1. La durée du contrat peut varier de un à trois ans suivant la branche professionnelle ou le type de métier, le niveau de qualification et la durée de la formation.
2. Lorsque le salarié est reclassé sous contrat à durée indéterminée dans les trois mois qui suivent son licenciement, la cotisation versée est alors remboursée à l'employeur.
3. La rupture du contrat de travail d'un salarié qui était, lors de son embauche, âgé de plus de 50 ans et inscrit depuis plus de trois mois comme demandeur d'emploi, est exonérée de la cotisation chômage.

VII.3. Formación profesional

– Os recuerdo[1] que, a pesar de llevar realizando[2] durante varios años inversiones importantes en automatización, no nos hemos preocupado realmente por establecer[3] un verdadero plan de formación industrial ni de presupuesto[4] global de formación. Quisiera que hoy analizáramos[5] las consecuencias de esta situación y, si es posible, que tratáramos de encontrar un remedio[6].

– Hombre, esas inversiones estábamos condenados a hacerlas so pena[7] de no poder sobrevivir. Fue cuando tuvimos que despedir[8] al 10 % de la plantilla[9]...

– Y tampoco hemos podido presupuestar[10] a medio plazo[11] hasta ahora, dado que siempre hemos estado sometidos a una demanda totalmente diversificada.

– Como que[12] el 80 % de nuestra facturación la hacemos como subcontratistas[13] y no sabemos realmente lo que vamos a fabricar dentro de dos o tres años.

– Precisamente, fabricamos a la demanda[14] por no saber[15] hacer otra cosa y así no controlamos nuestro mercado ni tenemos una política de producto propia.

– Pero otra política[16] de formación nos va a plantear problemas de toda índole[17]. Para empezar, de gestión de personal. Tendríamos que ir contratando[18] poco a poco otro tipo de obreros. Yo dudo de que conozcamos[19] cuáles son los costes de formación propiamente dichos, ni de quién va a encargarse de hacerla ni sabemos cómo... Sin hablar de que habría que establecer toda una política de ascensos de categoría[20]...

– ¿Y desde el punto de vista técnico?

– A mi parecer – y no es la primera vez que lo digo –, el material lo venimos infrautilizando[21] y, en vez de[22] seguir haciendo[23] inversiones de sustitución, yo estoy de acuerdo con que apliquemos[24] una política de formación del personal. Hasta ahora sólo la han tenido los operarios[25] de máquinas de control numérico[26] por medio del jefe de taller[27] y del constructor.

– Yo creo que, a medio plazo, tendríamos que lograr una mayor especialización de nuestros propios productos. Para eso necesitaríamos una mano de obra cualificada : un operario que fabrique y efectúe él mismo los controles.

VII.3. Formation professionnelle

1. **os recuerdo** : *je vous rappelle.*
2. **llevar realizando** : *réaliser...* Le verbe **llevar** remplace **estar** (**estar realizando**) lorsqu'une durée est implicite.
3. **por establecer** : *d'établir.* Le verbe **preocuparse** exige la préposition **por**, qui exprime la cause.
4. **presupuesto** m. : *budget.*
5. **quisiera que... analizáramos** : *je voudrais que nous analysions;* **quisiera** remplace le cond. **querría**. L'imparfait du subjonctif est obligatoire par concordance des temps.
6. **remedio** m. : *solution.*
7. **so pena** : *sous peine.* La préposition **so** n'est utilisée qu'avec quelques mots, p. ex., **so pretexto**, *sous prétexte.*
8. **despedir** : *licencier.*
9. **plantilla** f. : *effectifs (d'une entreprise).*
10. **presupuestar** : verbe formé à partir de **presupuesto**, cf. 4.
11. **a medio plazo** : *à moyen terme.*
12. **como que** : équivalent de **ya que**, *puisque.*
13. **subcontratistas** : *sous-traitants.*
14. **a la demanda** : *à façon.*
15. **por no saber** : cf. 3.
16. **otra política** : *une autre politique.* **Otro, otra...** ne sont jamais précédés de l'article indéfini.
17. **de toda índole** : *en tout genre*; **índole**, *catégorie, nature.*
18. **ir contratando** : *embaucher.* Le semi-auxiliaire **ir** est utilisé pour donner un dynamisme particulier à l'action.
19. **dudo de que conozcamos** : *je doute que nous connaissions.* Les verbes qui expriment le doute exigent le subjonctif.
20. **ascensos** m., pl. **de categoría** : *promotions.*
21. **venimos infrautilizando** : *que nous sous-utilisons.* **Venir**, utilisé comme semi-auxiliaire, implique l'idée d'origine de l'action.
22. **en vez de** : *au lieu de.* Un synonyme est **en lugar de.**
23. **seguir haciendo** : *continuer à faire.* **Seguir** suivi d'un gérondif exprime la continuité de l'action.
24. **de acuerdo con que apliquemos...** : *d'accord avec le fait que nous appliquions...*
25. **operarios** : *ouvriers.*
26. **máquinas de control numérico** : *machines à commande numérique.*
27. **jefe de taller** : *chef d'atelier.*

VII.3. Formación profesional

Tipos de formación

– Formación profesional básica para ejercitar por primera vez una actividad profesional.

– Perfeccionamiento profesional dirigido a los que ya trabajan y quieren ampliar sus conocimientos y experiencia para facilitar su promoción.

– Nueva formación : transmisión de un saber y comportamientos adecuados para ejercer una nueva actividad.

Métodos de formación en el puesto de trabajo

– Transmisión dirigida de experiencia :

Formación individualizada en base a un plan que determina los objetivos y el nivel que se ha de conseguir.

– Instrucción para el trabajo :

Preparación y familiarización del asalariado con su nueva situación.

– Rotación en el puesto de trabajo :

Para adquirir una visión de las múltiples tareas de la empresa, transmisión del saber por un sistemático cambio de puesto de trabajo.

– Formación en grupos de proyectos :

Asignación de los asalariados a grupos de proyectos con fines formativos.

Métodos de formación fuera del puesto de trabajo

– Conferencias o lecciones magistrales.

– Instrucción programada : aprendizaje activo en el que se transmiten sistemáticamente saberes fácticos.

– Reuniones : participación en reuniones para desarrollar el pensamiento lógico y sacar provecho de los comportamientos individuales en las situaciones de grupo.

– Casos : simulación de un problema que deben resolver los participantes mediante su discusión en grupo.

– Juegos de roles (papeles) : formación del comportamiento de los asalariados en situaciones de conflicto y en los procesos de negociación, teniendo fijado de antemano cada participante su punto de vista.

– Juegos de empresa : simulación de procesos en mercados de competencia ; los participantes asumen los papeles de los dirigentes de varias empresas ficticias ; utilizando determinados datos, toman decisiones en áreas importantes : producción, ventas, política de personal, etc.

– Múltiple management : grupos del personal que estudian problemas reales de decisión de la dirección de la empresa que acepta o rechaza las propuestas elaboradas explicando por qué.

VII.3. Formation professionnelle

Types de formation

– Formation professionnelle de base pour entamer une nouvelle activité professionnelle.

– Perfectionnement professionnel : il s'adresse à ceux qui travaillent déjà et veulent élargir leurs connaissances et leur expérience en vue d'une promotion.

– Nouvelle formation : transmission d'un savoir et de comportements utiles à l'exercice d'une nouvelle activité.

Méthodes de formation au sein de l'entreprise

– Transmission dirigée d'expérience

Formation individualisée sur la base d'un plan déterminant les objectifs et le niveau à atteindre.

– Instruction pour le travail

Préparation et familiarisation du salarié à sa nouvelle situation professionnelle.

– Rotation des postes

Afin d'acquérir une vision des tâches multiples de l'entreprise, transmission du savoir par un changement systématique du poste de travail.

– Formation par groupes de projets

Constitution, par les salariés, de groupes de projets à but formateur.

Méthodes de formation en dehors de l'entreprise

– Conférences ou cours magistraux.

– Instruction programmée : apprentissage actif avec transmission systématique de connaissances factuelles.

– Réunions : participation à des réunions en vue de développer la pensée logique et de tirer parti des comportements individuels en situation de groupe.

– Cas : simulation d'un problème que doivent résoudre les participants par la discussion.

– Jeux de rôle : formation du comportement des salariés en situation de conflit et de négociation, chaque participant ayant un point de vue fixé au préalable.

– Jeux d'entreprise : simulation de processus dans des marchés concurrentiels ; les participants jouent le rôle des dirigeants de plusieurs entreprises fictives ; s'appuyant sur certaines données, ils prennent des décisions dans des domaines importants : production, ventes, politique du personnel, etc.

– Management multiple : groupes du personnel qui étudient des problèmes relevant de la direction de l'entreprise, laquelle accepte ou refuse leurs propositions en expliquant pourquoi.

VII.3. Formación profesional

Las universidades españolas se lanzan al asalto[1] de las empresas y viceversa. Unos y otros están echando el resto[2] con el doble objetivo de abrir la Universidad hacia la sociedad civil y de profesionalizar los estudios. Durante años, la universidad española ha vivido de espaldas al mundo empresarial[3] y hoy debe evolucionar muy deprisa ante la riada estudiantil[4] y un mercado del empleo cada vez más exigente. Para alcanzar la doble meta, se están tendiendo puentes[5] sobre los tres principales abismos[6] que separan universidad y empresa.

El primero es el de las prácticas[7] para estudiantes, una novedad[8] en un país en el que las prácticas profesionales no son obligatorias, por lo que las empresas no están acostumbradas[9] a recibir estudiantes. Se trata de un auténtico terreno por desbrozar[10], y no pocas[11] universidades empiezan a lanzar campañas en su región para arrancar[12] prácticas para los estudiantes.

El segundo gran desfase[13] es el que existe entre las carreras estudiadas[14] y la demanda del mercado. Este acusa una importante carencia de titulados[15] de carreras en tres años, como técnicos, informáticos[16] y comerciales, cuando la inclinación[17] de los estudiantes es por los estudios en cinco o seis años, en especialidades muy tradicionales. Actualmente, empresarios y docentes[18] tratan de meter en la cabeza[19] a los estudiantes que el porvenir[20] está en lo tecnológico. Por otra parte[21], ya varias universidades han creado bolsas de empleo[22] a disposición de las empresas, para que éstas puedan encontrar el candidato que buscan y facilitar así la inserción profesional.

El tercer corte[23] existe en el campo de la formación permanente. Para un país en el que casi un obrero de cada dos[24] no tiene una cualificación[25] es un reto[26] que tiene que afrontar, si no quiere transformarse en reserva de mano de obra barata[27] para Europa. Sin esperar a que la Administración se decida a quitar el polvo[28] a su política de formación continua, ciertas universidades están ya sirviendo de enlace[29] con las empresas para la creación de programas de formación profesional.

VII.3. Formation professionnelle

1. se lanzan al asalto : *se lancent à l'assaut.*
2. están echando el resto : *sont en train de jouer leur va-tout.*
3. de espaldas al mundo empresarial : *le dos tourné au monde de l'entreprise.*
4. riada f. estudiantil : *ruée d'étudiants;* riada f. : *crue, inondation.*
5. tendiendo puentes : de tender puentes, *jeter des ponts.*
6. abismos m., pl. : *abîmes.*
7. prácticas f., pl. : *stage d'un étudiant;* cursillo. m. : *stage de formation.*
8. novedad f. : *nouveauté.*
9. no están acostumbradas : *ne sont pas habituées.*
10. desbrozar : *défricher, débroussailler.*
11. no pocas : *beaucoup de* (devant un substantif) ; *beaucoup* (devant un verbe).
12. arrancar : *décrocher; arracher.*
13. desfase m. : *décalage.*
14. carreras estudiadas f., pl. : *études réalisées;* carrera : *études universitaires (pl.), carrière, profession.*
15. titulados m., pl. : *diplômés.*
16. informáticos m., pl. : *informaticiens*; informatico, a adj. : *informatique.*
17. inclinación f. : *tendance, penchant.*
18. docentes m., pl. : *enseignants.*
19. meter en la cabeza : *faire entrer dans la tête, mettre dans la tête.*
20. porvenir m. : *avenir, futur.*
21. por otra parte : *d'autre part.*
22. bolsas de empleo f., pl. : *bourses de l'emploi.*
23. corte m. : *coupure.*
24. un obrero de cada dos : *un ouvrier sur deux.*
25. cualificación f. : *qualification.*
26. reto m. : *défi.*
27. mano de obra barata : *main-d'œuvre bon marché.*
28. quitar el polvo : *dépoussiérer.*
29. enlace m. : *liaison.*

VII.3. Formación profesional

aprender : *apprendre*
aprobar : *admettre à un examen*
aspiración f. : *aspiration*
beca f. : *bourse*
becario : *boursier*
bolsa f. de empleo : *bourse de l'emploi*
clase f. nocturna : *cours du soir*
cualificación f. profesional : *qualification professionnelle*
curso de capacitación profesional : *cours de formation professionnelle*
curso m. : *cours (matière), année scolaire*
diploma m. : *diplôme (non universitaire, en général)*
ejercitar, ejercer una nueva actividad : *exercer une nouvelle activité*
enseñar : *enseigner*
fabricar a la demanda : *fabriquer à façon*
formación f. en alternancia : *formation en alternance*
formación permanente : *formation permanente*
formación profesional básica : *formation professionnelle de base*
formador : *formateur*
impartir clases de tecnología : *donner des cours de technologie*
influir en el comportamiento : *influencer le comportement*
inserción f. en el mundo laboral : *insertion dans le monde du travail*
juego m. de empresa : *jeu d'entreprise*
juego f. de papeles : *jeu de rôles*
nivel m. que se ha de conseguir : *niveau à atteindre*
perfeccionamiento m. profesional : *perfectionnement professionnel*
personal m. cualificado : *personnel qualifié*
plan m. de formación : *plan de formation*
potencial m. de desarrollo : *potentiel de développement*
presupuesto m. de formación : *budget de formation*
proceso m. de negociación : *processus de négociation*
profesorado m., cuerpo m. docente : *corps enseignant*
promoción f. : *promotion*
reciclaje m. : *recyclage*
rotación f. en el puesto de trabajo : *rotation des postes*
suspender a un candidato : *recaler un candidat*
titulado : *diplômé*
título m. : *titre, diplôme universitaire*
transmisión f. del saber : *transmission du savoir*
valoración f. del personal : *évaluation du personnel*

VII.3. Formation professionnelle

EXERCICES

I. Complétez les phrases avec des noms ou des expressions équivalents :

1. Si no tenemos otra (solución) ...., lo haremos así. 2. Los (efectivos) .... del taller de montaje han disminuido. 3. Es un material de otra (naturaleza) .... 4. (En lugar de) .... hacer inversiones de sustitución, podríamos concebir un plan de formación. 5. Los (obreros) .... dominan el manejo de la maquinaria. 6. Los (profesores) .... tratan de que los alumnos efectúen prácticas en las empresas.

II. Remplacez le verbe *estar* par le semi-auxiliaire qui convient :

1. Desde el año pasado estamos fabricando a la demanda. 2. Cada vez más se está imponiendo la idea de una formación continua en las empresas. 3. Estamos esperando esa maquinaria desde hace un mes. 4. Ese material está todavía infrautilizado. 5. La renovación de plantillas se está haciendo lentamente.

III. Mettez les phrases au conditionnel en faisant la concordance des temps lorsque c'est nécessaire :

1. Conviene que analicemos las cualificaciones. 2. Hace falta que tengamos una política de productos. 3. Tenemos que evaluar los costes. 4. Realmente, no sé qué contestarte. 5. Hay que modificar radicalmente la gestión del personal. 6. Podemos ver otras soluciones distintas.

IV. Remplacez par *no creo que...* les affirmations suivantes :

1. Me parece que no nos hemos preocupado lo suficiente. 2. Estoy seguro de que esa decisión se imponía. 3. Creo que otra política distinta nos planteará problemas. 4. Antes creía que había una infrautilización del material. 5. Ayer le dieron una contestación rápida. 6. Existe un desfase entre las carreras y la demanda del mercado.

V. Traduisez :

1. Il ne faudrait pas licencier plus de 3 % des effectifs. 2. Les machines à commande numérique ont changé l'organisation de l'atelier. 3. Je ne crois pas que nous connaîtrons la solution. 4. Nous avons établi un budget à moyen terme.

VII.4. Nómina

– Oiga, estoy hecho un lío[1]. Creía haber entendido que la nómina[2] es el impreso[3] que se entrega a cada trabajador junto con[4] la paga[5] y en el que se detallan las percepciones salariales así como[6] las retenciones[7].

– Y así es[8].

– A ver, entonces[9], ¿por qué al listado[10] del personal de la empresa que me entregó usted para llevárselo al jefe de personal se le llama también nómina? ¿Y por qué no aparezco[11] yo en la lista?

– Bueno, vayamos por partes[12]. Si bien[13] es cierto que se llama nómina al impreso que usted menciona, también se da el mismo nombre a la relación de todas las personas[14] que perciben haberes[15] dentro de una empresa. Y no sólo esto, sino que[16] también se emplea la palabra nómina para designar la masa salarial que necesita una sociedad para pagar a sus empleados. Respecto a[17] su segunda pregunta, habida cuenta de[18] su estatuto de estudiante extranjero en período de prácticas[19], nosotros no le damos ninguna remuneración, ni debemos pagar cargas sociales[20], por lo que no puede figurar en nuestra nómina.

– También me he fijado[21] que en las nóminas que se entregan[22] a los trabajadores aparece en el capítulo de deducciones[23] un impuesto[24] sobre el rendimiento de las personas físicas. ¿A qué corresponde este impuesto?

– Corresponde a la parte del impuesto sobre la renta[25] procedente del trabajo asalariado. En España se practica la retención fiscal en origen[26], es decir que todos los meses se descuenta[27] un porcentaje[28] sobre el salario y en el momento de hacer la declaración de la renta[29] se deducen del salario bruto anual los descuentos acumulados[30] del año, obteniendo así la base imponible[31].

– ¿Y la nómina no refleja[32] los porcentajes y el importe total de las cotizaciones patronales?

– No. Sin embargo, me parece una buena idea, ya que de esa forma el trabajador conoce perfectamente la suma total que el patrón tiene que desembolsar[33] por él.

VII.4. Bulletin de salaire

1. estoy hecho un lío : de estar hecho un lío, *être embrouillé, être perdu*; lío m. : *confusion, imbroglio.*
2. nómina f. : *feuille de paie, bulletin de salaire; liste nominative du personnel; masse salariale.*
3. impreso m. : *imprimé.*
4. junto con : *avec.*
5. paga f. : *paie.*
6. así como : *ainsi que.*
7. retenciones f., pl. : *retenues.*
8. así es : *c'est comme ça.*
9. a ver, entonces : *alors, voyons.*
10. listado m. : *liste; listing (informatique).*
11. aparecer en la lista : *figurer sur la liste.*
12. por partes : *point par point.*
13. si bien : *bien que, quoique.*
14. relación de todas las personas : *liste de toutes les personnes.*
15. haberes m., pl. : *émoluments.*
16. no sólo... sino que : *non seulement... mais encore.*
17. respecto a : *quant à, en ce qui concerne.*
18. habida cuenta de : *compte tenu de.*
19. estudiante extranjero en período de prácticas : *stagiaire;* prácticas o período de prácticas : *stage.*
20. cargas sociales f., pl. : *charges sociales.*
21. me he fijado : *je me suis rendu compte.*
22. entregan : de entregar, *remettre.*
23. deducciones f., pl. : *retenues (sur le salaire); déductions.*
24. impuesto m. : *impôt.*
25. impuesto sobre la renta : *impôt sur le revenu.*
26. retención fiscal en origen : *retenue fiscale à la source.*
27. descuenta : de descontar, *décompter, retenir; escompter (commerce).*
28. porcentaje m. : *pourcentage.*
29. declaración de la renta f. : *déclaration des revenus.*
30. acumulados : *cumulés.*
31. base imponible f. : *assiette imposable; salaire net imposable.*
32. refleja : de reflejar, *refléter, traduire.*
33. desembolsar : *verser, débourser.*

Nómina

empresa
trabajador
categoría profesional
puesto de trabajo
antigüedad en la empresa
nº afiliación en la Seg. Social
período de liquidación del... de... al... de... de... 199... total días :
I. Devengos : importe total
1. Percepciones sujetas a cotización en el régimen de la Seguridad Social
1.1. percepciones de caracter salarial : salario base
1.2. complementos salariales
– personales : antigüedad, idiomas, títulos
– puesto de trabajo : tóxico, penoso o peligroso
– por calidad o cantidad de trabajo : incentivos, actividad, horas extra
– de vencimiento periódico superior a un mes : gratificaciones extraordinarias, participación en beneficios
– en especie
– de residencia
2. Percepciones no salariales excluidas de cotización al régimen general de la Seguridad Social
– indemnizaciones
– prestaciones de la Seguridad Social : protección a la familia
– asistencia a subnormales

A. TOTAL DEVENGADO

II. Determinación de las bases de cotización al régimen general de la Seguridad Social
1. base total de cotización
2. bases de cotización, contingencias, accidentes de trabajo y desempleo

III. Deducciones
1. aportación trabajador a cuotas régimen general, sindical y formación profesional
2. impuesto Rendimiento de Personas Físicas
3. anticipos

B. TOTAL A DEDUCIR

Líquido total a percibir (A–B)

firma y sello de la empresa

VII.4. Bulletin de salaire

Bulletin de salaire

entreprise

employé

catégorie professionnelle
poste de travail
ancienneté dans l'entreprise
n° assuré social

période de paie du... au... *nombre de jours :*

I. Traitements : montant total *TOTAUX*

1. *Gains soumis à cotisation au régime général de la Sécurité Sociale*
   1.1. gains de caractère salarial, salaire de base
   1.2. suppléments de traitement :
   – *personnels : ancienneté, langues étrangères, titres*
   – *poste de travail : toxique, pénible ou dangereux*
   – *en raison de la quantité ou de la qualité du travail : primes, activité, heures supplémentaires*
   – *à échéance supérieure à un mois : gratifications supplémentaires, participation aux bénéfices*
   – *en espèces*
   – *prime de résidence*
2. *Gains non salariaux non soumis à cotisation au régime général de la Sécurité Sociale*
   – *indemnités*
   – *prestations de la Sécurité Sociale : protection de la famille, aide aux handicapés*

A. MONTANT DES GAINS

II. Détermination de la base de cotisation au régime général de la Sécurité Sociale

1. *base totale de cotisation*
2. *bases de cotisation plafonnées accidents du travail et chômage*

III. Déductions

1. *cotisation de l'employé au Régime Général, au syndicat et à la formation professionnelle*
2. *Impôt sur le revenu des personnes physiques*
3. *avances*

B. MONTANT A DEDUIRE

Net à payer (A–B)

signature et cachet de l'entreprise

VII.4. Nómina

La reciente legislación española refleja la preocupación del Gobierno por dotar el marco de relaciones laborales[1] de una mayor[2] claridad y estabilidad en un contexto económico marcado por unas tasas de paro[3] elevadas. Si una parte de la normativa define los mínimos[4] de protección respecto al[5] salario, otras disposiciones quieren ser un incentivo a la contratación[6].

Así, por lo que se refiere a[7] las remuneraciones, algunas normas del Estatuto de los Trabajadores se preocupan por establecer ciertas garantías : la existencia de un salario interprofesional, mínima percepción económica a que tiene derecho[8] todo trabajador cualquiera que sea[9] el sector económico en que se ocupe[10], y el derecho a percibir dos pagas extraordinarias[11]. En cuanto al primero, la ley determina su carácter inembargable[12]. Respecto a las dos gratificaciones extraordinarias, una de ellas se ha de devengar[13] con ocasión de las fiestas de Navidad si los convenios colectivos[14], que fijan la cuantía de ambas[15], no deciden prorratearlas[16] en las doce mensualidades.

Entre las disposiciones que tratan de fomentar la contratación[17], algunas determinan nuevas formas jurídicas de relaciones laborales sin incentivos específicos en cuanto a las cotizaciones patronales a la Seguridad Social, tales como los contratos temporales[18] y a tiempo parcial[19]. En cambio, los contratos de interinidad[20] transformados en contratos de trabajo fijo, los de trabajo en prácticas[21] o de formación se benefician de medidas de estímulo especificas, que van de la posibilidad de aplicar el tipo reducido de cotización[22] a cargo del[23] empresario (contratos de transformación) a la reducción de la cuota en un 75 %[24] (trabajo en prácticas) o de la exención pura y simple (contrato de formación para empresas de menos de 25 trabajadores).

Por último[25], algunas medidas constituyen una limitación reglamentaria del número de horas extraordinarias[26], con la posibilidad suplementaria del Gobierno de suprimirlas[27] enteramente o de reducir su máximo[28] de forma temporal para ciertas actividades o ámbitos[29] territoriales.

VII.4. Bulletin de salaire

1. marco de relaciones laborales : *le cadre de relations du travail.*
2. mayor : *plus grand, plus grande.* Adjectif invariable quant au genre.
3. tasas de paro f., pl. : *taux de chômage.*
4. los mínimos : *les minimums.* El mínimo, *le minimum.*
5. respecto a : *par rapport à, en ce qui concerne.*
6. incentivo m. a la contratación : *aide à l'embauche.*
7. por lo que se refiere a : *en ce qui concerne.*
8. a que tiene derecho : *dont il a le droit;* tener derecho a, *avoir le droit de.*
9. cualquiera que sea : *quel qu'il soit.*
10. en que se ocupe : *où il puisse travailler.* Si l'antécédent du relatif est inconnu, le verbe de la proposition est au subjonctif.
11. pagas f., pl. extraordinarias : *paies supplémentaires.*
12. inembargable : *insaisissable, inaliénable.*
13. se ha de devengar : *doit être touchée.*
14. convenios m., pl. colectivos : *conventions collectives.*
15. la cuantía de ambas : *le montant des deux.*
16. prorratearlas : *partager au prorata.*
17. fomentar la contratación : *favoriser l'embauche.*
18. contratos temporales : *contrats à durée déterminée.*
19. (contratos) a tiempo parcial : *(contrats) à temps partiel.*
20. contratos de interinidad : *contrats intérimaires.*
21. los de trabajo en prácticas : *les contrats de stage.*
22. tipo reducido de cotización : *taux de cotisation réduit.*
23. a cargo de : *à la charge de.*
24. reducción de la cuota en un setenta y cinco por ciento : *réduction de la cotisation de 75 %.*
25. por último : *enfin, finalement.*
26. horas extraordinarias : *heures supplémentaires.* Cf. 11.
27. suprimirlas : *les supprimer.* Les pronoms personnels compléments sont placés après l'infinitif, le gérondif et l'impératif.
28. su máximo : *leur maximum.* Cf. 4.
29. ámbito m. : *enceinte, domaine.*

VII.4. Nómina

anticipo m. : *avance sur salaire*
antigüedad f. : *ancienneté*
categoría f. profesional : *catégorie professionnelle*
convenio m. colectivo : *convention collective*
cotización f. a cargo del empresario : *cotisation à la charge de l'entreprise*
deducción f. : *retenue (sur le salaire), déduction*
descontar : *retenir, décompter*
desembolsar : *verser, débourser*
devengo m. : *traitement (salaire)*
de vencimiento superior a : *à échéance supérieure à*
firma f. y sello m. de la empresa : *signature et cachet de l'entreprise*
fomentar la contratación : *favoriser l'embauche*
honorarios m., pl. : *honoraires, vacations*
horas f., pl. extras, extraordinarias : *heures supplémentaires*
importe m. total : *montant total*
impreso m. : *imprimé*
incentivo m. a la contratación : *aide à l'embauche*
incentivos m., pl. actividad : *primes d'activité*
indemnización f. : *indemnité*
listado m. : *liste, listing (informatique)*
nómina f. : *bulletin de salaire, liste nominative du personnel*
número de afiliación a la seguridad social : *numéro d'assuré social*
paga f. : *paie*
percepciones f., pl. no salariales : *gains non salariaux*
percepción f. de carácter salarial : *gain de caractère salarial*
percepción f. excluida de cotización : *gain non soumis à cotisation*
percepción f. sujeta a cotización : *gain soumis à cotisation*
porcentage m. : *pourcentage*
por partes : *point par point*
prorratear : *partager au prorata*
reducción f. de la cuota en un 75 % : *réduction de la cotisation de 75 %*
relación m. de todas las personas : *liste de toutes les personnes*
retención f. : *retenue*
salario m. base : *salaire de base*
salario m. interprofesional : *salaire interprofessionnel*
total m. a deducir : *montant à déduire*
total m. devengado : *montant des gains*
vacaciones f., pl. anuales : *congé annuel, congés payés*

VII.4. Bulletin de salaire

EXERCICES

I. Trouvez les synonymes de :

nómina	paga	lista
remuneración	cuantía	cotización
exención	ámbito	

II. Remplacez la locution *por lo tanto* par des expressions équivalentes qui indiquent la conséquence :

1. Los salarios no han aumentado desde hace más de un año, por lo tanto, creo que debemos plantear una renegociación del convenio.
2. La empresa cerrará desde el 24 de diciembre hasta el 2 de enero, por lo tanto, el pago de los salarios se adelantará al día 22 de diciembre.
3. El servicio de personal acaba de informatizarse, por lo tanto, a partir de hoy, las nóminas se harán por ordenador.
4. La dirección no ha concedido ninguno de los puntos solicitados, por lo tanto todo el personal continúa en huelga.

III. Mettez les verbes en italique à la forme négative :

1. *Vete* a ver al jefe de personal antes de que te comuniquen la sanción. 2. *Redacte* una nota de servicio para distribuir a toda la plantilla. 3. *Hagan* ustedes una reunión para discutir las nuevas proposiciones y *comuníquennos* sus decisiones. 4. *Distribuid* las pagas extras dos días antes de lo previsto, para satisfacer la petición de los trabajadores.

IV. Traduisez en espagnol :

1. Tous les employés recrutés pour un an ou plus ont droit à deux doubles mois, en juin et en décembre. 2. Les absences doivent être justifiées par un certificat médical ou autre pièce justificative. 3. Le taux de population active en Espagne est assez faible, mais il faut se rappeler l'importance du nombre des moins de 20 ans, généralement inactifs parce qu'en cours d'études, et l'allongement de la durée de la vie, qui augmente le nombre de retraités. 4. Le chômage touche davantage les régions à prépondérance rurale, où l'industrie est impuissante à absorber le surplus de jeunes venant de la campagne.

VII.5. Representación colectiva

– Te he citado[1] porque el convenio colectivo[2] ha entrado en sus tres últimos meses de vigencia[3], en el plazo de denuncia[4]. Creo que ya es hora de denunciarlo.

– Con idea de[5] ganar tiempo, la secretaría[6] de nuestro sindicato ha redactado[7] el escrito de denuncia. Léelo y, si no ves pegas[8], podemos enviar ya copia a la Dirección de Trabajo. Toma, échale una ojeada[9].

– Vale[10]. Lo podemos enviar tal y como está[11]. Ahora podemos preparar el orden del día de la primera reunión intersindical previa a la negociación. Lo primero sería la constitución de la representación laboral de la comisión negociadora. Deberíamos nombrar tres representantes de cada sindicato para nivelar fuerzas e impedir[12] que cualquiera de los dos pueda obtener solo[13] el 60 % de los votos[14] necesario para la adopción de acuerdos.

– Eso lo damos por supuesto[15] y en la primera reunión podemos ya proponer las personas que formarán parte[16] de la comisión. Pero lo más importante es abordar los diferentes capítulos del contenido del convenio. Cuando llegue la verdadera negociación debemos tener todo bien amarrado[17] para que no haya desacuerdo entre nosotros. De sobra sabemos que[18] los representantes de la empresa actuarán como un solo hombre.

– Preparemos pues, cada uno por nuestro lado[19], propuestas[20] sobre las materias que regula[21] el convenio. En los aspectos económico y laboral, dando por sentada[22] la revisión salarial, lo importante es la proporción de contratos temporales[23]. Respecto a cuestiones sindicales, puesto que existe un consenso[24] entre nosotros, no creo que haya muchos cambios que proponer. Por fin, en cuanto a los asuntos asistenciales[25], hay que mejorar las medidas de promoción profesional y las posibilidades de formación de la plantilla.

– Bueno, ya hemos fijado el orden del día. Tengamos presente[26], sin embargo, la existencia del acuerdo marco[27] del sector textil, cuyos límites no podemos rebasar[28] si no queremos que el convenio conculque[29] la legalidad y sea impugnado[30] por la Autoridad Laboral

VII.5. Représentation collective

1. te he citado : *je t'ai donné rendez-vous.*
2. convenio m. colectivo : *convention collective.*
3. vigencia f. : *durée de validité.*
4. denuncia f. : *plainte; dénonciation.*
5. con idea de : *avec l'intention de.*
6. secretaría f. : *secrétariat;* ne pas confondre avec secretaria f. : *secrétaire.*
7. ha redactado : de redactar, *rédiger.*
8. pegas f., pl. : *difficultés, inconvénients.*
9. échale una ojeada : *jette un coup d'œil;* de ojear : *regarder, examiner,* à ne pas confondre avec hojear : *feuilleter.*
10. vale : *d'accord, ça va* (familier).
11. tal y como está : *dans l'état où il est.*
12. impedir : *empêcher.*
13. solo : *tout seul;* ne pas confondre avec sólo, *seulement.*
14. votos m., pl. : *voix;* votación f. : *vote, votation.*
15. eso lo damos por supuesto : *nous tenons cela pour acquis.*
16. formarán parte : de formar parte, *faire partie.*
17. tener todo bien amarrado : *tout doit être bien bouclé.*
18. de sobra sabemos que : *nous savons parfaitement que;* sobra f. : *reste, excédent;* de sobra : *en trop.*
19. cada uno por nuestro lado : *chacun de notre côté.*
20. propuestas f., pl. : *propositions.*
21. regula : de regular, *réglementer, régler.*
22. dando por sentada : *tenant pour acquise, considérant comme établie.*
23. contratos m., pl. temporales : *contrats à durée déterminée.*
24. consenso m. : *consensus.*
25. asistenciales : *d'assistance.*
26. tengamos presente : de tener presente, *se rappeler, se souvenir.*
27. acuerdo marco m. : *accord cadre.*
28. rebasar : *dépasser.*
29. conculque : de conculcar, *transgresser, violer;* les verbes en -car prennent toujours un qu devant e.
30. impugnado : *contesté, réfuté.*

VII.5. Representación colectiva

Los sindicatos

Para todos los trabajadores, menos los miembros de las fuerzas armadas y los magistrados en activo; en el ámbito de la empresa, los trabajadores afiliados pueden constituir secciones sindicales, celebrar reuniones, recaudar cuotas, distribuir información y participar en la negociación colectiva; si la empresa tiene más de 250 trabajadores, también dispondrán de un local adecuado y de un tablón de anuncios.

Las asociaciones empresariales

Los empresarios pueden asociarse y constituir federaciones y confederaciones, cuya función será representarles institucionalmente en defensa de sus intereses.

Los delegados de personal

Representan a los trabajadores en las empresas de más de 10 y menos de 50 asalariados, a razón de 1 hasta 30 y de 3 de 31 a 49; los delegados son elegidos por todos los trabajadores mayores de 16 años y con una antigüedad de al menos un mes, mediante sufragio personal, directo, libre y secreto; son elegibles los que tengan 18 años cumplidos y una antigüedad en la empresa de más de seis meses.

Los comités de empresa

En las empresas de más de 50 asalariados; el número de componentes depende del número de trabajadores, por ejemplo 5 de 50 a 100 ó 17 de 501 a 750; las condiciones de elección y de elegibilidad son las mismas que para los delegados, así como la duración del mandato : 4 años; dos colegios electorales : uno de técnicos y administrativos y otro de obreros.

Competencias

Los delegados y comités de empresa tienen derecho a recibir informaciones sobre la empresa y la evolución económica del sector al que pertenece la empresa, emitir informe sobre las decisiones adoptadas por el empresario, vigilar el cumplimiento de las normas vigentes en materia laboral, de Seguridad Social, etc., ser informados de las sanciones impuestas por faltas graves.

Garantías

Los delegados y los miembros del comité de empresa disponen como mínimo de las siguientes garantías : permanencia prioritaria en la empresa en caso de dificultades económicas; no ser sancionado ni despedido durante el ejercicio de sus funciones ni el año siguiente; expresar libremente sus opiniones; disponer de una determinada cantidad de horas mensuales retribuidas para el ejercicio de su actividad, según la dimensión de la empresa; por ejemplo 15 horas/mes hasta 100 trabajadores o 30 horas/mes de 251 a 500.

VII.5. Représentation collective

Les syndicats

Pour tous les travailleurs, sauf les membres des forces armées et les magistrats en exercice; au sein de l'entreprise, les travailleurs affiliés peuvent constituer des sections syndicales, tenir des réunions, percevoir des cotisations, distribuer de l'information et participer à la négociation collective; ils disposeront aussi d'un local adapté et d'un panneau dans les entreprises de plus de 250 salariés.

Les associations patronales

Les patrons peuvent s'associer et constituer des fédérations et confédérations les représentant et défendant leurs intérêts.

Les délégués du personnel

Ils représentent les travailleurs dans les entreprises de plus de 10 et de moins de 50 salariés, à raison de 1 jusqu'à 30 et de 3 de 31 à 49; ils sont élus par les travailleurs âgés de plus de 16 ans et depuis plus d'un mois dans l'entreprise, par suffrage personnel, direct, libre et à bulletin secret; sont éligibles les travailleurs âgés de 18 ans révolus avec une ancienneté de six mois.

Les comités d'entreprise

Dans les entreprises de plus de 50 salariés; le nombre de leurs membres dépend de celui des travailleurs, par exemple 5 de 50 à 100 ou 17 de 501 à 750; les conditions pour être électeur et éligible sont les mêmes que pour les délégués, ainsi que la durée du mandat : 4 ans; deux collèges électoraux : un pour les techniciens et employés et l'autre pour les ouvriers.

Compétences

Les délégués et comités d'entreprises ont le droit de recevoir des informations sur l'entreprise et l'évolution économique du secteur auquel elle appartient, d'élaborer un rapport sur les décisions adoptées par la direction, de veiller au respect de la législation en vigueur (travail, Sécurité Sociale, etc.), d'être informés sur les sanctions infligées pour faute grave.

Garanties

Les délégués et membres du comité d'entreprise bénéficient au minimum des garanties suivantes : maintien prioritaire dans l'entreprise en cas de difficultés économiques; ne pas être sanctionnés ni licenciés pendant l'exercice de leurs fonctions et l'année suivante; libre expression de leurs opinions; un certain nombre d'heures rétribuées chaque mois afin d'exercer leur activité, selon la taille de l'entreprise; par exemple, 15 heures/mois jusqu'à 100 travailleurs ou 30 heures/mois de 251 à 500.

VII.5. Representación colectiva

El sindicalismo en España podría caracterizarse por[1] dos rasgos[2] principales. Por una parte[3], el bajo nivel de afiliación sindical, uno de los más bajos de la Comunidad Europea ; por otra, los dos principales sindicatos, Comisiones Obreras (CC. OO) y Unión General de Trabajadores (UGT) – de tradición y sensibilidad políticas diferentes – se han disputado el liderazgo[4] respecto a[5] la representatividad en las elecciones sindicales : si Comisiones es de inspiración comunista, la UGT ha estado vinculada[6] desde su origen al Partido Socialista Obrero Español (PSOE).

Posiblemente haya[7] que encontrar una de las causas principales de la (relativa) débil afiliación sindical en la coyuntura[8] económica que ha provocado altas tasas de paro[9] y una indudable precarización del empleo (bajo forma de contratos eventuales o debido a[10] la existencia de una economía sumergida), con el consiguiente descenso de la sindicalización, amén del[11] desánimo[12] que tal situación provoca en cuanto a la afiliación propiamente dicha.

En cuanto a la estrategia de ambos sindicatos, puede decirse que, a lo largo de los últimos años, los dos sindicatos mayoritarios han sido partidarios[13] de una política de concertación social, aunque por razones coyunturales e ideológicas diversas (búsqueda[14] de mayor[15] implantación en las empresas, apoyos políticos y financieros por parte del partido en el poder...), haya sido[16] UGT el sindicato que ha ido más lejos en su aplicación. No cabe duda[17] de que el modelo social subyacente[18] (moderación del incremento salarial como premisa[19] a un aumento de excedentes de explotación de las empresas, necesario a su vez a la inversión productiva) no ha corregido los graves desequilibrios en el mercado laboral, sino que[20] ha corrido parejas[21] con la contratación eventual, la precarización del empleo y, en definitiva, no ha dejado de[22] provocar cierta desconfianza[23] hacia la sindicalización en general. De ahí que las propuestas[24] de UGT se acerquen cada vez más a las de[25] Comisiones en un rechazo[26] global a la política gubernamental.

VII.5. Représentation collective

1. **por** : cette préposition indique ici la cause.
2. **rasgos** : *traits.*
3. **por una parte** : *d'une part, pour une part.*
4. **liderazgo** : *leadership.* De **líder**, *leader.*
5. **respecto a** : *sur, en ce qui concerne, par rapport à,...* A ne pas confondre avec le mot **respeto**, *respect.*
6. **vinculada** : *attachée, liée.*
7. **posiblemente haya** : après les adverbes de doute, le subjonctif (qui exprime un degré plus grand d'incertitude) n'est pas obligatoire.
8. **coyuntura** f. : *conjoncture.*
9. **altas tasas de paro** : *des taux de chômage élevés.*
10. **debido a** : *à cause de.*
11. **amén de** : fam., *outre, en plus de.*
12. **desánimo** m. : *découragement.*
13. **partidarios** m., pl. : *partisans.*
14. **búsqueda** f. : *recherche.*
15. **mayor** : *plus grand.* **Mayor** est le comparatif de **grande** (**más grande**).
16. **aunque... haya sido** : *même... s'il a été.* Le subjonctif exprime une concession irréelle.
17. **no cabe duda** : *il n'y a pas de doute.*
18. **subyacente** : *sous-jacent.*
19. **premisa** f. : *prémisse.*
20. **no... sino que** : *non seulement... mais.* **Sino que** introduit une proposition qui s'oppose à celle introduite par **no**, tandis que **sino** introduit un élément de la phrase.
21. **ha corrido parejas** : *est allé de pair.*
22. **no ha dejado de** : *n'a pas cessé de.*
23. **desconfianza** f. : *méfiance.*
24. **propuestas** f., pl. : *propositions.* Participe passé irrégulier du verbe **proponer**, *proposer.*
25. **las de** : *celles de.* L'article défini, devant un complément de nom introduit par **de** ou devant une proposition relative introduite par **que**, devient un pronom démonstratif qui n'a pas la capacité de désignation des pronoms démonstratifs **éste, ése...**
26. **rechazo** m. : *rejet.*

VII.5. Representación colectiva

acuerdo m. marco : *accord cadre*
afiliarse a un sindicato : *adhérer à un syndicat*
asalariado m. : *salarié*
celebrar una reunión : *tenir une réunion*
cierre m. patronal : *lock-out*
colegio m. electoral : *collège électoral*
comité m. de empresa : *comité d'entreprise*
convenio m. colectivo : *convention collective*
declarase en huelga, ir a la huelga : *se mettre en grève*
delegado m. del personal : *délégué du personnel*
despedir : *licencier*
elegibilidad f. : *élégibilité*
federación f., confederación : *fédération, confédération*
gremio m., corporación f. : *corporation*
huelga f. de brazos caídos : *grève sur le tas*
huelga f. general : *grève générale*
huelguista m. : *gréviste*
luchar por sus derechos : *lutter pour ses droits*
mandato m. : *mandat*
nivel m. de afiliación sindical : *niveau d'affiliation syndicale*
norma f. vigente : *norme en vigueur*
orden m. del día : *ordre du jour*
organización f. más representativa : *organisation la plus représentative*
presentar una solicitud de huelga : *déposer un préavis de grève*
proceso m. electoral : *processus électoral*
propuesta f. : *proposition*
regular : *réguler, réglementer*
representante m. : *représentant*
sanción f. : *sanction*
sancionar, imponer una sanción : *sanctionner, infliger une sanction*
sección f. sindical : *section syndicale*
sindicalista m. : *syndicaliste*
sindicarse : *se syndiquer*
sindicato m. : *syndicat*
sufragio m. secreto : *vote à bulletin secret*
tablón m. de anuncios : *panneau d'information*
tener derecho a : *avoir le droit de*
verticalismo m. : *verticalisme (organisation syndicale du franquisme)*
votación f. : *vote*
voto m. : *voix*

VII.5. Représentation collective

EXERCICES

I. Trouvez les synonymes :

implícito	ligado	características
jefatura	seguidores	investigación
condición previa	dificultades	desesperanza
prevención	más grande	negativa

II. Remplacez les mots en italique par des expressions équivalentes :

1. El descenso de afiliación es *a causa del* paro. 2. Es difícil pronunciarse *sobre* este estado de hecho. 3. *Además de* dichas causas, posiblemente habría que encontrar otras debidas a la coyuntura económica. 4. Es *indudable que* un sindicalismo fuerte contribuye a la consolidación de la democracia. 5. La ideología de algunos sindicatos *ha estado en paralelo* con la de algunos partidos políticos.

III. Complétez les phrases avec *pero, sino* et *sino que,* selon les cas :

1. El Gobierno no sólo no hizo caso de las exigencias sindicales, ... se opuso completamente a ellas. 2. La situación actual no es buena, ... se mejora. 3. Los vínculos vienen no sólo de una tradición histórica común, ... de una misma ideología política. 4. La politica del Gobierno no sólo ha generado paro, ... ha aumentado el empleo precario. 5. La huelga mostró no sólo la fuerza .... el rechazo popular a las medidas. 6. El sindicalismo presenta actualmente un bajo nivel de afiliación, ... no puede decirse que esa tendencia continúe.

IV. Complétez avec l'article ou avec le pronom démonstratif lorsque celui-ci est possible :

1. Mire, no me gustan éstas, prefiero .... del fondo. 2. Ésta me parece mejor que .... de la semana pasada. 3. Es lógico que el modelo sindical se oponga .... del Gobierno. 4. La huelga se ha seguido más en esta empresa que en .... de al lado. 5. El aumento fue más importante que .... del año pasado.

V. Traduisez :

1. Vous n'avez pas le droit de présenter des exigences pareilles. 2. C'est établi par les conventions collectives. 3. Les normes en vigueur l'exigent ainsi. 4. Les grévistes luttent pour leurs droits.

VIII. EL SERVICIO JURÍDICO
LE SERVICE JURIDIQUE

1. Contrato mercantil
   Contrat commercial

2. Licencias, patentes y marcas
   Licences, brevets et marques

3. Contenciosos
   Contentieux

VIII.1. Contrato mercantil

– En una primera fase, si Vd. está de acuerdo, nuestra empresa podría hacer un estudio de viabilidad[1] del proyecto de diseño que su firma nos ha propuesto[2].

– ¿Y en qué consistiría ese estudio previo[3]? Dése cuenta de que[4] si hemos tomado contacto con Vds. es porque lo que nos urge[5] realmente es el proyecto de diseño propiamente dicho y, además, no quisiéramos que el estudio en cuestión se encareciera[6] demasiado...

– Bueno, es que[7] nosotros siempre trabajamos de esta forma y nos parecería precipitado empezar el estudio en sí antes de que todos, Vd. y nosotros, hiciéramos[8] un diagnóstico previo del producto, al tratarse[9] de un bien industrial, y también de su propia empresa. De todas formas, hoy le he traído este cuestionario que me gustaría que rellenara[10] cuanto antes[11], firmemos o no firmemos[12] el contrato.

– A ver[13]. En realidad puedo contestarle inmediatamente a algunas preguntas : en cuanto a[14] las dos primeras, me parece que el diseño actual no refleja la calidad del producto y éste es un reproche que nos vienen haciendo hace tiempo[15] los mayoristas, sobre todo cuando lo comparan con productos de importación como los italianos y eso contesta a su otra pregunta sobre su aspecto actual. Hay otra pregunta que me parece también interesante. La que se refiere a los costes de producción.

– ¿Por qué? ¿A Vd. le parece que son elevados?

– Pues, sí. Quizás debido a[16] los materiales utilizados, pero siempre he opinado que esos costes son demasiado elevados. A lo mejor[17] es una cuestión de tamaño[18] del producto.

– Bueno, no se preocupe. Ya me mandará el cuestionario completo.

– Y, en caso de que firmemos[19] el contrato, habría que introducir una cláusula[20] de confidencialidad.

– Eso lo prevemos en cada contrato. Basta con[21] poner[22] que el consultor y sus colaboradores están obligados a guardar el secreto profesional y se comprometen[23] a no divulgar a terceros[24] ningún tipo de información sobre su empresa, los productos fabricados y el objeto del estudio. La redacción no plantea problemas.

– Bien. En ese caso, esperamos noticias suyas.

VIII.1. Contrat commercial

1. **estudio** m. **de viabilidad** : *étude de faisabilité*. N'oubliez pas que le mot **estudio** est masculin.
2. **nos ha propuesto** : *nous a proposé*. Le participe du verbe (dérivé de **poner**) est irrégulier.
3. **previo** : *préalable*. L'adjectif espagnol est variable quant au genre.
4. **dése cuenta de que** : *rendez-vous compte que*... **Darse cuenta** exige toujours la préposition **de**.
5. **nos urge** : *nous presse*. **Urgir**, *être urgent*.
6. **que se encareciera** : *que son prix augmente*. Verbe formé à partir de **caro**, *cher*. L'imparfait du subjonctif est nécessaire par concordance des temps (**no quisiéramos que...**)
7. **es que...** : formule d'introduction courante. Ici, *le fait est que*...
8. **antes de que... hiciéramos** : *avant que... nous ne fassions*. Comme en français, **antes de que**, *avant que*, exige le subjonctif (ici l'imparfait par concordance : **nos parecería precipitado...**)
9. **al tratarse** : *s'agissant*. **Al**, suivi d'un infinitif, marque souvent la simultanéité avec des valeurs différentes.
10. **que rellenara** : *que vous remplissiez*. Pour l'imparfait du subjonctif, cf. 6 et 8.
11. **cuanto antes** : *au plus vite*. Une locution synonyme est **lo antes posible**.
12. **firmemos o no firmemos** : *que nous signions ou pas*.
13. **a ver** : *faites voir*.
14. **en cuanto a** : *quant à*.
15. **nos vienen haciendo hace tiempo** : *nous font depuis un certain temps*. **Venir** est ici un semi-auxiliaire.
16. **quizás debido a...** : *peut-être à cause de*...
17. **a lo mejor** : *peut-être*. Cette locution de doute ne peut être suivie d'un subjonctif.
18. **tamaño** m. : *taille, grandeur*.
19. **en caso de que firmemos** : *au cas ou nous signerions*. **En caso de que** exige le subjonctif.
20. **cláusula** f. : *clause*.
21. **basta con...** : *il suffit de*...
22. **poner** : *écrire*. Littéralement, *mettre*.
23. **se comprometen a...** : *ils s'engagent à*...
24. **terceros** m., pl. : *des tierces personnes*.

VIII.1. Contrato mercantil

Contrato de compraventa

En la ciudad de Madrid a 5 de febrero de 199...

Reunidos

De una parte, D. Adolfo Bustos, en nombre y representación de la sociedad X... con domicilio en Madrid, calle Maudes, 24, y que en lo sucesivo se designa como el COMPRADOR,

y de la otra D. Jim Larsson, en nombre y representación de la sociedad Y... con domicilio en Houston, Estados Unidos, Kinderkamack Road, 419, y que en lo sucesivo se designa como el VENDEDOR

Exponen

– que el COMPRADOR es una empresa española de electrónica, líder en su sector, dedicada al diseño y fabricación de equipos electrónicos ;

– que, en función de su actividad, el COMPRADOR necesita adquirir componentes con especificaciones rigurosas ;

– que el VENDEDOR es una firma internacional altamente especializada en la venta y distribución de los componentes ;

– que el VENDEDOR cuenta con una red de agentes que le permite ofrecer a sus clientes los componentes de los países más avanzados ;

– que en consecuencia ambas partes deciden suscribir el presente CONTRATO DE COMPRAVENTA en virtud del cual el COMPRADOR acuerda comprar y el VENDEDOR acuerda vender aquellos componentes utilizados en la actividad del COMPRADOR, con sujeción a las siguientes

Cláusulas

1. Ámbito de aplicación

Las presentes cláusulas prevalecerán sobre cualquier contrato que haya tenido lugar previamente entre las partes.

2. Confirmación de pedidos

Los pedidos del comprador se entenderán en todo caso sometidos a aceptación por parte del vendedor, el cual confirmará dicha aceptación al comprador por escrito.

3. Precios

Los precios para los productos objeto del presente contrato se determinarán de la forma que aparece especificada en el "ANEXO 1" firmado por ambas partes contratantes.

Las ofertas del vendedor tendrán una validez de treinta días (30) contados a partir de la fecha de emisión.

A menos que otra cosa sea comprometida por escrito todos los precios se encuentran excluidos del I.V.A. o impuestos similares.

Los precios ofertados por el vendedor serán siempre en U.S.D.

VIII.1. Contrat commercial

Contrat de vente

Entre les soussignés :

La société X..., représentée par M. Adolfo Bustos, domicilié à Madrid, calle Maudes, 24, ci-après dénommé l'ACHETEUR, d'une part,

et la société Y..., représentée par M. Jim Larsson, domicilié à Houston, Etats-Unis, Kinderkamack Road, 419, ci-après dénommé le VENDEUR, de l'autre,

il a été exposé et convenu ce qui suit :

Exposé

– l'ACHETEUR est une entreprise espagnole d'électronique, leader dans son secteur, se consacrant à la conception et à la fabrication d'équipements électroniques ;

– en raison de son activité, l'ACHETEUR doit acquérir des composants obéissant à des spécifications rigoureuses ;

– le VENDEUR est une firme internationale hautement spécialisée dans la vente et distribution des composants ;

– le VENDEUR dispose d'un réseau d'agents lui permettant d'offrir à ses clients des composants des pays les plus avancés ;

– les deux parties désirent souscrire le présent CONTRAT DE VENTE, en vertu duquel l'ACHETEUR décide d'acheter et le VENDEUR décide de vendre les composants utilisés dans l'activité de l'ACHETEUR.

En conséquence, il a été convenu ce qui suit :

Convention

1. Domaine d'application

Les présentes clauses prévalent sur tout contrat qui aurait pu être souscrit au préalable entre les parties.

2. Confirmation de commandes

Les commandes de l'acheteur seront considérées comme devant être soumises dans tous les cas à l'acceptation du vendeur, lequel devra confirmer cette acceptation à l'acheteur par écrit.

3. Prix

Les prix des produits faisant l'objet du présent contrat seront déterminés sous la forme spécifiée dans l'"ANNEXE 1" signée par les deux contractants.

Les offres du vendeur auront une validité de trente jours (30) à compter de la date d'émission.

À moins qu'un autre engagement n'ait été pris par écrit, tous les prix seront indiqués hors T.V.A. ou impôts similaires.

Les prix proposés par le vendeur seront toujours exprimés en U.S.D.

VIII.1. Contrato mercantil

La compraventa constituye el prototipo de los actos de comercio. Ningún otro expresa con tanto vigor la función peculiar[1] del tráfico mercantil como actividad mediadora dirigida a facilitar la circulación de bienes. La compraventa se entiende[2] mercantil cuando los bienes son adquiridos por el comprador para, a diferencia de la compraventa civil, revenderlos, bien en la misma forma o bien en otra diferente, con ánimo de[3] lucrarse[4].

La compraventa, como todo contrato bilateral, genera obligaciones para ambos contratantes. El vendedor queda obligado a conservar el bien vendido y a ponerlo en poder del comprador en el tiempo y lugar pactados. Este, por su parte, se compromete[5] a pagar el precio y a hacerse cargo de[6] las mercancías. No obstante, se trata de un contrato que no transmite por sí mismo el dominio[7] de los bienes; la propiedad de éstos sólo se adquiere cuando el comprador toma posesión de lo que se le entrega. Por eso, el código mercantil[8] estipula que los riesgos de pérdida o deterioro[9] corren a cargo del[10] vendedor hasta la entrega y que todo daño[11] acaecido[12] antes de este momento da derecho al comprador para rescindir[13] el contrato.

En los casos, tan difundidos por la acuciante[14] necesidad de forzar las ventas, de compraventa con pago diferido o a plazos[15], este modelo de traspaso de la propiedad[16] constituye una amenaza constante ante la posible insolvencia[17] de los clientes. Para soslayar[18] este riesgo se recurrió a insertar[19] una cláusula o pacto de reserva de propiedad[20] a favor del vendedor en tanto[21] no se pague la totalidad. Dicha cláusula suscitó en un principio ciertas dudas, pero la jurisprudencia la declaró válida en reiterados fallos[22], por estimar que no es contraria a la ley y con el fin de atajar[23] el preocupante aumento de quiebras en cadena. También para paliar estos riesgos, se ha encubierto[24] la compraventa bajo una forma contractual no transmisora de propiedad, la venta-arrendamiento[25] o *leasing*, en la que el vendedor aparece cediendo la posesión y el uso de las cosas por un determinado plazo a título de arrendamiento[26], con la promesa a favor de la otra parte de transmitirle la propiedad al término del contrato.

VIII.1. Contrat commercial

1. peculiar : *particulière, caractéristique*; adjectif invariable en genre.
2. la compraventa se entiende : *le contrat d'achat et de vente est considéré.*
3. con ánimo de : *dans l'intention de.*
4. lucrarse : *obtenir un bénéfice, s'enrichir.*
5. se compromete : de comprometerse, *s'engager.*
6. hacerse cargo de : *prendre en charge, prendre à sa charge*; hacerse cargo de (la situación) : *se rendre compte, prendre conscience*; hacerse cargo de (un negocio) : *se charger de, prendre en charge, prendre en main.*
7. dominio m. : *propriété.*
8. código mercantil m. : *code de commerce.*
9. riesgos de pérdida o deterioro m., pl. : *risques pour perte et dommages.*
10. corren a cargo de : de correr a cargo de, *être à la charge de.*
11. daño m. : *dommage.*
12. acaecido : de acaecer, *survenir, arriver.*
13. rescindir : *résilier.*
14. acuciante : *pressante, urgente*; adjectif invariable en genre.
15. a plazos : *à tempérament.*
16. traspaso de propiedad m. : *transfert de propriété.*
17. insolvencia f. : *insolvabilité.*
18. soslayar : *éviter.*
19. insertar : *insérer.*
20. cláusula o pacto de reserva de propiedad : *clause de réserve de la propriété.*
21. en tanto : *tant que.*
22. fallos m., pl. : *sentences, arrêts; failles, erreurs.*
23. atajar : *enrayer, couper court à, arrêter; prendre un raccourci, couper le chemin.*
24. se ha encubierto : de encubrir, *cacher, dissimuler.*
25. venta-arrendamiento f. : *crédit-bail, leasing*; on utilise généralement le mot anglais **leasing**; on dit aussi **crédito-arrendamiento**.
26. arrendamiento m. : *bail, location; affermage.*

VIII.1. Contrato mercantil

aceptación f. tácita, silencio m. positivo : *acceptation tacite*
ante el juez : *par-devers le juge*
antedatar : *antidater*
apéndice m. : *avenant*
arreglo amistoso : *règlement amiable*
asesor m. jurídico : *conseiller juridique*
atestado m. : *acte, attestation*
beneplácito m. : *agrément*
caducidad f. : *forclusion*
cancelación m. : *annulation de plein droit*
cédula m. notarial : *exploit d'huissier*
celebrar, otorgar contrato : *passer contrat*
cláusula f. adicional : *clause additionnelle*
código m. : *code*
concordato m. : *concordat*
conforme a lo dispuesto en : *conformément aux dispositions de*
constar : *figurer*
contractual : *contractuel*
contrato m. de compraventa : *contrat de vente*
daños y perjuicios : *dommages et intérêts*
dar fe : *certifier*
en debida forma : *en bonne et due forme*
en forma fehaciente : *par acte extra-judiciaire*
estipular : *stipuler*
expedir : *délivrer (un document)*
fe f. : *attestation, certificat*
fehaciente : *qui fait foi*
fiador m. : *garant*
fianza f. : *caution*
fidedigno : *digne de foi*
levantar un atestado : *dresser un constat*
mandatario m. : *mandataire*
medida f. cautelar : *clause de sauvegarde*
pacto de reserva de propiedad : *clause de réserve de propriété*
parte f. : *partie (d'un contrat)*
persona f. jurídica : *personne morale*
preaviso m. : *préavis*
venta-arrendamiento : *crédit-bail*
vigencia f. : *fait d'être en vigueur*

VIII.1. Contrat commercial

EXERCICES

I. Construisez les adjectifs correspondant aux substantifs suivants :

viabilidad	contrato	mercancía
riesgo	ley	insolvencia

II. Construisez les verbes correspondant aux substantifs suivants :

posesión	plazos	ley
riesgo	lucro	pacto
código	caro	previsión

III. Complétez les phrases avec *aunque, por más que, a pesar de, con todo, aún así,* selon les cas :

1. No hemos recibido todavía las mercancías, ... que la fecha estaba claramente especificada en el contrato.
2. No podemos concederles un descuento superior al 2% .... se empeñen.
3. .... los precios aumentasen el año que viene, les mantendríamos la misma tarifa.
4. Se trata de uno de nuestros mejores clientes, pero .... nos está colocando en una situación difícil.
5. Vamos a firmar el contrato, ... es evidente que nos resulta difícil atender a su pedido.
6. Incluiremos una cláusula de reserva de propiedad, ... no estén de acuerdo.
7. No podemos ajustar más los precios .... la disminución del coste de las materias primas, ya que ha aumentado mucho el de la mano de obra.

IV. Traduisez en espagnol :

1. Nous venons de signer un important contrat avec une société étrangère qui distribue des composants électroniques dans le monde entier.
2. Les deux parties sont arrivées à un accord à l'amiable dans un délai assez court.
3. Si nous décrochons tant de gros contrats aujourd'hui, c'est à cause de la qualité de nos produits et de notre renommée.
4. La demande interne est atone, ce que traduisent, pour la consommation des particuliers, les résultats particulièrement médiocres du commerce.

VIII.2. Licencias, patentes[1] y marcas[2]

– Todavía estamos pagando las consecuencias[3] de nuestra falta de reflejos a la hora de registrar[4] el nuevo producto : miles de horas de trabajo e investigación[5] pueden acabar siendo inútiles para nuestros intereses.

– Hemos pagado la novatada[6], pero ya hemos comprendido el interés de proteger las innovaciones tecnológicas. En algunos casos, una patente puede suponer un negocio tan capital que en los registros de la propiedad[7] se precisa no sólo la fecha, sino[8] hasta el minuto en que se realiza la concesión[9] en cada uno de los países en que el inventor debe solicitarla.

– En España estamos desinformados y se da el caso, como nos ha ocurrido a nosotros, de[10] que las firmas nacionales pierdan el derecho de comercializar sus productos. Como además abundan[11] tanto los despistados[12] como[13] los avezados[14], los litigios[15] están proliferando. Pero el mercado único puede abrir los ojos de los empresarios españoles respecto a la necesidad de patentar[16] sus productos y registrar su marca.

– Justamente, la legislación comunitaria pretende acabar con los litigios y establece que los productos han de estar necesariamente registrados en todos los países miembros para comercializarse sin ninguna traba[17].

– Entonces, ¿basta[18] registrar el producto una vez?

– ¡Qué va[19]! En cada país debe solicitarse una patente y en cada registro inscribir la marca. Además, las patentes tienen una vida de 20 años y, una vez transcurridos[20], cualquiera puede explotar el producto. En cuanto a[21] las marcas, tienen una vigencia[22] de 10 años, renovables, lo que a la postre[23] las hace eternas.

– ¿Y de cuánto tiempo se dispone en los otros países?

– De un año, a partir de la fecha de inscripción en el propio país, para realizar los trámites[24] en cuantas naciones se desee[25] figurar como propietario de la patente. La legislación, a la vez que va endureciendo[26] las exigencias sobre el registro, cierra también el paso[27] a posibles estafadores[28] y falsificadores[29].

VIII.2. Licences, brevets et marques

1. **patentes** f., pl. : brevets.
2. **marcas** f., pl. : *marques;* **marca patentada o registrada** f. : *marque déposée.*
3. **todavía estamos pagando las consecuencias** : *nous sommes encore en train de subir les conséquences.*
4. **registrar** : *déposer, enregistrer.*
5. **investigación** f. : *recherche; enquête.*
6. **hemos pagado la novatada** : de **pagar la novatada**, *essuyer les plâtres.*
7. **registros de la propiedad** m., pl. : *registres de la propriété.*
8. **no sólo la fecha, sino** : *non seulement la date, mais.*
9. **concesión** f. : *délivrance (d'un brevet); concession, octroi.*
10. **se da el caso de** : *il arrive.*
11. **abundan** : de **abundar**, *foisonner, être très nombreux.*
12. **despistados** m., pl. : *distraits.*
13. **tanto... como** : *aussi bien... que.*
14. **avezados** m., pl. : *expérimentés, rompus.*
15. **litigios** m., pl. : *litiges, contestations, différends; procès.*
16. **patentar** : *breveter; déposer une marque.*
17. **traba** f. : *obstacle, entrave; lien, assemblage.*
18. **basta** : de **bastar**, *suffire, n'y avoir que.*
19. **¡qué va!** : *tu parles! penses-tu!*
20. **transcurridos** : de **transcurrir**, *passer, s'écouler.*
21. **en cuanto a** : *quant à.*
22. **vigencia** f. : *durée de validité.*
23. **a la postre** : *finalement, en fin de compte.*
24. **trámites** m., pl. : *démarches, formalités.*
25. **en cuantas naciones se desee** : *dans toutes les nations où l'on souhaite;* on emploie cette expression de préférence à **en todas las naciones en las que se desee**; ne pas confondre avec **en cuanto** (invariable) : *dès que.*
26. **va endureciendo** : *durcit progressivement;* **ir + gérondif** rend le développement progressif de l'action.
27. **cierra también el paso** : *barre aussi la route.*
28. **estafadores** m., pl. : *escrocs.*
29. **falsificadores** m., pl. : *falsificateurs.*

Contrato de compraventa (continuación)

4. Entregas

El vendedor realizará las entregas a partir de pedidos por escrito remitidos por el comprador al domicilio del vendedor, que efectuará las entregas en la fecha prevista. Si los retrasos superaran 60 días desde esta fecha, el comprador podrá unilateralmente rescindir el contrato sin derecho a reclamación alguna del vendedor...

6. Condiciones de pago

El comprador deberá pagar las facturas que le remita el vendedor mediando una cualquiera de las siguientes formas de pago :

1) Al contado contra pedido.

2) Por transferencia bancaria contra la entrega de los documentos de embarque.

3) Mediante apertura de carta de crédito irrevocable.

Cuando el comprador incumpla las obligaciones de pago que contrae, el vendedor adquiere el derecho a efectuar un cargo, en concepto de demora, en razón a un dos por ciento (2%) mensual sobre los importes adeudados.

7. Transmisión de la posesión, de la propiedad y del riesgo por pérdida o daños

La posesión y el riesgo por pérdida o daños se transmiten al comprador en cuanto se produzca la entrega por el vendedor en el lugar estipulado.

La propiedad al comprador no se considerará transmitida hasta el total cumplimiento de su obligación de pago...

15. Jurisdicción

Ambas partes, con renuncia expresa a sus propios fueros, se acogen a la jurisdicción y competencia de los jueces y tribunales de Madrid para cuantas cuestiones litigiosas a la interpretación y aplicación de los términos del presente contrato.

16. Duración

El presente contrato tendrá una duración de doce meses (12) desde el momento de su firma por ambas partes y podrá ser renovado de mutuo acuerdo, con un preaviso por escrito de treinta días (30) antes de la fecha de caducidad.

POR EL COMPRADOR firmado sello de la empresa
POR EL VENDEDOR firmado sello de la empresa

Contrat de vente (suite)

4. Livraisons

Le vendeur effectuera les livraisons sur commandes par écrit envoyées par l'acheteur au domicile du vendeur qui livrera à la date prévue. Si le retard dépasse 60 jours à compter de cette date, l'acheteur pourra résilier unilatéralement le contrat sans aucun droit à réclamer pour le vendeur...

6. Conditions de paiement

L'acheteur devra payer les factures que lui enverra l'acheteur en utilisant l'un des moyens de paiement indiqués ci-après :

1) Au comptant, contre livraison de la commande.

2) Par virement bancaire contre remise des documents d'embarquement.

3) Au moyen de l'ouverture d'une lettre de crédit irrévocable. Lorsque l'acheteur ne respectera pas les obligations de paiement qu'il a contractées, le vendeur obtiendra le droit d'appliquer une majoration, pour cause de retard, à raison de deux pour cent (2%) par mois sur les sommes dues.

7. Transmission de la possession, de la propriété et du risque pour perte ou dommages

La possession et le risque pour perte ou dommages seront transmis à l'acheteur dès livraison par le vendeur à l'endroit stipulé.

La propriété ne sera pas considérée comme ayant été transmise à l'acheteur tant que ce dernier n'aura pas totalement rempli ses obligations de paiement...

15. Attribution de compétence

En cas de différends survenant pour l'interprétation ou l'application des présentes, ces différends seront soumis aux juges et tribunaux de Madrid, les deux parties renonçant expressément à leur propre juridiction.

16. Durée du contrat

Le présent contrat est conclu pour une durée de douze mois (12) à compter de la date de sa signature par les deux parties et peut être reconduit par consentement mutuel, avec un préavis de trente jours (30) avant sa date d'expiration.

POUR L'ACHETEUR	*signature*	*cachet de l'entreprise*
POUR LE VENDEUR	*signature*	*cachet de l'entreprise*

VIII.2. Licencias, patentes y marcas

La medida[1] de la dependencia tecnológica española constituye un indicador imprescindible[2] para poder analizar cuál será[3] el lugar que ocupe[4] el país dentro de la nueva división internacional del trabajo inducida por la producción de nuevas tecnologías. Aunque el deslinde[5] entre "alta tecnología" o "tecnología puntera[6]" y las demás no sea siempre fácil, el índice de la tasa[7] de cobertura en productos de alta tecnología y, sobre todo, el de contratos de transferencia de tecnología (medida por la relación entre cobros y pagos[8]) pueden servirnos como indicadores de esa dependencia, a pesar de su carácter forzosamente limitado y de las realidades complejas que pueden encubrir.

Así, si una tasa débil[9] de cobertura en un sector como el de[10] la química, de capital[11] multinacional, es sólo indicativa de la internacionalización de flujos característica de ciertos sectores industrializados, la tasa de cobertura singularmente baja que posee España respecto a productos de alta tecnología en otros sectores como material de oficina[12] y ordenadores[13], material electrónico e instrumentos de precisión, con una clara tendencia al incremento de las importaciones, es, al contrario, un signo evidente de dependencia.

Sin embargo, en la transferencia tecnológica[14] es donde[15] más claramente se manifiesta esta subordinación : si bien[16] el porcentaje de cobros respecto a los pagos es particularmente débil, éstos se refieren[17] en su mayor parte no tanto a contratos por patentes[18] sino a contratos de servicio, esencialmente de asistencia técnica. Dada[19] la procedencia[20] de éstos y la extraordinaria concentración de la demanda en un reducido número de empresas y de sectores industriales, es preciso[21] concluir que la balanza tecnológica más negativa la presentan las multinacionales instaladas en España.

Ante esta situación, el reto[22] que la economía española deberá afrontar es el de[23] aprovechar[24] la transferencia para mejorar la difusión y la incorporación de nuevas tecnologías que permitan[25] alcanzar el nivel mínimo necesario a una producción nacional de bienes de contenido tecnológico alto, orientados hacia el mercado nacional. Sólo de este modo, España podrá evitar convertirse en[26] un país totalmente dependiente de la tecnología extranjera.

VIII.2. Licences, brevets et marques

1. **medida** f. : *mesure*.
2. **imprescindible** : *indispensable*.
3. **será** : *pourra être*. Le futur espagnol peut exprimer le doute.
4. **que ocupe** : *qu'occupera*. Le subjonctif traduit un futur hypothétique français dans les propositions relatives.
5. **deslinde** m. : *délimitation*. Le nom est masculin.
6. **tecnología puntera** : *technologie de pointe*.
7. **tasa** f. : *taux*. Le mot est féminin.
8. **cobros y pagos** m., pl. : *encaissements et paiements*.
9. **débil** : *faible*.
10. **el de** : *celui de*.
11. **de capital** : la préposition **de** introduit une qualité intrinsèque.
12. **material de oficina** f. : *matériel de bureau*.
13. **ordenadores** : *ordinateurs*. Le mot est masculin. Son synonyme, moins employé, **computadora**, est féminin.
14. **transferencia** f. **tecnológica** : *transfert de technologie*.
15. **en la transferencia... es donde** : *c'est dans le transfert... que*. Lorsque, dans la traduction de *c'est... que, que* reprend un complément circonstanciel, il faut le traduire par **donde, como, cuando**.
16. **si bien + ind.** : *bien que + subj*.
17. **se refieren** : *concernent*.
18. **patentes** f., pl. : *brevets*.
19. **dada** : *étant donné*. Le participe s'accorde.
20. **procedencia** : *provenance, origine*.
21. **es preciso** : *il faut*.
22. **reto** m. : *défi*. Un synonyme est **desafío**.
23. **el de** : cf. 10.
24. **aprovechar** : *profiter de*. Ce verbe est transitif.
25. **que permitan** : cf. 4.
26. **convertirse en** : *devenir*. **Convertirse en** suivi d'un nom est une des traductions de *devenir* (il rend la transformation progressive du sujet). **Volverse** souligne un changement radical et **hacerse** marque la progression du changement tandis que **ponerse**, suivi d'un adjectif, traduit un changement superficiel et passager.

VIII.2. Licencias, patentes y marcas

acta f. notarial : *acte notarié*
casicontrato m. : *quasi-contrat*
caso m. fortuito, fuerza f. mayor : *force majeure*
concesión f. : *délivrance (d'un brevet)*
decomiso m. : *confiscation, saisie*
dependencia f. tecnólogica : *dépendance technologique*
desempeñarse : *se libérer de ses dettes*
diligencia f. : *acte de procédure*
doy fe : *j'atteste, je certifie*
escritura f. : *acte, document*
escritura privada : *acte sous seing privé*
escritura pública : *acte authentique*
estafador m. : *escroc*
extender o levantar acta : *dresser un acte, un procès-verbal*
falsificador m. : *falsificateur*
fedatario m. público : *officier ministériel*
fuero m. : *droit local*
fueros y costumbres : *us et coutumes*
gestión f. : *démarche*
indagación f. : *enquête*
inventor m. : *inventeur*
jurisprudencia f. : *jurisprudence*
laudo m. : *arbitrage*
marca f. patentada o registrada : *marque déposée*
parte f. adversa : *partie adverse*
patentar : *breveter*
patente f. : *brevet*
por vía ejecutiva : *par voie d'huissier*
registrar : *déposer, enregistrer*
rescindir : *résilier*
rescisión f. : *résiliation*
salvo acuerdo de lo contrario : *sauf décision contraire*
sello m. : *cachet*
sin gastos : *sans frais*
sin perjuicio de : *sous réserve de*
surtir efecto : *prendre effet*
tecnología f. puntera : *technologie de pointe*
transferencia f. tecnológica : *transfert de technologie*
traspaso m. de propiedad : *transfert de propriété*

VIII.2. Licences, brevets et marques

EXERCICES

I. Trouvez les synonymes des mots ou des expressions suivants :

delimitación	transformarse en	ordenador
es necesario	desafío	aumento
indispensable	dependencia	tasa baja
origen		

II. Mettez les verbes en italique à l'indicatif ou au subjonctif selon les cas :

1. Una transferencia tecnológica que no *aprovechar* al sistema productivo condenará el país a la dependencia.
2. El reto que España *tener* que afrontar ha de ser el de una tecnología puntera nacional.
3. Las importaciones que *seguir* el mayor incremento el año pasado no han dejado de aumentar.
4. No sabemos cuál será el déficit que *pagar* por patentes.
5. Los países que no *disponer* de una tecnología propia se convertirán en simples mercados.

III. Complétez les phrases avec *convertirse en, volverse, ponerse* et *hacerse* selon les cas :

1. La situación .... definitivamente irreversible.
2. El país .... la quinta potencia industrial.
3. Cuando oyó la noticia, ... pálido.
4. Un cambio de estructuras .... imprescindible.
5. Desde hace dos años, el incremento .... visible.

IV. Complétez avec *donde, como, cuando* :

1. Fue hace unos años .... la crisis repercutió más.
2. Creando una tecnología propia es .... saldrá adelante.
3. En la índole de los pagos por transferencia es .... vemos la dependencia de un país.
4. Así es .... nos pudimos enterar de la noticia.

V. Traduisez :

1. Le taux d'encaissements sur paiements est assez faible.
2. Les redevances des brevets ont été payées.
3. Cette situation est un défi pour nous.
4. Il faut conclure que ce n'est pas une bonne mesure.

VIII.3. Contenciosos

– Le aseguro que estamos[1] ante un caso de competencia desleal[2].

– Pues, sí, ya que como Vd. me dice en el mercado empiezan a aparecer copias de un producto cuyo diseño[3] es exclusivo de su empresa.

– Así es[4]. Quisiera que Vd. se encargara[5] del caso. Me han hablado[6] de su bufete[7] como uno de los especialistas en derecho[8] de la propiedad industrial.

– No le han informado mal[9]. Aunque nuestra orientación es claramente mercantil[10], es cierto[11] que somos uno de los pocos bufetes que se dedican[12] particularmente a casos de propiedad industrial : patentes[13], marcas, falsificaciones[14], etc. Si entiendo bien, su caso entraría en este último apartado[15], pero antes de que sigamos[16] con el procedimiento, ¿podría informarme[17] lo más exactamente posible de qué se trata?

– Por supuesto, aquí le he traído los planos y las fotos de nuestro nuevo diseño y las fotos del producto competidor[18].

– Efectivamente, hay una gran semejanza[19] a primera vista, pero, dígame, ¿ha utilizado Vd. alguna forma[20] de protección legal?

– La verdad es que no. El estudio de diseño industrial se lo encomendamos[21] a una conocida empresa de consultores que se encargó de hacernos desde un estudio de viabilidad hasta[22] la fabricación del prototipo. En el contrato que firmamos[23] había una cláusula de confidencialidad bastante estricta.

– ¿Y no pensaron registrar el modelo industrial?

– Lo cierto es que[24] no conozco bien el tema. Algo había oído, pero no sabía que se pudieran[25] registrar.

– Pues, sí. Es una figura protegible ; de la misma manera que una invención por patente o un modelo de utilidad, el modelo industrial puede ser un objeto decorativo, incluso[26] un envase[27].

– ¿Y qué requisitos[28] se exigen?

– El único requisito que se exige es el de la novedad general, como es el caso de su producto. Otra cosa, ¿habían lanzado ya la fabricación en serie?

– No, con el prototipo habíamos fabricado un lote de muestra[29] para probarlo[30] con un grupo de usuarios[31].

– Bueno, entonces es probable que la competencia se haya servido de él para copiarlo.

– De acuerdo, empezaremos por denunciarlo.

VIII.3. Contentieux

1. **estamos** : **estar** localise, même métaphoriquement.
2. **desleal** : *déloyale*. Adjectif invariable quant au genre.
3. **cuyo diseño** : *dont le design*.
4. **así es** : *c'est cela*. Locution synonyme de **eso es**.
5. **se encargara** : *que vous vous chargiez*. L'imparfait du subjonctif est obligatoire par concordance (**quisiera que...**)
6. **me han hablado** : *on m'a parlé*. Rappelez-vous que la troisième personne du pluriel est l'une des traductions de *on*.
7. **bufete** m. : *cabinet d'avocats*.
8. **derecho** m. : *droit*.
9. **no le han informado mal** : *on vous a bien renseigné*. Cf. 6.
10. **orientación mercantil** : *orientée vers le droit commercial*.
11. **es cierto** : *il est vrai*.
12. **se dedican a** : *s'occupent de*.
13. **patentes** f., pl. : *brevets*.
14. **falsificaciones** : *contrefaçons*.
15. **este último apartado** : *ce dernier cas (dernière section)*.
16. **antes de que sigamos** : *avant que nous ne continuions*. Comme en français, **antes de que** exige le subjonctif.
17. **informarme** : *me renseigner*.
18. **competidor** m. : *concurrent*.
19. **semejanza** f. : *ressemblance*.
20. **alguna forma** : *une forme (quelconque)*.
21. **se lo encomendamos** : *(la) lui avons confiée*. **Se** (qui remplace **le**) annonce le complément indirect ... **a una empresa**. **Lo** fait référence à **estudio**.
22. **desde... hasta** : *depuis... jusqu'à*.
23. **firmamos** : *nous avons signé*.
24. **lo cierto es que** : *il est vrai que...*
25. **que se pudieran** : *qu'ils auraient pu*. Le subjonctif – qui marque une insistance sur l'incertitude – n'est pas obligatoire après un verbe qui exprime l'ignorance.
26. **incluso** : *même*.
27. **envase** m. : *récipient*.
28. **requisito** m. : *condition requise*. Le mot est masculin.
29. **lote** m. **de muestra** f. : *série réduite servant d'échantillon*.
30. **probarlo** : *l'essayer*.
31. **usuarios** m., pl. : *utilisateurs*.

VIII.3. Contenciosos

Los **Juzgados de Paz** y **Juzgados de Distrito** entienden los actos de conciliación y de las pretensiones de pequeña cuantía en el orden civil, y en el orden penal de toda clase de faltas.

Los **Juzgados de primera Instancia e Instrucción** conocen en la vía civil de las demandas y de las pretensiones de 50 000 pesetas en adelante; en el orden penal, instruyen toda clase de delitos comunes; en ambas vías resuelven las apelaciones contra las sentencias de los jueces de Paz y de Distrito.

Los **Juzgados centrales de Instrucción**, de competencia estrictamente penal, instruyen los delitos de falsificación de moneda, tráfico de drogas, fraudes alimenticios, etc.

Las **Audiencias Provinciales** radican en las capitales de provincia; fallan toda clase de causas instruídas por delito, salvo aquéllas de la competencia de la Audiencia Nacional, y las apelaciones en determinadas materias civiles.

Las **Audiencias Territoriales** conocen de las apelaciones contra las sentencias dictadas por los jueces de primera instancia no expresamente atribuídas a las Audiencias Provinciales.

La **Audiencia Nacional** es un órgano ordinario y colegiado; su jurisdicción se extiende a la totalidad del territorio nacional con competencia en el orden jurídico penal y en el contencioso administrativo.

Los **Tribunales Superiores de Justicia de las Comunidades Autónomas** culminan la organización judicial en su ámbito territorial; los estatutos de autonomía establecen las formas de participación de las Comunidades en la organización judicial.

El **Tribunal Supremo** tiene sede en Madrid y seis salas : la Primera, de lo civil, la Segunda, de lo penal, las Tercera, Cuarta y Quinta de lo contencioso-administrativo y la Sexta, de lo social; está compuesto por el Presidente (nombrado por el Rey a propuesta del Consejo General del Poder Judicial) y los Magistrados; es el órgano jurisdiccional superior de toda España, excepto en materia constitucional; crea la jurisprudencia a través de sus sentencias y constituye asimismo una de las fuentes del derecho.

Las misiones del **Ministerio Fiscal** son promover la acción de la justicia en defensa de la legalidad, de los derechos de los ciudadanos y del interés público, de oficio o a petición de los interesados, y velar por la independencia de los tribunales; el **Consejo General del Poder Judicial** asume el gobierno del Poder Judicial.

VIII.3. Contentieux

*Les **Juges de Paix et de District** connaissent des actes de conciliation et des affaires où les sommes en litige sont faibles, en matière civile, et au pénal des jugements de contravention.*

*Les **Juges de première Instance et d'Instruction** connaissent en matière civile des affaires et des litiges au-delà de 50 000 pesetas ; en matière pénale, ils instruisent tous les délits communs ; ils émettent des jugements d'appel contre les sentences des juges de Paix et de District.*

*Les **Juges d'Instruction**, de compétence strictement pénale, instruisent les délits de falsification de monnaie, de trafic de drogue, de fraudes alimentaires, etc.*

*Les **Cours Provinciales** siègent dans les capitales de province ; elles connaissent de tous les délits, sauf ceux de la compétence de l'Audience Nationale et émettent des jugements d'appel dans certaines matières civiles.*

*Les **Cours d'Appel** connaissent des recours contre les sentences des juges de première instance non attribués expressément aux Cours provinciales.*

*L'**Audience Nationale** est un organisme ordinaire et collégial ; sa juridiction s'étend à tout le territoire national avec des compétences en matières juridico-pénale et contentieuse-administrative.*

*Les **Cours Supérieures de Justice des Communautés Autonomes** chapeautent l'organisation judiciaire dans son cadre territorial ; les statuts d'autonomie établissent la forme sous laquelle les Communautés participent à l'organisation judiciaire.*

*Le **Tribunal Suprême** siège à Madrid et a six chambres, la Première, des affaires civiles, la Deuxième, des affaires criminelles, la Troisième, la Quatrième et la Cinquième, du contentieux administratif, et la Sixième, des affaires sociales ; il est composé du président (nommé par le roi sur proposition du Conseil Général du Pouvoir Judiciaire) et des magistrats ; c'est l'organe juridictionnel supérieur de toute l'Espagne, sauf en matière constitutionnelle ; il crée la jurisprudence par le biais de ses sentences et constitue ainsi l'une des sources du droit.*

*Les missions du **Ministère Public** sont de promouvoir l'action de la justice en défense de la légalité, des droits des citoyens et de l'intérêt général, d'office ou à la demande des ayants droit, et de veiller à l'indépendance des tribunaux ; le **Conseil Général du Pouvoir Judiciaire** dirige le Pouvoir Judiciaire.*

VIII.3. Contenciosos

El servicio público judicial español, al que todos los ciudadanos[1] tienen derecho según el mandato[2] constitucional, está aquejado[3] de muchos males. A mediados de[4] los años 80, se promulgó una ley de reforma judicial, pero dicha ley ha sido a todas luces[5] insuficiente. Resulta, pues, urgente introducir cambios que supongan una transformación profunda del mapa judicial[6] español y no simples apaños[7] superficiales.

Entre los problemas más importantes que se deben resolver, se encuentra el de la indispensable reforma de las normas procesales[8], que tienen una importancia fundamental para la correcta aplicación de la justicia; en efecto, el retraso[9] en la adopción de los cambios contemplados[10] por la ley está llevando al borde del colapso[11] a muchos juzgados y tribunales que se encuentran anegados[12] ante el enorme aumento de los pleitos[13] en los últimos años. Consecuencia directa de estas deficiencias es la lentitud[14] en la aplicación de la justicia, tanto en la instrucción de las causas y en la celebración del proceso, como a la hora de dictar el fallo[15].

Por otra parte, se enfrenta a una tradicional carencia[16] de medios, humanos y materiales. En el aspecto humano, y para alcanzar un estimable grado de eficacia[17], sería necesario un incremento[18] considerable de la dotación[19] de jueces y magistrados, así como un gran esfuerzo en la formación de quienes han de ejercer[20] la función jurisdiccional[21]. Respecto a los medios materiales, se impone la renovación o la construcción de edificios, la instalación de oficinas modernas y la puesta en funcionamiento de una red informática[22] que conecte entre sí[23] los diferentes órganos judiciales.

Un último punto que no es posible pasar por alto[24] al analizar el sistema judicial español es la falta[25] de independencia del poder judicial con respecto al poder ejecutivo. Debido a su función de control jurídico de la corrupción no atajada[26] desde otros frentes, el poder judicial se ha situado en una posición de enfrentamiento con los políticos que no favorece para nada la realización de su cometido[27] y que tiende a provocar la ingerencia del ejecutivo en los asuntos de justicia.

VIII.3. Contentieux

1. ciudadanos m., pl. : citoyens; citadins.
2. mandato m. : *mandat; ordre, commandement.*
3. está aquejado : de estar aquejado : *souffrir;* aquejar : *chagriner; affliger, frapper.*
4. a mediados de : *vers le milieu de;* suivi d'un mois, *à la mi-,* a mediados de mayo : *à la mi-mai.*
5. a todas luces : *de toute évidence.*
6. mapa judicial m. : *système judiciaire;* mapa m. : *carte.*
7. apaños m., pl. : *bricolages; arrangement, raccommodages.*
8. procesales : *des procès.*
9. retraso m. : *retard.*
10. contemplados : *envisagés;* contemplar : *envisager; contempler.*
11. a borde del colapso : *tout près de la paralysie.*
12. anegados : *noyés.*
13 pleitos m., pl. : *procès; querelle, dispute.*
14. lentitud f. : *lenteur.*
15. dictar el fallo : *prononcer une sentence;* fallo : *arrêt, sentence; faute, erreur, faille.*
16. carencia f. : *manque.*
17. grado de eficacia m. : *degré d'efficacité.*
18. incremento m. : *accroissement.*
19. dotación f. : *nombre;* la dotación est le personnel d'un service administratif.
20. han de ejercer : *doivent exercer;* haber de exprime moins une obligation catégorique qu'un simple futur, han de ejercer : *auront à exercer.*
21. jurisdiccional : *juridictionnelle.*
22. red informática f. : *réseau informatique.*
23. entre sí : *entre eux;* sí est traduit par *soi* uniquement dans les phrases impersonnelles, dans les autres cas par *lui, elle, eux, elles.*
24. pasar por alto : *passer sous silence, laisser de côté.*
25. falta f. : *manque; faute.*
26. atajada : de atajar, *enrayer; couper court à, arrêter.*
27. cometido m. : *tâche, mission, devoir.*

VIII.3. Contenciosos

abogado m., letrado, m. : *avocat*
acción f. civil, penal : *action civile, pénale*
acusado m. : *inculpé*
acusador m. privado : *avocat de la partie civile*
apelación f., recurso de apelación : *appel*
audiencia f. : *audience, audition, cour, palais de justice*
audiencia territorial : *cour d'appel*
auto m. de procesamiento : *arrêt d'accusation*
auto de sobreseimiento : *ordonnance de non-lieu*
bajo juramento : *sous la foi du serment*
careo m. : *confrontation*
colegiado m. : *inscrit au barreau*
colegio m. de abogados : *barreau*
confesarse reo : *plaider coupable*
cuerpo m. del delito : *corps du délit*
cursar una orden : *délivrer un mandat*
declaración f. jurada : *déclaration sur l'honneur*
declarante m. : *déposant*
denuncia f., querella f. : *plainte*
desagraviar : *dédommager*
fallo m., sentencia f. : *jugement, sentence*
fiscal m. : *avocat général, procureur*
gastos judiciales o procesales : *frais de justice*
improcedente : *irrecevable, non-fondé*
interponer : *interjeter, introduire un recours*
juez m. de instrucción : *juge d'instruction*
juicio m. sumario : *procédure d'urgence*
juicio sumarísimo, delito m. flagrante : *procédure de flagrant délit*
juzgado m. : *tribunal* (formé d'un seul juge)
ministerio m. fiscal : *ministère public*
presentar una denuncia, querellarse : *porter plainte*
procedimiento m. judicial : *procédure*
querellante m. : *plaignant*
recurso m. de casación : *pourvoi en cassation*
reincidencia f. : *récidive*
sumario m. : *sommaire, instruction judiciaire*
testigo m. de cargo : *témoin à charge*
tribunal m. de lo contencioso administrativo : *tribunal administratif*
tribunal de primera instancia : *tribunal de première instance*
veredicto m. absolutorio : *verdict d'acquittement*

VIII.3. Contentieux

EXERCICES

I. Utilisez l'indicatif ou le subjonctif selon les cas :

1. Llevaremos el asunto ante los tribunales, aunque no (estar) seguros de ganar.
2. Hemos perdido el proceso, a pesar de que (contar) con el mejor especialista en derecho de la propiedad industrial.
3. La justicia en España es muy deficiente, por mucho que (decir) los poderes públicos.
4. Estoy dispuesto a presentar la denuncia, aunque (tener) que esperar años para conocer la sentencia.
5. Conservaremos la esperanza, mientras el juez no (dictar) el fallo.
6. Aunque (nombrarse) un número elevado de jueces, no sería fácil cubrir las necesidades del país.

II. Complétez les phrases suivantes avec le pronom relatif approprié :

1. He visto en la televisión un reportaje sobre las falsificaciones de productos, ... son cada vez más frecuentes.
2. Te ayudaré a preparar el expediente, después de ...... me daré una vuelta por el Juzgado.
3. Les voy a explicar las razones por ...... me ha convocado el juez a declarar.
4. Me encontré en la sala de audiencias con ...... te presenté el otro día.
5. Se trata de un bufete ...... acaba de abrir y ...... abogados son especialistas en problemas de empresas.

III. Traduisez en espagnol :

1. Très usité dans le commerce international, l'arbitrage est un mode de règlement des litiges auquel les entreprises ont également de plus en plus recours aujourd'hui sur le plan national.
2. L'exclusion du bénéfice des marchés publics devrait être réservée aux infractions graves.
3. Si l'on instaure un casier judiciaire pour les personnes morales, une nouvelle équipe dirigeante risque de supporter le poids des infractions passées et de se trouver handicapée.
4. Le tribunal refuse de donner suite à la requête du failli.

IX. LA EMPRESA DEL FUTURO
L'ENTREPRISE DU FUTUR

1. Informática
   Informatique

2. Nuevos sistemas de información
   Nouveaux systèmes d'information

3. Empresa y ecología
   Entreprise et écologie

IX.1. Informática

– Como podrá comprobar[1], en esta oficina tenemos un parque de varios ordenadores personales que hemos adquirido a medida de[2] las necesidades que íbamos teniendo[3] y ahora nos encontramos con el problema de ponerlos en relación con otros departamentos, para que todos los usuarios puedan transmitirse datos[4] y conectar entre sí.

– Bien, entonces se trata de encontrar la buena topología, la que mejor se adapte[5] a sus necesidades...

– Ya, pero no veo muy bien a qué se refiere.

– Perdone, pero ya sabe lo que pasa con los términos que usamos[6]. Pues, bien, la topología es..., cómo decirle, una especie de[7] herramienta[8] utilizada para conectar de forma diferente a los distintos usuarios dentro de la red[9]...

– Ah, ¿y eso es muy importante? Se trata entonces de un programa[10].

– Bueno, no exactamente. Para entendernos, la organización física de la red es lo que se llama topología. En realidad, constituye un elemento esencial, porque la organización determina la manera en que la señal[11] eléctrica se transmite por el cable, teniendo en cuenta que esta señal es la que representa los datos. Por otra parte, la topología determina también la velocidad con la que estas señales se degradan según la distancia.

– ¿Y hay muchas topologías diferentes?

– Pues, no. Tres o cuatro. La más sencilla[12] sería unir[13] todos los ordenadores entre sí por medio de conectores, pero se puede dar cuenta de las limitaciones.

– Claro...

– Por eso[14], una forma mejorada es la topología en "bus", que tiene la ventaja, respecto a[15] la anterior, de eliminar todos los líos[16] de cables. Los ordenadores van todos conectados a un cable central, que se puede empotrar[17] en la pared, pero la longitud máxima de la red viene determinada por el diámetro de éste, ya que cuanto más[18] delgado es el cable, mayor[19] es la resistencia y menor[20] el alcance[21] de la señal.

– Entonces, este tipo[22] de organización sólo es posible para unos cuantos[23] ordenadores.

– Exactamente, y conviene pasar a una topología de estrella[24]. Los equipos[25] están entonces conectados a un punto central, que posibilita la comunicación entre los usuarios.

– Bueno, ya veo[26]. Yo le explico cuáles son las necesidades y Vd. se encarga de encontrar un sistema adecuado.

IX.1. Informatique

1. **comprobar** : *vérifier, constater.*
2. **a medida de** : *à mesure de, au fur et à mesure de.*
3. **íbamos teniendo** : le verbe **ir** apparaît souvent comme auxiliaire devant un gérondif lorsque la phrase contient une locution à contenu progressif (**a medida [que], poco a poco**, *petit à petit*...)
4. **datos** m., pl. : *données, informations.*
5. **la que... se adapte** : *celle qui... puisse s'adapter.* Dans les propositions commençant par un relatif (**que, el que, donde**...), le subjonctif (**adapte**) marque l'incertitude de l'action par rapport au futur, qui exprime lui une certitude.
6. **usamos** : *que nous employons, que nous utilisons.*
7. **una especie de** : *une sorte de.*
8. **herramienta** : *outil.*
9. **red** f. : *réseau.*
10. **programa** : en informatique, *logiciel.*
11. **la señal** : *le signal.* Le mot est féminin.
12. **sencilla** : *simple.*
13. **unir** : ici, *relier.*
14. **por eso** : *c'est pour cela que*...
15. **respecto a** : *par rapport à.*
16. **líos** m., pl. : ici le mot signifie *enchevêtrements.* Il peut avoir d'autres significations : *problèmes, difficultés*...
17. **empotrar** : *encastrer.*
18. **cuanto más** : première partie de la corrélation *plus... plus.*
19. **mayor** : deuxième partie de la corrélation, car **mayor** est *plus grand(e).*
20. **menor** : *plus petit(e).* N'oubliez pas que **mayor** signifie littéralement *plus grand.*
21. **alcance** m. : *portée.*
22. **este tipo** : *ce genre.*
23. **unos cuantos** : syn. de **algunos**, *quelques.*
24. **de estrella** : *en étoile.* La préposition **de**, utilisée pour les compléments de nom, exprime une définition.
25. **los equipos** : n'oubliez pas que **equipo** est un nom masculin et non féminin : **el equipo, los equipos.**
26. **ya veo** : littéralement *je vois (déjà).* **Ya** sert de renfort dans les expressions **ya veo, ya ves** *(tu vois),* **ya sabes** *(tu sais),* **ya sé** *(je sais).*

IX.1. Informática

Periféricos
Aparatos que se conectan a la unidad central del ordenador y que permiten utilizarlo y ampliar sus posibilidadas : pantalla, teclado, ratón, disco externo, impresora, modem.

Sistema de explotación
Programa que ejecuta todas las operaciones básicas, como, por ejemplo, lectura de disquettes, conservación de ficheros, gestión de la memoria, comunicación con los periféricos, lanzamiento de programas ; DOS es el sistema de explotación de los compatibles IBM y OS-MAC el de los Apple Macintosh, en cuyo caso se habla de un sistema de interfaz gráfica.

Programa lógico (software)
Programa, reglas y procedimientos relativos al funcionamiento de un conjunto de tratamiento de la información.

Hardware
El material, por oposición al programa lógico.

Paquete de programas
Programa elaborado de forma que lo utilicen varios usuarios para una misma aplicación o función.

Interfaz
Parte de un programa que permite conectarse con los elementos (máquina, hombre y otros programas lógicos) exteriores ; se suele hablar especialmente de interfaz para el módulo de comunicación entre el programa y el usuario.

Disco óptico
Discos que permiten registros permanentes de datos e imágenes ; pueden ser borrables o no.

CD-ROM (memoria de leer solamente)
Derivado del disco compacto de audio que constituye un medio para bases de datos de editoriales, guías y enciclopedias.

CAD (computer aided design)
Diseño asistido por ordenador ; utiliza pantallas de alta resolución que ofrecen imágenes tridimensionales del objeto por diseñar.

PAO
Publicación asistida por ordenador ; sistema de microedición, o sea conjunto de procedimientos electrónicos e informáticos para editar libros de pequeñas tiradas.

IX.1. Informatique

Périphériques

Appareils connectés à l'unité centrale de l'ordinateur et permettant de l'utiliser et d'élargir l'éventail de ses possibilités : écran, clavier, souris, disque externe, imprimante, modem.

Système d'exploitation

Programme qui exécute toutes les opérations de base, telles que lecture de disquettes, sauvegarde des fichiers, gestion de la mémoire, communication avec les périphériques, lancement des programmes ; DOS est le système d'exploitation des compatibles IBM et OS-MAC celui des Apple Macintosh ; dans ce dernier cas, on parle d'un système d'interface graphique.

Logiciel (software)

Programme, règles et procédés relatifs au fonctionnement d'un ensemble de traitement de l'information.

Hardware

Matériel, par opposition au logiciel.

Progiciel

Programme conçu pour être utilisé par plusieurs usagers en vue d'une même application ou fonction.

Interface

Partie d'un programme qui permet la connexion avec les éléments (machine, homme et autres logiciels) extérieurs ; en général, on emploie plus particulièrement le terme interface pour le module de communication entre le programme et l'usager.

Disque optique

Disques permettant d'enregistrer de façon permanente des données et des images ; ils peuvent être effaçables ou non.

CD-ROM (mémoire uniquement destinée à la lecture)

Dérivé du disque compact audio, c'est un moyen pour constituer des bases de données éditoriales, des guides et des encyclopédies.

CAO

Conception assistée par ordinateur ; elle utilise des écrans à haute résolution qui offrent des images tridimensionnelles de l'objet à concevoir.

PAO

Publication assistée par ordinateur ; système de microédition, c'est-à-dire ensemble des procédés électroniques et informatiques en vue d'éditer des livres à petits tirages.

IX.1. Informática

La automatización, aunque engloba conceptos distintos, enmascarados[1] éstos a su vez bajo siglas[2] diferentes, presenta unos rasgos[3] generales, caracterizados por su concentración sectorial y geográfica.

Las siglas CAD/CAM[4] – menos frecuentemente DAO (DAC)/FAO(FAC)[5] – designan respectivamente el empleo de la informática como instrumento de ayuda en el diseño[6] de un producto y en la automatización y el control de los procesos de producción, aunque el CAM se suele entender[7] como la programación asistida de las máquinas de control numérico[8]. En cuanto al mercado general de sistemas CAD/CAM, la oferta comprende los ordenadores personales (que posibilitan[9] la realización de planos[10] a bajo coste, pero no permiten una solución global), los puestos de trabajo autónomos conectados a un sistema más potente[11] y, por último, los equipos[12] propios llave en mano[13], lo cual[14] supone una inversión considerable. Las áreas[15] de aplicación más significativas se encuentran actualmente en el sector mecánico y en la fabricación eléctrica y electrónica. El diseño por computadora tiene cierta relevancia dentro de la arquitectura e ingeniería civil.

La fabricación integrada por ordenador (CIM[16]) supone un sistema único de utilización conjunta[17] de técnicas de CAD/CAM, lo mismo que todos los procedimientos informáticos que permiten las tareas de inspección, planificación, ensayo y control de calidad (CAT)[18].

Como la fabricación integrada por ordenador prima[19] una absoluta coordinación entre los distintos estamentos[20] de la empresa y suprime en teoría la separación entre la planta[21] de producción y las distintas áreas de organización, se trata, por lo tanto, de algo que va más allá de una revolución tecnológica.

Sistema costoso, al exigir[22] elevadas inversiones productivas y humanas, la implantación del CIM no está exenta[23] de riesgos de todo tipo, entre otros, la mala orientación de inversiones, y la desconexión entre islas de automatización.

Hoy por hoy[24], puede decirse que la fabricación integrada se concentra en el sector del automóvil, aunque ciertas empresas punteras[25] del País Vasco la han incorporado también, mientras que la investigación, estrechamente vinculada al tejido[26] industrial, se concentra igualmente en unas pocas[27] regiones : Cataluña, Madrid y el País Vasco.

IX.1. Informatique

1. **enmascarados** : *cachés*. Litt., *masqués*.
2. **bajo siglas** : *sous des sigles*. Souvenez-vous que la préposition **bajo** est obligatoire dans un usage figuré.
3. **rasgos** : *traits*.
4. **CAD/CAM** : sigles anglais *(Computer Aided Design* et *Computer Aided Manufacturing)*, qui sont utilisés en Espagne de préférence à leur traduction.
5. **DAO (DAC)/FAO(FAC)** : *sigles espagnols équivalents aux précédents mais moins usités* : **Diseño Asistido por Ordenador (por Computadora)** et **Fabricación Asistida por Ordenador (por Computadora)**.
6. **diseño** : ici, *conception*. Dans d'autres contextes, **diseño** signifie *design*.
7. **se suele entender** : *on entend généralement*. N'oubliez pas que, suivi d'un infinitif, **soler** exprime une action habituelle.
8. **control numérico** : *commande numérique*.
9. **posibilitan** : *rendent possible*.
10. **planos** : *plans*. À ne pas confondre avec **plan**, *projet*.
11. **potente** : *puissant(e)*. L'adjectif est invariable quant au genre.
12. **los equipos** : *les équipements*.
13. **llave en mano** : *clé en main*.
14. **lo cual** : *ce qui*. Équivalent de **lo que**.
15. **áreas** f., pl. : *secteurs*.
16. **CIM** : sigles de *Computer Integrated Manufacturing*.
17. **conjunta** : *conjointe*.
18. **CAT** : sigles de *Computer Aided Testing*.
19. **prima** : *donne la priorité*.
20. **estamentos** m., pl. : *services*.
21. **planta** f. : *centre*.
22. **al exigir** : bien que la signification de **al + infinitif** soit généralement la simultanéité de l'action, d'autres contenus sont exprimés par cette construction, comme ici : **porque exigen**, *parce qu'ils exigent*.
23. **no está exenta** : *n'est pas dépourvue*.
24. **hoy por hoy** : *actuellement*.
25. **punteras** : *de pointe*.
26. **tejido** m. : *tissu*.
27. **unas pocas** : *quelques*.

IX.1. Informática

automatización f. : *automatisation*
cable m. : *câble*
capacidad f. de almacenamiento : *capacité de stockage*
chip f. : *puce*
cinta f. magnética : *bande magnétique*
compatible : *compatible*
control m. numérico : *commande numérique*
disco m. externo : *disque externe*
diseño asistido por ordenador : *conception assistée par ordinateur (CAO)*
disquette m. : *disquette*
fichero m. : *fichier*
hardware m. : *hardware*
impresora f. : *imprimante*
interfaz f. : *interface*
lanzar un programa : *lancer un programme*
memoria f. : *mémoire*
microordenador m. : *micro-ordinateur*
microprocesador m. : *micro-processeur*
miniordenador m. : *mini-ordinateur*
modem m. : *modem*
ofimática f. : *bureautique*
ordenador m. personal : *ordinateur personnel*
ordenador portátil : *portable*
pantalla f. de alta resolución : *écran à haute résolution*
paquete m. de programas : *progiciel*
parque m. informático : *parc informatique*
periférico : *périphérique*
proceso m. de datos : *traitement des données*
programa m. : *programme*
programa m. lógico, software m. : *logiciel, software*
publicación f. asistida por ordenador : *PAO*
ratón m. : *souris*
red f. : *réseau*
robot m., autómata m. : *robot*
robótica f. : *robotique*
teclado m. : *clavier*
toma f. de datos : *saisie*
tratamiento m. de texto : *traitement de texte*
unidad f. central : *unité centrale*
visualización f. : *affichage*

IX.1. Informatique

EXERCICES

I. Trouvez les synonymes des mots et des expressions suivants :

comprobar	rasgos	diseño
posibilitar	exenta	vincular
este tipo	usar	en cuanto a

II. Remplacez les mots en italique par l'expression de l'habitude avec le verbe *soler*.

1. Los términos CAD/CAM *designan habitualmente* un tipo de procedimientos informáticos.
2. Hace unos años la automatización de procesos productivos *implicaba generalmente* grandes inversiones.
3. Las aplicaciones *se encuentran por lo general* en el sector mecánico y electrónico.
4. La fabricación integrada por ordenador va *acompañada casi siempre* de una nueva filosofía organizativa.
5. Nosotros *acostumbramos utilizar* nuevos procedimientos de fabricación.

III. Remplacez la locution *me toca a mí* selon le modèle :

Me toca a mí → Es mi vez

1. Les toca a Vds.
2. Nos toca a nosotros.
3. Le toca a él.
4. ¿Te toca a ti?
5. Nos toca a todos.
6. Ahora os toca a vosotros.

IV. Remplacez les phrases avec *como...* par des propositions de cause. Modèle :

Como es muy costosa, no podremos invertir en esa máquina.
→ *No podremos invertir en esa máquina, porque es muy costosa.*

1. Como la oferta es muy amplia, podremos elegir fácilmente. 2. Como los costes han bajado, habrá una disminución de precios. 3. Como el mercado se ha ampliado, se impone una diversificación. 4. Como no me ha pedido ninguna explicación, no le he dicho nada.

V. Traduisez :

1. La bureautique a complètement transformé les tâches administratives. 2. Les logiciels sont bien adaptés aux besoins des utilisateurs. 3. Il y a quelques années la commande numérique a transformé la machine-outil. 4. Les capacités de stockage de données sont de plus en plus grandes.

IX.2. Nuevos sistemas de información

– Por favor, ¿qué opina Vd. de la incorporación de técnicas informáticas al conjunto[1] de la Administración española y de la reciente difusión de ficheros con datos personales a fines de[2] comercialización por parte de ciertas empresas?

– Bueno, le contestaría diciendo que, como en otros países de Europa, tanto la incorporación de técnicas como la difusión de ficheros plantea la necesidad[3] de un tratamiento jurídico que rija[4] de forma flexible la relación del Estado con los ciudadanos[5], al mismo tiempo que proteja el ámbito individual[6] frente a[7] un posible abuso de la Administración o de empresas especializadas en el comercio de ficheros personales.

– ¿Y se puede evaluar el número de empresas dedicadas a ese negocio?

– Pues, actualmente las empresas que envían publicidad por correo en España realizan un volumen de negocios considerable, de unos[8] 200 000 millones[9] de pesetas. Pero todo ciudadano español puede defenderse de la avalancha de catálogos y ofertas comerciales por medio de la llamada "lista negativa". Cualquiera puede apuntarse[10] a dicha[11] lista. Aunque no disponemos de datos, una comparación con otros países europeos nos indica que Holanda, con 0,38 % inscritos[12] respecto a la población total, es el país con mayor tanto por ciento[13], seguido por Inglaterra (0,29 %), Alemania (0,27 %) y, de lejos, por Francia con 0,07 %.

– En cuanto a la informatización de las Administraciones públicas, existe un legítimo temor popular ante los bancos de datos[14] y su posible interconexión por parte de éstos.

– Bien, la necesidad de una legislación que controle el flujo de información sobre los individuos, tanto de ficheros públicos como[15] privados se ha vuelto[16] patente[17], pero el punto de equilibrio en esta materia delicada es difícil de[18] alcanzar. Por una parte, la rigidez[19] administrativa no debe frenar el progreso tecnológico, que redundaría en beneficio[20] de los propios ciudadanos (rapidez de trámites[21] burocráticos, mayor agilidad de la justicia, por ejemplo) y por otra, las diversas organizaciones de consumidores y usuarios[22] – fuera de[23] las materias que se refieren a la seguridad y a la defensa nacional – no dejan de[24] buscar una mayor participación representativa en el proceso[25] de garantía de la información privada y eso me parece positivo.

IX.2. Nouveaux systèmes d'information

1. **conjunto** m. : *ensemble*.
2. **a fines de** : *dans le but de*. Synonyme de **con el fin de, a fin de**.
3. **plantea la necesidad** : *nécessiter*.
4. **rija** : *puisse régler*. **Rija** est la forme du présent du subjonctif du verbe **regir** *(régler, réglementer)*.
5. **ciudadanos** m., pl. : *citoyens*.
6. **ámbito** m. **individual** : *la sphère individuelle*. Dans d'autres contextes, **ámbito** = *milieu, cadre*.
7. **frente a** : *face à*. Un équivalent pourrait être **ante**. La locution **delante de** ne peut pas être employée ici.
8. **unos** : *à peu près*. N'oubliez pas que **unos, unas** sont utilisés pour des quantités indéterminées.
9. **200 000 millones** : *deux cents milliards*. Il n'y a pas de traduction du mot *milliard* en espagnol (**mil millones**).
10. **apuntarse** : *s'inscrire*.
11. **dicha** : *cette*. **Dicho(s), dicha(s)** servent à faire une référence à quelque chose qui a déjà été mentionné auparavant. Littéralement, *susdit(e)(s)*.
12. **inscritos** : participe passé irrégulier du verbe **inscribir**, *inscrire*.
13. **tanto por ciento** : *pourcentage*. Le mot est synonyme de **porcentaje**.
14. **bancos** m., pl. **de datos** : *bases (banques) de données*.
15. **tanto... como** : *autant... que*. Le deuxième terme de la comparaison d'égalité est toujours introduit par **como**.
16. **se ha vuelto** : *est devenu*. **Volverse** est une des traductions de *devenir*.
17. **patente** : *évidente, patente*.
18. **es difícil de** : *il est difficile à*. Le complément de l'adjectif (**difícil**) est introduit par **de**.
19. **rigidez** f. : *rigidité*.
20. **redundaría en beneficio** : *tournerait à l'avantage*.
21. **trámites** m., pl. : *démarches (administratives)*.
22. **usuarios** : *usagers*.
23. **fuera de** : *en dehors de*.
24. **no dejan de** : *ne cessent de*.
25. **proceso** m. : *processus*. Dans d'autres contextes, le même mot peut signifier également *procès*.

IX.2. Nuevos sistemas de información

Correo electrónico

Servicio de mensajería electrónica que permite enviar y/o recibir mensajes de otros usuarios conectados a un mismo tipo de terminal o sistema infórmatico.

Fax

Gracias a este servicio se pueden transmitir documentos en facsímil a través de la red telefónica ; también es posible añadir una tarjeta a un ordenador personal para conectarlo a la red de telefax.

Modem

Dispositivo que permite a dos ordenadores conectarse entre sí mediante línea telefónica.

Videoconferencia

Sistema de comunicación mediante cable coaxial, fibra óptica o satélite para las largas distancias ; dos grupos de personas, reunidos en salas distantes y preparadas al efecto son capaces así de dialogar utilizando las redes de telecomunicación.

Videoteléfono

Sistema de comunicación a través de un terminal telefónico potenciado por una pantalla y una cámara.

Videotex

Servicio telemático a través del cual los usuarios pueden tener acceso y recuperar información desde los centros de servicios y bases de datos conectados ; es factible desde cualquier terminal capaz de conectarse vía modem a la red telefónica, lo que convierte a todo ordenador personal en un terminal videotex ; con esta misma lógica, todo aparato de televisión puede utilizarse para acceder a un sinfín de bases de datos y centros de servicios.

Teletexto

Servicio de información permanente que consiste en la emisión de páginas de escritura que se reciben en la pantalla del televisor mediante ondas herzianas o cable ; el único requisito para su recepción es equipar al aparato de TV con un descodificador y un mando a distancia.

Videotexto

Otro servicio de páginas escritas ; en este caso las imágenes se envían al televisor mediante cable telefónico ; permite también acceder a bases de datos.

IX.2. Nouveaux systèmes d'information

Courrier électronique

Service de messagerie électronique permettant d'envoyer et/ou de recevoir des messages des autres usagers reliés à un même type de terminal ou de système informatique.

Fax

Grâce à ce service, on peut transmettre des documents en fac-similé par le biais du réseau téléphonique; il est également possible de rajouter une carte à un ordinateur personnel afin de le connecter au réseau téléfax.

Modem

Dispositif qui permet à deux ordinateurs de se connecter entre eux au moyen d'une ligne de téléphone.

Vidéoconférence

Système de communication au moyen d'un câble axial, d'une fibre optique ou d'un satellite pour les longues distances; deux groupes de personnes, réunies dans des salles distantes et préparées à cet effet, sont ainsi capables de dialoguer en employant les réseaux de télécommunication.

Vidéotéléphone

Système de communication à travers un terminal téléphonique doté d'un écran et d'une caméra.

Vidéotex

Service télématique grâce auquel les usagers peuvent avoir accès, et recueillir de l'information, à des bases de données et à des centres serveurs connectés; il est utilisable à partir de n'importe quel terminal capable d'être relié, par modem, au réseau téléphonique, ce qui transforme tout ordinateur personnel en un terminal vidéotex; avec cette même logique, tout téléviseur peut être employé afin d'accéder à d'innombrables centres serveurs et bases de données.

Télétexte

Service d'information à la carte qui consiste à émettre des pages écrites reçues sur l'écran du téléviseur par ondes hertziennes ou câble; il suffit d'équiper le téléviseur d'un décodeur et d'une commande à distance.

Vidéotexte

Un autre service de pages écrites; dans ce cas, les images sont envoyées au téléviseur par câble téléphonique; il permet aussi d'accéder à des bases de données.

IX.2. Nuevos sistemas de información

El envío de información por medio[1] de señales binarias[2] se ha ganado un lugar[3] tan importante en la sociedad, que se puede decir cabalmente[4] que el funcionamiento eficaz de la economía de un país sería imposible sin él. El envío de datos ocupa la mayor parte de la red telefónica[5] de larga distancia[6], permite la rápida autorización de cobro de cheques[7] y facilita el pedido de mercancías[8]. La comunicación de datos permite la impresión simultánea, en ciudades distintas, de periódicos[9] de tirada[10] nacional e internacional, cuyo texto e ilustraciones[11] se transmiten desde un centro a las ciudades en que se han de imprimir día a día.

El hombre ha experimentado[12] siempre la necesidad de comunicar informaciones, pero con la aparición de la informática la comunicación de datos ha alcanzado la relevancia[13] de que goza[14] actualmente. Los ordenadores electrónicos podían almacenar[15] grandes cantidades de información y procesarla[16] rápidamente ; los equipos de entrada y salida habían mejorado mucho con respecto al teletipo[17] y la teleimpresora[18], por lo que podían operar más rápidamente ; además, como se utilizaban muchos ordenadores, se vio la necesidad de que estos comunicaran entre sí. En la década de los ochenta[19], los avances tecnológicos aumentaron las posibilidades, redujeron el tamaño[20] de los ordenadores y proporcionaron[21] nuevos enlaces[22] que permiten ir más allá[23] de las redes de área local, hacia complejos entramados[24] que conectan puntos situados en una misma o en diferentes ciudades.

La principal limitación de la capacidad de transmisión entre el transmisor[25] o fuente[26] y el receptor o destino[27], es el medio de transmisión, denominado[28] canal o línea. Sin embargo, los adelantos[29] científicos han permitido subsanar[30] esto gracias al sistema de transmisión digital por fibra óptica[31] y al sistema de transmisión por satélite[32]. Aunque ambos se utilizan internacionalmente, los cables de fibra óptica submarinos proporcionan un canal de comunicación con igual capacidad de transporte que los satélites, pero con mayor seguridad, menos interferencias, menos ruido[33] y coste más bajo.

IX.2. Nouveaux systèmes d'information

1. **por medio de** : *au moyen de.*
2. **señales binarias** f., pl. : *signaux binaires.*
3. **se ha ganado un lugar** : *a gagné une place.*
4. **cabalmente** : *parfaitement, exactement.*
5. **red telefónica** f. : *réseau téléphonique.*
6. **larga distancia** f. : *longue distance.*
7. **cobro de cheques** m., : *encaissement de chèques.*
8. **pedido de mercancías** m. : *commande de marchandises.*
9. **periódicos** m., pl. : *journaux;* on emploie également **periódico** comme adjectif, *périodique.*
10. **tirada** f. : *tirage.*
11. **cuyo texto e ilustraciones** : *dont le texte et les illustrations;* cuyo traduit *dont* complément d'un nom sujet *(dont le, dont la, dont les),* mais l'article n'apparaît pas en espagnol.
12. **ha experimentado** : de **experimentar**, *ressentir, éprouver; expérimenter, faire l'expérience.*
13. **relevancia** f. : *importance.*
14. **goza** : de **gozar**, *jouir, bénéficier.*
15. **almacenar** : *emmagasiner.*
16. **procesarla** : *la traiter.*
17. **teletipo** m. : *télétype.*
18. **teleimpresora** f. : *téléimprimante.*
19. **los ochenta** f. : *les années 80.*
20. **tamaño** m. : *taille.*
21. **proporcionaron** : de **proporcionar**, *fournir, procurer.*
22. **enlaces** m., pl. : *liaisons.*
23. **ir más allá** : *dépasser;* **más allá** : *au-delà.*
24. **entramados** m., pl. : *entrelacements.*
25. **transmisor** m. : *transmetteur.*
26. **fuente** f. : *source.*
27. **destino** m. : *destination.*
28. **denominado** : de **denominar**, *appeler, dénommer.*
29. **adelantos** m., pl. : *progrès; avances, avancements.*
30. **subsanar** : *corriger, réparer.*
31. **transmisión digital por fibra óptica** : *transmission numérique par fibre optique.*
32. **transmisión por satélite** : *transmission par satellite.*
33. **ruido** m. : *nuisance; bruit.*

IX.2. Nuevos sistemas de información

altavoz m. : *haut-parleur*
cable m. coaxial : *câble coaxial*
cámara f. : *caméra*
centro m. de servicios : *centre serveur*
conectar vía modem a un terminal : *relier par modem à un terminal*
consola f. : *console*
correo m. electrónico : *courrier électronique*
dato m. personal : *renseignement personnel*
descodificador m. : *décodeur*
enlace m. : *liaison*
equipo m. de vídeo : *équipement vidéo*
facsímil m. : *fac-similé*
fax m., telefax m. : *fax, téléfax*
fibra f. óptica : *fibre optique*
interconexión f. : *interconnection*
listado m. : *listage*
mando m. a distancia : *télécommande*
mensajería f. : *messagerie*
modular, desmodular : *moduler, démoduler*
onda f. herziana : *onde hertzienne*
pupitre m. : *pupitre*
red f. telefónica : *réseau téléphonique*
satélite m. : *satellite*
señal f. acústica, binaria : *signal acoustique, binaire*
servicio m. de información a la carta : *service d'information à la carte*
sistema m. de información : *système d'information*
sistema m. interactivo : *système interactif*
tanto m. por ciento : *pourcentage*
tarjeta f. : *carte*
teleimpresora f. : *téléimprimante*
telemática f. : *télématique*
teletexto m. : *télétexte*
teletipo m. : *télétype*
transmisión f. de datos : *transmission de données*
transmisión f. digital : *transmission numérique*
videoconferencia f. : *vidéoconférence*
videoteléfono m. : *vidéotéléphone*
videotex m. : *vidéotex*
videotexto m. : *vidéotexte*

IX.2. Nouveaux systèmes d'information

EXERCICES

I. Trouvez les synonymes des mots et des expressions suivants :

datos	a fines de	frente a
apuntarse a	respecto a	dicha lista
tanto por ciento	unos 200 000	se ha vuelto
patente	trámites	no dejan de...

II. Utilisez le futur ou le subjonctif selon les cas :

1. Buscamos un marco jurídico posible que **regir** sus futuras relaciones cuando se produzca la fusión.
2. El nuevo contrato que **firmar** mañana acaba de llegar.
3. Aunque sea muy buena, no podremos aceptar en ningún caso la proposición que nos **hacer**.
4. El que no **querer** recibir publicidad en un futuro, no la recibirá.
5. En su situación harán lo que nosotros **decir**.
6. En este momento ya podemos comunicarle las ventas que **realizar** aproximadamente el mes que viene.

III. Écrire en toutes lettres les pourcentages et les chiffres suivants :

1. 0,53 %, 45,8 %, 0,072 %, 1,78 %.
2. 758. 553 425 pts.
3. 2. 576 798 665 marcos.
4. 5. 542 987 324 libras.
5. 725. 245 355 482.

IV. Complétez avec la préposition qui convient :

1. El nuevo equipo se ha incorporado ya ...... uno de los departamentos de la nueva fábrica.
2. Manda el contrato ...... correo, que siempre es un medio más seguro.
3. Te pido la mayor discreción ...... respecto ...... lo que hablamos ayer.
4. El ciudadano se siente un poco desprotegido ...... la avalancha de publicidad no solicitada.
5. ...... mi parte no veo inconveniente alguno.
6. Sigue habiendo un tanto ...... ciento muy elevado de parados en ese sector.

IX.3. Empresa y ecologia

– Según leía ayer, las alertas medioambientales[1] han calado hondo[2] en los consumidores y el consumo de productos verdes se ha disparado[3] en estos últimos años.

– ¿De veras[4] crees que existe un cambio de mentalidad? Yo más bien[5] diría que este fuerte incremento es un fenómeno de moda. Consumir este tipo de productos es lo que se lleva[6] entre la gente que quiere estar al día[7].

– Para mí, sí hay algo más que la moda; el consumidor medio – esa es la novedad[8] – se ha dado hoy cuenta de que puede hacer algo para que el mundo siga dando vueltas[9]. Además, hasta las empresas se han percatado[10] del fenómeno y cada vez más firmas lanzan campañas de publicidad teñidas[11] de un color verde ecologista.

– Bueno, eso sí que es mero[12] oportunismo comercial. Hoy en día[13], todos los productos preservan algo, si hemos de creer la publicidad. Pero, suponiendo que esto sea cierto, lo que nadie nos dice es que para fabricar estos productos no nocivos, se continúa contaminando[14] nuestros ríos[15], nuestros mares y nuestros bosques[16].

– Claro que[17] se dan abusos por parte de[18] empresas que sólo quieren sacar partido de[19] la situación. Pero también existen casos de auténtica toma de conciencia. Por ejemplo, hasta hace poco, la piel[20] sintética era considerada como dar gato por liebre[21] y, ahora, los mismos fabricantes hablan de prendas[22] de piel ecológica.

– Pero esto es insignificante frente a la cantidad de animales que se destruyen con los vertidos tóxicos[23] o con las mareas negras. Por no hablar de la desaparición cada vez más rápida de las selvas[24] y los bosques.

– Tú sólo ves los aspectos negativos. Hay que admitir que un número creciente de industrias está actuando, y no únicamente por intereses comerciales. Muchas empresas dedican[25] hoy fuertes presupuestos a investigar métodos de fabricación menos contaminantes[26] y a la destrucción de residuos nocivos. Se pueden dar multitud de ejemplos, como los convertidores catalíticos[27] en el sector del automóvil, las pilas y baterías que no liberan productos tóxicos o las bolsas[28] y otros productos biodegradables.

IX.3. Entreprise et écologie

1. medioambientales : *environnementales;* medio ambiente m : *environnement.*
2. han calado hondo : de calar hondo : *pénétrer à fond.*
3. se ha disparado : de dispararse : *monter en flèche;* disparar : *faire feu.*
4. de veras : *vraiment.*
5. más bien : *plutôt.*
6. se lleva : de llevarse : *être à la mode.*
7. estar al día : *être à la page; être à jour.*
8. novedad f. : *nouveauté.*
9. siga dando vueltas : *continue à tourner,* de dar vueltas : *tourner;* vuelta : *tour.*
10. se han percatado : de percatarse : *se rendre compte, s'apercevoir.*
11. teñidas : de teñir : *teindre.*
12. mero : *simple.*
13. hoy en día : *de nos jours, à l'heure actuelle.*
14. contaminando : de contaminar : *polluer; contaminer.*
15. ríos m., pl. : *fleuves.*
16. bosques m., pl. : *bois.*
17. claro que : *il est bien évident que.*
18. por parte de : *de la part de;* la préposition por indique l'agent de l'action; à ne pas confondre avec de parte de : *de la part de,* où de indique l'origine; me dirijo a usted de parte del director : *je m'adresse à vous de la part du directeur.*
19. sacar partido de : *tirer profit, tirer parti.*
20. piel : *fourrure; cuir, peau.*
21. dar gato por liebre : *tromper, mystifier, abuser.*
22. prendas. f., pl. : *vêtements; gages, arrhes.*
23. vertidos tóxicos m., pl. : *déchets toxiques.*
24. selvas f., pl. : *forêts.*
25. dedican : de dedicar, *consacrer.*
26. contaminantes : *polluants.*
27. convertidores catalíticos m., pl. : *catalyseurs.*
28. bolsas f., pl. : *sacs.*

IX.3. Empresa y ecologia

Ecobalance

El ecobalance es el balance de los impactos de un producto o de un proceso de fabricación en el medio ambiente ; se estudia por ejemplo el ciclo vital de un producto ; el objetivo es conocer sus puntos fuertes y débiles con respecto al entorno ; de esta forma se elegirán las inversiones más adecuadas y se concebirán productos y procesos de fabricación que tengan en cuenta las exigencias medioambientales.

Auditoría verde

Estudio del funcionamiento de una empresa desde una perspectiva medioambiental : despilfarro (consumo excesivo de papel o de energía), contaminación interna y externa, etc.

Ecoproducto

Según la definición de la CE, "producto cuyo impacto medioambiental es mínimo" ; de momento no existe una armonización europea a pesar de los esfuerzos comunitarios, de modo que son instituciones privadas o públicas las que fijan las condiciones de obtención de una determinada marca ; por ejemplo, en España, ICONA (Instituto para la Conservación de la Naturaleza) ha registrado la marca corporativa de los parques nacionales que proponen productos artesanales elaborados en los propios parques y comercializados bajo el símbolo de un "sol verde".

Ecomárketing, ecopublicidad

El objetivo es vender utilizando la sensibilidad ecológica de una fracción más o menos importante de la clientela potencial ; se trata más bien de un argumento comercial que de una realidad : por ejemplo, muchas campañas publicitarias se centran en los detergentes sin fosfatos, cuando no existe ningún estudio científico fidedigno que demuestre su carácter menos perjudicial para el entorno.

Producto reciclable

Producto que, en teoría, puede utilizarse de nuevo, total o parcialmente, para fabricar otro ; ahora bien, esto supone la instalación de estructuras adaptadas para recuperarlo, tratarlo y volver a emplearlo, lo cual exige no sólo decisiones políticas y económicas sino también un comportamiento voluntarioso por parte de los consumidores.

Producto reciclado

Productos que se elaboran únicamente con materias procedentes del reciclaje ; representan una parte ínfima del mercado y suelen ser más caros por su producción en pequeñas cantidades.

IX.3. Entreprise et écologie

Ecobilan

L'écobilan est le bilan des impacts d'un produit ou d'un processus de fabrication sur l'environnement; on étudie, par exemple, le cycle de vie d'un produit; il s'agit de connaître ses points forts et faibles d'un point de vue écologique; on choisira ainsi les investissements les mieux adaptés et l'on concevra des produits et des processus de fabrication en fonction d'exigences environnementales.

Audit vert

Étude du fonctionnement d'une entreprise en terme de coût écologique : gaspillage (consommation excessive de papier ou d'énergie), pollution interne et externe, etc.

Ecoproduit

Selon la définition de la CE, «produit dont l'impact environnemental est minime»; il n'existe pas pour le moment d'harmonisation européenne malgré les efforts communautaires, de sorte que ce sont des institutions privées ou publiques qui fixent les conditions d'obtention d'un label déterminé; par exemple, en Espagne, l'ICONA (Institut pour la Conservation de la nature) a enregistré la marque corporative des parcs nationaux qui proposent des produits artisanaux élaborés dans les parcs eux-mêmes et commercialisés sous le symbole d'un «soleil vert».

Ecomarketing, écopublicité

L'objectif est de vendre, en utilisant la sensibilité écologique d'une certaine fraction plus ou moins importante de la clientèle potentielle; il s'agit plutôt d'un argument commercial que d'une réalité : par exemple, de nombreuses campagnes publicitaires insistent sur les détergents sans phosphates, alors qu'il n'existe aucune étude scientifique fiable qui en démontre le caractère moins nuisible pour l'environnement.

Produit recyclable

Produit qui, en théorie, peut être réutilisé, en totalité ou en partie, pour en fabriquer un autre; or, cela suppose la mise en place de structures adaptées pour le récupérer, le traiter et l'employer à nouveau, ce qui exige non seulement des décisions politiques et économiques mais aussi un comportement volontariste de la part des consommateurs.

Produit recyclé

Produits élaborés uniquement avec des matières provenant du recyclage; ils représentent une part infime du marché et sont souvent plus chers à cause de leur production en petites quantités.

IX.3. Empresa y ecologia

Si desde siempre ha existido[1] una relación entre el desarrollo económico y la transformación del medio ambiente[2], los problemas que se plantean a fines[3] del siglo veinte como consecuencia de la degradación de los recursos[4] naturales no pueden equipararse[5] con los ya existentes desde comienzos[6] de la revolución industrial.

Por un lado[7] reina una gran incertidumbre en los modelos de análisis, tanto para una previsión de fenómenos naturales (piénsese, por ejemplo, en las opiniones contradictorias sobre la evaluación de la capa de ozono y sus repercusiones) como para la evaluación de costes económicos derivados de ellos. Por otro[8], las políticas nacionales llevadas a cabo[9] hasta ahora se han vuelto[10] totalmente ineficaces sin previo acuerdo[11] entre los Estados, a falta[12] de una verdadera autoridad a nivel[13] planetario, ya que los perjuicios se producen no sólo entre los países desarrollados entre sí, sino[14] entre éstos y el tercer mundo.

Referente a[15] conflictos internos al Norte, cabe[16] mencionar la agudeza[17] del problema de vertidos[18], ya sean nucleares o puramente químicos.

En cuanto a las divergencias entre el Norte y el Sur, los instrumentos de análisis de esta región no sólo son totalmente insuficientes sino que[19] las repercusiones del modelo de desarrollo del Norte sobre un medio ambiente y unas poblaciones que dependen en gran parte de los recursos naturales pueden ser trágicas.

Por otra parte, un crecimiento demográfico elevado, asociado a su vez a un modelo de crecimiento económico en términos clásicos que propugnan[20] ciertos gobernantes de países poco desarrollados no puede más que conducir a una catástrofe ecológica al aceptar a cualquier precio[21] inversiones y transferencias de tecnología de industrialización, de consumo y de desplazamiento que reproducen el modelo del Norte.

Así, pues[22], la intervención de un organismo con autoridad a nivel mundial que pudiera[23] establecer, como mínimo, normas compensadoras entre los países contaminadores y los que sufren la contaminación aparece cada vez más[24] necesaria.

IX.3. Entreprise et écologie

1. **si... ha existido** : n'oubliez pas que les conditions introduites par **si** sont à l'indicatif (**han existido**) si celles-ci font référence à un fait réel.
2. **medio ambiente** : *environnement*.
3. **a fines** : *à la fin de*. Ne confondez pas avec **al fin** *(à la fin, enfin)* ni **en fin**, *enfin*, ni **al final (del pasillo, de la calle...)**, *au bout (du couloir, de la rue...)*.
4. **recursos** m., pl. : *ressources*.
5. **equipararse** : *se comparer*.
6. **comienzos** m., pl. : le pluriel sert à marquer l'indétermination ; cf. 3. **A comienzos**, *au début*.
7. **por un lado** : *d'un côté, d'une part*.
8. **por otro** : *de l'autre*.
9. **llevadas a cabo** : *réalisées*.
10. **se han vuelto** : n'oubliez pas que **volverse** est l'une des traductions du français *devenir*.
11. **sin previo acuerdo** : *sans accord préalable*.
12. **a falta de** : *faute de*.
13. **a nivel** : *au niveau*. La locution espagnole omet généralement l'article.
14. **no sólo... sino** : rappelez-vous que **sino** introduit un élément de la phrase qui est en opposition avec celui introduit par **no sólo** ; cf. 19.
15. **referente a** : *en ce qui concerne*.
16. **cabe** : *on peut*.
17. **agudeza** : *acuité*.
18. **vertidos** m., pl. : *déchets*.
19. **no sólo... sino que** : devant un verbe conjugué, l'opposition introduite par **sino** (en corrélation avec **no sólo** ; cf. 14) exige **que**.
20. **propugnan** : *défendent, soutiennent*.
21. **a cualquier precio** : *à n'importe quel prix*. N'oubliez pas que **cualquier** est invariable devant un nom masculin ou féminin.
22. **así, pues** : *donc, par conséquent*.
23. **que pudiera** : *qui pourrait*.
24. **cada vez más** : *de plus en plus*.

IX.3. Empresa y ecologia

acondicionar mercancías : *conditionner des marchandises*
basura f. : *ordures ménagères*
basurero m. : *décharge*
ciclo m. vital de un producto : *cycle de vie d'un produit*
contaminación f., : *pollution*
contaminar : *polluer*
depurar : *épurer*
deshecho m. : *déchet*
deshechos radiactivos o radioactivos : *déchets radioactifs*
detrito m. o detritus m. : *détritus*
ecobalance m. : *écobilan*
ecología f. : *écologie*
ecomárketing m., ecopublicidad f. : *écomarketing, écopublicité*
ecoproducto, m. : *écoproduit*
efluente m. gaseoso : *effluent gazeux*
elementos químicos tóxicos : *éléments chimiques toxiques*
embalaje m. : *emballage*
entorno m. : *environnement*
envase m. de materia plástica : *emballage en matière plastique*
escoria f. : *scorie*
estación f. de depuración : *station d'épuration*
incoar un expediente : *ouvrir un dossier*
marca, label m. : *label*
marea f. negra : *marée noire*
medioambiental, ambiental : *environnemental*
medio ambiente m. : *environnement*
multa f. : *amende*
naturaleza f. : *nature*
norma f. europea : *norme européenne*
pila f. eléctrica sin mercurio : *pile électrique sans mercure*
planta f. de reciclado : *usine de retraitement*
reciclaje m. : *recyclage*
reciclar : *recycler*
recuperación f. : *récupération*
residuo m. : *résidu*
sanción f. : *sanction*
tratamiento m. de residuos : *traitement* ou *retraitement des résidus*
vehículo m. de propulsión eléctrica : *véhicule à propulsion électrique*
vertedero m. : *décharge publique*
vertido m. contaminante : *déchet polluant*

IX.3. Entreprise et écologie

I. Utilisez l'indicatif ou le subjonctif selon les cas :

1. Pienso que no (poder) dejar pasar las oportunidades comerciales ofrecidas por la moda del ecologismo.
2. Me indigna que tantas empresas (continuar) despreocupándose totalmente de la contaminación que crean sus residuos.
3. Sería deseable que la Comunidad Europea (adoptar) una reglamentación común sobre la preservación del medio ambiente para los doce países que la (componer).
4. Es indudable que (estarse) logrando bastantes avances en el reciclaje de materiales no biodegradables.
5. No está nada claro que las medidas que se (acordar) para salvar la selva amazónica (tener) algún efecto.

II. Remplacez la locution *en mi opinión* par des expressions équivalentes qui indiquent l'opinion :

1. **En mi opinión**, queda todavía mucho por hacer en la mejora de los combustibles para vehículos.
2. Demasiadas empresas se sirven de la etiqueta "verde", **en mi opinión**, sin el menor escrúpulo.
3. También es verdad, **en mi opinión**, que algunas empresas han sabido aliar sus intereses comerciales con la fabricación de productos menos contaminantes.
4. **En mi opinión**, el problema de las mareas negras se debe, sobre todo, al mal estado de la flota petrolera mundial.
5. Los residuos radioactivos constituyen, **en mi opinión**, un problema imposible de resolver.

III. Traduisez en espagnol :

1. Dans le conflit entre économie et écologie, les nouveaux principes tendent vers un glissement supplémentaire en direction de l'économie de marché.
2. Les écosystèmes les plus vulnérables se trouvent pour l'essentiel dans les pays disposant des moyens financiers les plus faibles et des moyens d'action administratifs les moins efficaces.
3. L'environnement figure désormais en bonne place dans la liste des critères retenus par les investisseurs, et la question de la qualité de vie sur les sites industriels se pose de plus en plus souvent.
4. Les déchets toxiques représentent le plus grand potentiel de danger pour l'environnement.

X. LA EMPRESA
EN SU ENTORNO INSTITUCIONAL

L'ENTREPRISE DANS SON ENVIRONNEMENT INSTITUTIONNEL

1. Fiscalidad
   Fiscalité

2. Seguridad Social
   Sécurité Sociale

3. Seguros
   Assurances

4. Marco autonómico
   Cadre autonomique

5. Marco comunitario
   Cadre communautaire

X.1. Fiscalidad

– Dentro de poco[1] ya verás[2] cómo nos encontramos con una equiparación[3] de impuestos con todos los demás[4] países de la Comunidad y dudo que esto nos favorezca[5]. Me temo[6] que sea[7] más bien[8] lo contrario...

– Pues yo no soy de tu opinión y además no te entiendo. Tú siempre te has quejado, por ejemplo, de la injusticia de la tributación[9] del trabajo con respecto a empresarios y profesionales[10].

– Naturalmente, ya que[11] se tendría que incrementar[12] el tipo impositivo[13] de ese tipo de rentas[14], porque el peso siempre recae sobre nosotros, los asalariados.

– Ya sé[15], pero resulta que[16], según los periódicos, la mayoría de las declaraciones de base imponible[17] de profesionales y empresarios apenas sobrepasa el doble del salario mínimo.

– Pues a mí eso siempre me ha parecido muy curioso.

– Hombre, tampoco hay que extrañarse tanto. Será[18] así.

– Entonces tendrían que existir mejores métodos para la estimación objetiva[19] para los pequeños empresarios...

– Sí, pero como no sea[20] un régimen obligatorio, siempre podrán optar por otras formas más ventajosas.

– ¿Y con el IVA? ¿Tú qué crees que va a pasar?

– Pues en la perspectiva de un mercado único, lógicamente habrá una armonización de tipos.

– ¿Y eso nos beneficia o nos perjudica?

– Más bien nos perjudica porque el tipo normal que tenemos todos los contribuyentes[21] españoles, es decir los consumidores está por debajo de la media comunitaria.

– ¿Y en los demás países?

– Pues, depende, pero, en general, es más alto.

– Entonces, ¿tendrá que subir?

– A mí me parece que sí, ya que, sea cual sea[22] la decisión comunitaria, tendrá que incrementarse forzosamente en España.

– ¿Y los otros tipos?

– Pues puede que[23], al contrario, se reduzcan.

– A mí me gustaría saber qué es lo que va a pasar con los coches.

– Es probable que bajen los precios...

– Siempre que no nos impongan[24] otro tipo de tasa para compensar la bajada.

– Tú siempre tan pesimista. Ya verás cómo, a la larga, nos beneficia a todos.

X.1. Fiscalité

1. **dentro de poco** : *bientôt*. L'expression omet le mot **tiempo**.
2. **ya verás** : employé avec les verbes **ver** et **saber** (**ya veo, ya sabes**...), **ya** n'est qu'un simple renfort.
3. **equiparación** f. : *égalité*; ici, *harmonisation; comparaison.*
4. **los demás** : *(tous) les autres*. A la différence de **los otros**, qui exprime une alternance (**los unos... los otros**), **los demás** marque l'opposition *(le reste)*.
5. **favorezca** : présent du subjonctif de **favorecer**. Le subjonctif est nécessaire après le verbe **dudar** avec la signification de *douter*.
6. **me temo** : à la différence de **temer (= tener miedo)**, *avoir peur*, **temerse** a la signification de *craindre*.
7. **sea** : le subjonctif renforce la crainte, mais il n'est pas obligatoire après **temerse**.
8. **más bien** : *plutôt*.
9. **tributación** : *fiscalité*.
10. **profesionales** : *membres des professions libérales, cadres*.
11. **ya que** : *puisque*.
12. **incrementar** : *augmenter*.
13. **tipo** m. **impositivo** : *taux d'imposition*.
14. **rentas** f., pl. : ici, *revenus*.
15. **ya sé** : cf. 2.
16. **resulta que** : *il se trouve que*.
17. **base imponible** : *base d'imposition*.
18. **será** : *cela doit être*. N'oubliez pas que le futur espagnol peut exprimer le doute.
19. **estimación objetiva** : *régime fiscal du forfait*.
20. **como no sea** : *si ce n'est pas*. Suivi d'un subjonctif, **como** introduit des conditions à conséquences négatives.
21. **contribuyentes** : *contribuables*.
22. **sea cual sea** : *quelle que soit*. Le verbe au subjonctif suivi d'un relatif (**cual, lo que, como**...) et d'un autre subjonctif traduit le français *quoi, quel... que*.
23. **puede que** : *il se peut que*.
24. **siempre que no nos impongan** : suivi d'un subjonctif, **siempre que** introduit une proposition conditionnelle. Suivi d'un verbe à l'indicatif, la proposition est temporelle (*à chaque fois que*...).

X.1. Fiscalidad

Impuestos directos

Impuesto sobre la Renta de las Personas Físicas (IRPF)

Impuesto personal y progresivo, aplicado a la totalidad de los salarios y rentas de la unidad familiar; sistema de recaudación : retención directa con liquidación a fines de año; tipo impositivo máximo : el 56%.

Impuesto sobre el beneficio de las Sociedades (IS)

Impuesto personal y proporcional que grava los beneficios y plusvalías de las sociedades comerciales e industriales; desde 1983, el tipo impositivo general es del 35%.

Impuestos indirectos

Impuesto sobre el Valor Añadido (IVA)

Introducido en España desde el 1ro de enero de 1986, se trata de un tributo que grava las entregas de bienes y prestaciones de servicios; no es soportado por el empresario ya que su finalidad es recaer sobre el consumidor final de los bienes y servicios; existen cuatro tipos : general, el 15%; reducido, el 6%; super reducido, el 3% e incrementado, el 28%.

Impuestos sobre el capital

Impuesto General sobre Transmisiones Patrimoniales y Actos Jurídicos Documentados (ITP), que afecta dichas operaciones con tipos del 1 al 6%.

Impuesto Extraordinario sobre el Patrimonio de las Personas Físicas, sobre la fortuna, con un tipo progresivo del 0,20 al 2%.

Impuesto General sobre las Sucesiones : baremo progresivo, con tramos que dependen del grado de parentesco.

Impuestos locales sobre el capital

Licencia Fiscal : impuesto local que se exige al constituirse la sociedad y al principio de cada ejercicio fiscal; su importe depende de la importancia de la ciudad.

Licencia de Apertura : tasa municipal pagada al crearse un nuevo establecimiento comercial; importe según la superficie ocupada y la importancia de la calle.

Impuesto sobre Radicación : en los municipios de más de 100.000 habitantes, impuesto anual sobre la propiedad de locales profesionales.

Contribución territorial : cobrada por los municipios sobre todos los inmuebles ubicados en su territorio, sea cual fuere el propietario.

X.1. Fiscalité

Impôts directs

Impôt sur le revenu des personnes physiques

Impôt général et progressif, appliqué à la totalité des salaires et revenus du ménage ; recouvrement : retenue à la source avec liquidation en fin d'année ; taux maximum d'imposition : 56 %.

Impôt sur le bénéfice des sociétés

Impôt nominatif et proportionnel qui grève les bénéfices et les plus-values des sociétés commerciales et industrielles ; depuis 1983, le taux d'imposition est de 35 %.

Impôts indirects

Taxe sur la valeur ajoutée

Introduite en Espagne depuis le 1er janvier 1986 ; il s'agit d'un impôt qui grève les ventes de biens et les prestations de service ; il n'est pas supporté par le chef d'entreprise puisqu'il échoit finalement au dernier consommateur des biens et services ; il existe quatre taux : ordinaire, 15 % ; réduit, 6 % ; super réduit, 3 % et augmenté, 28 %.

Impôts sur le capital

***Impôt général sur les transmissions patrimoniales et les actes juridiques documentés**, affectant ces opérations, avec des taux de 1 à 6 %.*

***Impôt extraordinaire sur le patrimoine des personnes physiques** ; sur la fortune, taux progressif de 0,2 à 2 %.*

***Impôt général sur les successions** : barème progressif, avec des tranches qui dépendent du degré de parenté.*

Impôts locaux sur le capital

***Licence fiscale, patente** : impôt local exigé lors de la constitution de la société et au début de chaque exercice fiscal ; son montant est fonction de l'importance de la ville.*

***Licence d'installation** : taxe municipale payée lors de la création d'un nouvel établissement commercial ; montant selon la surface occupée et l'importance de la rue.*

***Impôt d'établissement** : dans les municipalités de plus de 100 000 habitants, impôt annuel sur la propriété de locaux professionnels.*

***Taxe foncière** : perçue par les communes sur tous les immeubles situés sur leur territoire, quel qu'en soit le propriétaire.*

X.I. Fiscalidad

El fraude[1] fiscal en España es algo más que una anécdota : cientos de miles de contribuyentes[2] burlan[3] a Hacienda[4], pese a la machacona publicidad[5] según la cual los ordenadores del fisco trabajan para impedir[6] el fraude.

La defraudación[7] por concepto del IVA[8] alcanza cotas del 26% para todas las operaciones y del 40% excluyendo las importaciones, mientras que el margen de fraude asumido en la CEE se sitúa en torno al[9] 15% de la recaudación[10]. La falsificación de facturas[11] sin contrapartida, a menudo elaboradas sin conocimiento de la empresa facturadora, se ha generalizado, así como la costumbre de disfrazar[12] uno mismo[13] las cifras de compras y ventas o de ponerse de acuerdo con proveedores o clientes. También se sustrae[14] dinero a las arcas del Estado[15] ocultando a los ojos[16] de Hacienda importantes sumas en bancos y cajas de ahorro. Como colofón[17], está el fraude inmobiliario; cerca de la mitad de las compraventas de pisos se realizan con dinero negro y haciendo figurar en escrituras[18] un tercio del valor como promedio[19]. Y son sólo tres pinceladas[20] de la realidad.

Algunos economistas achacan[21] el fraude al sistema tributario[22] español que, desde la reforma de 1978, sería demasiado exigente, fuertemente progresivo y generaría presiones individuales[23] altas. Este punto de vista lo rechazan rotundamente[24] los responsables de Hacienda, ya que España tiene los tipos[25] de IVA más bajos de Europa y, a pesar de ello, el fraude es muy elevado y creciente; según estos últimos, el fraude se produce, sea cual sea el nivel de carga impositiva[26], siempre que[27] se puede.

Entre las premisas que facilitan el fraude, se encuentran, en primer lugar, el bajo grado[28] de conciencia fiscal y de repulsa[29] hacia las actitudes defraudatorias; por otra parte, la falta de colaboración de las instituciones financieras, que se niegan a informar a Hacienda amparándose[30] en el secreto bancario; además, la incapacidad gestora[31] de la Administración que se encuentra insuficientemente dotada[32]; por último, la impotencia judicial, ya que las sanciones no han sido suficientes para lograr desincentivar[33] el fraude.

X.1. Fiscalité

1. fraude m. : *fraude.*
2. contribuyentes m., pl. : *contribuables.*
3. burlan : de burlar, *tromper, abuser; se moquer de.*
4. Hacienda f. : *finances publiques;* Ministerio de Hacienda : *ministère des Finances.*
5. machacona publicidad : *matraquage publicitaire;* machacón : *rabâcheur.*
6. impedir : *empêcher.*
7. defraudación f. : *fraude.*
8. IVA (impuesto sobre el valor añadido) : *TVA.*
9. en torno a : *autour de.*
10. recaudación f. : *recette; recouvrement, perception.*
11. falsificación de facturas f. : *fausses factures;* falsificación : *contrefaçon, falsification.*
12. disfrazar : *camoufler, maquiller, masquer; déguiser.*
13. uno mismo : *soi-même.*
14. sustrae : de sustraer, *subtiliser, soustraire.*
15. arcas del Estado f., pl. : *caisses de l'Etat;* arca : *coffre.*
16. ocultando a los ojos de : *en dérobant à la vue de.*
17. como colofón : *pour couronner le tout.*
18. escrituras f., pl. : *acte de vente.*
19. como promedio : *en moyenne.*
20. pinceladas f., pl. : *traits; coups de pinceau.*
21. achacan : de achacar, *imputer.*
22. tributario : *fiscal;* tributo m. : *impôt.*
23. presiones individuales f., pl. : *pression fiscale individuelle.*
24. rotundamente : *catégoriquement.*
25. tipos m., pl. : *taux (d'imposition).*
26. carga impositiva f. : *charge fiscale.*
27. siempre que se puede : *à chaque fois qu'il y a une possibilité;* ne pas confondre avec siempre que + subjonctif : *pourvu que, si toutefois.*
28. bajo grado : *faible niveau.*
29. repulsa f. : *rejet, refus.*
30. amparándose : de ampararse, *se prévaloir, se protéger.*
31. gestora : *de gestion.*
32. dotada : *équipée.*
33. desincentivar : *dissuader.*

X.1. Fiscalidad

año de imposición : *année d'imposition*
antes del impuesto : *avant impôt*
baremo m. : *barème*
base f. imponible o tributaria : *assiette de l'impôt, base d'imposition*
carga f. impositiva : *charge fiscale*
contribución f. urbana, rústica : *impôt foncier*
contribuyente m. : *contribuable*
declaración f. fiscal, de renta : *déclaration d'impôt*
defraudación f., fraude m. : *fraude*
defraudador m. : *fraudeur*
defraudar : *frauder*
desgravación f. fiscal : *dégrèvement fiscal*
ejercicio m. fiscal : *exercice fiscal*
estimación f. objetiva : *régime fiscal du forfait*
fraudulento : *frauduleux*
gasto m. deducible : *frais déductible*
gravamen m. : *charge*
gravar : *grever*
Hacienda : *ministère des Finances*
impuesto directo, indirecto : *impôt direct, indirect*
impuesto progresivo, degresivo : *impôt progressif, dégressif*
impuesto sobre el patrimonio : *impôt sur la fortune*
impuesto sobre el beneficio de las sociedades : *impôt sur les sociétés*
impuesto sobre las sucesiones : *impôt sur les successions*
impuesto sobre el valor añadido : *TVA*
inspector m. de contribuciones, de Hacienda : *inspecteur des finances*
presión f. fiscal : *pression fiscale*
recaudación f. : *recouvrement*
recaudador m. de contribuciones : *percepteur des impôts*
recaudar los impuestos : *recouvrer les impôts*
retención f. directa, en origen : *retenue à la source*
sujeto a impuesto : *assujetti à l'impôt*
tasa f. : *taxe*
tesoro m., erario m. público : *trésor public*
tipo impositivo : *taux d'imposition*
tramo m. : *tranche de l'impôt*
tributación f., fiscalidad f. : *fiscalité*
tributar : *payer un impôt*
tributario : *fiscal*
tributo m. : *impôt*

X.1. Fiscalité

EXERCICES

I. Trouvez les synonymes de :

equiparación	renta	fraude
impuesto	optar	Hacienda
tributación	gravar	ingresos

II. Utilisez l'indicatif ou le subjonctif selon les cas :

1. Los tipos impositivos del IVA se reajustaron en España en cuanto (entrar) en vigor el Acta Unica.
2. Tan pronto como (conocer) los resultados del año, calcularemos lo que tenemos que pagar a Hacienda.
3. Estoy seguro de que esa empresa continuará defraudando hasta que algún día la (cazar) los inspectores en algún control fiscal.
4. La cantidad por pagar en concepto de impuesto de sociedades aumenta a medida que (crecer) los beneficios de la sociedad.
5. Cuando (venir) nuestro asesor fiscal, me gustaría que echase una ojeada a nuestras cuentas del IVA.
6. La armonización fiscal con la CEE me parece bien, siempre que no (suponer) una desventaja comparativa para los pequeños empresarios.
7. En cuanto (saber) que sufriríamos un control fiscal, nos apresuramos a regularizar nuestras cuentas.

III. Traduisez en espagnol :

1. Le gouvernement prépare actuellement plusieurs projets de loi ajustant le système fiscal, notamment dans les domaines des fondations, des fusions d'entreprises et de la retenue à la source, sur les revenus des capitaux. 2. Une nouvelle taxe sur les entreprises est entrée en vigueur ; il s'agit d'une taxe qui regroupe 5 taxes que les entreprises contribuables versaient aux municipalités en contrepartie des services municipaux. 3. Malgré une prévision d'augmentation du poids des recettes fiscales de l'ordre de 1,6 points de pourcentage du PIB, le taux des prélèvements obligatoires en Espagne reste le plus faible de la CEE. 4. La nouvelle loi de finances introduit une réduction de l'assiette de l'impôt sur les sociétés pour les non-résidents.

X.2. Seguridad Social

– ¿Has visto las cifras del paro[1]? Es una verdadera vergüenza[2] que uno de cada cinco o seis[3] españoles activos no tenga empleo. Naturalmente el Gobierno se escuda[4] detrás de la crisis, pero los países del norte de la CEE también padecen[5] la crisis y el paro es casi tres veces menor. La sociedad está totalmente desgarrada[6] en dos : los que tienen trabajo y los que no lo tienen y el único enlace[7] entre ambas son las prestaciones sociales.

– Así presentado resulta muy conmovedor[8]. Pero la realidad es que muchos perciben[9] el subsidio de paro[10] y al mismo tiempo trabajan. La picaresca española ha inventado varias formas de hacer trampas[11], el trabajo a domicilio en la economía sumergida[12] es la más usual.

– No debes generalizar a partir de casos aislados. En España, alrededor del 36 % de los parados[13], nada más[14], están cubiertos por el seguro de desempleo[15]. Con tal proporción de perceptores[16] no hay que echarse las manos a la cabeza[17] porque la gente acepte trabajos no declarados a la Seguridad Social. Más culpa tienen los empresarios que los emplean y que están engordando[18] a costa de[19] la miseria ajena[20]. Y si te refieres únicamente a los casos de connivencia[21], las estadísticas del Ministerio de Trabajo muestran que sólo el 3 o el 4 % de los perceptores defraudan[22] al Estado.

– Bueno, no son muchos, pero ya es demasiado. Además, no estafan[23] al Estado, sino a nosotros. En este país se pagan diariamente más de 2.500 millones de pesetas en seguro de desempleo, y el dinero sale del bolsillo[24] de los empresarios y de los trabajadores. Por otra parte, el fraude[25] es siempre una actitud insolidaria con los que de verdad buscan empleo.

– De acuerdo. Pero el problema de fondo es el sistema de cobertura[26] social, incluida la Seguridad Social. Mira, los pocos que cobran, tienen una cobertura totalmente insuficiente, ya que el subsidio medio por parado se sitúa muy por debajo del salario mínimo. Con prestaciones así, los que menos perciben no tienen alternativa : entre el fraude o la miseria, tienen que escoger[27] el fraude, a condición de que[28] tengan la oportunidad.

X.2. Sécurité Sociale

1. **paro** m. : *chômage;* on dit aussi **desempleo.**
2. **vergüenza** f. : *honte.*
3. **uno de cada cinco o seis** : *un sur cinq ou sur six.*
4. **se escuda** : de **escudarse,** *s'abriter, se retrancher;* **escudar** : *protéger, couvrir d'un bouclier;* **escudo** m. : *bouclier.*
5. **padecen** : de **padecer,** *souffrir, être atteint de.*
6. **desgarrada** : *déchirée.*
7. **enlace** m. : *rapport, liaison.*
8. **conmovedor** : *émouvant* (ironique dans le texte).
9. **perciben** : de **percibir,** *percevoir.*
10. **subsidio de paro** m. : *allocations de chômage.*
11. **hacer trampas** : *tricher, frauder.*
12. **economía sumergida** f. : *économie souterraine, travail au noir, non déclaré.*
13. **parados** m., pl. : *chômeurs;* on dit aussi **desempleados.**
14. **nada más** : *seulement, et rien de plus.*
15. **desempleo** m. : *chômage;* voir 1.
16. **perceptores** m., pl. : *percepteur; percepteur d'impôts* se dit en espagnol **recaudador.**
17. **echarse las manos a la cabeza** : *lever les bras au ciel;* on dit aussi **llevarse las manos a la cabeza.**
18. **están engordando** : de **engordar** : *grossir, engraisser.*
19. **a costa de** : *aux dépens de.*
20. **ajena** : *d'autrui.*
21. **connivencia** f. : *connivence;* **casos de connivencia** : *chômeurs qui travaillent et perçoivent des allocations en même temps.*
22. **defraudan** : de **defraudar,** *frauder.*
23. **estafan** : de **estafar,** *escroquer.*
24. **bolsillo** m. : *poche.*
25. **fraude** m. : *fraude.*
26. **cobertura** f. : *couverture.*
27. **escoger** : *choisir.*
28. **a condición de que** : cette locution conditionnelle exige le subjonctif.

X.2. Seguridad Social

La Seguridad Social garantiza a los trabajadores y a sus familiares la protección frente a determinados riesgos.

Campo de aplicación

– Todos los españoles que residen y ejercen su actividad en el territorio nacional.

– Los españoles no residentes en el territorio nacional en determinadas situaciones y los extranjeros con permiso de residencia y de trabajo en España.

Composición del sistema de Seguridad Social

El sistema se compone del Régimen General y de varios Regímenes Especiales : Régimen agrario, de Estudiantes, etc.

Afiliación y cotización

La afiliación y la cotización son obligatorias para todas las personas desde el momento que inician la actividad ; el importe de la cotización se calcula aplicando un porcentaje a la base de cotización correspondiente a cada trabajador ; existen bases máximas y mínimas de cotización.

Prestaciones

– Asistencia sanitaria : asegura a sus beneficiarios la prestación de servicios médicos y farmacéuticos ; el trabajador puede elegir el médico si existe más de uno en la zona de su domicilio ; los medicamentos son gratuitos para los pensionistas y para las víctimas de accidentes de trabajo y de enfermedades profesionales, cuando se administran en instituciones sanitarias de la Seguridad Social ; si no se abonará el 40 por 100 del valor de los productos.

– Incapacidad laboral transitoria o permanente : los trabajadores tienen derecho a un subsidio económico en caso de enfermedad, accidente, maternidad.

– Protección a la familia : las personas con hijos a su cargo menores de 18 años o incapacitados de forma permanente para el trabajo reciben asignaciones económicas ; la cantidad se incrementa en caso de familias numerosas o de menores ingresos.

– Jubilación : el trabajador debe haber cotizado un mínimo de 15 años y tener cumplidos 65 años ; se necesitan 35 años cotizados para percibir el 100 por 100 de la pensión y se descuenta un 2 por 100 por cada año que falte ; la jubilación anticipada es posible a los 60 años, pero hay que esperar hasta los 65 para cobrar el 100 por 100 de la pensión.

X.2. Sécurité Sociale

La Sécurité Sociale assure aux travailleurs et à leurs familles la protection contre certains risques.

Champ d'application

– Tous les Espagnols résidant et exerçant leur activité sur le territoire national.

– Les Espagnols non résidants sous certaines conditions et les étrangers avec un permis de séjour et de travail en Espagne.

Composition du système de Sécurité Sociale

Le système se compose du Régime Général et de plusieurs Régimes Spéciaux : Régime agricole, Etudiants, etc.

Affiliation et cotisation

Elles sont obligatoires pour toutes les personnes dès le commencement de l'activité ; le montant de la cotisation est calculé en appliquant un taux à la base de cotisation correspondant à chaque salarié ; il existe des bases minimum et maximum de cotisation.

Prestations

– Assurance maladie : elle assure à ses bénéficiaires la prestation de services médicaux et pharmaceutiques ; le travailleur peut choisir son médecin s'il en existe plus d'un dans la zone de son domicile ; les médicaments sont gratuits pour les retraités et pour les victimes d'accidents du travail et de maladies professionnelles, s'ils sont administrés dans des institutions sanitaires de la Sécurité Sociale ; dans les autres cas, on paiera 40 % de la valeur des produits.

– Incapacité professionnelle provisoire ou permanente : les travailleurs ont droit à des allocations dans certains cas : maladie, accident, maternité.

– Protection familiale : les personnes ayant des enfants à charge mineurs (moins de 18 ans) ou victimes d'une incapacité permanente recoivent des allocations ; leur montant augmente en cas de familles nombreuses ou de diminution des revenus.

– Retraite : le travailleur doit avoir cotisé 15 ans au minimum et être âgé de 65 ans révolus ; il faut avoir cotisé 35 ans pour percevoir 100 % de la pension et l'on déduit 2 % pour chaque année manquante ; la retraite anticipée est possible à 60 ans, mais il faut alors attendre les 65 ans pour percevoir l'intégralité de la pension.

X.2. Seguridad Social

Uno de los problemas más graves con que se enfrenta[1] el sistema de Seguridad Social es el de la rigidez del gasto[2] destinado al pago de prestaciones sociales, en su mayor parte pensiones, por diferentes conceptos. La financiación, por su parte, ha sufrido un desplazamiento con la pérdida paulatina de las cotizaciones como fuente de ingresos.

Las pensiones que corren a cargo[3] de la Seguridad Social vienen establecidas[4] para aquellas personas que, pagando cuotas[5] al sistema durante cierto número de años, se han convertido en[6] beneficiarios, ya[7] por[8] alcanzar la edad de jubilación[9], ya por quedar[10] incapacitadas para el trabajo (invalidez), ya por mantener una relación de parentesco[11] con el beneficiario propiamente dicho (viudez[12] y orfandad[13]). Naturalmente, otra de las partidas[14] importantes del gasto corresponde a la asistencia sanitaria[15].

En cuanto al peso relativo de cada una de estas prestaciones en la estructura global del gasto, el mayor[16] corresponde a las pensiones, seguido por las prestaciones por enfermedad. De un modo general, podemos decir que las primeras representan dos tercios del gasto total, mientras que las segundas suponen el tercio restante. Dentro de las pensiones, las de jubilación reciben más de la mitad del total, seguidas por las de invalidez (con un porcentaje importante) y las de viudedad.

Asimismo se puede comprobar cierta simetría en la estructura de la financiación respecto a la del gasto, ya que las cotizaciones (tanto patronales como[17] salariales) proporcionan dos tercios aproximadamente de los ingresos, mientras que un tercio proviene de las transferencias[18] corrientes del Estado. Sin embargo, un análisis de la evolución en porcentaje de gastos e ingresos durante los últimos años muestra que si los primeros se han mantenido (con ligeras variantes) en la proporción antedicha[19], los ingresos de carácter público, por el contrario, se han ido incrementando[20] hasta la proporción actual. De este modo, se perfila ya una afectación de fondos presupuestarios[21] a lo que se considera un servicio público financiado mediante[22] impuestos.

X.2. Sécurité Sociale

1. **se enfrenta** : de **enfrentarse**, *affronter, faire face.*
2. **gasto** m. : *dépense.*
3. **correr a cargo** : *être à la charge de..., incomber à.* N'oubliez pas que **cargo**, dans d'autres contextes, est synonyme de **puesto (de trabajo)**. Le verbe employé est alors **desempeñar.**
4. **vienen establecidas** : **venir** est ici un semi-auxiliaire employé à la place de **estar** : *sont établies.*
5. **cuota** f. : *cotisation.*
6. **se han convertido en** : **convertirse** est une des traductions du verbe *devenir*. **Convertirse** est suivi de la préposition **en** et d'un substantif.
7. **ya... ya** : la répétition de **ya** est l'une des traductions de la corrélation *soit... soit.*
8. **por** : suivi d'un infinitif, remplace une proposition de cause. Dans la construction, l'infinitif simple **(alcanzar)** peut remplacer l'infinitif passé (**por haber alcanzado** : *parce qu'elles ont atteint*).
9. **jubilación** f. : *retraite.*
10. **quedar** : le verbe remplace ici **estar** pour insister sur l'aboutissement de l'action.
11. **parentesco** m. : *parenté.*
12. **viudez** f. : *veuvage*. Un synonyme est **(la) viudedad**, qui peut signifier également *la pension de veuvage.*
13. **orfandad** f. : *l'état d'orphelin*. Le mot peut indiquer aussi *la pension accordée à un orphelin.*
14. **partida** f. : *poste comptable*. Rappelez-vous la signification de ce terme en comptabilité.
15. **asistencia sanitaria** : *soins médicaux.*
16. **el mayor (peso)** : **mayor** signifie *plus grand.*
17. **tanto... como** : n'oubliez pas que le deuxième terme de la comparaison d'égalité est **como**.
18. **transferencia** : *transfert.*
19. **antedicha** : *susdite.*
20. **se han ido incrementando** : employé comme semi-auxiliaire, le verbe **ir(se)** introduit l'idée de progression de l'action.
21. **presupuestarios** : *budgétaires.*
22. **mediante impuestos** : ici **mediante** est synonyme de **por**, *par, grâce à.*

X.2. Seguridad Social

accidente m. laboral : *accident du travail*
asistencia f. sanitaria : *soins médicaux*
beneficiario : *bénéficiaire*
campo m. de aplicación : *champ d'application*
cónyuge : *conjoint, conjointe*
correr a cargo de : *être à la charge de*
cotizar un mínimo de 15 años : *cotiser 15 ans au minimum*
cuantía f. de la prestación : *montant de la prestation*
cuota f. : *cotisation*
darse de alta : *s'inscrire*
elección f. del médico : *choix du médecin*
enfermedad f. profesional : *maladie professionnelle*
estar dado de baja : *être en congé maladie*
fallecimiento m. : *décès*
grado m. de invalidez : *degré d'invalidité*
hijos m., pl. a cargo : *enfants à charge*
huérfano, a : *orphelin, e*
incapacidad f. transitoria : *incapacité provisoire*
jubilación f. anticipada : *retraite anticipée*
jubilado m., pensionista m. : *retraité*
jubilarse : *partir à la retraite*
maternidad f. : *maternité*
medicamento m., medicina f. : *médicament*
orfandad f. : *orphelinage (état), pension accordée à l'orphelin*
pensión f. : *pension*
pensión f. de viudedad : *pension de réversion*
percibir el subsidio familiar : *toucher les allocations familiales*
prestación f. de servicios : *prestation de services*
prevención f. de riesgos : *prévention des risques*
protección f. a la familia : *protection familiale*
recaudación f. de cuotas : *perception des cotisations*
recuperación f. : *convalescence*
régimen m. general : *régime général*
reglas f., pl. de seguridad e higiene : *règles de sécurité et d'hygiène*
rellenar un formulario : *remplir un formulaire*
seguridad f. social : *sécurité sociale*
subsidio m. : *aide, allocation*
tope m. máximo de cotización : *plafond de cotisation*
viudez f. : *veuvage*

EXERCICES

I. Compréhension du texte. Dites si c'est vrai ou faux :

	V	F
1. El gasto destinado a prestaciones sociales ha sufrido variaciones importantes.	☐	☐
2. Las cotizaciones suponen 1/3 de los ingresos.	☐	☐
3. Las pensiones representan 2/3 del gasto total.	☐	☐
4. Las prestaciones por enfermedad constituyen la mayor partida del gasto.	☐	☐
5. Los ingresos públicos han ido aumentando cada vez más.	☐	☐

II. Complétez les phrases avec les prépositions qui conviennent :

1. Nos enfrentamos ...... problemas muy graves. 2. Se jubila este año ...... alcanzar la edad reglamentaria. 3. Se ha convertido ...... un personaje muy popular. 4. El pago de prestaciones sociales ...... diferentes conceptos va ...... aumento cada año. 5. Las pérdidas se han ido acumulando ...... llegar a la situación actual. 6. ...... cuanto a ese asunto, más vale olvidarlo. 7. ...... embargo, no puso inconvenientes ...... su parte.

III. Transformer les phrases selon le modèle :

Por cotizar durante años, recibimos prestaciones. → Recibimos prestaciones *porque hemos cotizado* durante años.

1. No hemos sabido nada por estar ausentes esos días. 2. Tuvieron que cerrar por disminuir los ingresos de repente. 3. Por no pagar cuotas durante cierto número de años no tendrá derecho a recibir prestaciones. 4. Están en un mal momento por (tener) problemas de financiación. 5. Siempre cedía por no querer enfrentarse con ellos.

IV. Traduisez :

1. Les pensions constituent le poste le plus important dans la structure globale des dépenses.
2. L'augmentation des revenus est due en grande partie aux cotisations.
3. C'est un service public financé grâce aux impôts.

X.3. Seguros

– Tenemos que llamar a[1] nuestro corredor[2] de seguros[3] para que nos mande[4] a alguien[5] que pueda hacer cuanto antes[6] una evaluación de los daños...

– Sí, porque en la planta de vertido[7] no sólo son cuantiosos[8], sino que además nos urge reparar lo antes posible la maquinaria[9] averiada.

– Claro, eso lo tenemos que arreglar enseguida.

– Esperemos que la póliza[10] enumere con toda precisión el tipo de máquinas cubiertas por el seguro.

– Me imagino. De todas formas, vamos a comprobarlo[11] en el contrato.

– Sí, aquí lo tengo[12].

– ¿Que dice exactamente?

– "Las dos partes..." "El concepto"... que cubre perfectamente nuestro caso y..., aquí está[13] la cláusula[14] sobre "Designación y situación del objeto de seguro". En el anexo tenemos la descripción de las máquinas de vertido donde se ha producido la avería.

– A ver[15] la fecha en que entra en efecto la póliza.

– Junio de...

– Claro, ahora me acuerdo de[16] que es bastante reciente. Recuerda que la suscribimos sólo hace un par[17] de años.

– Y menos mal que[18] aceptamos el nuevo seguro de avería de máquinas, porque antes sólo contratábamos el seguro contra incendios.

– Es verdad, la compañía la adquirieron los alemanes y poco después vinieron a vendernos precisamente este tipo de seguro que no teníamos antes.

– ¿Y las primas? ¿Están todas pagadas?

– Sí, aquí están los recibos.

– ¿Y que garantías tenemos?

– Según las claúsulas que estoy viendo, tenemos derecho[19] a una indemnización por[20] los daños sufridos. Por eso[21], no sabremos nada hasta que la compañía haga una estimación...

– ¿Y qué sucede[22] con las pérdidas que vamos a tener hasta que arreglen[23] la avería? Porque la planta de vertido nos deja en paro técnico[24] a toda la fábrica.

– No hay ningún problema, porque al mismo tiempo tenemos suscrita[25] con la misma compañía otro seguro de carencia[26] de ingresos[27] por[28] interrupción de la actividad empresarial.

– Bueno, entonces vamos a ver qué pasa.

X.3. Assurances

1. **llamar a** : n'oubliez pas que la préposition **a** est obligatoire devant un complément direct lorsqu'il s'agit d'une personne déterminée.
2. **corredor** : *courtier.*
3. **seguros** : *assurances.*
4. **mandar** : ici, *envoyer.*
5. **a alguien** : cf. 1. Ne confondez pas l'indéfini personnel **alguien** avec **alguno** (un parmi plusieurs).
6. **cuanto antes** : *au plus vite, le plus tôt possible.*
7. **vertido** : *coulage.* Du verbe **verter.**
8. **cuantioso** : *important, considérable.*
9. **maquinaria** : le terme au singulier désigne *les machines.*
10. **póliza** : *police (d'assurances).*
11. **comprobarlo** : *le vérifier.*
12. **aquí lo tengo** : *le voici.* Suivi de **tener, aquí** est l'une des traductions de *voici.*
13. **aquí está** : *voici.* Suivis du verbe **estar, aquí, ahí, allí** permettent de montrer en situant. C'est l'une des traductions de *voici, voilà.*
14. **cláusula** : *clause.*
15. **a ver** : *fais voir, montre-moi.*
16. **me acuerdo de** : rappelez-vous que le verbe **acordarse** est toujours utilisé avec **se** et il est toujours suivi de la préposition **de.**
17. **un par** : *deux.* La locution espagnole est beaucoup plus fréquente qu'en français.
18. **menos mal** : *heureusement.*
19. **tenemos derecho** : *nous avons le droit.* Lorsque le mot **derecho** n'est pas déterminé par un adjectif ou un complément, il est utilisé sans article.
20. **por** : cette préposition exprime ici la cause.
21. **por eso** : *c'est pour cela que...*
22. **suceder** : *avoir lieu.*
23. **arreglen** : *on répare.* N'oubliez pas que la troisième personne du pluriel est l'une des traductions de l'indéfini *on.*
24. **paro técnico** : *chômage technique.*
25. **suscrita** : participe irrégulier du verbe **suscribir,** *souscrire.*
26. **carencia** : *manque, absence.*
27. **ingresos** : *revenus.*
28. **por** : cf. 19.

X.3. Seguros

Seguros relativos a las personas : las obligaciones del asegurador están basadas en la vida humana y el pago de las prestaciones, en forma de capital o de renta periódica ligada a la vida del asegurado o de sus beneficiarios. Se hace efectivo cuando fallece el asegurado o cuando la vida del mismo alcanza una fecha fijada de antemano.

Seguros relativos a los bienes : garantizan al asegurado la indemnización de las consecuencias perjudiciales de un daño que afecte a sus bienes materiales : seguro de incendio, seguro de robo, daños causados por las aguas, seguro de automóviles, avería de maquinaria, cosechas, heladas y pedriscos, etc.

Seguros de responsabilidad : destinados a suministrar la garantía del asegurador en los casos en que el asegurado, persona física o jurídica, puede ver su patrimonio afectado por las exigencias de una responsabilidad que le incumbe ; esta responsabilidad puede originarse en relaciones contractuales (respecto a pasajeros transportados a título lucrativo), industriales (responsabilidad de productos), profesionales (responsabilidad del arquitecto o del médico) o en virtud de ciertas categorías sociales (responsabilidad del cabeza de familia), o frente a terceros.

Seguros de pérdidas patrimoniales : por perjuicios distintos de los anteriores ; por ejemplo, el seguro de crédito, para cubrir la insolvencia probada de un deudor, o el seguro de pérdida de beneficios, para indemnizar al empresario que tuvo que interrumpir total o parcialmente su actividad, tras un incendio o una avería.

Póliza multirriesgo : agrupación, en una sola póliza, de todos los seguros relativos a un bien, a una actividad o a una categoría social ; por ejemplo, multirriesgo del hogar.

Reaseguro : operación mediante la cual un asegurador, después de haber garantizado determinados riesgos a un cliente, se hace garantizar a su vez, por otros aseguradores, parte o totalidad de los mismos.

Coaseguro : garantía simultánea de un mismo riesgo por varios aseguradores, en los límites del valor del bien asegurado y siendo cada uno solamente responsable de la parte cubierta.

X.3. Assurances

Assurances relatives aux personnes *: les obligations de l'assureur sont basées sur la vie humaine; le paiement des prestations, sous forme de capital ou de rente périodique liée à la vie de l'assuré ou de ses bénéficiaires, devient effectif à la mort de l'assuré ou quand sa vie atteint une date fixée au préalable.*

Assurances relatives aux biens *: elles garantissent à l'assuré l'indemnisation des conséquences préjudiciables d'un dommage affectant ses biens matériels : assurance incendie, assurance vol, dégâts des eaux, assurance automobile, avarie des machines, récoltes, gel et grêle, etc.*

Assurances responsabilité *: destinées à fournir la garantie de l'assureur dans les cas où l'assuré, personne physique ou morale, peut voir son patrimoine affecté par les exigences d'une responsabillité lui incombant; cette responsabilité peut naître de relations contractuelles (à l'égard de voyageurs transportés à titre lucratif), industrielles (responsabilité pour des produits), professionnelles (responsabilité de l'architecte ou du médecin) ou en vertu de certaines catégories sociales (responsabilité du chef de famille), ou vis-à-vis de tiers.*

Assurances pertes patrimoniales *: pour des préjudices différents des précédents; par exemple, l'assurance crédit, afin de couvrir l'insolvabilité prouvée d'un débiteur, ou l'assurance perte de bénéfices, afin d'indemniser le chef d'entreprise qui a dû interrompre son activité, en totalité ou partiellement, à la suite d'un incendie ou d'une avarie.*

Police multirisques *: regroupement, dans une seule police, de toutes les assurances relatives à un bien, à une activité ou à une catégorie sociale; par exemple, multirisques foyer.*

Réassurance *: opération au moyen de laquelle un assureur, après avoir garanti certains risques à un client, se fait garantir à son tour, par d'autres assureurs, une partie ou la totalité de ceux-ci.*

Coassurance *: garantie simultanée d'un même risque par plusieurs assureurs, dans la limite de la valeur du bien assuré, chacun d'entre eux n'étant responsable que de la partie couverte.*

X.3. Seguros

La separación que siempre existió[1] entre la banca y las Compañías de Seguros está cayendo en el olvido[2]. En efecto, casi todas las grandes entidades[3] bancarias españolas han firmado acuerdos con compañías aseguradoras[4] extranjeras y todos, supuestamente[5], saldrán ganando[6]. Sin embargo, saber quién gana de verdad[7] no es tan fácil. Algunas alianzas anunciadas a bombo y platillo[8] se han quedado en papel mojado[9], por el momento.

Con todo[10], bancos y aseguradoras se ven obligados a ponerse de acuerdo; está ocurriendo en toda Europa y los españoles no iban a ser menos[11]. Lo que dio el impulso[12] definitivo a este matrimonio de conveniencia[13] fue la Ley de Distribución del Seguro, ya que con ella la banca puede vender todo tipo de seguros en sus oficinas, cosa que antes estaba prohibida[14]. Como, por otra parte, la importante red de distribución[15] que representa un gran banco y las competencias y la creación de productos que aporta una aseguradora se complementan perfectamente, las alianzas resultan ineludibles[16]. Y, por lo visto[17], las uniones son más interesantes si el socio es extranjero.

La razón fundamental de que los bancos españoles busquen aseguradoras extranjeras como socios es el tamaño[18]. Cualquiera de las grandes compañías europeas cuenta con un volumen de primas[19] unas[20] veinte mil veces superior al de la aseguradora que lidera[21] el ranking nacional. No obstante, a la fuerza[22] o por voluntad propia, la mayoría de las compañías extranjeras deben convertirse en accionistas estables de la entidad bancaria; es la garantía de que sus intenciones son serias y no únicamente financieras. Por regla general[23], esta clase de inversores son recibidos con los brazos abiertos[24] por los dirigentes de los bancos. Nunca está de más[25] un accionista de confianza en el que poder apoyarse.

Por su parte[26], las compañías de seguros extranjeras intentan, a través de[27] estas alianzas, conquistar cuotas de mercado[28]. Una de las vías más sencillas[29] es la distribución de sus productos utilizando las oficinas de un gran banco, con lo que ahorran[30] los enormes gastos que representa la implantación de una red de distribución propia.

X.3. Assurances

1. **existió** : ce passé simple correspond ici à un plus-que-parfait français ; *avait existé.*
2. **está cayendo en el olvido** : de **caer en el olvido** : *tomber dans l'oubli.*
3. **entidades** f., pl. : *sociétés ; organismes, compagnies.*
4. **aseguradoras** : *d'assurances.*
5. **supuestamente** : *apparemment.*
6. **saldrán ganando** : de **salir ganando**, *trouver son compte.*
7. **de verdad** : *véritablement, vraiment ; vrai :* **un problema de verdad**, *un vrai problème.*
8. **a bombo y platillo** : *à grand bruit ;* **bombo** m. : *grosse caisse ;* **platillos** m., pl. : *cymbales.*
9. **papel mojado** m. : *lettre morte ; paperasse.*
10. **con todo** : *malgré tout, néanmoins.*
11. **ser menos** : *être en reste.*
12. **impulso** m. : *élan.*
13. **matrimonio de conveniencia** m. : *mariage de raison.*
14. **prohibida** : *interdite.*
15. **red de distribución** f. : *réseau de distribution.*
16. **ineludibles** : *inéluctable, inévitable.*
17. **por lo visto** : *paraît-il, à ce qu'il paraît, apparemment.*
18. **tamaño** m. : *taille.*
19. **primas** f., pl. : *primes ; cousines.*
20. **unas** : *environ, à peu près, quelque.*
21. **lidera** : de **liderar**, néologisme qui veut dire *être à la tête de, être le premier.*
22. **a la fuerza** : *de force, forcé.*
23. **por regla general** : *en règle générale.*
24. **con los brazos abiertos** : *à bras ouverts.*
25. **está de más** : de **estar de más**, *être de trop, en trop.*
26. **por su parte** : *de leur côté.*
27. **a través de** : *par l'intermédiaire de ;* ne pas confondre avec la même locution employée dans le sens de *à travers :* **a través de la ventana.**
28. **cuotas de mercado** f., pl. : *parts de marché.*
29. **sencillas** : *simples.*
30. **ahorran** : de **ahorrar**, *économiser, épargner.*

X.3. Seguros

agente m. de seguro : *agent d'assurances*
asegurador m., compañía f. de seguros : *assureur, compagnie d'assurances*
asegurar : *assurer*
certificado m. de seguro : *certificat d'assurance*
coaseguro m., reaseguro m. : *coassurance, réassurance*
cobertura f. de un riesgo : *couverture d'un risque*
contratar una póliza de seguro : *contracter une police d'assurance*
daño m. : *dommage*
dañoso : *dommageable*
declaración f. : *déclaration*
establecer un contrato de seguro : *établir un contrat d'assurance*
examen m. pericial : *expertise*
experto o perito de seguros : *expert en assurances*
garantía f. : *garantie*
garantizar : *garantir*
indemnización m. : *indemnisation*
indemnizar : *indemniser*
informe m. pericial : *rapport d'expertise*
perjudicial : *préjudiciable*
perjuicio m. : *préjudice*
póliza f. de seguros multirriesgo : *police d'assurance multirisque*
prima f. o cuota f. de seguro : *prime d'assurance*
reembolsar : *rembourser*
renta f. : *rente*
responsabilidad del cabeza de familia : *responsabilité chef de famille*
riesgo m. : *risque*
seguro contra accidente laboral : *assurance accident du travail*
seguro contra pérdida de explotación : *assurance perte d'exploitation*
seguro contra terceros : *assurance au tiers*
seguro contra todo riesgo : *assurance tous risques*
seguro de cosechas, helada y pedrisco : *assurance récoltes, gel et grêle*
seguro de crédito : *assurance crédit*
seguro de incendio y robo : *assurance vol et incendie*
seguro de responsabilidad civil : *assurance responsabilité civile*
seguro de transporte : *assurance transport*
seguro en caso de muerte : *assurance décès*
seguro m. (en caso) de vida : *assurance vie*
siniestro m. : *sinistre*
sufrir un daño : *subir un dommage*

X.3. Assurances

EXERCICES

I. Construisez les verbes correspondant aux substantifs suivants :

seguro	descripción	pérdida
carencia	interrupción	conveniencia
socio	inversor	garantía

II. Complétez avec les prépositions *por* ou *para* selon les cas :

1. Quiero que tengamos suscrita la póliza de seguros contra incendios ...... principios de año.
2. El próximo viernes vendrá el perito ...... estimar el valor de los desperfectos causados por la inundación.
3. Si queremos evitar que se produzcan daños irreparables, tenemos que arreglar las calderas ...... navidades.
4. Hay que reconocer que se ha producido el accidente ...... no haber escuchado los consejos del capataz.
5. Ha sido una verdadera catástrofe, el agua corría ...... medio de las cajas como si fuese un río.
6. ¡Y pensar que tú decías que suscribir la póliza no servía ...... nada!
7. Las mercancías que salieron ...... México han sufrido daños muy importantes en la travesía.
8. Se ha ido de viaje ...... una semana, ... intentar arreglar el problema de los embalajes defectuosos.
9. La compañía de seguros se niega a abonar la indemnización ...... estar sin pagar el último plazo de la prima.

III. Traduisez en espagnol :

1. L'assureur est un prestataire de service, permettant à chacun de se couvrir pour certaines catégories de risques. 2. L'importance des fonds gérés par les compagnies d'assurances s'explique essentiellement par le décalage qui existe entre la perception d'une cotisation et l'indemnisation de l'assuré. 3. Nous pensons que ces chiffres sont devenus nettement insuffisants et que vous seriez à découvert le jour d'un sinistre. 4. Nous devrions toucher des dommages et intérêts pour cet accident. 5. Les dégâts subis ont été importants.

X.4. Marco autonómico

– Nunca he logrado entender[1] por qué tenéis tanto interés los españoles en que cada región tenga su autonomía propia. A mi parecer[2], este sistema, aunque presenta[3] algunas ventajas, éstas[4] no llegan a enjugar[5] los inconvenientes.

– Lo que pasa es que no se puede plantear la cuestión sólo en términos de pro y de contra[6] : el origen[7] más profundo del Estado de las Autonomías es una cuestión de identidad ; el español medio se identifica más con su región que con España y se siente antes andaluz, vasco, catalán o valenciano que español. Eso es una realidad que, para bien o para mal[8], no tiene vuelta de hoja[9].

– Pero resulta bastante absurdo que toda la organización política y administrativa de un Estado se sustente[10] en los sentimientos en lugar de hacerlo en la razón. Es innegable[11] que cuanto más desperdigado[12] está el poder, más[13] difícil es gobernar de una manera coherente. Este reparto[14] del poder político solamente puede ocasionar tensiones entre el Gobierno central y los gobiernos autonómicos que, en última instancia, desgarran[15] al país y lo debilitan[16] tanto política como económicamente. Por otra parte, cada Gobierno autonómico piensa antes que nada[17] en barrer para casa[18], con lo cual desaparece toda idea de solidaridad y los desequilibrios interregionales no hacen más que acrecentarse[19].

– Entonces, a tu juicio[20], Estados Unidos y Alemania son dos países gobernados de manera incoherente y débiles política y económicamente. Porque el sistema federal de estas naciones otorga[21] muchos más poderes a los Estados que las constituyen que el sistema español a las diferentes comunidades autónomas. En cuanto a los desequilibrios entre las regiones, jamás[22] alcanzaron cotas tan altas como con el centralismo franquista. Además, no quisiera pasar por alto[23] un último aspecto de suma[24] importancia : gracias a la descentralización está siendo posible el mantenimiento[25] de las peculiaridades[26] lingüísticas y culturales de las regiones, evitando así en parte la uniformización de gustos y costumbres que, desgraciadamente[27], se está produciendo en todo el mundo.

X.4. Cadre autonomique

1. **entender** : *comprendre;* **entender** n'a jamais en espagnol le sens d'*ouïr.*
2. **a mi parecer** : *à mon avis.*
3. **aunque presenta** : *bien qu'il présente;* **aunque** suivi de l'indicatif est traduit par *bien que* et, suivi du subjonctif, par *même si.*
4. **éstas** : *celles-ci;* les pronoms démonstratifs prennent toujours un accent écrit pour les distinguer des adjectifs.
5. **enjugar** : *neutraliser; éponger (un déficit), essuyer, sécher.*
6. **de pro y de contra** : *de pour et de contre;* **los pro y los contra** : *les pour et les contre.*
7. **origen** f. : *origine;* attention au féminin.
8. **para bien o para mal** : *pour le meilleur ou pour le pire.*
9. **no tiene vuelta de hoja** : de **no tener vuelta de hoja,** *ne pas faire de doute;* **sin vuelta de hoja,** *sans aucun doute.*
10. **se sustente** : de **sustentarse,** *avoir ses racines dans; se nourrir de.*
11. **innegable** : *indéniable, incontestable.*
12. **desperdigado** : *dispersé, éparpillé.*
13. **cuanto más... más** : *plus... plus.*
14. **reparto** m. : *partage, répartition; distribution, livraison.*
15. **desgarran** : de **desgarrar,** *déchirer.*
16. **debilitan** : de **debilitar,** *affaiblir.*
17. **antes que nada** : *avant tout.*
18. **barrer para casa** : *tirer la couverture à soi;* **barrer** : *balayer.*
19. **acrecentarse** : *s'accroître.*
20. **a tu juicio** : *à ton avis;* voir 2.
21. **otorga** : de **otorgar,** *octroyer.*
22. **jamás** : *jamais;* moins employé en espagnol que **nunca.**
23. **pasar por alto** : *laisser de côté, passer sous silence.*
24. **suma** : *extrême, énorme.*
25. **mantenimiento** m. : *maintien; entretien, subsistance.*
26. **peculiaridades** f., pl. : *particularités.*
27. **desgraciadamente** : *malheureusement.*

X.4. Marco autonómico

Municipio

Con personalidad jurídica plena, el municipio goza de autonomía para la gestión de sus intereses propios; su administración corresponde a sus respectivos ayuntamientos, integrados por el alcalde y los concejales.

Provincia

La provincia es una entidad local con personalidad jurídica propia, determinada por la agrupación de municipios, y también una división territorial para el cumplimiento de las actividades del Estado; su gobierno y administración autónoma están encomendados a diputaciones u otras corporaciones de carácter representativo.

Comunidad Autónoma

El artículo 2 del título preliminar de la Constitución de 1978 reconoce el derecho a la autonomía de las "nacionalidades y regiones"; en el ejercicio de este derecho se han creado en España 17 Comunidades Autónomas, cuyos respectivos estatutos determinan, en el marco de la Constitución, las formas de autogobierno y las competencias; la organización institucional de cada Autonomía se basa en una asamblea legislativa, elegida por sufragio universal, un consejo de gobierno con funciones ejecutivas y administrativas y un presidente, elegido por la asamblea, de entre sus miembros, y nombrado por el Rey; la Comunidad Autónoma goza de autonomía financiera para el desarrollo y ejecución de sus competencias; sus recursos están constituidos por impuestos cedidos por el Estado, sus propios impuestos, transferencias de un fondo de compensación interterritorial, rendimientos procedentes de su patrimonio y producto de las operaciones de crédito; el Tribunal Constitucional, el gobierno, la jurisdicción contencioso-administrativa y el Tribunal de Cuentas controlan la actividad de los órganos de la Comunidad.

Delegado del gobierno

Nombrado por el gobierno, dirige la administración del Estado en el territorio de la Comunidad Autónoma y la coordoina, cuando procede, con la administración propia de la misma.

X.4. Cadre autonomique

Municipalité

Les municipalités jouissent d'une pleine personnalité juridique ainsi que de l'autonomie pour la gestion de leurs propres intérêts ; leur administration appartient à leurs conseils municipaux respectifs, composés du maire et des conseillers.

Province

La province est une entité locale disposant de sa propre personnalité juridique, formée par le regroupement de municipalités, ainsi qu'une division territoriale pour l'accomplissement des activités de l'Etat ; son gouvernement et son administration sont confiés à des conseils généraux ou autres organismes de caractère représentatif.

Communauté Autonome

L'article 2 du titre préliminaire de la Constitution de 1978 reconnaît le droit à l'autonomie des "nationalités et régions" ; dans l'exercice de ce droit, il a été créé en Espagne 17 Communautés Autonomes, dont les statuts respectifs déterminent, dans le cadre de la constitution, les formes de gouvernement autonome et les compétences ; l'organisation institutionnelle autonome se fonde sur une assemblée législative, élue au suffrage universel, un conseil de gouvernement, aux fonctions exécutives et administratives, et un président, élu par l'assemblée parmi ses membres et nommé par le roi ; la Communauté Autonome bénéficie de l'autonomie financière pour le développement et l'exécution de ses compétences ; ses ressources sont constituées par des impôts cédés par l'Etat, ses propres impôts, les apports d'un fonds de compensation interterritorial, les revenus de son patrimoine et le produit des opérations de crédit ; le Tribunal Constitutionnel, le gouvernement, la juridiction administrative contentieuse et la Cour des Comptes contrôlent l'activité des organes de la Communauté.

Délégué du gouvernement

Nommé par le gouvernement, il dirige l'administration de l'Etat sur le territoire de la Communauté et la coordonne, si besoin est, avec l'administration propre de celle-ci.

X.4. Marco autonómico

El sistema de financiación[1] autonómica está funcionando bien en líneas generales[2], permitiendo una descentralización inédita en la historia de España, pero está aquejado[3] de algunos defectos.

El principal defecto del sistema instaurado con la creación del Estado autonómico es la irresponsabilidad fiscal de unas administraciones que prácticamente sólo gastan, sin arrostrar[4] el coste político de recaudar[5]. Esta perversión contradice el principio básico según el cual todo gasto debe estar sustentado[6] en un ingreso[7] y toda decisión de gasto debe entrelazarse con[8] la política de ingreso. Así, empuja[9] a presentarse como víctima propiciatoria[10] ("Madrid no nos envía suficiente dinero"), incentiva[11] el déficit (en la medida en que, irresponsables del ingreso, las autonomías se afanen en[12] el dispendio[13]) y distorsiona las transferencias (el organismo recaudador central, constreñido presupuestariamente[14], retrasa los pagos). Efectos perversos que se resumen en uno : el contribuyente ignora qué paga y a quién, cómo lo hace y a quién pedir cuentas[15]. La semilla de la discordia fiscal ya está echada[16]. Sólo falta que la abonen[17] unos y otros.

La corresponsabilización – no sacada de la manga[18] por los nacionalistas, sino inventada por los países federales – pondría punto final a[19] esta situación. Lo decisivo no es la cuantía[20] de los ingresos, sino el principio de corresponsabilidad, basada en[21] la cesión de un porcentaje del IRPF[22] a las comunidades autónomas.

La ventaja de esta fórmula es su carácter ejemplificador[23]. Nada mejor que un impuesto directo universal para concienciar[24] al ciudadano de que la escuela que inaugura su consejero autonómico[25] está financiada con sus impuestos y no con una partida arrancada[26] a las fauces[27] recaudadoras de Madrid; la responsabilidad fiscal revierte en[28] responsabilidad política. Otra ventaja es el automatismo en los pagos, al evitarse los retrasos a que se ven sometidas las administraciones subcentrales. Asimismo, propiciaría[29] la recaudación, como ha sucedido con los impuestos cedidos.

X.4. Cadre autonomique

1. financiación f. : *financement.*
2. en líneas generales : *en gros, dans les grandes lignes.*
3. está aquejado de : *souffre de.*
4. arrostrar : *affronter, faire face.*
5. recaudar : *percevoir des impôts ; recouvrer.*
6. estar sustentado : *s'appuyer ;* sustentar : *soutenir.*
7. ingreso m. : *entrée, recette.*
8. debe entrelazarse con : *doit être liée à ;* entrelazar : *entrelacer.*
9. empuja : de empujar, *inciter, pousser.*
10. víctima propiciatoria : *bouc émissaire.*
11. incentiva : de incentivar, *encourager, stimuler.*
12. se afanen en : *prennent goût à ;* afanarse : *s'efforcer de, s'évertuer à, se donner beaucoup de mal à.*
13. dispendio m. : *gaspillage.*
14. constreñido presupuestariamente : *budgétairement contraint, forcé ;* constreñir : *contraindre ;* presupuesto m. : *budget.*
15. pedir cuentas : *demander des comptes.*
16. la semilla de la discordia fiscal ya está echada : *la discorde fiscale est déjà semée ;* semilla f. : *graine, semence ;* echar la semilla : *semer.*
17. abonen : de abonar, *engraisser ; verser, payer.*
18. no sacada de la manga : *non improvisée.*
19. pondría punto final a : *mettrait un terme à.*
20. cuantía f. : *quantité, montant.*
21. basada en : *fondée sur.*
22. IRPF (impuesto sobre la renta de las personas físicas) : *IRPP (impôt sur le revenu des personnes physiques).*
23. ejemplificador : *d'exemple.*
24. concienciar : *donner conscience.*
25. consejero autonómico m. : *ministre du gouvernement d'une Communauté Autonome.*
26. arrancada : *arrachée.*
27. fauces f., pl. : *gueule.*
28. revierte en : de revertir en, *aboutir à ;* revertir : *revenir, retourner.*
29. propiciaría : de propiciar, *faciliter, favoriser.*

X.4. Marco autonómico

alcalde m. : *maire*
alcaldía f. : *mairie*
asamblea f. legislativa : *assemblée législative*
asumir competencias : *assumer des compétences*
ayuntamiento m. : *hôtel de ville*
cabildo m. : *conseil municipal, chapître*
censo m. : *recensement, liste électorale*
cesión m. de los tributos : *cession des impôts*
circunscripción f. electoral : *circonscription électorale*
competencia f. del poder central : *compétence du pouvoir central*
comunidad f. autónoma : *communauté autonome*
concejal m. : *conseiller municipal*
consejo m. de gobierno : *conseil de gouvernement*
control m. estatal : *contrôle de l'Etat*
delegado m. del gobierno : *délégué du gouvernement*
diputación f. provincial : *conseil général*
ejercicio m. de un derecho : *exercice d'un droit*
entidad f. : *entité*
escaño m. : *siège (élections)*
estatuto m. : *statut*
financiación f. : *financement*
fondo m. de compensación : *fonds de compensation*
fundamentarse en : *se fonder sur*
fuero m. : *droit local*
mediante ley orgánica : *au moyen d'une loi organique*
municipio m. : *municipalité*
nacionalidad f. : *nationalité*
padrón m. municipal : *registre nominal des habitants de la commune*
participación f. en los ingresos : *participation aux revenus*
partido m. abertzale : *parti indépendantiste (au Pays Basque)*
proceso m. autonómico : *processus des autonomies*
propiciar : *faciliter, favoriser*
provincia f. : *province*
recurso m. : *ressource*
reparto m. regional de población : *répartition régionale de population*
término m. municipal : *commune*
título m. de la Constitución : *titre de la constitution*
unidad f. indisoluble : *unité indissoluble*
vecino, a : *habitant(e), voisin(e)*

X.4. Cadre autonomique

EXERCICES

I. Utilisez l'indicatif ou le subjonctif selon les cas :

1. Si lo (pensar) un poco más, seguro que no opinarías lo mismo de la descentralización.
2. En caso de que no (obtener) más competencias de Madrid, no sé para que nos sirve la autonomía.
3. Cada Comunidad Autónoma tiene su parlamento y su gobierno, aunque no todas (utilizar) del mismo modo sus prerrogativas.
4. Si no (existir) un fondo de compensación entre las Comunidades ricas y las pobres, el sistema autonómico sería totalmente injusto.
5. Toda Comunidad Autónoma puede promulgar leyes, siempre que su campo de aplicación (limitarse) a su ámbito territorial.
6. Si no (disponer) de una financiación suficiente, las Comunidades Autónomas no pueden ejercer sus derechos.
7. De no (haber) aprobado la autonomía de las regiones en la Constitución, el gobierno español habría tenido que afrontar serios disturbios en el País Vasco y Cataluña.

II. Répondez aux questions suivantes :

1. ¿Cómo se llaman los miembros del gobierno de una Comunidad Autónoma?
2. ¿Cuántas Comunidades Autónomas existen?
3. ¿Cuáles son los nombres de todas la Comunidades Autónomas?
4. ¿Cómo se llama el organismo que regula los conflictos entre las Comunidades Autónomas y el gobierno central de Madrid?

III. Traduisez en espagnol :

1. Les revendications indépendantistes devraient peu à peu s'avérer sans objet. 2. La plupart des régions autonomes espagnoles ont certes établi des têtes de pont à Bruxelles, à l'instar des Länder allemands, qui sont leurs modèles. 3. L'Andalousie, enclavée et excentrée par rapport au centre économique de l'Europe des Douze, risque la marginalisation et la paupérisation, mais tous les acteurs locaux sont mobilisés pour affronter les changements en cours.

X.5. Marco comunitario

– Yo estoy seguro de[1] que con la libre circulación de trabajadores dentro de la Comunidad, los problemas que tienen algunos trabajadores van a resolverse.

– ¿Y por qué crees que va a suceder[2] así?

– Pues, me parece evidente. En las regiones como, no sé, por poner un ejemplo, Andalucía, la gente volverá a poder[3] emigrar a Alemania o a Holanda puesto que no habrá trabas[4] para trabajar.

– A mi parecer, estás simplificando bastante la cuestión. No es tan fácil como[5] te imaginas.

– Hombre, la libre circulación supone que cualquiera[6] puede ponerse a buscar trabajo.

– A buscar, sí, pero, si no lo encuentran en un plazo[7] determinado, tendrán que volverse[8] por donde han venido.

– Pues, ¡vaya[9] libertad!

– Algo es algo[10] y reconocerás que es mejor que la situación actual. Además, si no hay trabajo para los nacionales, no lo van a inventar para los demás[11].

– Entonces, ¿no va a cambiar nada?

– Al contrario, lo que puede que[12] ocurra es que haya una mayor competencia[13] de mano de obra extranjera aquí en España.

– Porque los trabajadores de otros países vendrían a instalarse aquí...

– ¿Y por qué no?

– No veo muy bien el interés...

– Pues ya está pasando y el fenómeno no hará más que[14] amplificarse. Date cuenta de que muchas empresas españolas son filiales de grupos europeos y pueden emplear a trabajadores de su país de origen. Por otra parte, para puestos que exigen cierta cualificación, la mano de obra extranjera puede entrar en competencia con la nacional.

– Entonces, tú ves las cosas más bien[15] mal.

– No del todo[16], habrá cosas que cambien[17], unas pocas para mal, por lo que a nosotros nos toca[18]. Por ejemplo, una mayor liberalización del mercado de trabajo; pero otras lo harán para bien : a lo mejor[19], una reducción de la jornada laboral o un adelanto de la edad de jubilación. Lo seguro[20] es que la legislación sobre las condiciones de trabajo tiene que mejorar.

– Ojalá sea[21] así.

X.5. Cadre communautaire

1. **estoy seguro de** : n'oubliez pas que **estar seguro** exige toujours la préposition **de**.
2. **suceder** : *se passer*.
3. **volverá a poder** : rappelez-vous que, suivi d'un infinitif, **volver a** exprime la répétition de l'action. L'expression peut être accompagnée de **otra vez, de nuevo**.
4. **traba** : *obstacle, entrave*.
5. **tan fácil como** : attention à la forme **tan** lorsqu'il s'agit d'un adverbe accompagnant un adjectif ou un autre adverbe. Le deuxième terme de la comparaison d'égalité est **como**.
6. **cualquiera** : *n'importe qui, quiconque*.
7. **plazo** : *délai*.
8. **volverse** : employé à la forme pronominale, **volverse** marque le retour plus ou moins définitif au lieu d'origine. De la même manière, **irse** = *partir, s'en aller*; **salirse** = *sortir d'un lieu de façon impromptue ou inhabituelle* et **venirse a** suppose l'abandon définitif du lieu de départ.
9. **vaya** : équivalent de l'exclamatif **qué**.
10. **algo es algo** : *c'est mieux que rien*.
11. **los demás** : *(tous) les autres*. **(Los) otros** ne fonctionne qu'en opposition avec **(los) unos**.
12. **puede que ocurra** : **puede que** *(il se peut que, il est possible que...)* exige le subjonctif.
13. **la competencia** : *la concurrence*.
14. **no hará más que** : *ne fera que*... **No... más que** = *ne... que*.
15. **más bien** : ici *plutôt*.
16. **no del todo** : ne confondez pas avec **en absoluto**, *pas du tout*. **No del todo** = *pas tout à fait*.
17. **que cambien** : le subjonctif espagnol peut traduire un futur hypothétique français dans les relatives lorsque l'antécédent est inconnu (on ignore ici ce qui va changer).
18. **por lo que a nosotros nos toca** : *en ce qui nous concerne*.
19. **a lo mejor** : cette locution est équivalente d'un adverbe de doute (**quizá(s), tal vez, acaso**, *peut-être*) mais, à la différence de ceux-ci, elle n'est jamais suivie d'un subjonctif.
20. **lo seguro** : *ce qui est sûr*.
21. **ojalá sea** : *pourvu que*... **Ojalá** est toujours suivi d'un subjonctif. Avec l'imparfait (ou le plus-que-parfait), **ojalá** = *si seulement*.

X.5. Marco comunitario

El Consejo de Ministros : lo integran doce ministros, uno por cada Estado miembro, con una presidencia por turno, por períodos de seis meses ; los participantes dependen del orden del día : por ejemplo, los ministros de Agricultura tratarán de los precios agrícolas ; las decisiones importantes se adoptan por acuerdo unánime y las otras por mayoría cualificada : 54 votos sobre 76, disponiendo España de 8.

La Comisión : órgano ejecutivo con sede en Bruselas, como el Consejo ; dispone de su propia administración ; elabora y publica los textos de aplicación, aplica las reglas de los Tratados a los casos particulares y administra los fondos comunitarios ; todas sus decisiones son colectivas.

El Consejo Europeo : los jefes de Estado se reúnen en conferencias cumbre tres veces al año, o siempre que sea necesario, con carácter de Consejo de Ministros de las Comunidades, para tratar de problemas relevantes.

El Parlamento Europeo : sus sesiones se celebran en Luxemburgo (donde está su Secretaría) o Estrasburgo ; se compone de 510 miembros, elegidos por sufragio universal, directo y secreto en cada país (60 españoles) y controla la Comisión y la gestión de la misma y del Consejo ; dispone también de poderes presupuestarios.

El Tribunal de Justicia : doce jueces (uno por país), asistidos por cuatro fiscales generales, que se pronuncian sobre la interpretación o la validez del derecho comunitario ; la autoridad de sus sentencias prevalece sobre la de los tribunales nacionales en el ámbito del derecho comunitario.

El Tribunal de Cuentas controla los presupuestos generales y establece un informe financiero anual.

Aparte de estas instituciones, existen otras de muy diverso carácter : el **Comité Económico y Social**, consultivo ; los fondos europeos especializados en problemas sociales **(Fondo Social Europeo)**, agrícolas **(Fondo Europeo de Orientación y de Garantía Agrícola)**, de desarrollo regional **(Fondo Europeo de Desarrollo Regional)** y monetarios **(Fondo Europeo de Cooperación Monetaria)** ; el **Banco Europeo de Inversiones** cuya misión consiste en contribuir al desarrollo equilibrado de la C.E., empleando para ello su propio capital más los recursos obtenidos en el mercado financiero.

X.5. Cadre communautaire

Le Conseil des Ministres *: il se compose de douze ministres, un par Etat membre, présidant à tour de rôle pour des périodes de six mois; les participants dépendent de l'ordre du jour : ainsi, ce sont les ministres de l'Agriculture qui débattront des prix agricoles; les décisions importantes sont adoptées à l'unanimité et les autres à la majorité qualifiée : 54 voix sur 76; l'Espagne dispose de 8 voix.*

La Commission *: organe exécutif; elle siège à Bruxelles, comme le Conseil et dispose de sa propre administration; elle élabore et publie les textes d'application, module les règles des Traités en fonction des cas particuliers et gère les fonds communautaires; toutes ses décisions sont collectives.*

Le Conseil Européen *: les chefs d'Etat se réunissent trois fois par an, ou en cas de nécessité, pour des conférences au sommet; ils ont alors le caractère de Conseil des Ministres de la Communauté et traitent de problèmes importants.*

Le Parlement Européen *: ses sessions se tiennent à Luxembourg (siège de son Secrétariat) ou Strasbourg; il se compose de 510 membres (60 Espagnols) élus au suffrage universel, direct et secret dans chacun des pays; il contrôle la Commission ainsi que la gestion de celle-ci et du Conseil; il dispose aussi de pouvoirs budgétaires.*

La Cour de Justice *: douze juges (un par pays), assistés de quatre procureurs généraux, se prononçant sur l'interprétation ou la validité du droit communautaire; l'autorité de ses sentences prévaut sur celle des tribunaux nationaux dans ses domaines de compétence.*

La Cour des Comptes *contrôle le budget et rédige un rapport financier annuel.*

Outre ces institutions, il en existe d'autres très variées : le ***Comité Economique et Social****, consultatif; les fonds européens spécialisés dans les problèmes sociaux (****Fonds Social Européen****), agricoles (****Fonds Européen d'Orientation et de Garantie agricole****), de développement régional (****Fonds Européen de Développement Régional****) et monétaires (****Fonds Européen de Coopération Monétaire****); la* ***Banque Européenne d'Investissement****, qui doit contribuer au développement équilibré de la CE à l'aide de ses propres capitaux et des ressources obtenues sur le marché financier.*

X.5. Marco comunitario

Si bien es cierto que[1] la política de ayudas regionales de la Comunidad Europea está inscrita en las primeras declaraciones fundacionales, asimismo puede afirmarse que las sucesivas ampliaciones[2] fueron las que constituyeron[3] los verdaderos detonantes para esbozar[4] primero y desarrollar después una verdadera política regional comunitaria, desde el estudio de los desequilibrios regionales (con la definición de diferentes zonas) hasta la creación de fondos específicos que –aun[5] representando un porcentaje relativamente marginal del presupuesto[6]– se han planteado la corrección de esas desigualdades.

En la perspectiva de un mercado unificado, la existencia de elementos correctores de las disparidades regionales se ha hecho necesaria[7] cada vez que una ampliación daba entrada a países que presentaban no sólo grandes desequilibrios internos, sino que se situaban globalmente a un nivel de desarrollo muy inferior al de la media comunitaria. Así ocurrió con Irlanda : dos años después de su ingreso[8] nacía el FEDER, Fondo Europeo de Desarrollo Regional, encargado en su origen de restablecer la competencia[9] imprescindible[10] en las decisiones de localización empresarial[11], tanto al nivel de las regiones (propiamente subdesarrolladas[12] o afectadas por la crisis[13] industrial) como al nivel global de ciertos Estados.

Uno de los aspectos del FEDER que más ha influido en la propia política regional es el que trata de[14] privilegiar un desarrollo endógeno a partir de los recursos[15] propiamente locales. Se trata así de que cada región pueda obtener un desarrollo a partir de sus propios recursos y potencialidades. Por otro lado, –y el caso de España puede servir de ejemplo–, se ha pasado de una política de incentivos[16] a favor de la localización empresarial a otra[17] que privilegia la dotación en infraestructuras, con una vuelta a la planificación, concretizada en los Planes de Desarrollo Regional. Otros elementos innovadores han consistido en la coordinación de varios instrumentos conjuntos de financiación[18], el Banco Europeo de Inversiones (BEI) o el Fondo Social Europeo (FSE), pero, sobre todo, la aparición de una verdadera política regional a escala comunitaria.

X.5. Cadre communautaire

1. **es cierto que** : *il est vrai que.*
2. **ampliación** : *élargissement.*
3. **(las ampliaciones...) fueron... las que constituyeron...** : *ce sont... (les élargissements...) qui ont constitué...* Notez que cette tournure emphatique utilise **ser**, qui est conjugué au temps de la proposition relative. Le relatif français *qui* doit être rendu par **(el, la, los, las) que.**
   N'oubliez pas que lorsque le français *que* reprend un complément circonstanciel, il est traduit par **donde, cuando, como**, selon la nature de ce complément (de lieu, de temps ou de manière).
4. **esbozar** : *esquisser.*
5. **aun** : écrit sans accent, **aun = incluso**, traduit l'adverbe *même.* Ne confondez pas avec **aún = todavía,** *encore.*
6. **presupuesto** : *budget.* N'oubliez pas que, dans d'autres contextes, **hacer un presupuesto** peut signifier *établir un devis.*
7. **la existencia... se ha hecho necesaria** : *l'existence... est devenue nécessaire.* **Hacerse** est l'un des verbes qui traduit le français *devenir.*
8. **el ingreso** : *l'entrée.*
9. **competencia** : *concurrence.*
10. **imprescindible** : *indispensable.*
11. **empresarial** : *des entreprises.*
12. **subdesarrolladas** : *sous-développées.* Le préfixe **sub-** traduit le français *sous-*. Il est toujours attaché au nom.
13. **la crisis** : *la crise.* Comme tous les mots finissant par -s et accentués sur la première syllabe, **crisis** est invariable. C'est l'article qui est chargé de marquer le pluriel : **la crisis → las crisis.**
14. **trata de** : *essaie de.*
15. **el recurso** : *la ressource.*
16. **incentivo** : *stimulant.* Le verbe **incentivar** (de parution récente) a été formé à partir du substantif.
17. **otra** : n'oubliez pas que **otro, otra** ne sont jamais précédés de l'article indéfini.
18. **la financiación** : *le financement.*

X.5. Marco comunitario

acta f. de adhesión : *acte d'adhésion*
acta f. única : *acte unique*
acuerdo m. preferencial de 1970 : *accord préférentiel de 1970*
adherirse a : *adhérer à*
adhesión f. a la CE : *adhésion à la CE.*
administrar los fondos comunitarios : *gérer les fonds communautaires*
aislamiento m. : *isolement*
ampliación f. : *élargissement*
ayuda m. regional : *aide régionale*
balance m. del ingreso : *bilan de l'entrée*
comisión f. : *commission*
comité m. consultivo : *comité consultatif*
concesión f. arancelaria : *concession douanière*
conferencia f. cumbre : *conférence au sommet*
consejo m. europeo : *conseil européen*
derecho m. de veto : *droit de veto*
desarme m. arancelario : *démantèlement des barrières douanières*
desequilibrio m., desarrollo m. regional : *déséquilibre, développement régional*
esbozar un acuerdo : *esquisser un accord*
escudo m. : *écu*
flexibilizar las instituciones : *assouplir les institutions*
funcionamiento m. colegiado : *fonctionnement collégial*
influir sobre la política : *infléchir la politique*
ingreso m. en la CE : *entrée dans la CE.*
libre circulación f. de trabajadores : *libre circulation des travailleurs*
mayoría cualificada f. : *majorité qualifiée*
país m. miembro : *pays membre*
plan m. de convergencia : *plan de convergence*
por acuerdo unánime : *à l'unanimité*
presidencia f. por turno : *présidence tournante*
reforzar los poderes del parlamento : *renforcer les pouvoirs du parlement*
salir beneficiado : *tirer profit*
sede f. del tribunal de cuentas : *siège de la cour des comptes*
subvención f. : *subvention*
texto m. de aplicación : *texte d'application*
tomar efecto el 1ro de enero : *prendre effet le 1er janvier*
vetar : *opposer son veto*

X.5. Cadre communautaire

EXERCICES

I. Remplacez les mots en italique par des synonymes :

1. La *entrada* en la CE de nuevos miembros ha favorecido la política regional.
2. *Es verdad* que los fondos comunitarios destinados al desarrollo regional no son muy elevados en % del total.
3. *Incluso* poco elevados en porcentaje, siguen siendo importantes en volumen.
4. Es *indispensable* que aumenten.
5. Los *estímulos* directos a la implantación de empresas están desapareciendo progresivamente.
6. *Todavía* no ha llegado la financiación que esperábamos.

II. Mettez au pluriel les phrases suivantes :

1. La crisis no le afecta a ese sector.
2. La ayuda regional no es tan marginal como crees.
3. Esa tesis se plantea la corrección de dicha disparidad.
4. La ley es teóricamente igual para todos.
5. Ese nuevo plan no privilegia la localización empresarial.

III. Complétez les phrases avec les relatifs qui conviennent :

1. Los desequilibrios regionales son ...... han impulsado una política regional comunitaria.
2. Fue dos años después del ingreso de Irlanda ...... se creó el FEDER.
3. Así es ...... se privilegia un desarrollo endógeno.
4. Son las reformas sucesivas ...... más han incidido en las ayudas regionales.
5. Un carácter conjunto de financiación es ...... mejor puede resolver los problemas a ese nivel.

IV. Conjuguez le verbe *ser* à la forme qui convient :

1. La primera ampliación ...... la que provocó la creación de un fondo especial.
2. Los países con grandes desequilibrios ...... los que estaban más necesitados de ayudas.
3. Ciertos países industrializados en crisis ...... los que han salido beneficiados.

CORRECCIÓN DE LOS EJERCICIOS

CORRIGÉS DES EXERCICES

Chapitre I. Unité 1.

I. Fundar / diligencia, gestión / tributo, contribución / conceder / ayuda / implantar / proyectar / lograr, obtener / estimular.

II. Creación.f / solicitud.f / permiso.m / requerimiento.m / aplicación.f / abertura.f, apertura.f / desarrollo.m / exigencia.f / oferta.f, ofrecimiento.m.

III. 1. La autorización para emprender algo, si la administración no responde negativamente en un determinado plazo.
2. Reducciones de las cuotas de la Seguridad Social, exenciones fiscales, créditos a bajo interés, SODIS, apoyo a la innovación tecnológica.
3. Licencia fiscal, impuesto de radicación, licencia de obras y darse de alta en la Seguridad Social.
4. Los intervencionistas, por insuficientes y los defensores del libre cambio en nombre de la competencia, el liberalismo económico y el desarrollo internacional.

IV. 1. La diminution des formalités administratives est encore l'une des préoccupations les plus importantes.
2. Il existe de plus en plus de systèmes pour augmenter les ressources propres afin de créer une entreprise.
3. Malgré les difficultés, une fois plongé dans le monde de l'entreprise, on ne le quitte plus.

4. On a constaté que la simplification serait aussi utile aux entreprises qu'à l'Administration.

V. 1. Para afrontar la crisis, se ha emprendido un esfuerzo de reestructuración de algunos sectores industriales desde hace cinco años y, sobre todo, desde 1984.
2. Se conceden los incentivos según la importancia del objetivo económico y la capacidad de crear nuevos empleos.
3. Este organismo asesora y orienta a los inversores potenciales, les ayuda a elegir las zonas de implantación más favorables y puede tomar participaciones hasta el 45 % de manera temporal.

Chapitre I. Unité 2.

I. riesgo (m.), conocimiento (m.), cuenta (f.), convocatoria (f.), cumplimiento (m.), desembolso (m.), dimisión (f.), distribución (f.), duración (f.), ganancia (f.), gasto (m.), informe (m.), límite (m.), limitación (f.), nombramiento (m.), registro (m.), reparto (m.).

II. constituyente (constitutivo), competitivo, empresarial, fundacional, laboral, legal, mercantil, social, vigente.

III. S.A.
1. 3 / sin máximo.
2. Responsabilidad limitada a la aportación.
3. Participación de los socios en el capital no limitada.
4. Títulos libremente negociables.

S.R.L.
1. 2 / 50.
2. Responsabilidad limitada a la aportación.
3. Participaciones iguales de los socios en el capital.
4. Títulos sometidos a restricciones.

S.A.L.
1. 4.
2. Responsabilidad limitada a la aportación.
3. Participación limitada al 25 % como máximo. Los trabajadores son mayoritarios en el capital.
4. Títulos sometidos a restricciones.

IV. 1. Il est possible que la création de nouvelles sociétés constitue un remède contre le chômage.

2. Les membres fondateurs ont décidé d'adopter la forme de société à responsabilité limitée.
3. Pourriez-vous me dire quels sont les avantages de la S.A. par rapport à la S.A.R.L. ?

V. 1. La Junta general de accionistas aprobó el mes pasado por amplia mayoría de votos el informe (la memoria), el balance, las cuentas de resultados y el reparto de beneficios presentados por el consejo de administración de la sociedad.
2. El accionista tiene una responsabilidad limitada a su aportación en capital.
3. Toda S.A. ha de desembolsar al menos un cuarto del capital en el momento de la fundación (constitución).
4. La escritura fundacional (el acta fundacional) ha de ser registrada ante notario y en el Registro Mercantil.

Chapitre I. Unité 3.

I. 1. No merece la pena que te enfrentes con el jefe de personal.
2. ¿A qué te dedicas ahora?
3. Reparte el correo por todos los departamentos.
4. La delegación estaba encabezada por el director y por el propio presidente.
5. Quiero que te encargues del departamento comercial.
6. Esta sección está dirigida por un jefe de grupo.

II. consultor, consultoría ; subcontratista, subcontratante ; facturación ; costes, costos ; concesión, concesionario ; dirección ; directivo.

III. 1. Ya se lo habrán dicho (Ya le habrán informado).
2. Han de solucionar asimismo ese problema.
3. Este mes el departamento ha facturado unos 200 millones de pts.
4. Ahora nos dedicamos a distribuir material eléctrico.
5. En primer lugar, estudiemos la cuestión de las ventas ; luego, tratemos de encontrar soluciones y, por último, reformemos lo necesario.

IV. 1. La cuota de mercado de ese producto es muy reducida.
2. Existen tres tipos de organización.
3. El departamento de contabilidad se encarga de la nómina de la plantilla de la fábrica.

4. La facturación (el volumen de negocios) sigue aumentando más cada mes.
5. Aseguramos un servicio de posventa.

Chapitre 1. Unité 4.

I. pagadero / solvente / patrimonial / cobrable / ventajoso / beneficioso.

II. Me imagino que estaba usted enterado de / no nos queda otra solución / por cierto.

III. 1. Al no estar en condiciones de hacer frente a los compromisos adquiridos, la empresa se ha visto obligada a solicitar la suspensión de pagos.
2. En cuanto se haya pronunciado la quiebra, el comerciante deberá interrumpir sus actividades comerciales.
3. El concordato tiene por resultado concederle al deudor una serie de facilidades para el pago de sus deudas : plazo, rebaja...
4. Los acreedores deberán presentar los títulos que acreditan sus derechos ante el Juez dentro de los veinte días.
5. Si el empresario no hubiera malversado parte de su activo, el Juez no habría declarado fraudulenta la bancarrota.

IV. Iniciativa de la solicitud : quiebra : acreedores ; suspensión de pagos : deudor / órganos que intervienen : quiebra : juez, comisario, síndicos, junta de accionistas ; suspensión de pagos : juez, interventores, junta de accionistas / consecuencias : quiebra : liquidación de bienes ; suspensión de pagos : cumplimiento convenio / etapas : quiebra : solicitud, declaración del juez, formación de la masa de bienes, clasificación acreedores, reparto de bienes ; suspensión de pagos : solicitud, dictamen interventores, declaración del juez, convenio / terminación : quiebra : cierre del negocio y liquidación del patrimonio ; suspensión de pagos : convenio o, eventualmente, quiebra.

Chapitre II. Unité 1.

I. 1. el debe.
2. llama asiento.
3. el haber.
4. cargar (adeudar, debitar) la cuenta.
5. abonar (descargar, acreditar).

6. el saldo.
7. de un saldo acreedor.
8. de un saldo deudor.
9. liquidar la cuenta.

II. 1. Se abona el capital en 6 millones y se cargan las cuentas de banco y patentes, por valor de 3.600.000 pts y 2.400.000 respectivamente.
2. Se carga la cuenta gastos de constitución y se abona la de banco por la misma cantidad (150.000 pts).
3. Se carga la cuenta gastos de primer establecimiento y se abona la de banco por la misma cantidad (250.000 pts).
4. Se carga la cuenta material y se abona la de banco por 1.750.000 pts.

Chapitre II. Unité 2.

I. 1. pese a ; 2. de la misma manera ; 3. respecto a.

II. 1. en... a ; 2. en ; 3. por... en ; 4. en.

III. 1. La cuenta de resultados es un cuadro de síntesis en el que se agrupan las operaciones de gestión y en el que se explica a través de sus causas el resultado definitivo del ejercicio, pérdida o beneficio.
2. El objeto de la contabilidad es facilitar la memoria de las operaciones económicas, expresar sus resultados y permitir su control.
3. La contabilidad se transforma cada vez más en un asunto de empresarios, mientras que antes era el coto cerrado de los contables.

IV. 1. Compras, existencias, tributos, gastos de personal, amortizaciones, provisiones, gastos diversos, gastos financieros, gastos excepcionales e impuesto de sociedades.
2. Ingresos de explotación (ventas, existencias, trabajos realizados, subvenciones), ingresos financieros e ingresos extraordinarios.
3. El balance para conocer la situación de la empresa en un momento dado y la cuenta de resultados para conocer la dinámica de funcionamiento de la empresa.

Chapitre II. Unité 3.

I. 1. Estoy total y absolutamente convencido de lo que me cuentas.
2. Me dijo sencillamente que me callara.
3. Esos títulos son difícilmente negociables.
4. Discutieron animada y calmadamente.
5. Podemos hacer esa absorción conjunta o separadamente.

II. 1. Si no se tienen en cuenta los créditos y las deudas, el balance consolidado no proporciona la información precisa sobre las cuentas del grupo.
2. No basta con hacer la suma de cada partida para hacer el balance consolidado del grupo.
3. La cartera de títulos hay que incluirla dentro (en) del inmovilizado material.
4. La consolidación, por el contrario, consiste en agrupar todas las cuentas en (de) un conjunto.

III. 1. Acaba de absorber otras dos sociedades.
2. Esa sociedad tiene una filial de producción en Portugal y otras varias en España.
3. Me bastan con otros pocos más.
4. Necesitaríamos otros doce millones para adquirir otros mil títulos según la última cotización en Bolsa.

IV. 1. La sociedad matriz y las filiales constituyen un grupo.
2. Se ha efectuado la consolidación por el método (procedimiento) de puesta en equivalencia.
3. La filial depende de los abastecimientos (suministros) de la sociedad matriz, aunque por lo demás disponga de plena autonomía.
4. Los recursos financieros de que disponemos ascienden a 30 mil millones de pesetas.

Chapitre II. Unité 4.

I. Compras / ingresos / pérdida / ganar / cobro / desequilibrio / recursos ajenos / fortaleza / dependencia.

II. 1. Bien que l'on puisse donner des règles générales pour l'analyse financière, il faut considérer que chaque secteur économique a ses caractéristiques propres qui exigent de différencier chaque entreprise selon le secteur où elle travaille.
2. L'entreprise a-t-elle suffisamment d'indépendance financière

vis-à-vis des banques et des autres créanciers ou nous trouvons-nous plutôt de plus en plus dépourvus de ressources propres ?

III. 1. Cuanto más elevado es el valor del ratio de rentabilidad, más lucrativa es la empresa.
2. Para un inversor es, pues, fundamental apreciar las perspectivas de futuro que pueden afectar considerablemente la rentabilidad de la firma.
3. Seremos capaces de mejorar nuestro rendimiento, en cuanto definamos la relación más rentable entre el margen de las ventas y la rotación del activo.

IV. 1. -; 2. el; 3. la.-; 4. -; 5. el.-; 6. -... el.

Chapitre III. Unité 1.

I. Logro.m / financiación.f / mantenimiento.m / alcance.m / recurso.m / nacimiento.m / control.m / gestión.f / inversión.f / vencimiento.m / asesoramiento.m / garantía.f.

II. Rebasar / conseguir, alcanzar / apelar, acogerse / ideal / importe, suma / adaptar / meta, fin / dueño, amo / abastecedor, suministrador.

III. 1. En... para; 2. en... para; 3. en... en... de... para; 4. con... para.

IV. 1. No sólo se trata de enjugar las deudas, también hace falta que seamos capaces de asegurar el acceso al mercado europeo con un suficiente nivel de autofinanciación.
2. Nuestro grupo necesita dinero para financiar las inversiones y sobre todo para sanear las de sus empresas que podrían ser viables a condición de inyectarles las liquideces necesarias.
3. Un banco acepta la apertura de un crédito si la empresa ofrece suficientes garantías.
4. Aunque disponemos de escasos capitales, nos hemos visto obligados a aprovisionar de nuevo nuestras existencias para luchar contra la competencia.
5. El servicio financiero es el centro de la empresa, en torno al cual se organiza el conjunto de las actividades de ésta.

Chapitre III. Unité 2.

I. la reposición, el trámite, el equipamiento (el equipo), la inversión, el arrendamiento, el alquiler, la prórroga, la amortización, la financiación, el aumento, el pedido, la cuenta, el préstamo, el límite, la devolución, el proyecto.

II. urgir	afrontar	plantear	aplazar
planificar	proyectar	recurrir	deducir

III. 1. Aunque sean desfavorables, aceptaremos las condiciones de crédito que nos *ofrezcan*.
2. Ya recibirá noticias nuestras cuando Vd. *termine* todos los trámites necesarios.
3. Ya sabe donde estamos para todo lo que *necesite*.
4. Venía a que me *informaran* sobre las ventajas e inconvenientes del *leasing* respecto al crédito a medio plazo.
5. Todavía no hemos mandado los pedidos que *recibimos* la semana pasada.

IV. 1. Los tipos de interés siguen elevados.
2. Nuestra sociedad lleva esperando un mes ese crédito.
3. La cartera de pedidos sigue siendo firme.
4. La maquinaria lleva estropeada ya dos semanas.
5. ¿Qué hacemos? ¿Seguimos insistiendo o lo dejamos?

V. 1. Hemos recibido varios pedidos en firme.
2. El crédito está limitado al 75 % de la inversión.
3. Los alquileres corresponden al período de amortización.
4. Cuando el plazo llegue a vencimiento, necesitaremos renovar el contrato.
5. La sociedad de *leasing* adquiere los bienes de equipo para alquilarlos.
6. El *leasing* sirve para financiar los equipamientos.

Chapitre III. Unité 3.

I. 1. Letras de proveedores, descubiertos bancarios y facilidades de caja.
2. Línea de crédito, el descuento de letras y el crédito en firme.
3. Aplazando el pago a los acreedores y adelantando el cobro de los clientes.
4. Librador, librado, tomador.

II. 1. Se acostumbra ; 2. por medio de ; 3. en lo que concierne a ; 4. gracias a.

III. Devolver / facturar / deber / arriesgar / contratar / endosar / descontar / aventajar / vencer / librar / valer / valorar / prever / aplazar / recurrir / garantizar.

IV. 1. La fecha de vencimiento de esta letra cae bastante lejos ; tendremos tiempo de conseguir el dinero necesario para poder pagarla a tiempo.
2. Tanto las letras de cambio como los cheques pueden endosarse.
3. El efecto de comercio es una promesa de pago a una fecha convenida, por lo tanto, es un medio de crédito.
4. Se llama crédito a corto plazo aquél cuyo vencimiento no rebasa normalmente los 18 meses, aunque este plazo puede cambiar en función del sector al que pertenece la empresa.

Chapitre III. Unité 4.

I. 1. Ante tales dificultades, tuvimos que abandonar el proyecto.
2. Tengo muy buenas impresiones sobre el resultado de la negociación.
3. Llevamos varios meses tras el cobro de esas deudas.
4. No supo qué decir ante semejantes argumentos.
5. Tuvo que cambiar sus planes bajo la amenaza de una supresión de descubierto en cuenta corriente.

II. 1. Opino lo mismo que tú.
2. Al fin y al cabo, ése es su trabajo.
3. Tienes razón. Es cierto.
4. Me da la impresión de que la Caja de Ahorros ofrece condiciones especiales.
5. Te dirán lo mismo vayas donde vayas.

III. 1. En caso de que nos necesite, ya sabe donde estamos.
2. No creo que ese banco ofrezca las mejores condiciones de crédito.
3. A mí me parece que los socios volverán a adelantar el dinero en cuenta corriente.
4. Es imprescindible que Vds. presenten algún tipo de garantía.
5. Si nuestra situación financiera nos lo permitiera, no tendría que recurrir a ese tipo de financiación.

IV. 1. Hagamos lo que hagamos, necesitaremos un crédito de prefinanciación.
2. Señores, ante su insuficiencia de recursos permanentes, habría que buscar otra solución.
3. Le han dicho que la tramitación (los trámites) es bastante larga (son bastante largos).
4. Es absolutamente imprescindible encontrar nuevas aportaciones de fondos.
5. Opino lo mismo que tú. No creo que adelanten más dinero.

Chapitre III. Unité 5.

I. Desventajas, inconvenientes / mentira / bajista / carecer / barato / causa / reembolsar / crédito / minusvalía / salida / abundante / exclusión / anchura / cierre / opacidad.

II. Ventajoso / dinerario / renombrado / verdadero / nominal / decisorio / cotizable / dependiente / mercantil.

III. 1. Le bruit courut que les Japonais étaient intéressés par la société et maintenant il paraît qu'à la Bourse n'importe quelle rumeur, si insensée qu'elle soit, fait monter en flèche la cotation d'un titre.
2. La Bourse a joué et joue encore un faible rôle dans l'économie espagnole, sans comparaison avec d'autres pays de la Communauté Européenne.
3. Nous avons recours à la Bourse parce que nous y trouvons un financement moins cher que le crédit bancaire et en outre à cause de la renommée.

IV. 1. La primera etapa de la reforma consiste en armonizar las cotizaciones que tienen lugar actualmente en cuatro plazas bursátiles, por medio de una cotización única para cada valor, cualquiera que sea el lugar donde se cotice.
2. Como todos los valores europeos del sector, nuestra sociedad ha visto caer su título en Bolsa estos últimos meses ; la acción ha perdido alrededor del 20 % desde hace tres meses.
3. A mitad de la sesión, el índice Dow Jones había recuperado hasta 27 enteros, antes de que las tomas de beneficios cambiasen la tendencia.
4. Se apreciaba todavía alrededor del corro el repliegue de los valores industriales, mientras que el sector bancario estaba en alza de 2,5 enteros con relación al cierre de la víspera.

Chapitre IV. Unité 1.

I. Ayer en la reunión se plantearon las dificultades que tiene la Sección de Aprovisionamiento.
2. Como planteen Vds. otra vez la cuestión de confianza, presentamos la dimisión colectivamente.
3. Me temo que estén planeando una nueva reforma.
4. Desde hace cierto tiempo, esa sección no deja de plantear problemas de todo tipo.
5. Me han dicho que no han planeado ninguna modificación para el año que viene.
6. Si no estás de acuerdo, plantea tus dudas.

II. El arquitecto nos acaba de traer los planos de la nueva planta de almacenamiento.
2. El planteamiento de la situación actual me pareció un poco atrevido.
3. Los nuevos planes de reestructuración no han convencido a los sindicatos.
4. No creo que nos afecten los planes de urbanismo para la zona industrial.
5. El plan de reconversión propuesto es el único aceptable.

III. 1. Siguen suprimiendo personal en esa fábrica.
2. Hemos dejado de fabricar esa gama de productos.
3. Como sigan aumentando la gama, no daremos abasto.
4. Si vuelven a plantear un conflicto, tendremos problemas.
5. La calidad sigue mejorando.

IV. 1. No es culpa de los obreros, sino de las viejas máquinas, que no funcionan como debe ser.
2. Una de dos, o suben (aumentan) las primas de rendimiento o los operarios vuelven a plantear un conflicto.
3. La planta de vaciado sigue mejorando la calidad.
4. Esa sección no cumple con las cuotas fijadas.

Chapitre IV. Unité 2.

I. 1. Calidad; 2. Calidad; 3. Cualidades; 4. Calidades... Cualidades; 5. Calidad; 6. Cualidades; 7. Calidad; 8. Calidad.

II. 1. Con; 2. En... Con; 3. En... Para; 4. En.

III. 1. La producción textil en Europa está en crisis al padecer

una competencia cada vez más fuerte de los nuevos países industrializados del Sudeste asiático.
2. Todos los trabajadores que lo deseen pueden incorporarse a los círculos de calidad; una vez que formen parte de ellos, tendrán la posibilidad de dejarlos cuando quieran.
3. La especialización acarrea riesgos importantes, aunque permite realizar economías de escala.

Chapitre V. Unité 1.

I. 1. Este mes nosotros sacamos una nueva línea de productos.
2. Últimamente las piezas que salen de esa planta presentan cada vez menos defectos.
3. No sé qué argumentos puedo sacar para convencerle.
4. Me han dicho con seguridad que el pedido ya salió la semana pasada.
5. El mantenimiento del parque nos sale cada vez más caro.

II. 1. No lo sé. Habrán llegado los pedidos con retraso.
2. Habrá que encontrar nuevas formas de distribución.
3. Será un problema de marca, aunque no lo creo.
4. No lo sabrá, si no, no habría actuado así.
5. Habrá que buscar una de las causas de las dificultades del sector del mueble en el diseño.

III. 1. Llevamos años distribuyendo directamente al detallista.
2. Llevamos varios meses notando un aumento de la demanda.
3. Llevamos una semana con dificultades de entrega, debido a la huelga de transportes.
4. Ese modelo lleva sin fabricarse unos meses.
5. Llevamos unos días sin (tener) noticias de ese representante.

IV. 1. La fama de esa marca está bien establecida.
2. Los costes de mantenimiento son cada vez más elevados.
3. Hay que renovar más a menudo la gama (línea) de productos.
4. La competencia a partir de nuevas formas de distribución no deja de ser preocupante.
5. Tendríamos que disminuir nuestros plazos de entrega.

Chapitre V. Unité 2.

I. Traslado.m / agilidad.f / busca.f, búsqueda.f / transitario.m / mejora.f, mejoría.f, mejoramiento.m / carga.f, cargamento.m / embarque.m / almacén.m, almacenamiento.m / reparto.m / entrega.f / aparcamiento.m / permiso.m.

II. 1. se adopte ; 2. si mejoraran ; 3. construyen ; 4. sigan ; 5. se cargan ; 6. resultara.

III. 1. Las mercancías se envían a porte debido cuando el precio del transporte es pagadero a la llegada por el destinatario.
2. El transportista se compromete a entregar a un destinatario, en un cierto plazo de entrega, y a cambio de cierta suma, las mercancías que le han sido confiadas por el remitente.
3. Tememos que el bulto se haya extraviado ayer durante la descarga.
4. Como el conocimiento de embarque representa el valor de las mercancías, éstas no se entregan más que contra presentación de dicho documento.
5. Bajo el contrato firmado por Alsthom con las autoridades españolas se perfilan los proyectos de redes europeas de gran velocidad.

Chapitre V. Unité 3.

I. estancamiento, suministro, aprovisionamiento, diversificación, incremento, comprobación, actuación, contratación, desconocimiento

II. 1. No merece la pena que sigamos discutiendo.
2. Por lo que veo, nadie está al tanto.
3. A mi modo de ver, ese análisis me parece insuficiente.
4. No hay nada nuevo respecto a la cartera de pedidos.

III. 1. Sería preferible que celebráramos la reunión mañana por la tarde.
2. Sugiero que diversifiquemos nuestras fuentes de aprovisionamiento.
3. A mi juicio, merece la pena que intentemos abrir nuevos mercados.
4. No creo que la sección de ventas desconozca las dificultades de aprovisionamiento.

5. Convendría que esta decisión se tomara lo antes posible, de forma que todo el personal actúe (actuara) conforme a ella.

IV. 1. La cifra de ventas ha venido a aumentar este mes en un 12%.
2. Este producto nos vendrá a salir quinientas pesetas más barato que el otro.
3. Nuestra cuota de mercado ha venido a disminuir en un tres por ciento.
4. En la reunión vino a decir que había un estancamiento de la facturación.

V. 1. Sugiero que comprobemos atentamente los costes (costos) de nuestros aprovisionamientos.
2. Convendría que contratáramos (a) un jefe de producto.
3. Estamos todos al tanto del nuevo plan de actuación.

Chapitre V. Unité 4.

I. 1. Tanta... como; 2. Tan... que; 3. Tanto... como; 4. Tan... como; 5. Tanto que; 6. Tanto como.

II. 1. La presión de los anunciantes sobre un mercado en el que la competencia es cada vez más fuerte acarrea una baja de nuestra rentabilidad.
2. Los que venden productos de gran consumo saben que recortar los presupuestos publicitarios es atentar contra la imagen.
3. La comunicación publicitaria no es un adorno del que puede uno pasarse; es el pilar del volumen de negocios.
4. Las pequeñas agencias no pueden ofrecer a sus clientes las redes, los especialistas de los medios de comunicación o los servicios exteriores que necesitan.
5. La irrupción de las nuevas cadenas de televisión ha activado el mercado publicitario tanto tiempo subdesarrollado.

III. 1. dos otros; 2. otros medios; 3. otro soporte; 4. otra forma.

Chapitre V. Unité 5.

I.	duración (fém.)	ligereza (fém.)	solidez (fém.)
	deporte (masc.)	conocimiento (masc.)	abrigo (masc.)
	resistencia (fém.)	refinamiento (masc.)	anuncio (masc.)

II. 1. El segmento de mercado que se pretende alcanzar es el blanco.
2. La finalidad de la campaña es la meta.
3. La televisión, la prensa, la radio son medios de comunicación.
4. La técnica de comunicación que consiste en promocionar y financiar una manifestación cultural o deportiva por medio de una marca es el patrocinio o mecenazgo.
5. Insistir en un aspecto es hacer hincapié sobre él.
6. La capacidad de compra de un individuo o de un sector de población es el poder adquisitivo.

III. 1. Le aseguro que, cuando termine la campaña, la imagen de marca cambiará totalmente.
2. Cuando aumenta el nivel de vida, la demanda de artículos de ese tipo crece igualmente.
3. Todo cambió cuando llegó el nuevo director general.
4. Nuestros resultados no cambiaron inmediatamente cuando patrocinamos el nuevo premio de pintura.
5. Cuando analizamos el mercado, nos dimos cuenta de que estaba en pleno auge.

IV. 1. Dadas las circunstancias, se impone una disminución del presupuesto publicitario.
2. El consumidor medio tiene un perfil bien definido. Se trata de una persona culta que dispone de un poder adquisitivo relativamente elevado.
3. La campaña ha de hacer hincapié tanto en la solidez del producto como en la imagen de refinamiento.
4. El medio más adecuado es la prensa semanal.

Chapitre VI. Unité 1.

I.	sensato	aguantar	certeza	cuestión
	rebaja	estar supeditado a	exento	vigente
	tarea	subsidio	asesoramiento	fomento

II. 1. No le he entendido bien. Sólo a medias.
2. La búsqueda de una rentabilidad inmediata puede conducir a malos resultados.
3. Si la empresa no cumple las normas técnicas y las homologaciones de producto, está condenada a no exportar.
4. Es necesario tramitar una documentación compleja.

5. Existe una tendencia general a la disminución de derechos aduaneros, es decir, de aranceles.
6. Las entidades de crédito no financian el costo total de la exportación.
7. Disponemos de otras bazas que hasta ahora no habíamos utilizado.

III. 1. El entorno actual se caracteriza por una competencia enorme entre las firmas.
2. La incorporación de España a la Comunidad ha exigido grandes transformaciones económicas.
3. Ha sido sustituido por otra persona con mayor experiencia.
4. Hoy por hoy no se ven grandes ventajas con el cambio.
5. El costo varía según el tipo de moneda.
6. Ese ente está adscrito a otro ministerio.
7. Hemos de disponer de personal cualificado.

IV. 1. No hay que malgastar los recursos cuando son escasos.
2. No basta con plantearse algunas cuestiones. También es necesario saber contestarlas.
3. Debemos recurrir a los servicios de un representante.
4. Las entidades de crédito aplican los tipos de interés vigentes (en vigor).
5. La tarea principal de ciertos entes públicos es promover las actividades comerciales en el extranjero.

Chapitre VI. Unité 2.

I.	V	F
1.		☒
2.		☒
3.	☒	
4.		☒

II. ventaja, f.	solicicitud, f.	riesgo, m.
seguro, m.	transporte, m.	asignación, f.
flete, m.	turno, m.	negociación, f.

III. 1. Siempre que la otra oferta nos convenga más, la aceptamos.
2. Siempre que tengamos en cuenta el coste, la operación puede ser rentable.
3. Siempre que el crédito sea irrevocable y confirmado, no creo que haya problemas de cobro.

4. Siempre que añadamos los costes suplementarios, podremos llegar a una evaluación real.
5. Siempre que tengamos una capacidad de producción suficiente, haremos frente sin ninguna dificultad.

IV. 1. Por mucho que trabajamos, no llegamos a satisfacer todos los pedidos.
2. Por mucho que insistas, no vas a obtener ese contrato.
3. Por muy interesante que sea, no creo que merezca la pena.
4. Por muy mala que sea la venta, no tenemos otra elección.
5. No discutas la comisión con ellos, por muy elevada que te parezca.

V. 1. No podremos atender esos pedidos.
2. Es una empresa de suministros gubernamentales.
3. La inversión en materias primas es demasiado elevada.
4. Los gastos de flete y de transporte son razonables.
5. La ventaja es que se trata de una empresa de suministros estatales.

Chapitre VI. Unité 3.

I. 1. Competencia ; 2. Competencia... Competidoras... Competencia ; 3. Competencia... Competitivo ; 4. Competencia... Competidores.

II. 1. Exportasen ; 2. Se continúa ; 3. Siga ; 4. Mejora.

III. 1. La cuota de intercambios con nuestros socios del Mercado Común ha aumentado en un 50 % en cinco años.
2. Las compras al extranjero se pagan muy a menudo por crédito documentario, contra entrega de los documentos de expedición : conocimiento de embarque, póliza de seguro y factura.
3. La CESCE se niega a asegurar en nuestro contrato los riesgos políticos, comerciales y de no transferencia de divisas.
4. El trueque, el medio de pago más antiguo que existe, se ha puesto de moda estos últimos años en el comercio internacional.

Chapitre VI. Unité 4.

I. Envoltorio, envase / paquete, fardo / desmantelamiento / rumbo, vía / medida / obstáculo, traba / contingente, cuota / eliminar, quitar / aprovisionamiento, suministro.

II. 1. Hace ; 2. hay ; 3. hace ; 4. hay ; 5. hay ; 6. hay ; 7. hace ; 8. hace.

III. 1. La admisión temporal es la facultad de importar con franquicia aduanera mercancías destinadas a ser exportadas de nuevo en un plazo determinado.
2. Los derechos arancelarios se calculan, bien ad valorem, es decir a razón de un tanto por ciento sobre el valor, bien por unidad, peso, longitud, etc.
3. Las mercancías saldrán de España en el carguero Ciudad de Barcelona, con destino al puerto de Buenos Aires.
4. Todos los aranceles desaparecerán automáticamente en lo que respecta a los productos industriales procedentes de la CEE, con lo que 200 nuevos productos van a entrar en España sin ninguna barrera.
5. Hemos solicitado la apertura de un crédito documentario de 120.000 dólares por un período de sesenta días, a favor del Sr. Davis, en el Chase Manhattan Bank.

Chapitre VII. Unité 1.

I. 1. Están llamando a la puerta.
– ¿Has oído algo?
– Sí, alguien ha dicho si se puede.
2. – Por favor, ¿podría abrir la ventana?
– Sí, claro, no faltaría más.
3. – ¿Podría esperar un momentito (un instante)? Termino de hablar por teléfono enseguida.
4. – ¿Se puede?
– Adelante, pase.

II. 1. Les *adjunto* en la carta mi *historial.*
2. ¿Le interesa ese *puesto* que está *vacante (disponible)*?
3. Haga el favor de *comprobar* estos *datos.*
4. Le *salió* un *ofrecimiento* mejor en otra empresa.
5. Terminó la *carrera* de ingeniero en el 92.
6. Cuando terminó *la mili, se marchó* a Cádiz.
7. *Me las arreglo* bien en inglés y en alemán.
8. *En cuanto* termine el informe, se lo entrego.
9. *Llevo* buscando empleo *(desde hace)* un mes.
10. No, *no es del todo* así como ocurrió.

III. 1. Perdone que *me haya retrasado* tanto esta mañana, pero había mucho tráfico.

2. Lamentamos mucho que no *vengas* mañana a la reunión.
3. Me gustaría que Vd. *pudiera* precisarnos algo más sobre sus estudios (su carrera).
4. Le agradecería *nos adjuntara* su historial con las debidas referencias.
5. No creo que en esa empresa *me contraten.*

IV. 1. Perdone que le moleste, pero sólo es un instante.
2. Domina perfectamente los dos idiomas.
3. La investigación no era del todo su vocación (lo suyo).
4. Se marchó a los Estados Unidos después de acabar la carrera porque consiguió una beca.
5. Como puede comprobarlo, tengo cierta experiencia en un puesto similar.

Chapitre VII. Unité 2.

I. Huelguístico / amortizable / procesal / categórico / salarial / antiguo / judicial / estudiantil / porcentual.

II. Despedir / conciliar / juzgar / jubilar / utilizar / actuar.

III. 1. Hay que; 2. debe 3. tiene que; 4. es necesario; 5. tenemos que; 6. hay que; 7. tiene que.

IV. 1. La duración del contrato puede variar de uno a tres años según el ramo profesional o el tipo de oficio, el grado de cualificación y la duración de la formación.
2. Cuando se emplea de nuevo al asalariado con un contrato indefinido durante los tres meses siguientes a su despido, se reembolsan al empresario las cotizaciones que había pagado.
3. La rescisión del contrato de trabajo de un asalariado que tenía, en el momento de contratarlo, más de 50 años y que estaba inscrito desde hacía más de tres meses como demandante de empleo, está exenta de la cotización de paro.

Chapitre VII. Unité 3.

I. 1. Si no tenemos otro remedio, lo haremos así.
2. La plantilla del taller de montaje ha disminuido.
3. Es un material de otra índole.
4. En vez de hacer inversiones de sustitución, podríamos concebir un plan de formación.
5. Los operarios dominan el manejo de la maquinaria.

6. Los docentes tratan de que los alumnos efectúen prácticas en las empresas.

II. 1. venimos; 2. se va; 3. llevamos un mes; 4. sigue; 5. se va.

III. 1. Convendría que analizáramos las cualificaciones.
2. Haría falta que tuviéramos una política de productos.
3. Tendríamos que evaluar los costes.
4. Realmente, no sabría qué contestarte.
5. Habria que modificar radicalmente la gestión del personal.
6. Podríamos ver otras soluciones distintas.

IV. 1. No creo que nos hayamos preocupado lo suficiente.
2. No creo que esa decisión se impusiera.
3. No creo que otra política distinta nos plantee problemas.
4. Antes no creía que hubiera una infrautilización del material.
5. No creo que le dieran una contestación rápida.
6. No creo que exista un desfase entre las carreras y la demanda del mercado.

V. 1. No habría que despedir a más de un 3% de la plantilla.
2. Las máquinas de control numérico han cambiado la organización del taller.
3. No creo que conozcamos la solución.
4. Hemos establecido un presupuesto a medio plazo.

Chapitre VII. Unité 4.

I. hoja de paga / sueldo, salario / relación / retribución / importe / contribución / exoneración / marco, contorno / incentivo.

II. 1. por consiguiente; 2. de modo que; 3. así; 4. en consecuencia.

III. 1. No vayas; 2. No redacte; 3. No hagan - no nos comuniquen; 4. No distribuyáis.

IV. 1. Todos los empleados contratados por un año o más tienen derecho a dos pagas extraordinarias, en junio y en diciembre.
2. Hay que justificar las ausencias con un certificado médico u otro documento justificativo.
3. La tasa de población activa en España es bastante baja, pero hay que recordar la importancia del número de menores de

20 años, generalmente inactivos porque están cursando estudios, y el aumento de la duración de la vida, que incrementa el número de jubilados.
4. El paro afecta más a las regiones preponderantemente rurales en las que la industria es incapaz de absorber el excedente de jóvenes que vienen del campo.

Chapitre VII. Unité 5.

I. subyacente	vinculado	rasgos
liderazgo	partidarios	búsqueda
premisa	desánimo	pegas
desconfianza	mayor	rechazo

II. 1. El descenso de afiliación es *debido al* paro.
2. Es difícil pronunciarse *respecto a* este estado de hecho.
3. *Amén de* dichas causas, posiblemente habría que encontrar otras debidas a la coyuntura económica.
4. *No cabe duda de que* un sindicalismo fuerte contribuye a la consolidación de la democracia.
5. La ideología de algunos sindicatos *ha corrido parejas* con la de algunos partidos políticos.

III. 1. El Gobierno no hizo caso de las exigencias sindicales, sino que se opuso completamente a ellas.
2. La situación actual no es buena, pero se mejora.
3. Los vínculos vienen no sólo de una tradición histórica común, sino de una misma ideología política.
4. La política del Gobierno no sólo ha generado paro, sino que ha aumentado el empleo precario.
5. La huelga mostró no sólo la fuerza sino el rechazo popular a las medidas.
6. El sindicalismo presenta actualmente un bajo nivel de afiliación, pero no puede decirse que esa tendencia continúe.

IV. 1. Mire, no me gustan éstas, prefiero ésas (aquéllas, las) del fondo.
2. Ésta me parece mejor que la de la semana pasada.
3. Es lógico que el modelo sindical se oponga al del Gobierno.
4. La huelga se ha seguido más en esta empresa que en ésa (la) de al lado.
5. El aumento fue más importante que el del año pasado.

V. 1. No tienen derecho a presentar semejantes exigencias.

2. Está establecido por los convenios colectivos.
3. Las normas vigentes lo exigen así.
4. Los huelguistas luchan por sus derechos.

Chapitre VIII. Unité 1.

I. Viable / contractual / mercantil / arriesgado / legal, legislativo / insolvente.

II. Poseer / aplazar / legislar / arriesgar / lucrar(se) / pactar / codificar / encarecer / prever.

III. 1. A pesar de ; 2. por más que ; 3. aunque ; 4. aún así ; 5. con todo ; 6. por más que ; 7. a pesar de.

IV. 1. Acabamos de firmar un contrato importante con una firma extranjera que distribuye componentes electrónicos en el mundo entero.
2. Las dos partes llegaron a un acuerdo amistoso en un plazo bastante corto.
3. Si conseguimos actualmente contratos tan importantes, es gracias a la calidad de nuestros productos y a nuestra fama.
4. Existe una atonía de la demanda interna, como reflejan, para el consumo de los particulares, los resultados especialmente mediocres del comercio.

Chapitre VIII. Unité 2.

I.

deslinde	convertise en	computadora
es preciso	reto	incremento
imprescindible	subordinación	tasa débil
procedencia		

II. 1. Una transferencia tecnológica que no *aproveche* al sistema productivo condenará el país a la dependencia.
2. El reto que España *tendrá* que afrontar ha de ser el de una tecnología puntera nacional.
3. Las importaciones que *siguieron* el mayor incremento el año pasado no han dejado de aumentar.
4. No sabemos cuál será el déficit que *pagaremos* por patentes.
5. Los países que no *dispongan* de una tecnología propia se convertíran en simples mercados.

III. 1. La situación se ha vuelto definitivamente irreversible.
2. El país se ha convertido en la quinta potencia industrial.

3. Cuando oyó la noticia, se puso pálido.
4. Un cambio de estructuras se ha vuelto imprescindible.
5. Desde hace dos años, el incremento se ha hecho visible.

IV. 1. Fue hace unos años cuando la crisis repercutió más.
2. Creando una tecnología propia es como saldrá adelante.
3. En la índole de los pagos por transferencia es donde (como) vemos la dependencia de un país.
4. Así es como nos pudimos enterar de la noticia.

V. 1. La tasa de cobros respecto a los pagos es bastante débil.
2. Ya se han pagado los derechos de las patentes.
3. Esta situación es un reto para nosotros.
4. Es preciso concluir que no es una buena medida.

Chapitre VIII. Unité 3.

I. 1. Estamos ; 2. Contábamos ; 3. Digan ; 4. Tenga ; 5. Dicte ; 6. Se nombrase.

II. 1. Que ; 2. lo cual ; 3. las que ; 4. quien, el que ; 5. que... cuyos.

III. 1. Muy empleado en el comercio internacional, el arbitraje es una forma de arreglar los pleitos al que también recurren hoy las empresas cada vez más en el plano nacional.
2. La exclusión del provecho de los mercados públicos debería reservarse para las infracciones graves.
3. Si se instaura un registro de antecedentes penales para las personas morales, un nuevo equipo de dirigentes corre el riesgo de soportar el peso de infracciones pasadas y de verse desfavorecido.
4. El juez se niega a dar curso al requerimiento del quebrado.

Chapitre IX. Unité 1.

I. verificar	características	concepción
permitir, hacer posible	desprovista	unir, ligar
esta clase	emplear, utilizar	respecto a

II. 1. Los términos CAD/CAM *suelen designar* un tipo de procedimientos informáticos.
2. Hace unos años la automatización de procesos productivos *solía implicar* grandes inversiones.

3. Las aplicaciones *se suelen encontrar* en el sector mecánico y electrónico.
4. La fabricación integrada por ordenador *suele ir acompañada* de una nueva filosofía organizativa.
5. Nosotros *solemos utilizar* nuevos procedimientos de fabricación.

III. 1. Es su vez.
2. Es nuestra vez.
3. Es su vez.
4. ¿Es tu vez?
5. Es nuestra vez.
6. Es vuestra vez.

IV. 1. Podremos elegir fácilmente porque la oferta es muy amplia.
2. Habrá una disminución de precios porque los costes han bajado.
3. Se impone una diversificación porque el mercado se ha ampliado.
4. No le he dicho nada porque no me ha pedido ninguna explicación.

V. 1. La ofimática ha transformado completamente las tareas administrativas.
2. Los programas (informáticos) están bien adaptados a las necesidades de los utilizadores.
3. Hace unos cuantos (algunos) años el control numérico transformó la máquina-herramienta.
4. Las capacidades de almacenamiento son cada vez mayores.

Chapitre IX. Unité 2.

I. informaciones	con el fin de	ante
inscribirse en	en cuanto a	esa lista
porcentaje	200.000 aproximadamente	se ha hecho
evidente	gestiones	no paran de...

II. 1. Buscamos un marco jurídico posible que *rija* sus futuras relaciones cuando se produzca la fusión.
2. El nuevo contrato que *firmaremos* mañana acaba de llegar.
3. Aunque sea muy buena, no podremos aceptar en ningún caso la proposición que nos *hagan*.

4. El que no *quiera* recibir publicidad en un futuro, no la recibirá.
5. En su situación harán lo que nosotros *digamos*.
6. En este momento ya podemos comunicarle las ventas que *realizaremos* aproximadamente el mes que viene.

III. 1. Cero coma cincuenta y tres por ciento, cuarenta y cinco coma ocho por ciento, cero coma cero setenta y dos por ciento, uno coma setenta y ocho por ciento.
2. Setecientos cincuenta y ocho millones quinientas cincuenta y tres mil cuatrocientas veinticinco pesetas.
3. Dos mil quinientos setenta y seis millones setecientos noventa y ocho mil seiscientos sesenta y cinco marcos.
4. Cinco mil quinientos cuarenta y dos millones novecientas ochenta y siete mil trescientas veinticuatro libras.
5. Setecientos veinticinco mil doscientos cuarenta y cinco millones trescientos cincuenta y cinco mil cuatrocientos ochenta y dos.

IV. 1. El nuevo equipo se ha incorporado ya a uno de los departamentos de la nueva fábrica.
2. Manda el contrato por correo, que siempre es un medio más seguro.
3. Te pido la mayor discreción con respecto a lo que hablamos ayer.
4. El ciudadano se siente un poco desprotegido ante la avalancha de publicidad no solicitada.
5. Por mi parte no veo inconveniente alguno.
6. Sigue habiendo un tanto por ciento muy elevado de parados en ese sector.

- Chapitre IX. Unité 3.

I. 1. Podemos ; 2. continúen ; 3. adoptara... componen ; 4. se están ; 5. acuerden... tengan.

II. 1. A mi parecer ; 2. a mi modo de ver ; 3. a mi juicio ; 4. creo que ; 5. a mi parecer.

III. 1. En el conflicto entre economía y ecología, los nuevos principios tienden a un deslizamiento suplementario en dirección de la economía de mercado.
2. Los ecosistemas más vulnerables se encuentran esencialmente en los países que disponen de los más bajos medios

financieros y de los medios menos eficaces de acción administrativa.
3. El medio ambiente aparece desde ahora en buena posición en la lista de criterios retenidos por los inversores, y la cuestión de la calidad de vida en los emplazamientos industriales se plantea cada vez más a menudo.
4. Los vertidos tóxicos representan el mayor potencial de peligro para el medio ambiente.

Chapitre X. Unité 1.

I. Igualación, nivelación / tributo, contribución / imposición, fiscalidad / ingreso / elegir, escoger / someter, imponer / defraudación / finanzas públicas, fisco / recaudación.

II. 1. Entró ; 2. conozcamos ; 3. cacen ; 4. crecen ; 5. venga ; 6. suponga ; 7. supimos.

III. 1. El Gobierno prepara en la actualidad varios proyectos de ley que ajustan el sistema fiscal, especialmente en los campos de las fundaciones, de las fusiones de empresas y de la retención en origen, sobre las rentas de capitales.
2. Ha entrado en vigor una nueva tasa sobre las empresas ; se trata de una tasa que engloba 5 tasas que las empresas contribuyentes pagaban a los municipios en contrapartida de los servicios municipales.
3. A pesar de la previsión de un aumento del peso de las recaudaciones tributarias del orden del 1,6 % del PIB, la tasa de las retenciones obligatorias en España sigue siendo la más baja de la CEE.
4. La nueva ley fiscal introduce una reducción de la base imponible del impuesto sobre sociedades para los no residentes.

Chapitre X. Unité 2.

I. 1. F.
2. F.
3. V.
4. F.
5. V.

II. 1. Nos enfrentamos con problemas muy graves.
2. Se jubila este año por alcanzar la edad reglamentaria.
3. Se ha convertido en un personaje muy popular.

4. El pago de prestaciones sociales por diferentes conceptos va en aumento cada año.
5. Las pérdidas se han ido acumulando hasta llegar a la situación actual.
6. En cuanto a ese asunto, más vale olvidarlo.
7. Sin embargo, no puso inconvenientes por su parte.

III. 1. No hemos sabido nada porque estábamos (hemos estado) ausentes esos días.
2. Tuvieron que cerrar porque disminuyeron los ingresos de repente.
3. Porque no ha pagado cuotas durante cierto número de años no tendrá derecho a recibir prestaciones.
4. Están en un mal momento porque tienen problemas de financiación.
5. Siempre cedía porque no quería enfrentarse con ellos.

IV. 1. Las pensiones constituyen la partida más importante en la estructura global del gasto.
2. El aumento de ingresos se debe en gran parte a las cotizaciones.
3. Es un servicio público financiado mediante impuestos.

Chapitre X. Unité 3.

I. Asegurar / describir / perder / carecer / interrumpir / convenir / asociar / invertir / garantizar.

II. 1. Para ; 2. para ; 3. por ; 4. por ; 5. por ; 6. para ; 7. para ; 8. por... para ; 9. por.

III. 1. El asegurador es un prestatario de servicios que permite a cada uno cubrirse ante ciertas categorías de riesgos.
2. La importancia de los fondos gestionados por las compañías de seguros se explica sobre todo por el desfase que existe entre la percepción de una cuota y la indemnización del asegurado.
3. Pensamos que estas cifras se han tornado claramente insuficientes y que estarían ustedes al descubierto el día que se produjera un siniestro.
4. Deberíamos cobrar daños y perjuicios por este accidente.
5. Los daños sufridos han sido importantes.

Chapitre X. Unité 4.

I. 1. Pensaras ; 2. obtengamos ; 3. utilizan ; 4. existiera ; 5. se limite ; 6. disponen ; 7. haber.

II. 1. Consejeros ; 2. diecisiete ; 3. Galicia, Asturias, Cantabria, País Vasco, Navarra, Aragón, Cataluña, Castilla-León, La Rioja, Castilla-La Mancha, Madrid, País Valenciano, Extremadura, Murcia, Andalucía, Baleares, Canarias ; 4. Tribunal Constitucional.

III. 1. Las reivindicaciones independentistas deberían paulatinamente revelar que no tienen objeto.
2. Desde luego que la mayor parte de las regiones autónomas españolas han instalado cabezas de puente en Bruselas, a la manera de los Länder alemanes que son sus modelos.
3. Andalucía, enclavada y descentrada con relación al centro económico de la Europa de los Doce, corre el peligro de la marginalización y del empobrecimiento, pero todos los actores locales se han mobilizado para afrontar los cambios pendientes.

Chapitre X. Unité 5.

I. 1. *El ingreso* en la CE de nuevos miembros ha favorecido la política regional.
2. *Es cierto* que los fondos comunitarios destinados al desarrollo regional no son muy elevados en % del total.
3. *Aun* poco elevados en porcentaje, siguen siendo importantes en volumen.
4. Es *imprescindible* que aumenten.
5. Los *incentivos* directos a la implantación de empresas están desapareciendo progresivamente.
6. *Aún* no ha llegado la financiación que esperábamos.

II. 1. Las crisis no les afectan a esos sectores.
2. Las ayudas regionales no son tan marginales como creéis.
3. Esas tesis se plantean las correcciones de dichas disparidades.
4. Las leyes son teóricamente iguales para todos.
5. Esos nuevos planes no privilegian las localizaciones empresariales.

III. 1. Los desequilibrios regionales son los que han impulsado una política regional comunitaria.

2. Fue dos años después del ingreso de Irlanda cuando se creó el FEDER.
3. Así es como se privilegia un desarrollo endógeno.
4. Son las reformas sucesivas las que más han incidido en las ayudas regionales.
5. Un carácter conjunto de financiación es el que mejor puede resolver los problemas a ese nivel.

IV. 1. La primera ampliación fue la que provocó la creación de un fondo especial.
2. Los países con grandes desequilibrios eran los que estaban más necesitados de ayudas.
3. Ciertos países industrializados en crisis han sido (son) los que han salido beneficiados.

ANEXOS / *ANNEXES*

- La España de 1992 en cifras / *L'Espagne de 1992 en chiffres*
  1. Demografía / *Démographie*
  2. Trabajo / *Travail*
  3. Fiscalidad / *Fiscalité*
  4. Consumo / *Consommation*
  5. Economía / *Économie*
- Mapa de las autonomías y de las industrias / *Carte des Autonomies et des industries*
- Mapa del crecimiento regional / *Carte de la croissance régionale*

LA ESPAÑA DE 1992 EN CIFRAS

1. DEMOGRAFÍA / *DÉMOGRAPHIE*

tasa de natalidad / *taux de natalité*

España	Francia	CE
10,2 ‰	13,5 ‰	11,9 ‰

eurostat 1990

tasa de mortalidad / *taux de mortalité*

España	Francia	CE
7,6 ‰	7,2 ‰	7,8 ‰

eurostat 1990

índice de fertilidad / *indicateur de fécondité*

España	Francia	CE
1,36	1,80	1,55

eurostat 1990

mayores de 65 años / *les plus de 65 ans*

España	Francia	CE
12,7 %	13,6 %	14 %

INED 1989

proporción de extranjeros / *proportion d'étrangers*

España	Francia	CE
0,9 %	6,5 %	4,0 %

eurostat 1988

2. TRABAJO / *TRAVAIL*

población activa / *population active*

España	Francia	CE
38,4 %	43,2 %	44,8 %

OCDE 1988

distribución de la población activa por sectores / *répartition de la population active par secteurs*

	agricultura *agriculture*	industria-minería *industrie-mines*	servicios *services*
España	12,4 %	33,2 %	54,4 %
Francia	7 %	30 %	63 %
CE	10,1 %	31,1 %	58,8 %

FAO 1991

repartición de las grandes actividades (porcentaje del PNB) *répartition des grandes activités (pourcentage du PNB)*

	agricultura *agriculture*	industria-minería *industrie-mines*	servicios *services*
España	4,9 %	35,4 %	59,7 %
Francia	3,3 %	29,6 %	67,1 %
CE	5,8 %	34,4 %	59,8 %

FAO 1991

tiempo parcial (porcentaje de la población activa) *temps partiel (pourcentage de la population active)*

España	Francia	Países Bajos
5 %	12 %	32 %

SVP 1992

trabajadores temporales / *travailleurs temporaires*

España	Francia	Portugal
22,3 %	7,8 %	18,5 %

OCDE 1988

horas de trabajo por año / *heures de travail par an*

España	Francia	Japón
1977	1787	2253

SVP 1992

duración legal del trabajo / *durée légale du travail*

España	Francia	Alemania
40 h.	39 h.	48 h.

SVP 1992

vacaciones / *congés payés*

España	Francia	Alemania
25 días	25,5 días	29 días

SVP 1992

tasa de paro / *taux de chômage*

España	Francia	CE
15,5 %	9,8 %	9,4 %

OCDE 1992

paro de larga duración (porcentaje del paro total)
chômage de longue durée (pourcentage du chômage total)

España	Francia	CE
58 %	45 %	52 %

eurostat 1991

tasa de afiliación sindical / *taux de syndicalisation*

España	Francia	Dinamarca
16 %	12 %	73 %

OCDE 1988

salario mínimo mensual / *salaire minimal par mois (1992)*

España : SMI	Francia : SMIC	Países Bajos
56 280 pesetas	5 756 francos	2 133 florines

clasificación de los países en función del poder adquisitivo de los ejecutivos
classement des pays en fonction du pouvoir d'achat des cadres

1. Alemania
2. Italia
3. España
4. Bélgica
5. Países Bajos
6. Francia
7. Dinamarca
8. Portugal
9. Irlanda
10. Reino Unido
11. Grecia

salario de los directores generales (en francos)
salaire de P.D.G (en francs)

1. España	1 047 820
2. Dinamarca	834 550
3. Francia	743 890
4. Bélgica	719 670
5. Reino Unido	634 700
6. Alemania	620 920

Financial Times 1991

3. FISCALIDAD / *FISCALITÉ*

retenciones obligatorias (porcentaje del PIB)
prélèvements obligatoires (pourcentage du PIB)

España	Francia	CE
33,4	44,4	39,6

OCDE 1991

cotizaciones sociales (porcentaje del PIB)
cotisations sociales (pourcentage du PIB)

España	Francia	Países Bajos
11,7	19,2	20,4

OCDE 1988

impuesto sobre las sociedades (porcentaje del PIB)
impôt sur les sociétés (pourcentage du PIB)

España	Francia	Luxemburgo
2,2	5,2	7,5

OCDE 1987

impuesto sobre la renta : tipo máximo
impôt sur le revenu : taux maximum

España	Francia	Dinamarca
56	56,8	68

OCDE 1991

impuesto sobre la renta (porcentaje del PIB)
impôt sur le revenu (pourcentage du PIB)

España	Francia	Dinamarca
7,1	5,4	26,6

OCDE 1988

4. CONSUMO / *CONSOMMATION*

presupuesto familiar / ***budget familial***

	alimentación *alimentation*	ropa *habillement*	alojamiento *logement*	casa *maison*	salud *santé*	transportes *transports*	ocio *loisirs*	otros *autres*
España	26,06	7,41	14,26	7,09	3,56	14,81	6,59	20,22
Francia	19,61	6,72	18,72	8,15	9,20	16,76	7,41	13,44
CE	21,30	7,80	16,80	8,10	7,40	14,90	8,20	15,70

eurostat 1988

índice de precios al consumo, 31 de octubre de 1992
indice des prix à la consommation, 31 octobre 1992

España	Francia	CE
5,2 %	2,4 %	4,83 %

aumento de los precios entre 1986 y 1992
augmentation des prix entre 1986 et 1992

España	Francia	Italia
32 %	19,8 %	38 %

tasa de crecimiento del consumo
taux de croissance de la consommation

	1991 en %	1992 en %
España	2,8	3,1
Francia	1,6	2,1
CE	1,9	2,3

Crédit Lyonnais 1992

5. ECONOMÍA ESPAÑOLA / *ÉCONOMIE ESPAGNOLE*

COMERCIO EXTERIOR / COMMERCE EXTÉRIEUR

países proveedores, importaciones 1991
pays fournisseurs, importations 1991

1. Alemania	16,19 %
2. Francia	15,17 %
3. Italia	10,05 %
4. EE UU	7,97 %
5. Reino Unido	7,53 %
6. Japón	4,67 %

Anuario El País 1992

países clientes, exportaciones 1991
pays clients, exportations 1991

1. Francia	19,99 %
2. Alemania	15,94 %
3. Italia	11,35 %
4. Reino Unido	7,68 %
5. Portugal	6,59 %
6. EE UU	4,91 %

Anuario El País 1992

EMPRESAS ESPAÑOLAS / ENTREPRISES ESPAGNOLES

Las diez primeras empresas por su cifra de ventas 1990
Les dix premières entreprises par leur chiffre d'affaires 1990

empresa	actividad
1. Telefónica	servicios públicos
2. El Corte Inglés	comerciales
3. Campsa	petróleos
4. Tabacalera	varios
5. Seat	automoción
6. Repsol	petróleos
7. Fasa Renault	automoción
8. Iberia	transportes
9. General Motors	automoción
10. EN de Electricidad	energía eléctrica

Anuario El País 1992

LAS REGIONES DE ESPAÑA DENTRO DE LA CE
LES RÉGIONS D'ESPAGNE DANS LA CE

comunidad autónoma	PIB por habitante promedio 1986-87-88 CE = 100	tasa de paro (en %) promedio 1988-89-90 CE (9,1 %) = 100
Extremadura	49	289,1
Ceuta y Melilla	53,2	351,6
Andalucía	57,5	300
Castilla-La Mancha	60,7	163,2
Galicia	63,7	137,3
Murcia	65,9	180,6
Castilla-León	70,9	184,4
Canarias	72,1	248,1
Cantabria	72,3	205,5
Comunidad Valenciana	75,3	174,3
Asturias	78	200,2
Aragón	80,7	128,6
Cataluña	83,9	171,6
Madrid	84,8	157,1
Navarra	88,3	133,2
País Vasco	89	222,6
Rioja	90	96,6
Baleares	109,2	118,2

Commission des Communautés Européennes 1991

Carte des Autonomies et des industries.

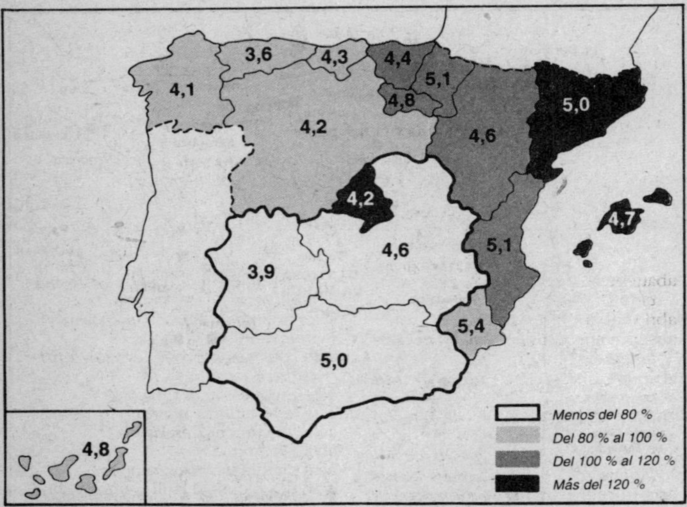

Croissance régionale, 1985-1990.

Croissance moyenne annuelle sur 5 ans : 4,6 %.
PIB/habitant en 1990 : moyenne nationale : 100.

Lexique

abattement, dégrèvement : *desgravación* f.
abri (être à l') : *estar a salvo*
absence non justifiée : *falta* f. *de asistencia*
absorber une société : *absorber una sociedad*
abus de droit : *abuso* m. *de derecho*
acceptation : *aceptación*
accident du travail : *accidente* m. *laboral*
accord cadre : *acuerdo* m. *marco*
accord préférentiel de 1970 : *acuerdo* m. *preferencial de 1970*
accord tacite : *aceptación* f. *tácita, silencio positivo*
accord, concordat, convention : *convenio*
accord mutuel des parties (par) : *por mutuo acuerdo de las partes*
accorder un délai : *conceder un plazo*
accroche : *elemento que llama la atención*
acheter à crédit : *comprar a plazos*
acheteur conditionné : *comprador condicionado*
acheteur rationnel : *comprador racional*
acte authentique : *escritura pública*
acte constitutif (société) : *escritura fundacional*
acte constitutif : *acto constitutivo*
acte d'adhésion : *acta* f. *de adhesión*
acte de procédure : *diligencia* f.
acte extrajudiciaire (par) : *en forma fehaciente*
acte notarié : *acta (o escritura)* f. *notarial*
acte sous seing privé : *escritura privada*
acte unique : *acta* f. *única*
acte, attestation : *atestado* m.
acte, document : *escritura* f.
actif : *activo*
actif circulant : *circulante* m.
actif des biens du failli : *masa activa de la quiebra*
actif immobilisé, immobilisations : *inmovilizado*
action au porteur : *acción al portador*
action civile, pénale : *acción* f. *civil, penal*
action d'apport : *acción de aporte*
action de capital : *acción de capital*
action de jouissance : *acción de disfrute (o de goce)*
action nominative : *acción nominativa*
action prioritaire : *acción preferente (o privilegiada)*
action sans droit de vote : *acción sin derecho a voto*
actionnaire : *accionista*
actionnariat : *accionariado*
adhérer à : *adherirse a*
adhérer à un syndicat : *afiliarse a un sindicato*
adhésion à la CE : *adhesión* f. *a la CE*

admettre à un examen : *aprobar*
administrateur, syndic : *síndico*
admission temporaire : *admisión* f. *temporal*
affichage : *visualización* f.
affiche : *cartel*
affrètement : *fletamento* m.
affréter : *fletar*
affréteur : *fletador* m.
agence de publicité : *agencia de publicidad*
agent d'assurance : *agente* m. *de seguro*
agent de bourse : *agente de bolsa*
agrément : *beneplácito* m.
aide à l'embauche : *incentivo* m. *a la contratación*
aide fiscale : *incentivo fiscal*
aide officielle : *ayuda oficial (o institucional)*
aide régionale : *ayuda* m. *regional*
aide, allocation : *subsidio* m.
aide-comptable : *tenedor* m. *de libros*
aides à l'exportation : *ayudas* f., pl. *a la exportación*
amélioration : *mejora* f.
amende : *multa* f.
analyse financière : *análisis* m. *financiero*
analyser : *analizar*
analyste : *analista* m.
ancienneté : *antigüedad* f.
année d'imposition : *año de imposición*
annonce : *anuncio, aviso*
annonceur : *anunciante*
annulation de plein droit : *cancelación* f.
anticiper : *anticipar*
antidater : *antedatar*
appareil : *aparato* m.
appel : *apelación* f., *recurso de apelación*
appliquer la loi : *cumplir la ley*
apport : *aportación*
apport en société : *aportación en sociedad*
apport financier : *aportación financiera*
apprendre : *aprender*
apprenti : *aprendiz* m.
apprentissage : *aprendizaje*
approvisionnement : *abastecimiento* m.
appui, soutien : *apoyo*
arbitrage : *laudo* m.
argent liquide : *dinero en efectivo*
armateur : *armador* m.
arrêt d'accusation : *auto* m. *de procesamiento*
arriver à échéance : *llegar a término, vencer*
aspiration : *aspiración* f.
assemblée générale : *junta general*
assemblée législative : *asamblea* f. *legislativa*
assiette de l'impôt, base d'imposition : *base* f. *imponible o tributaria*
assistance, conseil : *asesoramiento* m.
assistant, e : *asistente* m. *o* f.
assister, conseiller : *asesorar*
associé : *socio*
assouplir les institutions : *flexibilizar las instituciones*
assouplissement du marché du travail : *flexibilización del mercado laboral*
assujetti à l'impôt : *sujeto a impuesto*
assumer des compétences : *asumir competencias*
assurance accident du travail : *seguro contra accidente laboral*
assurance au tiers : *seguro contra terceros*
assurance crédit : *seguro de crédito*
assurance décès : *seguro en caso de muerte*
assurance perte d'exploitation : *seguro contra pérdida de explotación*
assurance récoltes, gel et grêle : *seguro de cosechas, helada y pedrisco*
assurance responsabilité civile : *seguro de responsabilidad civil*
assurance tous risques : *seguro contra todo riesgo*
assurance transport : *seguro de transporte*
assurance vie : *seguro* m. *(en caso) de vida*
assurance vol et incendie : *seguro de incendio y robo*
assuré : *asegurado*
assurer : *asegurar*

assureur, compagnie d'assurances : *asegurador* m., *compañía* f. *de seguros*
atelier : *taller* m.
attestation, certificat : *fe* f.
attirer le client : *atraer al cliente*
attitude d'un candidat : *comportamiento* m. *de un candidato*
au moyen d'une loi organique : *mediante ley orgánica*
au moyen de : *por medio de*
au moyen de, moyennant : *mediante*
audience, audition, cour, palais de justice : *audiencia* f.
augmentation de capital : *ampliación de capital*
augmenter de 20 points : *subir 20 puntos*
augmenter les fonds propres : *ampliar los fondos propios*
autocollant : *pegatina*
autofinancement : *autofinanciación* f.
automatisation : *automatización* f.
autonomie financière : *autonomía* f. *financiera*
autorisation de transit : *autorización de tránsito*
autoriser le paiement : *autorizar el pago*
autorité : *autoridad*
aux dépens de : *a expensas de*
aval : *aval*
avaliser, donner son aval : *avalar*
avance de fonds : *anticipo de fondos*
avance versée : *anticipo efectuado*
avance, acompte : *anticipo*
avancer de l'argent : *adelantar dinero*
avant impôt : *antes del impuesto*
avant provision pour l'impôt sur les sociétés : *antes de la provisión para el impuesto sobre sociedades*
avenant : *apéndice* m.
avion-cargo : *avión* m. *de carga*
avis, consultation juridique : *dictamen*
avocat : *abogado* m., *letrado,* m.
avocat conseil : *abogado asesor*
avocat de la partie civile : *acusador* m. *privado*
avocat général, procureur : *fiscal* m.
avocat stagiaire : *abogado pasante*
avoir le droit de : *tener derecho a*
avoirs : *haberes*
à échéance supérieure à : *de vencimiento superior a*
à fonds perdus : *a fondo perdido*
à l'échéance : *al vencimiento*
à l'ouverture : *a la apertura*
à l'unanimité : *por acuerdo unánime*
à la clôture : *al cierre*
à la corbeille : *en corros*
à la requête de : *a instancia de*
à la suite de : *a raiz de*
à trente jours de vue : *a treinta (sesenta, noventa, etc.) días vista*
à vue : *a la vista*
baisse : *baja*
baissier : *bajista*
balance commerciale : *balanza* f. *comercial*
banque d'affaires : *banco de negocios*
banque d'émission : *banco emisor*
banque de dépôts : *banca comercial*
banqueroute frauduleuse : *quiebra fraudulenta*
banqueroute simple : *quiebra culpable*
barème : *baremo* m.
barre psychologique : *cota psicológica*
barreau : *colegio* m. *de abogados*
bateau : *buque* m.
bateau citerne : *buque* m. *cisterna*
bénéfice avant impôts : *beneficio* m. *antes de impuestos*
bénéfice de l'exercice : *excedente del ejercicio*
bénéficiaire : *beneficiario*
bénéficiaire : *tomador*
bilan : *balance* m.
bilan consolidé : *balance* m. *consolidado*
bilan de l'entrée : *balance* m. *del ingreso*
billet à ordre, bon de trésorerie : *pagaré* m.
billet de trésorerie bancaire : *pagaré* m. *bancario*
billet de trésorerie d'entreprise : *pagaré de empresa*
blanchir de l'argent : *blanquear dinero*
bon de caisse : *bono* m. *de caja*
bon de trésorerie : *bono de tesorería*
bon du trésor : *bono del tesoro, letra* f. *del tesoro*

bon état de fonctionnement : *buen estado* m. *de funcionamiento*
bon gré mal gré : *de buena o mala gana*
bon pour acquit : *recibí, recibimos*
bon pour aval : *bueno para aval*
bourse : *bolsa*
bourse d'études : *beca* f.
bourse de l'emploi : *bolsa* f. *de empleo*
bourse des métaux : *bolsa de metales*
boursier (études) : *becario*
boursier (Bourse) : *bursátil*
boutique : *tienda* f.
branche d'activité : *ramo (de actividad)*
brevet : *patente* f.
breveter : *patentar*
brochure publicitaire : *folleto* m. *publicitario*
brochure, notice : *folleto* m.
brouillard : *borrador*
budget de formation : *presupuesto* m. *de formación*
budget publicitaire : *presupuesto publicitario*
budget, devis : *presupuesto*
budgéter : *presupuestar*
bulletin de livraison : *albarán* m.
bulletin de salaire, liste nominative du personnel : *nómina* f.
bureau : *oficina*
bureau de douane : *oficina* f. *de aduanas*
bureautique : *ofimática* f.
but : *meta* f.
C & F : *coste y flete, puerto de destino convenido*
cabinet de consultants : *consultoría* f., *consultora* f.
cabinet de travail : *despacho*
cabinet juridique, cabinet conseil : *asesoría*
câble : *cable* m.
câble coaxial : *cable* m. *coaxial*
cachet : *sello* m.
cadre : *ejecutivo*
cadre administratif, employé administratif : *administrativo*
cadre de direction, cadre supérieur : *directivo*
cadre juridique : *marco jurídico*
cadre supérieur, membre d'une profession libérale : *profesional*
caisse : *caja* f.
caisse d'épargne : *caja de ahorros*
caissier, caissière : *cajero, cajera*
calendrier : *calendario* m.
caméra : *cámara* f.
camion : *camión* m.
campagne publicitaire : *campaña de publicidad*
canal de distribution : *canal* m. *de distribución*
candidat : *candidato* m.
capacité de stockage : *capacidad* f. *de almacenamiento*
capital social : *capital social*
capital souscrit : *capital suscrito*
capital-risque : *capital riesgo*
capitalisation : *capitalización* f.
capitaux propres : *capitales propios*
carga f. : *cargaison : cargamento* m.
cargo (navire) : *carguero* m., *buque* m. *de carga*
carnet de commandes : *cartera de pedidos*
carte (d'ordinateur) : *tarjeta* f.
carte de crédit : *tarjeta de crédito*
carte perforée : *ficha* f. *perforada*
catégorie professionnelle : *categoría* f. *profesional*
caution : *fianza* f.
cautionnement : *contrato de fianza*
céder : *ceder*
centrale d'achat : *central* f. *de compra*
centre serveur : *centro* m. *de servicios*
cercle de qualité : *círculo* m. *de calidad*
certificat d'assurance : *certificado* m. *de seguro*
certificat d'origine : *certificado* m. *de origen*
certifier : *dar fe*
cessation de paiements : *suspensión de pagos*
cession des impôts : *cesión* m. *de los tributos*
chaîne succursaliste : *cadena sucursalista* f.
chambre de commerce international : *cámara* f. *de comercio internacional*
chambre de compensation : *cámara de compensación*
champ d'application : *campo* m. *de aplicación*
change : *cambio de divisas*

changement de stratégie : *cambio* m. *de estrategia*
charge : *gravamen* m.
charge de (être à la) : *correr a cargo de, por cuenta de*
charge fiscale : *carga* f. *impositiva*
charge utile : *carga* f. *útil*
charger : *cargar*
charges d'exploitation : *gastos de explotación*
charges d'exploitation financière : *costes financieros*
charges de personnel : *gastos de personal*
charges générales d'exploitation : *gastos generales*
charges locatives : *gastos de inmuebles*
chargeur : *cargador* m.
charte-partie : *carta* f. *partida*
chasseur de têtes : *cazador* m. *de cabezas*
chef comptable : *jefe de contabilidad*
chef d'atelier : *jefe de taller*
chef de produit : *jefe* m. *de producto*
chef du personnel : *jefe de personal*
chemin de fer : *ferrocarril* m.
chèque : *cheque, talón*
chèque au porteur : *cheque al portador*
chèque à ordre : *cheque a la orden*
chèque barré : *cheque cruzado*
chèque certifié : *cheque certificado*
chèque en blanc : *cheque en blanco*
chèque sans provisions : *cheque en descubierto*
chéquier : *talonario*
chiffre d'affaires consolidé : *cifra* f. *de negocios consolidada*
chiffre d'affaires, facturation : *facturación* f.
choix du médecin : *elección* f. *del médico*
chômeur : *desempleado*
chronométreur : *cronometrador* m.
cible : *blanco*
CIF : *coste, seguro y flete, puerto de destino convenido*
circonscription électorale : *circunscripción* f. *electoral*
classer les commandes : *ordenar los pedidos*
clause additionnelle : *cláusula* f. *adicional*
clause de réserve de propriété : *pacto de reserva de propiedad*
clause de sauvegarde : *medida* f. *cautelar*
clause, convention, pacte : *pacto* m.
clavier : *teclado* m.
clôture : *cierre*
coassurance : *coaseguro,* m.
C.O.B. (équivalent de la) : *Comisión Nacional del Mercado de Valores*
code : *código* m.
collège électoral : *colegio* m. *electoral*
comité consultatif : *comité* m. *consultivo*
comité d'entreprise : *comité* m. *de empresa*
commande : *pedido* m.
commande à distance : *mando* m. *a distancia*
commande ferme : *pedido* m. *en firme*
commande numérique : *control* m. *numérico*
commandement : *mando*
commencer : *iniciarse*
commercial : *mercantil*
commercialisation : *comercialización* f.
commercialiser : *comercializar*
commissaire : *comisario*
commission : *comisión* f.
communauté autonome : *comunidad* f. *autónoma*
commune : *término* m. *municipal*
communication : *comunicación* f.
compagnie de navigation : *naviera* f.
comparaître : *comparecer*
compatible : *compatible*
compétence du pouvoir central : *competencia* f. *del poder central*
comptable : *contable*
compte (en fin de) : *a la postre*
compte courant : *cuenta* f. *corriente*
compte de régularisation : *ajuste por periodificación*
compte de régularisation : *cuenta de regularización*
compte de résultats : *cuenta de resultados*
compte de retour : *cuenta de resaca*
comptes consolidés : *cuentas* f., pl. *consolidadas*
concepteur : *conceptor, diseñador*

conception assistée par ordinateur (CAO) : *diseño asistido por ordenador*
concession douanière : *concesión* f. *arancelaria*
conciliation : *acto* m. *de conciliación*
concluant : *concluyente*
concordat : *concordato* m.
concours : *concurso* f.
concurrence : *competencia* f.
concurrencer : *competir (con)*
concurrent : *competidor* m.
conditionner : *acondicionar*
conditionner des marchandises : *acondicionar mercancías*
conditions (sous) : *bajo condiciones*
conditions spéciales : *condiciones especiales*
conférence au sommet : *conferencia* f. *cumbre*
conférence de presse : *rueda* f. *de prensa*
confiance à (faire) : *fiarse de*
confier à : *encomendar a*
confiscation, saisie : *decomiso* m.
conformément aux dispositions de : *conforme a lo dispuesto en*
confrontation : *careo* m.
congé annuel, congés payés : *vacaciones* f., pl. *anuales*
congé de maladie (être en) : *estar dado de baja*
conjoint, conjointe : *cónyuge*
connaissement : *conocimiento* m. *de embarque*
conseil de gouvernement : *consejo* m. *de gobierno*
conseil européen : *consejo* m. *europeo*
conseil général : *diputación* f. *provincial*
conseil municipal, chapître : *cabildo* m.
conseiller juridique : *asesor* m. *jurídico*
conseiller municipal : *concejal m.*
conseiller, estimer : *dictaminar*
consigner, mettre en dépôt : *consignar*
console : *consola* f.
consolidation : *consolidación* f.
consolider : *consolidar*
consommateur : *consumidor* m.
constituer une société : *constituir una sociedad*
construction : *edificio*
conteneur : *contenedor* m.
contingent : *contingente* m.
contingentement : *contigentación* f.
contracter une police d'assurance : *contratar una póliza de seguro*
contractuel : *contractual*
contrat à durée déterminée : *contrato* m. *temporal, de duración determinada*
contrat à durée indéterminée : *contrato indefinido*
contrat à temps partiel : *contrato a tiempo parcial*
contrat d'aide à l'emploi : *contrato de fomento de empleo*
contrat de gage, vente à réméré : *pignoración* f.
contrat de stage : *contrato en prácticas*
contrat de travail intérimaire : *contrato de interinidad*
contrat de vente : *contrato* m. *de compraventa*
contrat pour handicapés : *contrato para minusválidos*
contrat de formation : *contrato para la formación*
contrebande (de) : *contrabando* m. *(de)*
contrebandier : *contrabandista* m.
contremaître : *capataz*
contrevaleur : *contravalor* m.
contribuable : *contribuyente* m.
contrôle de l'Etat : *control* m. *estatal*
contrôle de qualité : *control* m. *de calidad*
contrôle des marchandises : *control* m. *de las mercancías*
contrôler : *controlar*
contrôleur, liquidateur (de la faillite) : *interventor*
convalescence : *recuperación* f.
convention collective : *convenio* m. *colectivo*
coopérative de consommation : *cooperativa de consumo*
coopérative de production : *cooperativa de producción*
corbeille, parquet (Bourse) : *corro, barandilla*
corporation : *gremio* m., *corporación* f.
corps du délit : *cuerpo* m. *del delito*

corps enseignant : *profesorado* m., *cuerpo* m. *docente*
correspondant bancaire : *banco* m. *corresponsal*
cotation : *cotización*
cote, cours, cotation : *cotización*
coter : *cotizar*
cotisation : *cuota* f.
cotisation à la charge de l'entreprise : *cotización* f. *a cargo del empresario*
cotisation patronale : *cuota empresarial*
cotiser 15 ans au minimum : *cotizar un mínimo de 15 años*
coupon-réponse : *cupón* f.
cour d'appel : *audiencia territorial*
cour des comptes : *tribunal de cuentas*
courrier électronique : *correo* m. *electrónico*
cours (matière), année scolaire : *curso* m.
cours de formation professionnelle : *curso de capacitación profesional*
cours du soir : *clase* f. *nocturna*
coût financier : *coste* m. *financiero*
couverture des risques : *cobertura* f. *de los riesgos*
couverture du dividende : *cobertura* f. *del dividendo*
couvrir 15 % des investissements : *cubrir el 15 % de la inversión*
couvrir contre (se) : *cubrise de*
créance : *crédito*
créances douteuses : *insolvencias*
créancier : *acreedor*
crédit : *haber*
crédit acheteur : *crédito* m. *comprador*
crédit à court, moyen, long terme : *crédito* m. *a corto, medio, largo plazo*
crédit à l'exportation : *crédito* m. *a la exportación*
crédit documentaire : *crédito* m. *documentario*
crédit fournisseurs : *crédito de proveedores*
crédit relais : *crédito puente*
crédit vendeur : *crédito* m. *vendedor*
crédit, créance : *crédito*
crédit-bail : *venta-arrendamiento*
créditer quelqu'un : *abonar la cuenta de alguien*
créditer un compte : *abonar en cuenta*
culture d'entreprise : *cultura* f. *empresarial*
C.V. : *historial* m., *curriculum* m.
cycle de vie : *ciclo* m. *de vida*
cycle de vie d'un produit : *ciclo* m. *vital de un producto*
débarquement : *desembarque* m.
débit : *debe* m.
débiter un compte : *cargar en cuenta*
débiteur : *deudor*
déboursé, libéré : *desembolsado*
décès : *fallecimiento* m.
décharge : *basurero* m.
décharge publique : *vertedero* m.
déchet : *desecho* m.
déchet polluant : *vertido* m. *contaminante*
déchets radioactifs : *desechos radiactivos o radioactivos*
déclaration : *declaración* f.
déclaration d'impôt : *declaración* f. *fiscal, de renta*
déclaration en douane : *declaración* f. *de aduanas*
déclaration sur l'honneur : *declaración* f. *jurada*
déclarer en faillite : *declarar en quiebra*
décodeur : *decodificador* m.
découvert : *descubierto*
dédommager : *desagraviar*
dédouaner, dédouanement : *despachar, despacho* m.
degré d'invalidité : *grado* m. *de invalidez*
dégrèvement fiscal : *desgravación* f. *fiscal*
délai d'amortissement : *plazo* m. *de amortización*
délai moyen d'encaissement : *período* m. *promedio de cobro*
délais (être dans les) : *estar a tiempo*
délégué du gouvernement : *delegado* m. *del gobierno*
délégué du personnel : *delegado* m. *del personal*
délier, dénouer : *desligar*
délivrance (d'un brevet) : *concesión* f.
délivrer (un document) : *expedir*
délivrer un mandat : *cursar una orden*

demande d'emploi : *solicitud* f. *de empleo*
demande primaire : *demanda primaria*
demande secondaire : *demanda secundaria*
demander conseil à quelqu'un : *consultar con alguien*
démantèlement des barrières douanières : *desarme* m. *arancelario*
démarche : *tramitación*
démission du salarié : *dimisión del asalariado*
département : *departamento*
département, section : *área* f.
dépasser : *superar*
dépendance technologique : *dependencia* f. *tecnológica*
déposant : *declarante* m.
déposer de l'argent : *depositar dinero*
déposer un préavis de grève : *presentar una solicitud de huelga*
déposer, enregistrer : *registrar*
dépréciation du portefeuille de valeurs mobilières : *saneamiento de la cartera de valores*
déséquilibre, développement régional : *desequilibrio* m., *desarrollo* m. *regional*
détaillant : *detallista* m., *minorista* m.
détenir : *detentar*
détritus : *detrito* m., *detritus* m.
dette : *deuda*
dette à court, à long, à moyen terme : *deuda a corto, a largo, o medio plazo*
dette publique : *deuda pública*
développement, promotion : *fomento* m.
devise : *divisa*
devise convertible : *divisa* f. *convertible*
diagnostic : *diagnóstico* m.
diagnostiquer : *diagnosticar*
digne de foi : *fidedigno*
diminution d'effectifs : *supresión* f. *de personal*
diplôme : *diploma* m.
diplômé : *titulado*
directeur général, P-D.G. : *director general*
direction générale : *dirección general*
dispersé : *disgregado*
disponibilités : *disponibles*
disque externe : *disco* m. *externo*
disquette : *disquette* f.
distributeur : *distribuidor* m.
distributeur automatique de billets : *cajero automático*
distribution : *distribución* f.
dock (bassin) : *dique* m.
docker, arrimeur : *estibador* m.
dolosif : *doloso*
dommage : *daño* m.
dommageable : *dañoso*
dommages et intérêts : *daños y perjuicios*
donnée : *dato* m.
donner des cours de technologie : *impartir clases de tecnología*
dotation aux amortissements : *dotación a las amortizaciones*
dotation aux provisions : *dotación a los fondos*
douane : *aduana* f.
douanier : *aduanero* m.
dresser un acte, un procès-verbal : *extender o levantar acta*
dresser un constat : *levantar un atestado*
dresser un protêt : *levantar acta de protesto*
droit de veto : *derecho* m. *de veto*
droit des sociétés : *derecho de sociedades*
droit local : *fuero* m.
droits ad valorem : *derechos* m., pl. *ad valorem*
droits de douane : *derechos* m., pl. *arancelarios*
droits spécifiques : *derechos* m., pl. *específicos*
durée du contrat : *duración* f. *del contrato*
durée, terme : *plazo*
échange d'actions : *intercambio de acciones*
échanges commerciaux : *tráfico* m. *mercantil*
échantillon : *muestra* m.
échantillon sans valeur marchande : *muestra* f. *sin valor comercial*
échantillonnage : *muestrario* m.
échéance : *vencimiento* m.
échelon : *escalón*
écobilan : *ecobalance* m.
écologie : *ecología* f.
écomarketing : *ecomarketing* m.

économie d'échelle : *economía* f. *de escala*
écoproduit : *ecoproducto,* m.
écopublicité : *ecopublicidad* f.
écran : *pantalla* f.
écran à haute résolution : *pantalla* f. *de alta resolución*
écu : *escudo* m.
effet de commerce négociable : *efecto negociable*
effet de levier : *efecto palanca*
effet de levier financier : *apalancamiento* m. *financiero*
efficacité : *eficacia* f.
effluent gazeux : *efluente* m. *gaseoso*
élargissement : *ampliación* f.
éligibilité : *elegibilidad* f.
éléments chimiques toxiques : *elementos químicos tóxicos*
emballage : *embalaje* m.
emballage en matière plastique : *envase* m. *de materia plástica*
embarquement : *embarque* m.
embauche : *contratación* f.
embaucher des chômeurs : *contratar a desempleados*
embaucher quelqu'un : *contratar a alguien*
émetteur : *emisor*
emploi optimum des machines : *utilización óptima de la maquinaria*
emplois multiples : *pluriempleo*
employé de bureau : *oficinista*
emprunt : *empréstito*
emprunter : *pedir prestado*
emprunteur : *prestatario*
encadrement du crédit : *contención crediticia*
encaisser : *cobrar*
encourager : *incentivar*
endettement : *endeudamiento* m.
endos : *endoso*
endosser : *endosar*
endosseur : *endosante*
enfants à charge : *hijos* m., pl. *a cargo*
engendrer des ressources : *generar recursos*
engendrer, provoquer : *originar*
enquête : *encuesta* f., *indagación* f.
enrichissement des tâches : *enriquecimiento* m. *de las tareas*
enseigner : *enseñar*
ensemble : *conjunto* m.
entité : *entidad* f.
entrée dans la CE : *ingreso* m. *en la CE*
entrepôt de douane : *depósito* m. *de aduanas*
entreprise : *empresa*
entreprise de conseil : *consultoría* f.
entretien de groupe : *entrevista* f. *de grupo*
entretien préventif : *mantenimiento* m. *preventivo*
entretien, entrevue : *entrevista* f.
entrevue ouverte : *entrevista* f. *abierta*
environnement : *entorno* m., *medio ambiente* m.
environnemental : *medioambiental*
envisager, centrer : *enfocar*
épurer : *depurar*
équipement vidéo : *equipo* m. *de vídeo*
équitable : *equitativo*
escompte : *descuento*
escroc : *estafador* m.
esquisser un accord : *esbozar un acuerdo*
établir la police : *emitir la póliza*
établir les bases : *sentar las bases de*
établir un chèque certifié : *extender un cheque certificado*
établir un contrat d'assurance : *establecer un contrato de seguro*
établissement industriel, usine, unité de production : *planta* f.
état de compte : *estado* m. *de cuenta*
état de cessation de paiement (en) : *suspenso*
état financier : *estado* m. *financiero*
étude de marché : *estudio* m. *o investigación* f. *de mercado*
étude de motivation : *estudio* m. *de motivación*
études : *carrera* f.
évaluation du personnel : *valoración* f. *del personal*
événement : *evento* m., *acontecimiento* m.
évidence (mettre en), montrer : *patentizar*
EX QUAY : *desde muelle, puerto convenido*
EX SHIP : *desde "nombre del navío", puerto convenido*
EX WORKS : *en fábrica*
examen de fin d'études : *examen* m. *de fin de carrera*

examiner les comptes : *auditar*
excédent de caisse : *excedente de caja*
exempté de : *exento de*
exercer une nouvelle activité : *ejercitar, ejercer una nueva actividad*
exercice clos le : *ejercicio terminado el*
exercice d'un droit : *ejercicio* m. *de un derecho*
exercice fiscal : *ejercicio* m. *fiscal*
exonération fiscale : *exención fiscal*
expéditeur : *remitente* m.
expédition par groupage : *expedición* f. *en grupaje*
expert : *perito*
expert en assurances : *experto o perito de seguros*
expert-comptable : *censor jurado de cuentas*
expertise : *examen* m. *pericial*
exploit d'huissier : *cédula* m. *notarial*
exportateur : *exportador* m.
extrait de compte : *extracto de cuenta*
fabriquer à façon : *fabricar a la demanda*
fac-similé : *facsímil* m.
face à (faire) : *hacer frente a*
face à ses obligations (faire) : *cumplir sus obligaciones*
faciliter, favoriser : *propiciar*
facteur productif : *factor* m. *productivo*
factoring : *factoraje, factoring*
facture : *factura*
facture en suspens : *factura* f. *pendiente*
facture pro forma : *factura* f. *proforma*
failli : *fallido, quebrado*
faillite : *quiebra fortuita*
faillite (faire) : *quebrar*
falsificateur : *falsificador* m.
FAS : *franco muelle, puerto de embarque convenido*
favoriser l'embauche : *fomentar la contratación*
fax, téléfax : *fax* m., *telefax* m.
fédération, confédération : *federación* f., *confederación*
fibre optique : *fibra* f. *óptica*
fichier : *fichero* m.
fidélisation : *fidelización* m.
fidéliser la clientèle : *fidelizar a la clientela*
figurer : *constar*
financement : *financiación* f.
financement à court terme : *financiación a corto*
financer les pertes : *financiar las pérdidas*
finances publiques : *finanzas* m., pl.
financier : *financiero*
fiscal : *tributario*
fiscalité : *tributación* f., *fiscalidad* f.
fluctuation : *fluctuación*
flux : *flujo* m.
FOB : *franco a bordo, puerto de embarque convenido*
foi du serment (sous la) : *bajo juramento*
fonction financière : *función* f. *financiera*
fonctionnement collégial : *funcionamiento* m. *colegiado*
fonds de roulement : *fondo de maniobra*
fondé de pouvoir : *apoderado* m.
fonds publics : *fondos públicos*
fonder sur (se) : *fundamentarse en*
fondre dans un seul bilan : *fundir en un solo balance*
fonds de commerce : *negocio* m.
fonds de compensation : *fondo* m. *de compensación*
fonds de garantie salariale : *fondo* m. *de garantía salarial*
fonds, capital : *caudal*
FOR : *franco vagón, punto de partida convenido*
force majeure : *caso* m. *fortuito, fuerza* f. *mayor*
forclusion : *caducidad* f.
formalité, démarche : *trámite* m.
formalités douanières, frontalières : *trámites* m., pl. *aduaneros, fronterizos*
formateur : *formador*
formation en alternance : *formación* f. *en alternancia*
formation permanente : *formación permanente*
formation professionnelle de base : *formación profesional básica*
forme (en bonne et due) : *en debida forma, con todos los requisitos*
fournir : *suministrar*

fournir des renseignements : *facilitar datos*
fournisseur : *proveedor* m.
fourniture : *suministro* m.
frais à bord : *gastos* m., pl. *de a bordo*
frais d'attente : *gastos* m., pl. *de espera*
frais de justice : *gastos judiciales o procesales*
frais déductible : *gasto* m. *deducible*
franchise : *franquicia* f.
franchise douanière : *franquicia* f. *aduanera*
franchiseur : *franquiciador* m.
franchisé : *franquiciado* m.
fraude : *defraudación* f., *fraude* f.
frauder : *defraudar*
fraudeur : *defraudador* m.
frauduleux : *fraudulento*
FREE : *franco, puerto de embarque convenido*
FREE DELIVERED : *entrega franco, punto de destino convenido*
FREIGHT OR CARRIAGE PAID TO : *flete o porte pagados hasta*
fret : *flete* m.
fusion de sociétés : *fusión de sociedades*
futur : *futuro*
gage, nantissement : *pignoración*
gain : *ganancia*
gain de caractère salarial : *percepción* f. *de carácter salarial*
gain non soumis à cotisation : *percepción* f. *excluida de cotización*
gain soumis à cotisation : *percepción* f. *sujeta a cotización*
gains non salariaux : *percepciones* f., pl. *no salariales*
gamme de produits : *gama* m. *de productos*
garant : *fiador* m.
garantie : *garantía* f.
garantie bancaire : *garantía bancaria*
garantir : *garantizar*
gérant, P.-D.G. : *gerente* m.
gérer : *gestionar*
gérer les fonds communautaires : *administrar los fondos comunitarios*
gestion de la fabrication : *gestión* f. *de la fabricación*
gestion de trésorerie : *gestión* f. *de tesorería*
gestion décentralisée : *gestión descentralizada*
gestion, démarche : *gestión*
grand livre : *libro mayor*
grand magasin : *gran almacén* m.
grande distribution : *gran distribución* f.
grandes surfaces : *grandes superficies* f., pl.
graphologie : *grafología* f.
grever : *gravar*
grève (se mettre en) : *declararse en huelga, ir a la huelga*
grève générale : *huelga* f. *general*
grève sur le tas : *huelga* f. *de brazos caídos*
gréviste : *huelguista* m.
grossiste : *mayorista* m.
grue à portique : *grúa de pórtico*
guichet : *taquilla, ventanilla*
habitant, voisin : *vecino*
habitude d'achat : *hábito* m. *de compra*
hardware : *hardware* m.
hausse : *alza* f., *subida*
haussier : *alcista*
haut et bas : *altibajo* m.
haut-parleur : *altavoz* m.
heures supplémentaires : *horas* f., pl. *extra, extraordinarias*
hiérarchie : *jerarquía*
honoraires, vacations : *honorarios* m., pl.
honorer une traite : *cancelar una letra*
hôtel de ville : *ayuntamiento* m.
hypermarché : *hipermercado* m.
image : *imagen* m.
images de marque : *imágenes de marca*
immobilisations corporelles : *activos, inmovilizaciones materiales*
immobilisations financières : *inmovilizaciones financieras*
immobilisations incorporelles : *inmovilizaciones inmateriales*
impayés : *impagados, morosos*
imposable : *imponible*
impôt : *tributo* m.
impôt d'installation : *impuesto de radicación*
impôt direct, indirect : *impuesto directo, indirecto*
impôt foncier : *contribución* f. *urbana, rústica*

impôt progressif, dégressif : *impuesto progresivo, degresivo*
impôt sur la fortune : *impuesto sobre el patrimonio*
impôt sur les sociétés : *impuesto sobre el beneficio de las sociedades*
impôt sur les successions : *impuesto sobre las sucesiones*
imprimante : *impresora* f.
imprimé : *impreso* m.
incapacité provisoire : *incapacidad* f. *transitoria*
incoterms : *incoterms* m., pl.
inculpé : *acusado* m.
indemniser : *indemnizar*
indemnité : *indemnización* f.
indemnité de licenciement : *indemnización* f. *por despido*
indicateur : *indicador*
indice : *índice* m.
infléchir la politique : *influir sobre la política*
influencer le comportement : *influir en el comportamiento*
innovant, novateur : *innovador*
innovation : *innovación* f.
inscription, écriture comptable : *asiento* m.
inscrit au barreau : *colegiado* m.
insérer : *insertar*
insertion dans le monde du travail : *inserción* f. *en el mundo laboral*
insolvabilité : *insolvencia*
inspecteur des finances : *inspector* m. *de contribuciones, de Hacienda*
installation technique : *instalación mecánica*
instinct grégaire : *instinto gregario*
institutionnel : *institucional*
instrument de contrôle : *instrumento* m. *de control*
instrument financier : *instrumento financiero*
intégration globale : *integración* f. *global*
intégration proportionnelle : *integración proporcional*
interconnexion : *interconexión* f.
interface : *interfaz* f.
intérimaire : *interino*
interjeter, introduire un recours : *interponer*
intermédiaire : *intermediario* m.
introduire en Bourse : *sacar (o introducir) en bolsa*
inventeur : *inventor* m.
investir : *invertir*
investissement : *inversión* f.
investisseur : *inversionista, inversor*
invoquer : *alegar*
irrecevable, non fondé : *improcedente*
irrévocable : *irrevocable*
isolement : *aislamiento* m.
j'atteste, je certifie : *doy fe*
jauge brute : *tonelaje* m. *bruto*
jauge nette : *tonelaje* m. *neto*
jeu : *juego* m.
jeu d'entreprise : *juego* m. *de empresa*
jeu de rôles : *representación* f. *de papeles*
jouer à la baisse : *ir a la baja*
jouer à la hausse : *ir al alza*
jouer un rôle : *desempeñar (o jugar) un papel*
jouer un rôle important : *desempeñar un papel importante*
journée de travail : *jornada* f. *laboral*
juge : *juez*
juge d'instruction : *juez* m. *de instrucción*
jugement, sentence : *fallo* m., *sentencia* f.
jurisprudence : *jurisprudencia* f.
jury : *juzgado* m. *tribunal* (formé d'un seul juge)
label : *label* m.
lancement d'un produit : *lanzamiento* m. *de un producto*
lancer un produit : *lanzar un producto*
lancer un programme : *lanzar un programa*
langue étrangère : *idioma* m.
leasing : *leasing (o arrendamiento financiero)*
législation communautaire : *legislación* f. *comunitaria*
lettre de change : *letra* f. *de cambio*
lettre de crédit : *carta* f. *de crédito*
lettre de crédit illimité : *carta abierta*
lettre de transport aérien (LTA) : *carte* f. *de transporte aéreo (CTA)*
lettre de voiture : *carta* f. *de porte*
liaison : *enlace* m.
libérer de ses dettes (se) : *desempeñarse*
libre circulation des travailleurs : *libre circulación* f. *de trabajadores*

licence d'importation : *licencia* f. *de importación*
licenciement : *despido* m.
licenciement abusif : *despido improcedente*
licenciement disciplinaire : *despido disciplinario*
licencier quelqu'un : *despedir a alguien*
lien : *lazo* m.
lien de participation : *vínculo* m. *de participación*
lieu de livraison : *lugar* m. *de entrega*
ligne de crédit : *línea de crédito*
linéaire de présentation : *lineal* m. *de presentación*
liquidation : *liquidación* f.
liquider : *liquidar*
liquidité : *liquidez* f.
listage : *listado* m.
liste de toutes les personnes : *relación* m. *de todas las personas*
liste, listing (informatique) : *listado* m.
livraison : *entrega* f.
livre de commerce : *libro de comercio*
livre des inventaires : *libro de inventarios y balances*
livre journal : *libro diario*
lock-out : *cierre* m. *patronal*
logiciel, software : *programa* m. *lógico, software* m.
louer : *alquilar, arrendar*
loyer, location : *alquiler* m.
lutter pour ses droits : *luchar por sus derechos*
machine : *máquina* f.
machine-outil : *máquina herramienta*
machines, matériel industriel : *maquinaria* f.
magasin de distribution : *almacén de distribución*
magistrat : *magistrado* m.
main-d'œuvre spécialisée : *mano de obra especializada*
maire : *alcalde* m.
mairie : *alcaldía* f.
maîtrise d'une langue : *dominio* m. *de una lengua*
maîtriser une langue étrangère : *dominar un idioma*
majorité qualifiée : *mayoría cualificada* f.
maladie professionnelle : *enfermedad* f. *profesional*
mandat : *mandato* m.
mandataire : *mandatario* m.
marchandise saisie en douane : *mercancía incautada en aduana*
marchandise sous douane : *mercancía* f. *en aduana*
marche arrière (faire) : *echarse para atrás*
marché à terme : *mercado a plazo*
marché captif : *mercado* m. *cautivo*
marché des matières premières : *mercado de materias primas*
marché des valeurs : *mercado de valores*
marché en continu : *mercado continuo*
marché monétaire : *mercado monetario*
marée noire : *marea* f. *negra*
marge brute : *margen bruto*
marge brute d'autofinancement : *excedente empresarial*
marge financière : *margen financiera*
marketing direct : *marketing* m. *directo*
marketing international : *marketing* m. *internacional*
marketing opérationnel : *marketing* m. *operacional*
marketing-amont : *marketing* m. *de compra*
marketing-aval : *marketing* m. *de venta*
marketing-mix : *marketing-mix* m.
marque : *marca* f.
marque déposée : *marca patentada o registrada*
maternité : *maternidad* f.
matières premières : *materias* f., pl. *primas*
MATIF (équivalent du) : *mercado de opciones bursátiles*
matraquage publicitaire : *publicidad machacona*
maturité : *madurez* f.
mauvais payeur : *moroso*
mécénat : *mecenazgo* m.
mécène : *mecenas* m.
média : *medio de comunicación*
médicament : *medicamento* m., *medicina* f.

membre de la maîtrise, cadre moyen : *mando intermedio*
mémoire (document) : *memoria* f.
menacer de : *amenazar con*
mercatique : *mercadotecnia* f.
merchandising (ou marchandisage) : *mercadeo* m.
message : *mensaje*
messagerie : *mensajería* f.
méthode de pénétration du marché : *método* m. *de entrada en el mercado*
méthode de sélection : *método* m. *de selección*
méthodes et temps : *métodos y tiempos*
micro-ordinateur : *microordenador* m.
micro-processeur : *microprocesador* m.
mini-ordinateur : *miniordenador* m.
ministère des Finances : *Hacienda*
ministère public : *ministerio* m. *fiscal*
mise en équivalence : *puesta* f. *en equivalencia*
mise en œuvre du plan : *puesta* f. *en marcha del plan*
modem : *modem* m.
moduler, démoduler : *modular, demodular*
moins-value sur cessions : *pérdidas por enajenaciones*
montant : *cuantía* f.
montant à déduire : *total* m. *a deducir*
montant de la prestation : *cuantía* f. *de la prestación*
montant des gains : *total* m. *devengado*
montant total : *importe* m. *total*
morphopsychologie : *morfopsicología* f.
moyens de paiement : *medios* m., pl. *de pago*
municipalité : *municipio* m.
nantir : *pignorar*
nationalité : *nacionalidad* f.
nature : *naturaleza* f.
négociable : *negociable*
niveau à atteindre : *nivel* m. *que se ha de conseguir*
niveau d'affiliation syndicale : *nivel* m. *de afiliación sindical*
non-paiement : *impago* m.
norme en vigueur : *norma* f. *vigente*
norme européenne : *norma* f. *europea*
norme préétablie : *norma* f. *preestablecida*
notaire : *notario*
nouvelles technologies : *nuevas tecnologías*
numéro d'assuré social : *número de afiliación en la seguridad social*
numérologie : *numerología* f.
objet de la société : *objeto social*
obligataire : *obligacionista*
obligation : *obligación* f.
obligation convertible : *obligación convertible*
obligation, formalité : *requisito*
obligations de paiement : *obligaciones de pago*
obstacle : *traba* f.
obtenir des fonds : *captar fondos*
obtention : *obtención*
octroyer : *otorgar*
officier ministériel : *fedatario* m. *público*
offre : *ofrecimiento* m.
offre d'emploi : *oferta* f. *de empleo*
offre publique d'achat (O.P.A.) : *oferta pública de adquisición*
offre spéciale : *oferta especial* f.
onde hertzienne : *onda* f. *herziana*
opération portes ouvertes : *operación* f. *puertas abiertas*
opérer une saisie, saisir : *efectuar un embargo, embargar*
opposé à (être) : *estar en contra de*
opposer son veto : *vetar*
optimal : *óptimo, a*
option : *opción*
ordinateur personnel : *ordenador* m. *personal*
ordonnance de non-lieu : *auto de sobreseimiento*
ordre d'achat : *orden compradora*
ordre de paiement : *libranza*
ordre de vente : *orden vendedora*
ordre du jour : *orden* m. *del día*
ordures ménagères : *basura* f.
organigramme : *organigrama* m.
organisation : *organización*
organisation la plus représentative : *organización* f. *más representativa*
organisation participationnelle par objectifs. : *organización participativa por objetivos*

organisme, entité : *ente* m., *entidad* f.
originaire de : *procedente de*
orphelin, e : *huérfano, a*
orphelin (état d'), pension accordée à l'orphelin : *orfandad* f.
outil : *herramienta* f.
ouverture : *apertura*
ouvrier : *operario*
ouvrir un dossier : *incoar un expediente*
P.M.E. : *P.Y.M.E. (pequeña y mediana empresa)*
paie : *paga* f.
palette : *paleta* f.
panel : *panel* m.
panneau d'information : *tablón* m. *de anuncios*
panneau publicitaire : *valla publicitaria*
PAO : *publicación* f. *asistida por ordenador*
papier : *papel*
par-devers le juge : *ante el juez*
parc informatique : *parque* m. *informático*
pari : *apuesta* f.
parquet : *parqué*
part de marché : *cuota* f. *de mercado*
partager au prorata : *prorratear*
parti indépendantiste (au Pays Basque) : *partido* m. *abertzal*
participation : *participación* f.
participation aux revenus : *participación* f. *en los ingresos*
participations : *participaciones*
participer à : *participar en*
partie (d'un contrat) : *parte* f.
partie adverse : *parte* f. *adversa*
partie double (en) : *partida doble (en)*
partie simple (en) : *partida simple (en)*
partir à la retraite : *jubilarse*
passer (un) contrat : *celebrar, otorgar (un) contrato*
passer de (se) : *prescindir de*
passif : *pasivo*
patente, taxe professionnelle : *licencia* f. *fiscal*
paternalisme : *paternalismo*
payable : *pagadero*
payer les frais : *sufragar los gastos*
payer un impôt : *tributar*
pays membre : *país* m. *miembro*
pays tiers : *terceros países* m., pl.
pension : *pensión* f.
pension de réversion : *pensión* f. *de viudedad*
percepteur des impôts : *recaudador* m. *de contribuciones*
perception des cotisations : *recaudación* f. *de cuotas*
percevoir un intérêt : *cobrar un interés*
perfectionnement professionnel : *perfeccionamiento* m. *profesional*
périodes de repos : *descansos* m., pl.
périphérique : *periférico*
permis de construire : *licencia de obras*
personne morale : *persona f. jurídica*
personnel qualifié : *personal* m. *cualificado*
personnel, effectifs : *plantilla*
perte sur créances irrecouvrables : *amortización de insolvencias*
petite annonce : *anuncio* m.
pile électrique sans mercure : *pila* f. *eléctrica sin mercurio*
placement : *colocación* f.
plafond : *límite máximo*
plafond de cotisation : *tope* m. *máximo de cotización*
plaider coupable : *confesarse reo*
plaignant : *demandante* m., *querellante* m.
plainte : *denuncia* f., *querella* f., *queja* f.
plan de convergence : *plan* m. *de convergencia*
plan de financement : *plan financiero*
plan de formation : *plan* m. *de formación*
plan marketing : *plan* m. *de marketing*
plan, projet : *plan* m.
planification de la production : *planificación* f. *de la producción*
plier (se) : *doblegarse*
plomb (de douane) : *márchamo* m.
plus-value : *plusvalía* f.
plus-value sur cessions : *beneficios en enajenaciones*
point : *entero, punto*
point par point : *por partes*
police d'assurances : *póliza* f. *de seguros*

police multirisque : *póliza multi-rriesgo*
politique marketing : *política* f. *de marketing*
polluer : *contaminar*
pollution : *contaminación* f., *polución*
population active : *población* f. *activa*
port de débarquement : *puerto* m. *de desembarque*
port de destination : *puerto* m. *de destino*
port dû : *porte* m. *debido*
port franc : *puerto* m. *franco*
port payé : *porte* m. *pagado*
portable : *ordenador portátil*
porte (mettre à la) : *echar a la calle*
portefeuille de titres : *cartera* f. *de títulos*
porter caution (se) : *salir (o ser) fiador de*
porter plainte : *presentar una denuncia, querellarse*
positionnement d'un produit : *posicionamiento* m. *de un producto*
positionner (se) : *posicionarse*
poste de travail : *puesto* m. *de trabajo*
potentiel de développement : *potencial* m. *de desarrollo*
pourcentage : *porcentaje* m., *tanto* m. *por ciento*
pourvoi en cassation : *recurso* m. *de casación*
préavis : *preaviso* m.
préciser : *aclarar*
préfinancement : *prefinanciación* f.
préjudice : *perjuicio* m.
préjudiciable : *perjudicial*
prendre conseil de : *asesorarse con*
prendre du temps, tarder : *tardar*
prendre effet : *surtir efecto*
prendre effet le 1er janvier : *tomar efecto el 1ro de enero*
présidence tournante : *presidencia* f. *por turno*
presse : *prensa*
pression fiscale : *presión* f. *fiscal*
prestation : *prestación* f.
prestation de services : *prestación* f. *de servicios*
prêt : *préstamo*
prévention des risques : *prevención* f. *de riesgos*
prime d'assurance : *prima* f. *o cuota* f. *de seguro*
primes d'activité : *incentivos* m., pl. *de actividad*
prise de bénéfice : *toma de beneficio*
prise de décisions : *toma* f. *de decisiones*
prix concurrentiel : *precio* m. *competitivo*
prix convenu : *precio* m. *convenido*
prix de détail : *precios* m., pl. *al por menor*
prix de gros : *precios* m., pl. *al por mayor*
prix de lancement : *precio* m. *de lanzamiento*
prix imbattables : *precios insuperables*
procédé : *procedimiento* m.
procédure : *procedimiento* m. *judicial*
procédure d'urgence : *juicio* m. *sumario*
procédure de flagrant délit : *juicio sumarísimo, delito* m. *flagrante*
processus de fabrication : *proceso* m. *de fabricación*
processus de négociation : *proceso* m. *de negociación*
processus des autonomies : *proceso* m. *autonómico*
processus électoral : *proceso* m. *electoral*
production par unité de temps : *producción* f. *por unidad de tiempo*
productivité : *productividad* f.
produit concurrent : *producto* m. *competidor*
produit fini : *producto* m. *acadado (o terminado)*
produit intermédiaire : *producto semiacabado (o semiterminado)*
produits accessoires : *otros productos*
produits alimentaires : *productos alimenticios*
produits d'exercices antérieurs : *productos de ejercicios anteriores*
produits d'exploitation : *productos de explotación*
progiciel : *paquete* m. *de programás*
programme : *programa* m.
progression : *avance*
projeter, envisager : *planear*

prolongation de la période probatoire : *prórroga* f. *del período de prueba*
prolonger, renouveler : *prorrogar*
promotions des ventes : *promoción* f. *de ventas*
promouvoir les exportations : *fomentar, promocionar las exportaciones*
proposition : *propuesta* f.
protection familiale : *protección* f. *a la familia*
protêt : *protesto* m.
province : *provincia* f.
provision pour créances douteuses : *provisión* f. *para créditos dudosos*
provision pour fluctuation des changes : *provisión para fluctuaciones de cambio*
provision pour risques : *provisión para riesgos*
provisoire : *provisional*
psychologie : *psicología* f.
psychologue : *psicólogo* m.
public : *estatal*
publicité (faire de la) : *hacer publicidad*
publicité connotative : *publicidad connotativa*
publicité de marque : *publicidad de marca*
publicité dénotative : *publicidad denotativa*
publicité douce (soft selling) : *publicidad suave*
publicité dure (hard selling) : *publicidad dura*
publicité institutionnelle : *publicidad institucional*
publicité mensongère : *publicidad engañosa*
publicité rédactionnelle : *publicidad redaccional*
publicité sur le point de vente : *publicidad* f. *en el punto de venta*
publicité télévisuelle : *publicidad televisiva*
publipostage : *publicidad por correo*
puce : *chip* f.
pupitre : *pupitre* m.
quai : *muelle* m.
qualification professionnelle : *cualificación* f. *profesional*
quasi-contrat : *casicontrato* m.
qui fait foi : *fehaciente*
qui n'a pas de lien : *desligado*
quota d'importation : *cupo* m.
raison de (en) : *debido a*
rapport d'expertise : *informe* m. *pericial*
ratio capital-travail : *ratio* m. *capital-trabajo*
ratio comptable : *coeficiente contable*
ratio crédit client : *coeficiente* m. *abono cliente*
ratio d'autonomie financière : *ratio de autonomía financiera*
ratio d'endettement : *ratio de endeudamiento*
ratio de fonds de roulement : *coeficiente del fondo de rotación*
ratio de liquidité : *ratio de liquidez*
ratio de rentabilité : *ratio de rentabilidad*
ratio de rotation des stocks : *coeficiente de rotación de los stocks*
ratio de solvabilité : *ratio de solvencia*
ratio de trésorerie : *coeficiente de tesorería (o de caja)*
rationalisation : *racionalización* f.
rayon fromages : *departamento* m. *quesos*
rayonnage : *estante* m., *estantería* f.
réassurance : *reaseguro*, m.
recaler un candidat : *suspender a un candidato*
recensement, liste électorale : *censo* m.
recharge, pièce de rechange : *recambio* m.
recherche : *investigación* f.
recherche développement : *ID (investigación* f., *desarrollo* m.*)*
récidive : *reincidencia* f.
récipient, bouteille, emballage : *envase* m.
reconversion : *reconversión*
record : *máximo*
recouvrement : *recaudación* f.
recouvrer les impôts : *recaudar los impuestos*
récupération : *recuperación* f.
recyclage : *reciclaje* m.
recycler : *reciclar*
recyclé : *reciclado*
rédiger : *déliver la facture : extender la factura*

réduction de la cotisation de 75% : *reducción* f. *de la cuota en un 75%*
réescompte : *redescuento* m.
régime d'importation : *régimen* m. *de importación*
régime fiscal du forfait : *estimación* f. *objetiva*
régime général : *régimen* m. *general*
registre des séances : *libro de actas*
registre nominal des habitants de la commune : *padrón* m. *municipal*
règlement amiable : *arreglo amistoso*
règlement d'une somme : *liquidación* f. *de una cantidad*
règlement judiciaire : *ejecución judicial*
règles de sécurité et d'hygiène : *reglas* f., pl. *de seguridad e higiene*
régularisation d'un contrat : *formalización* f. *de un contrato*
réguler, réglementer : *regular*
relations publiques : *relaciones públicas* f., pl.
relier par modem à un terminal : *conectar vía modem a un terminal*
remboursement : *reembolso* m.
rembourser : *reembolsar*
remédier, réparer : *subsanar*
remise : *rebaja* f.
remise de traites : *remesa de letras*
remplir les conditions : *cumplir con los requisitos*
remplir un formulaire : *rellenar un formulario*
rendement : *rendimiento* m.
renforcer les pouvoirs du parlement : *reforzar los poderes del parlamento*
renouvellement d'actif : *reposición* f. *de activos*
renseignements personnels : *datos* m., pl. *personales*
rentabilité : *rentabilidad* f.
réparation : *reparación* f.
répartition régionale de population : *reparto* m. *regional de población*
report à nouveau : *saldo* m. *a cuenta nueva*
représentant : *representante* m.
reprise d'actifs en suspens : *recuperación de activos en suspenso*
reprises de provisions : *fondos especiales disponibles*
requête, demande : *solicitud*
réseau : *red* f.
réseau téléphonique : *red* f. *telefónica*
réserve de (sous) : *sin perjuicio de*
réserve légale : *reserva* f. *legal*
réserves statutaires : *reservas estatutarias*
résider dans : *estribar en*
résidu : *residuo* m.
résilier : *rescindir*
résilitation : *rescisión* f.
respecter une norme : *cumplir una norma*
responsabilité chef de famille : *responsabilidad del cabeza de familia*
ressource : *recurso* m.
ressources créées : *recursos generados*
ressources extérieures : *recursos* m., pl. *ajenos*
ressources propres : *recursos propios*
restitution : *devolución*
restriction quantitative : *restricción* f. *cuantitativa*
résultat comptable : *resultado contable*
résultat net de change : *beneficios netos por diferencias de cambio*
retenir, décompter : *descontar*
retenue (sur le salaire), déduction : *deducción* f., *retención* f.
retenue à la source : *retención* f. *directa, en la fuente, en origen*
retirer de l'argent : *sacar dinero*
retrait (banque) : *retiro* m.
retraite (nouvelle traite tirée en cas d'impayé) : *resaca* f.
retraite : *jubilación* f.
retraite anticipée : *jubilación* f. *anticipada*
retraité : *jubilado* m., *pensionista* m.
rétribuer : *retribuir*
revenu, rente : *renta* f.
rigoureusement : *a rajatabla*
risque : *riesgo* m.
risque de change : *riesgo* m. *de cambio*
risque de non-paiement : *riesgo* m. *de cobro*
robot : *robot* m., *autómata* m.
robotique : *robótica* f.
rotation des postes : *rotación* f. *en el puesto de trabajo*

rotation des stocks : *rotación* f. *de existencias*
rouge (être dans le) : *estar en números rojos*
ruban magnétique : *cinta* f. *magnética*
s'élever à : *ascender a*
s'inscrire : *darse de alta*
saisie : *toma* f. *de datos*
salaire de base : *salario* m. *base*
salaire interprofessionnel : *salario* m. *interprofesional*
salarié : *asalariado* m.
sanction : *sanción* f.
sanctionner, infliger une sanction : *sancionar, imponer una sanción*
sans frais : *sin gastos*
satellite : *satélite* m.
saturation du marché : *saturación* f. *del mercado*
sauf décision contraire : *salvo acuerdo de lo contrario*
scellés (sous) : *precintado, intervenido, embargado*
sceller : *precintar, colocar los precintos*
scorie : *escoria* f.
second marché : *mercado secundario*
secteur bancaire privé : *banca privada*
secteur bancaire public : *banca oficial*
section syndicale : *sección* f. *sindical*
Sécurité sociale : *Seguridad social*
segment : *segmento*
segmentation du marché : *segmentación* f. *del mercado*
segmenter : *segmentar*
sélection préalable : *selección* f. *previa*
self-service : *autoservicio* m.
service : *servicio*
service après-vente : *servicio de posventa*
service d'information à la carte : *servicio* m. *de información a la carta*
session : *sesión*
session de clôture : *jornada de cierre*
siège (élections) : *escaño* m.
siège de la cour des comptes : *sede* f. *del tribunal de cuentas*
siège social : *sede social*
signal acoustique, binaire : *señal* f. *acústica, binaria*
signataire : *firmante*
signature et cachet de l'entreprise : *firma* f. *y sello* m. *de la empresa*
signer : *firmar*
significatif : *significativo*
sinistre : *siniestro* m.
société anonyme, S.A. : *sociedad anónima, S.A.*
société anoyme de travailleurs : *sociedad anónima laboral, S.A.L.*
société à but non lucratif : *sociedad sin fines de lucro*
société à responsabilité limitée, S.A.R.L. : *sociedad (de responsabilidad) limitada, S.L.*
société à succursales multiples : *sociedad con sucursales múltiples*
société d'économie mixte : *sociedad de economía mixta*
société d'investissement à capital variable, S.I.C.A.V. : *sociedad gestora del fondo de inversión mobiliaria*
société de Bourse : *sociedad bursátil*
société de capital-risque : *sociedad de capital riesgo*
société de financement : *sociedad de financiación*
société de leasing : *sociedad de leasing*
société en commandite par actions : *sociedad en comandita por acciones*
société en commandite simple : *sociedad en comandita simple*
société en nom collectif : *sociedad regular colectiva*
société en participation : *sociedad en participación*
société fiduciaire : *sociedad fiduciaria*
société filiale : *sociedad filial*
société holding : *sociedad holding*
société mère : *sociedad* f. *tenedora o matriz*
société par actions : *sociedad por acciones*
sociétés de personnes : *sociedad personalista*
soins médicaux : *asistencia* f. *sanitaria*
solde à reporter, solde à nouveau : *suma y sigue*
solde créditeur : *saldo acreedor*
solde débiteur : *saldo deudor*

solder (un compte) : *saldar*
solvabilité : *solvencia*
solvable : *solvente*
sommaire, instruction judiciaire : *sumario* m.
sondage : *sondeo* m.
source de financement : *fuente* f. *de financiación*
souris (informatique) : *ratón* m.
sous-traitance : *subcontratación* f.
sous-traitant : *subcontratista*
sous-traiter : *subcontratar*
spéculateur : *especulador*
spéculation : *especulación*
sponsor : *patrocinador* m.
sponsoring : *patrocinio* m.
sponsoriser : *patrocinar*
stage (étudiant ou apprenti dans une entreprise) : *período de prácticas*
stage de formation : *cursillo* m. *de capacitación*
stagiaire (en stage de formation) : *cursillista* m.
station d'épuration : *estación* f. *de depuración*
statut : *estatuto* m.
statutaire : *estatutario*
stimulant, aide : *incentivo*
stipuler : *estipular*
stockage : *almacenaje* m.
stocker : *almacenar*
stocks : *existencias* f., pl. ; *stocks* m., pl.
stratégie commerciale : *estrategia* f. *comercial*
structure fonctionnelle : *estructura funcional*
structure hiérarchique : *estructura jerárquica*
structure organisationnelle : *estructura organizativa*
subir un dommage : *sufrir un daño*
subvention : *subvención* f.
suivre les conseils de : *seguir los consejos de*
supermarché : *supermercado* m.
support : *soporte*
syndicaliste : *sindicalista* m.
syndicat : *sindicato* m.
syndiquer (se) : *sindicarse*
système d'information : *sistema* m. *de información*
système interactif : *sistema* m. *interactivo*
tâche : *tarea* f.
tarif douanier : *arancel* m., *tarifa* f. *aduanera*
taux actuariel : *tasa actuarial*
taux constant : *tasa constante*
taux croissant : *tasa creciente*
taux d'absentéisme : *tasa* f. *de absentismo*
taux d'imposition : *tipo impositivo*
taux d'intérêt : *tipo de interés*
taux d'intérêt privilégié : *tipo* m. *de interés privilegiado*
taux décroissant : *tasa decreciente*
taux douanier : *tipo* m. *arancelario*
taux moyen de change : *tipo medio de cambio*
taux usuraire : *interés usurario*
taxe : *tasa* f.
technicien : *técnico* m.
technologie de pointe : *tecnología* f. *puntera*
téléimprimante : *teleimpresora* f.
télématique : *telemática* f.
télétexte : *teletexto* m.
télétype : *teletipo* m.
témoin à charge : *testigo* m. *de cargo*
tenir les livres : *llevar los libros*
tenir une réunion : *celebrar una reunión*
terme commercial : *término* m. *comercial*
terrain : *terreno* m.
test d'aptitude : *test* m. *de capacidad*
test d'intelligence : *test* m. *de inteligencia*
test de performance : *test* m. *de rendimiento*
test de personnalité : *test* m. *de personalidad*
texte d'application : *texto* m. *de aplicación*
tirer profit : *salir beneficiado*
tireur (de la lettre de change) : *librador*
tiré (de la lettre de change) : *librado*
titre : *título*
titre à revenu variable : *título de renta variable*
titre de la constitution : *título* m. *de la constitución*
titre, diplôme : *título* m.
titre, valeur à revenu fixe, variable : *título* m. *de renta fija, variable*
titulaire d'un compte courant : *cuentacorrentista* m.
tonnage : *tonelaje* m.

tonneau d'affrètement : *tonelada* f. *de flete*
toucher les allocations familiales : *percibir el subsidio familiar*
traitement (salaire) : *devengo* m.
traitement de texte : *tratamiento* m. *de texto*
traitement des données : *proceso* m. *de datos*
traitement ou retraitement des résidus : *tratamiento* m. *de los residuos*
tranche de l'impôt : *tramo* m.
transaction : *transacción*
transfert de propriété : *traspaso* m. *de propiedad*
transfert de technologie : *transferencia* f. *tecnológica*
transitaire : *agente* m. *de tránsito, transitario*
transiter par : *transitar por*
transmettre : *transmitir*
transmissible : *transmisible*
transmission de données : *transmisión* f. *de datos*
transmission du savoir : *transmisión* f. *del saber*
transmission numérique : *transmisión* f. *digital*
transparence : *transparencia*
transport combiné : *transporte* m. *combinado*
transport par chemin de fer : *transporte* m. *por ferrocarril*
transport par route : *transporte* m. *por carretera*
transporteur : *transportista* m.
travail à la chaîne : *trabajo* m. *en cadena*
travail posté : *trabajo por turnos*
trésor public : *tesoro* m., *erario* m. *público*
trésorerie : *tesorería*
tribunal (formé d'un seul juge) : *juzgado*
tribunal administratif : *tribunal* m. *de lo contencioso administrativo*
tribunal de première instance : *tribunal de primera instancia*
TVA : *impuesto sobre el valor añadido*
union douanière : *unión* f. *aduanera*
unité centrale : *unidad* f. *central*
unité de production : *planta*
unité indissoluble : *unidad* f. *indisoluble*
urgence (de toute) : *a la mayor brevedad*
us et coutumes : *fueros y costumbres*
usine : *fábrica*
usine de retraitement : *planta* f. *de reciclado*
usure : *desgaste*
utilisation optimale : *utilización* f. *óptima*
valeur boursière : *valor* m. *bursátil*
valeur de marché : *valor* m. *actual*
valeur intrinsèque : *valor efectivo (o real)*
valeur mathématique : *valor matemático*
valeur nominale (ou au pair) : *valor nominal (o a la par)*
valeurs : *valores* m., pl.
véhicule à propulsion électrique : *vehículo* m. *de propulsión eléctrica*
vente contre remboursement : *venta* f. *contra reembolso*
vente par correspondance (V.P.C.) : *venta* f. *por correo*
vente sur échantillons : *venta* f. *sobre muestras*
verdict d'acquittement : *veredicto* m. *absolutorio*
vérification : *comprobación* f.
vérification de caisse : *arqueo (o control) de caja*
vérifier l'efficacité : *comprobar la eficacia*
vérifier, constater : *comprobar*
verser, débourser, libérer : *desembolsar*
verticalisme (organisation syndicale du franquisme) : *verticalismo* m.
vertu de (en) : *en virtud de*
veuvage : *viudez* f.
viabilité : *viabilidad* f.
vice de forme : *vicio* m. *de forma*
vidéoconférence : *videoconferencia* f.
vidéotéléphone : *videoteléfono* m.
vidéotex : *videotex* m.
vidéotexte : *videotexto* m.
vigueur (en) : *vigente*
vigueur (fait d'être en) : *vigencia* f.
viser une catégorie : *enfocar una categoría*
viser une cible : *apuntar a un blanco*
voie aérienne (par) : *por vía aérea*

voie d'huissier (par) : *por vía ejecutiva*
voie de terre (par) : *por vía terrestre*
voie ferroviaire (par) : *por vía férrea*
voie maritime (par) : *por vía marítima*
voix : *voto* m.
volume d'importation : *volumen* m. *de importación*
volume de la production : *volumen de la producción*
volume des transactions : *volumen de contratación, negociado*
vote : *votación* f.
vote à bulletin secret : *sufragio* m. *secreto*
vue de (en) : *con vistas a*
wagon : *vagón* m.
zone douanière : *zona* f. *aduanera*.

Composition réalisée par COMPOFAC - PARIS

IMPRIMÉ EN FRANCE PAR BRODARD ET TAUPIN
Usine de La Flèche (Sarthe).
LIBRAIRIE GÉNÉRALE FRANÇAISE - 6, rue Pierre-Sarrazin - 75006 Paris.
ISBN : 2 - 253 - 05405 - 4 ⊕ 30/8542/0